Frick
Die Kraft der Ermutigung

Psychologie Sachbuch

Wissenschaftlicher Beirat:
Prof. Dr. Dieter Frey, München
Prof. Dr. Lutz Jäncke, Zürich
Prof. Dr. Meinrad Perrez, Freiburg i. Ü.
Prof. Dr. Franz Petermann, Bremen
Prof. Dr. Hans Spada, Freiburg i. Br.

Jürg Frick

Die Kraft der Ermutigung
Grundlagen und Beispiele
zur Hilfe und Selbsthilfe

2., überarbeitete und ergänzte Auflage

Verlag Hans Huber

Adresse des Autors:
Prof. Dr. Jürg Frick
Pädagogische Hochschule Zürich
Zentrum für Beratung ZfB
Birchstrasse 95
CH-8090 Zürich
juerg.frick@phzh.ch

Lektorat: Tino Heeg, Gaby Burgermeister
Gestaltung und Herstellung: Peter E. Wüthrich
Illustrationen: Hans Winkler
Umschlaggestaltung: Claude Borer, Basel
Druckvorstufe: Claudia Wild, Konstanz
Druck und buchbinderische Verarbeitung: Hubert & Co., Göttingen
Printed in Germany

Bibliografische Information der Deutschen Nationalbibliothek
Die Deutsche Nationalbibliothek verzeichnet diese Publikation in der Deutschen Nationalbibliografie; detaillierte bibliografische Daten sind im Internet über http://dnb.d-nb.de abrufbar.

Dieses Werk, einschließlich aller seiner Teile, ist urheberrechtlich geschützt. Jede Verwertung außerhalb der engen Grenzen des Urheberrechtes ist ohne Zustimmung des Verlages unzulässig und strafbar. Das gilt insbesondere für Vervielfältigungen, Übersetzungen, Mikroverfilmungen sowie die Einspeicherung und Verarbeitung in elektronischen Systemen. Die Wiedergabe von Gebrauchsnamen, Handelsnamen oder Warenbezeichnungen in diesem Werk berechtigt auch ohne besondere Kennzeichnung nicht zu der Annahme, dass solche Namen im Sinne der Warenzeichen-Markenschutz-Gesetzgebung als frei zu betrachten wären und daher von jedermann benutzt werden dürfen.

Anregungen und Zuschriften bitte an:
Verlag Hans Huber
Lektorat Psychologie
Länggass-Strasse 76
CH-3000 Bern 9
Tel.: 0041 (0)31 300 45 00
Fax: 0041 (0)31 300 45 93
verlag@hanshuber.com
www.verlag-hanshuber.com

2., überarbeitete und ergänzte Auflage 2011
© 2007/2011 by Verlag Hans Huber, Hogrefe AG, Bern
(E-Book-ISBN 978-3-456-95022-8)
ISBN: 978-3-456-85022-1

Inhaltsverzeichnis

Vorwort 11
Vorwort zur 2. Auflage 13

1. **Einleitung und Einführung** 15

2. **Grundlagen: Menschenbild und Konzept der Ermutigung** 23
   Die grundlegende Bedeutung des Menschenbildes 24
   Sechs Varianten von Menschenbildern 32
   Gesundheit, Grundhaltung und Menschenbild 34
   Realistischer Optimismus 39
   Die individuelle subjektive Wahrnehmung und ihre Bedeutung 41
   Die Meinung bestimmt das Fühlen, Denken und Handeln 43
   Was heißt Ermutigung? 44
   Warum brauchen Menschen Ermutigung? 48
   Die Bedeutung der Beziehung 48
   Die ganzheitliche Wirkung von Ermutigung 52
   Der Ermutigungs- und der Entmutigungskreislauf 54
   Ermutigung und Entmutigung im Selbstgespräch 56
   Der mutige Mensch 60

3. **Ermutigung und Entmutigung** 63
   Schwierigkeiten mit und Hindernisse bei der Ermutigung 63
   Erziehung und Entmutigung 68
   Selbstentmutigender innerer Dialog und Angst 71

Selbstkritik, Selbstwertgefühl und Entmutigung 78

Selbsterfüllende Prophezeiung und Entmutigung 79

Rosenthal- oder Pygmalion-Effekt und Entmutigung 80

Angus und Entmutigung: Franz Kafka (1883–1924) 81

4. Kompensationsfähigkeit, Ressourcenoptimierung und Neuroplastizität 97

Minderwertigkeitsgefühl und Kompensation: Adler und seine Kompensationstheorie 97

Unspezialisiertheit: Ausgleich durch Lernen und Kompensation 101

Kultur als Kompensation? 103

Ressourcenoptimierung und Kompensationsprozesse 105

Plastizität des menschlichen Gehirns und Selbstheilungskräfte 107

Mit einem Bein im Leben stehen 111

Blind, taub und optimistisch: Helen Keller (1880–1968) 112

5. Lebenstüchtig und zufrieden trotz widriger Lebensumstände: Ermutigende Ergebnisse aus der Resilienzforschung und Beispiele 117

Eine ergänzende Sichtweise der Kindheit und Entwicklung 117

19 wichtige Schutz- und Gesundheitsfaktoren: Ergebnisse aus der Resilienzforschung 122

Ein Lehrer und der Onkel als Überlebensfaktoren 131

Zwischenmenschliche Beziehungen und Gesundheit 133

Hilfreiche Wesensmerkmale und eine gute Beziehung zum Vater: Alfred Adler (1870–1937) 134

Schwachheit kann zu Stärke führen: Alexandre Jollien (*1975) 135

Solidarität, Hoffnung, Optimismus, Beharrlichkeit: Nooria Haqnegar (*1959) 141

Ein ungeliebtes und abgelehntes Kind: Claude Debussy (1862–1918) 142

Den Menschen im Feind erkennen: Verarbeitungsmodi im Krieg 145

Auf eigene Kräfte bauen: Ray Charles (1930–2004) 146

Viele Schutzfaktoren: Der körperbehinderte Journalist Christian Lohr
(*1962) 150

Der unerschütterliche Glaube an den Menschen: Nelson Mandela (*1918)   156

Förderliche Bindungen und ihre günstigen Folgen 163

Erwachsene als EntwicklungshelferInnen und -begleiterInnen 165

Resilienzförderung auf der individuellen Ebene 166

6. Die Rolle des Humors 171

Einleitung 171

Eine kurze Geschichte des Humors 172

Erscheinungsbild und Wirkebenen 174

Die erstaunliche Wirkung von Humor 175

Humor als soziales Bindemittel 178

Humor und Selbstbild 179

Humor und Lebenskunst 180

Die entkrampfende und ermutigende Wirkung humorvoller innerer
Bilder 183

Humor als Verarbeitungs- und Schutzfaktor:
Charles Chaplin (1889–1977) 184

7. Anwendungsfelder und Möglichkeiten I: Ermutigung in der Schule 193

Die Rolle der Lehrperson und die Bedeutung der Beziehung 193

Die Person des Lehrers in der Geschichte der Schulpädagogik 201

Was bedeutet eine ermutigende Grundhaltung der Lehrperson? 203

Ermutigung in einer guten Beziehung:
Ein Beispiel aus der Schule 209

Störendes Verhalten und Entmutigung 212

Ermutigung in der LehrerInnen-Ausbildung: Ein Beispiel 213

Ist Erziehung immer auch Ermutigung? 214

Unterstützung und Ermutigung 216

Ermutigung und Selbst-, Sach- und Sozialkompetenzen 216

Abschreckende Beispiele aus der Schulgeschichte 217
Was kann ich (besonders) gut? 218
Was können meine KameradInnen (besonders) gut? 219
Die Rücken-Karton-Übung 219
Ermutigung durch Humor 221
Ermutigung durch paradoxe Intervention 222
Selbstermutigung: Ein Beispiel 223
Indirekte Formen der Ermutigung 224
Kompetenzen und Selbstkonzept stärken 224
Weitere konkrete Möglichkeiten im pädagogischen Alltag 225

8. Anwendungsfelder und Möglichkeiten II: Ermutigung in der Beratung 229

Einleitung 229
Die gewinnende, positive Grundhaltung der beratenden Person 230
Wichtige Grundhaltungen in der Beratung 232
Wirkfaktoren in einer psychologischen Beratung und Therapie 236
Schritte im Beratungsprozess 240
Was heißt Ermutigung in der Beratung? 242
Das Positive erkennen 246
Das Positive suchen und sich darauf konzentrieren 247
Wertschätzung 250
Empathisches Verstehen 250
Bedeuten Misserfolge ein Versagen? 251
Übersehene Lektionen aus der eigenen Vergangenheit 252
Lösungs-, Ressourcen- und Veränderungsorientierung 252
Kognitive Verzerrungen und Fehlinterpretationen 256
Ausnahmen identifizieren und bestärken 261
Reframing (Umdeuten) 262
Konstruktives Fragen 264

Die Rolle des Humors 265
Alternative Erklärungen 265
Kippbild 266
Illustrierende Gleichnisse und Fabeln 267
Sich nicht unterkriegen lassen: Günstigere Selbstinstruktionen 270
Beobachtungsaufgabe 274
Wer verändert? 275
Misserfolgsprophylaxe 275

9. Wege zur Selbst- und Fremdermutigung: Sich selbst und andere ermutigen 277

Erstrebenswerte Grundhaltungen und Verhaltensweisen 278
Interesse für andere 278
Selbstrelativierung und der Blick nach außen 279
Ein positives Menschenbild entwickeln und pflegen 280
Empathie 280
Hilfsbereitschaft und Großzügigkeit 281
Geduld 283
Der freundliche Blick 283
Das Gute erkennen, wertschätzen und würdigen 284
Versuche und Fortschritte anerkennen 285
Die Sprache der Ermutigung 287
Den inneren Dialog bewusst gestalten: Positive Selbstgespräche 290
Humor 295
Positives Selbstmanagement I: Mit sich selber freundlich umgehen 295
Angemessene Ideale pflegen 297
Von allem lernen und Nutzen ziehen 299
Kooperation und Freundschaft 300
Positives Selbstmanagement II: Wohlwollende Beobachter und Begleiter 305
Eine ermutigende Person von früher 309

Mit ermutigenden Personen Kontakte pflegen 309
Ermutigende Lebensgebote oder Mottos 310
Übung «Positive Qualitäten» 312
Ein ABC des Lebens? 312
Ermutigung in der Partnerschaft 314
Zum Schluss: Tun, üben und experimentieren 317

10. **Kleine Sammlung anregender Aphorismen, Sprüche, Gedanken – und eine Geschichte** 319
Einleitung 319
55 ausgewählte Beispiele 320

Anhang: Vier Fragebogen zur Selbst- und Fremdermutigung ... 327
Vorbemerkung 327
Fragebogen A 328
Fragebogen B 329
Fragebogen C 330
Fragebogen D 331

Literaturverzeichnis 333

Personenregister 361

Sachwortregister 365

Vorwort

Das Thema Ermutigen – und damit verbunden das Gegenstück, die Entmutigung –, beschäftigt wohl die meisten Menschen, aber vielleicht in besonderem Ausmaß PsychologInnen, Lehrkräfte und Eltern immer wieder. Warum geben die einen Menschen in bestimmten Lebenssituationen auf, resignieren oder geraten gar in depressive Gefühlszustände, während andere bei Schwierigkeiten nicht locker lassen und weiterkämpfen – oder daraus sogar noch Impulse für ihre weitere Lebensgestaltung finden? Wenn man genauer hinter solche Lebensgeschichten schaut, finden sich häufig identifizierbare Gründe (und Hintergründe) für ein entsprechendes Verhalten. Viele dieser Menschen sind im Laufe ihrer Kindheit und Jugendzeit von Personen oder Umständen in irgendeiner Form ermutigt oder eben entmutigt worden. Zudem haben sie bestimmte Einstellungen und Überzeugungen über sich und die anderen Menschen entwickelt, die eher günstig oder eben ungünstig ausgefallen sind. Mit günstig meine ich hier etwa Aspekte (oder Tendenzen) wie realistisch, förderlich, positiv, selbstbestärkend, hilfreich – und mit ungünstig entsprechend: unrealistisch, selbstanklagend, negativ, selbstentmutigend, selbst- oder fremdschädigend usw. Ich möchte dies anhand von Ergebnissen aus der Forschung, mit Beispielen von einzelnen Personen – bekannten und unbekannten – im vorliegenden Buch etwas näher beschreiben und dazwischen sowie in separaten Kapiteln dazu Anregungen zur Eigenreflexion geben.

Das Thema «Ermutigen – Entmutigen» beschäftigt mich eigentlich seit ich denken kann: Als Kind und als Jugendlicher, als Lehrer, als Student, als Dozent und Berater, als Partner, als Mensch überhaupt. Deshalb fließen in dieses Buch langjährige Erfahrungen zum Thema Ermutigung/Entmutigung aus psychologischen Beratungen und Kursen, aus Vorlesungen und Seminaren, aus Supervisionsgruppen mit Lehrkräften sowie selbstverständlich auch persönliche biografische Erfahrungen und Beobachtungen ein. Ergänzend habe ich mich in entsprechende Fachliteratur und verschiedene Biografien vertieft und versucht, daraus eine integrative Darstellung zum Thema Ermutigung zu verfassen. Ob mir das einigermaßen gelungen ist, lasse ich Sie als LeserIn selbst entscheiden.

An einem Buch sind immer sehr viele Personen auf verschiedenen Ebenen beteiligt. Ich bin hier mehreren Personen zu Dank verpflichtet, die mich auf verschiedene Weise unterstützt haben: Kathrin Frick und Michael Ricklin haben das ganze Manuskript, Jürg Rüedi größere Teile, Therese Prochinig, Urs Hardegger, Urs Ruckstuhl und Bruno Hugentobler einzelne Kapitel kritisch durchgelesen und dazu wichtige Anregungen, Kommentare und Hinweise gegeben, die zur Klärung und Verbesserung verschiedener Teile dieses Buches geführt haben. Trotzdem trägt natürlich der Verfasser die Verantwortung für den ganzen Text mit allen verbliebenen Unzulänglichkeiten und allfälligen Fehlern. Christian Lohr und seine Eltern haben mich bereitwillig zu ausführlichen Interviews empfangen und mir auf meine Fragen offen Auskunft gegeben. Ein besonderer Dank geht zudem an Eddy Risch für die Möglichkeit, ein Foto für das Kapitel 5 verwenden zu können, und an den Illustrator Hans Winkler, der es verstanden hat, das Wesen der Ermutigung treffsicher in Zeichnungen umzusetzen. Danken möchte ich ferner allen Menschen, die mich auf meinem Weg in irgendeiner positiven Art und Weise begleitet und ermutigt haben – es sind, wenn ich zurückschaue, nicht wenige.

Mein Dank geht auch an Studierende meiner Vorlesungen, Seminare und Kurse sowie an verschiedene Menschen, die mir im Laufe vieler Jahre in Beratungen wesentliche Erkenntnisse, Einsichten und Erfahrungen zum Thema ermöglicht haben und schriftliche Beispiele zur Verfügung gestellt haben. Auch Diskussionen und Fallbesprechungen mit FachkollegInnen in Intervisionsgruppen waren hilfreich.

Vom Verlag Hans Huber erhielt ich schließlich durch zwei freundliche und kompetente Frauen eine optimale Unterstützung: Monika Eginger begleitete mich in meinen Plänen für das Buch von Anfang an sehr wohlwollend und gab mir hilfreiche Anregungen, und mit Gaby Burgermeister stand mir – konstruktiv-kritisch und gewohnt sorgfältig – eine optimale Lektorin für die Bearbeitung und Korrektur des Manuskriptes zur Seite; von ihr stammen auch die hilfreichen Sach- und Namenregister.

Alle geschilderten Fallbeispiele stammen, wenn nicht anders vermerkt, aus meinen Erfahrungen in Beratung, Lehre und Kurstätigkeit. In allen Fallbeispielen wurden die Namen ausgewechselt und in einigen wenigen

Fällen zudem geringfügige Details verändert, um die Betroffenen zu schützen.

Ich hoffe, dass Sie als Leserin oder als Leser aus der Lektüre des Buches und den Beispielen ermutigende Anregungen und Denkanstöße für sich finden sowie daraus fruchtbare, positive Einsichten entwickeln: Vielleicht wirkt es in verschiedenen Abschnitten gar als persönliches Mutmachbuch? Ich freue mich über Ihr Echo, Ihre Eindrücke, Ihre Anregungen sowie konkrete Verbesserungsvorschläge.

Jürg Frick

Vorwort zur 2. Auflage

Für die 2. Auflage habe ich das Buch einer kritischen Lektüre unterzogen, mit verschiedenen Ergänzungen versehen und wo nötig korrigiert, nicht zuletzt dank der Rückmeldungen von aufmerksamen und freundlichen LeserInnen und KursteilnehmerInnen, die mir konkrete Anregungen zukommen ließen.

Für Interessierte ist auch eine DVD mit einem Vortrag zum Thema «Die Kraft der Ermutigung» unter www.auditorium-netzwerk.de erhältlich.

1 Einleitung und Einführung

«Eine Reise über tausend Kilometer beginnt mit nur einem einzigen Schritt.»
zitiert nach: Bruch (1977), S. 21

Dieses alte chinesische Sprichwort drückt eine wichtige Einsicht und Haltung nicht nur zum Reisen, sondern im Grunde genommen zur Entwicklung bei jedem Menschen aus. Es beinhaltet eine Aufforderung, nicht über einen vermutlich längeren oder schwierigeren Weg, der vor einem liegt, zu verzagen, sondern zu starten: eben mit dem ersten Schritt. Damit ist das oder besser ein Ziel zugleich schon ein klein wenig näher gerückt – und wir sind auch gleich beim Thema: *Ermutigung vollzieht sich meistens nicht in großen Sprüngen, sondern in kleinen Schritten.* Warum das so ist und wie das konkret aussieht, wird im vorliegenden Buch ein wichtiges Thema sein.

Auf den ersten Blick mag es vielleicht etwas ungewöhnlich oder gar eigenartig erscheinen, dass man ein ganzes Buch dem Thema Ermutigung widmen kann. Wie ich in verschiedenen Kapiteln zu zeigen versuche, wird die enorme Bedeutung der Ermutigung aus meiner Sicht (noch) als zu gering erkannt und entsprechend wenig, ungenügend oder häufig eher unreflektiert-unbewusst praktiziert, obwohl Ansätze zur Ermutigung in einigen psychologischen Schulen schon länger existieren und auch angewandt werden. Das hängt nicht zuletzt auch damit zusammen, dass Ermutigung sich nicht einfach in einzelnen Techniken oder Methoden erschöpft, sondern vielmehr eine ganze *Grundhaltung* beinhaltet.

Das vorliegende Buch basiert auf einem eklektischen, integrativen Konzept von Ermutigung: Obwohl der Autor von einem individualpsychologischen Ansatz (z. B. Adler 1973, Dreikurs 1981, Schoenaker 1995, Dinkmeyer et al. 2004a, b) ausgeht, fließen Beiträge aus der Neopsychoanalyse (z. B. Sullivan 1983), der Bindungspsychologie (z. B. Bowlby 1986,

Grossmann & Grossmann 2004, Brisch 2003a, b), der systemischen (z. B. Barthelmes 2001), der lösungsorientierten (z. B. Bamberger 2001), der kognitiven (z. B. kognitive Verhaltenstherapie nach Ellis 1993) Psychologie wie aus ressourcenorientierten (z. B. Antonovsky 1997, Schemmel/ Schaller 2003) sowie personenzentrierten (z. B. Rogers 1973, Sander 1999) Ansätzen ein – und es werden zudem auch die bedeutsamen Ergebnisse der Resilienzforschung (vgl. Opp et al. 1999, Wustmann 2004) einbezogen. Zudem finden im weiteren Erkenntnisse aus der Gelotologie (Humorforschung; vgl. Titze et al. 2003) Eingang in meine Darstellung.

Schließlich ergänzen und vervollständigen Elemente von antiken (Epiktet, Epikur, Seneca), aufklärerischen (Helvétius, Holbach, La Mettrie) wie zeitgenössischen Philosophen (z. B. Russell 1951[1], Kanitscheider 1995, Dessau und Kanitscheider 2000, Schmidt-Salomon 2005, Schmid 2004) das vorliegende Ermutigungskonzept. Bezüge zur Empowerment-Bewegung (vgl. Herriger 2002, Lenz/Stark 2002) lassen sich für kundige LeserInnen ohne Weiteres finden, so u. a. in Kapitel 9, sind hier aber nicht explizit berücksichtigt – auch um den Umfang des Buch nicht noch zusätzlich zu erweitern.

Sie halten ein Buch über Ermutigung in den Händen: Da fragen Sie sich vielleicht auch, ob und was dieses Thema mit Ihnen persönlich zu tun haben könnte. Lange bevor Sie sich vermutlich mit den Themen dieses Buches überhaupt beschäftigt haben, sind Ihnen – so meine Vermutung – im bisherigen Leben immer wieder Menschen begegnet, die Sie in irgendeiner Form ermutigt haben: Direkt, indirekt, bewusst und wohl auch unbewusst. Das gilt wohl für alle (oder fast alle) Menschen, auch für den Autor des vorliegenden Buches. *Ohne Ermutigung in der Kindheit, im Jugendalter, aber auch im Erwachsenenalter sind Menschen grundsätzlich nicht entwicklungs- und lebensfähig.* Ermutigung ist *der* Nährboden, *die* Voraussetzung für die Entwicklung des Menschen, in jedem Alter! Ermutigung ist – nicht nur für Kinder und Jugendliche – so wichtig wie Wasser für eine Pflanze (Dinkmeyer/Dreikurs 1980).

Ermutigend haben auf mich verschiedene Menschen gewirkt, die ich hier nicht alle nennen kann, so beispielsweise einige Lehrpersonen, mein langjähriger ehemaliger Lehranalytiker, Freunde, und vor allem meine

---

1 Mit der Philosophie und der Pädagogik von Bertrand Russell (1872–1970) habe ich mich in einer separaten Studie eingehender auseinander gesetzt: vgl. Frick, J. (1990). Die Philosophen Russell, Montaigne, Feuerbach, Epikur, Helvétius, Holbach, La Mettrie und Schmid halte ich im Übrigen für wichtige und hilfreiche Denker für eine «Philosophie der Lebenskunst».

1. Einleitung und Einführung 17

Partnerin sowie berufliche und persönliche Lebensumstände. Letztlich haben aber auch einige Widerstände und Schwierigkeiten in meinem Leben ermutigend auf mich gewirkt – so erkenne ich das zumindest rückblickend. Zur Bedeutung von Widerständen und Schwierigkeiten finden Sie in den Kapiteln 4 und 5 einige interessante Hinweise aus der Forschung und veranschaulichend dazu verschiedene konkrete Beispiele.

Zum Aufbau dieses Buches

Nachfolgend zur schnellen Orientierung eine kurze Übersicht zum Buch:

- Das **2. Kapitel** erörtert in einem ersten Teil die grundlegende Bedeutung des Menschenbildes sowie der Rolle der zwischenmenschlichen Beziehung für die positive Entwicklung des Menschen. Anschließend lege ich mein Konzept der Ermutigung mit verschiedenen Aspekten und veranschaulichenden Beispielen dar, wobei den verschiedenen Ermutigungsaspekten, dem inneren Dialog sowie dem Ermutigungsbzw. Entmutigungskreislauf besondere Beachtung geschenkt wird.

- Im **3. Kapitel** möchte ich zeigen, wie vielfältig wichtige Einflussfaktoren ermutigend oder eben auch entmutigend auf den einzelnen Menschen wirken können. Verschiedene Wege, die zu einer entmutigten Lebenseinstellung führen, werden näher erläutert. Ermutigung und Entmutigung verlaufen meistens kreisförmig, zirkulär, selbstverstärkend – mit entsprechend günstigen oder eben auch ungünstigen Folgen. Den Abschluss bildet die Beschreibung und Interpretation von Kafkas Lebensweg als ein tragisches Beispiel eines in bestimmten Lebensbereichen entmutigten Menschen.

- Anhand ausgewählter zentraler Punkte behandelt das **4. Kapitel** die vielfältigen kompensatorischen Kräfte, über die Menschen verfügen, sowie die wesentliche Rolle, die die neuronale Plastizität dabei spielt – und wie unter günstigen Umständen Menschen davon Gebrauch zu machen vermögen. Zwei kurze Fallbeispiele – der einbeinige Heinz Lutz sowie die blinde Schriftstellerin Helen Keller – runden die Ausführungen dazu ab.

- Schwierige Umstände beim Aufwachsen führen nicht zwangsläufig zu psychischen Beeinträchtigungen oder gar Störungen: Anhand wichtiger Ergebnisse aus der Resilienzforschung sowie der Gesundheitspsychologie und mit verschiedenen veranschaulichenden Beispielen möchte ich im **5. Kapitel** auf diese Thematik näher eingehen und dazu einige wesentliche Erkenntnisse beleuchten. Auch hier bieten acht kürzere oder längere Darstellungen von Lebensgeschichten (u. a. des Musikers Ray Charles, des körperbehinderten Christian Lohr oder des ersten schwarzen Präsidenten von Südafrika, Nelson Mandela) wertvolle Einsichten. Einige zusammenfassende Ergebnisse aus der Bindungsforschung sowie kurze Anregungen zur Resilienzförderung runden das Kapitel ab.

- Wie wichtig (und gesundheitsfördernd!) eine humorvolle Grundhaltung im Leben der Menschen sein kann, lege ich anhand wichtiger gesundheitspsychologischer Erkenntnisse und an Beispielen in **Kapitel 6** dar. Besonders am Beispiel von Charles Chaplin erkennen wir verschiedene Möglichkeiten und Chancen, die Humor auch in schwierigen und bedrückenden Lebenssituationen und Umständen bieten kann.

- Das **Kapitel 7** ist der Ermutigung in der Schule gewidmet: Welche Bedeutung spielt die Lehrperson, ihre Grundhaltung den SchülerInnen gegenüber und wie bzw. wo zeigt sich hier eine ermutigend wirkende Haltung? Wie kann im schulischen Kontext ermutigt werden – und wo sind Hindernisse, Grenzen? *Lässt sich störendes Verhalten auch als Ausdruck von Entmutigung verstehen?* Ich hoffe, dieses Kapitel gibt auf einige dieser Fragen Antworten oder zumindest Anregungen, Denkanstöße.

- In jedem erfolgreichen Beratungs- oder Therapieprozess spielt Ermutigung eine ganz zentrale Rolle, und umgekehrt stellt eine entmutigende Beratung gleichsam einen Widerspruch in sich selbst dar. Grundhaltung, Voraussetzungen, Hindernisse, Beispiele und verschiedenste Möglichkeiten für hilfreiche ermutigende Beratungsprozesse beschreibe ich im **8. Kapitel** etwas ausführlicher.

- Im **9. Kapitel** möchte ich LeserInnen einige Wege zur Selbst- sowie zur Fremdermutigung vorstellen, die wesentlich mit erstrebenswerten, d. h. zu entwickelnden Grundhaltungen und Verhaltensweisen verbunden sind. Das Kapitel enthält sozusagen Fragmente (oder Aspekte) einer Theorie der Lebenskunst. Anhand verschiedener Beispiele und kleiner Übungen besteht die Möglichkeit, im eigenen Leben solche Qualitäten zu entwickeln und umzusetzen. Dies ersetzt allerdings keineswegs eine Beratung oder Therapie, kann eine solche aber unterstützen oder ergänzen.

- Das letzte, **10. Kapitel** bietet eine kleine Sammlung von 55 – so hoffe ich – hilfreichen Aphorismen, Sprüchen und Zitaten sowie eine kurze Geschichte und fasst damit nochmals wesentliche Erörterungen und Grundgedanken des Buches in kurzer und etwas anderer Form zusammen.

- Der **Anhang** soll allen interessierten Laien, aber auch Fachpersonen die Möglichkeit bieten, die persönlichen Beziehungen bzw. die Beziehungen ihrer KlientInnen anhand gezielter Fragen und kurzer Übungen zu verbessern und neue, ermutigendere Denk-, Gefühls- und Verhaltensweisen zu üben: keine leichte, aber sicher eine sehr lohnenswerte und ertragreiche Arbeit.

Wer speziell am Thema «Ermutigung in der Familie» interessiert ist, sei an dieser Stelle auf die schon zahlreich vorhandene Literatur hingewiesen (z. B. Veith 1997, Dinkmeyer et al. 2004a, 2004b, 2005, Dreikurs/Soltz 1994, Juul 2000 und 2003) – mit ein Grund, warum ich in diesem Buch auf ein Kapitel dazu verzichtet habe.

Das Buch ist so konzipiert, dass eine gewinnbringende Lektüre nicht der Reihe nach erfolgen muss; sinnvoll erscheint mir allerdings, das Kapitel 2 als Ausgangspunkt für die weitere Entdeckungsreise zu den Möglichkeiten der Ermutigung zu nehmen, weil ich darin grundlegende Erkenntnisse und Prozesse zur Dynamik der Ermutigung behandle.

Angesichts der Breite des Feldes Ermutigung/Entmutigung können aus meiner Sicht Menschen verschiedenster Berufsgruppen und Interessenfelder im vorliegenden Buch Anregungen – nicht fertige Lösungen oder gar Rezepte! – finden; namentlich aufgeführt seien hier:

- *Menschen, die an ermutigenden Sichtweisen bei Problemanalysen und Problemklärungen, an menschlichen Beziehungen und Entwicklungen sowie an positiven Lösungsansätzen interessiert sind*

- *LeserInnen, die sich selbst – und andere Menschen – besser verstehen und mit ihnen noch hilfreicher umgehen möchten*

- *Lehrpersonen aller Stufen*

- *SpielgruppenleiterInnen und KleinkinderzieherInnen*

- *PsychologInnen und PsychotherapeutInnen*

- SozialarbeiterInnen und SozialpädagogInnen
- Ärzte, Pflegefachpersonen und weitere Angehörige von Heil-, Pflege- und Medizinalberufen
- PatientInnen, KlientInnen, Hilfesuchende, die mit psychologischen BeraterInnen oder PsychotherapeutInnen und anderen Angehörigen helfender Berufe zu tun haben, kurz: Menschen, die irgendeine Form von Beratung, Unterstützung oder Therapie beanspruchen
- Eltern und andere Erziehende
- Allgemein an Lebensfragen und Problemen interessierte ZeitgenossInnen.

Obwohl einzelne Kapitelüberschriften LeserInnen vielleicht zur Annahme verleiten könnten, als Nicht-Lehrpersonen (Kap. 7) oder Nicht-Beratende (Kap. 8) seien diese Kapitel für sie wahrscheinlich wenig nützlich, hege ich die Überzeugung, dass sich in allen Kapiteln vielfältige allgemeine wie spezifische Anregungen und Denkanstöße finden lassen. Vieles, was beispielsweise in der Schule oder in einer Beratung abläuft, beinhaltet menschliche Grundthemen, Aspekte und Prozesse. Verschiedene Themen und Ausführungen aus dem längeren Kapitel 8 lesen auch Menschen, die nicht in eine Beratung gehen, sicherlich mit Gewinn, und das Kapitel 7 enthält Gedanken und Überlegungen, die für den Umgang mit Menschen generell hilfreich sein können. Kurz gesagt: Das vorliegende Buch soll *Menschen ansprechen, die an der Überwindung von Schwierigkeiten, Klippen, Hindernissen und an ermutigenden Wegen interessiert sind.* Aus dieser Perspektive kann man dieses Buch durchaus (auch) als Hilfe- und Selbsthilfebuch verstehen, das Anregungen zum besseren Verständnis von Mitmenschen oder sich selbst (Selbsterkenntnis) oder vielleicht gar eine Orientierungshilfe bieten kann. Ob diese Versprechen eingelöst werden, mögen die LeserInnen entscheiden. Die Lektüre und Auseinandersetzung mit einem Buch wie «Die Kraft der Ermutigung» ersetzt allerdings nicht, das sei hier nochmals unmissverständlich festgehalten, eine allfällige Beratung oder Therapie – immerhin vermag das vorliegende Buch diese oder jene aber vermutlich ergänzend zu unterstützen.

Das Buch soll schließlich – so die unbescheidene Hoffnung des Autors – auch durch die verschiedenen Beispiele und Denkanstöße LeserInnen anregen, sich über ihre eigenen, häufig selbst gesetzten Grenzen klarer zu werden sowie Chancen und Potenziale neuer Sichtweisen und Haltungen besser zu erkennen und zunehmend auch anzuwenden. Das Leben ist eine offene Veranstaltung, Lernen und Sich-weiter-Entwickeln ist immer möglich!

2 Grundlagen: Menschenbild und Konzept der Ermutigung[2]

«*In jedem von uns steckt sehr viel mehr, als er selber weiß.*» (Robert Jungk)[3]

«*Wenn wir die Menschen nur nehmen, wie sie sind, so machen wir sie schlechter; wenn wir sie behandeln, als wären sie, was sie sein sollten, so bringen wir sie dahin, wohin sie zu bringen sind.*» (Johann Wolfgang von Goethe)[4]

«*Wir brauchen aber weder Unterwürfigkeit noch den Geist des Aufruhrs, sondern schlichte Gutherzigkeit und ein allgemeines Wohlwollen gegenüber Menschen und neuen Ideen.*» (Bertrand Russell)[5]

«*Ermutigung macht den Schwachen stärker, den Kranken gesünder, den Zweifelnden sicherer, den Ängstlichen mutiger.*» (Theo Schoenaker)[6]

«*Die Menschen sind, was die Umstände aus ihnen machen, doch werden sie, was sie aus den Umständen machen.*» (Manès Sperber)[7]

---

2 Verschiedene Ideen und Denkanstöße zu diesem Thema stammen aus Erfahrungen aus meiner eigenen langjährigen Lehranalyse, aus Fortbildungen, Lektüre sowie aus beruflichen Erlebnissen als Dozent und Psychologe. Weitere Anregungen erhielt ich zudem aus Texten von Adler sowie den beiden Büchern von Theo Schoenaker *Mut tut gut* (1996) und *So macht mir mein Beruf wieder Spaß* (1995) und den unten aufgeführten AutorInnen. Schließlich sei hier angemerkt, dass sich einige Abschnitte dieses Kapitels in stark gekürzter und veränderter Form in meinem Buch *Die Droge Verwöhnung* (2011) wiederfinden.
3 zitiert nach Burow 1999, S. 121
4 zitiert nach Peseschkian 2004, S. 87
5 Russell 1989, S. 227 f.
6 Schoenaker 1996, S. 9
7 Sperber 1987, S. 161

Die grundlegende Bedeutung des Menschenbildes

Wer sich mit dem weiten Feld der Ermutigung beschäftigen möchte, kommt nicht darum herum, sich vorgängig mit der zentralen Frage des eigenen Menschenbildes auseinander zu setzen. Und gleich vorweg: Eine wesentliche Grundlage für Ermutigung ist ein positives Menschenbild. Ich werde deshalb zuerst auf diese Thematik näher eingehen, bevor ich dann zur Darstellung eines Konzeptes von Ermutigung überleite.

Ob wir Kinder und Jugendliche unterrichten, über Menschen forschen, sie beraten oder therapieren, sie diagnostizieren, ob wir als Vorgesetzte eine MitarbeiterInnen-Sitzung leiten, mit der Partnerin eine Diskussion über Ferienpläne führen, uns über Mitmenschen ärgern, mit anderen im Bus ins Gespräch kommen oder uns dort abweisend verhalten – immer gehen wir von bestimmten Vorstellungen über den oder die Menschen, d. h. von bestimmten Grundannahmen und Meinungen aus (Mutzeck 2002). Natürlich spielen dabei auch situative Einflüsse und momentane Stimmungen eine Rolle. Zusammenfassend lässt sich das auch als Menschenbild bezeichnen. Das Menschenbild beinhaltet also Auffassungen über die Natur des Menschen (gut, böse usw.), über seine Lebens- und Entwicklungsbedingungen, seine Motive und Antriebe, seine Stellung in der Natur und im Kosmos sowie in der Gesellschaft (vgl. Frick 1986). Es enthält Meinungen über die eigene Person, die anderen Menschen und die Zukunft. Diese Grundannahmen, Grundhaltungen oder Grundmeinungen – man könnte auch von einer *Grundorientierung* sprechen – sind vielen Menschen zumindest teilweise oder überhaupt nicht bewusst, und sie werden im Laufe der Lebensgeschichte, besonders in Kindheit und Jugendzeit gelernt, differenziert, ge- und verfestigt. Schließlich sind sie von entscheidender Bedeutung, weil sie uns in vielfältiger Art und Weise beeinflussen, lenken und leiten, wenn auch vielfach oder sogar meistens unbewusst. Das Menschenbild bestimmt also wesentlich die entsprechenden Grundhaltungen, von denen ich der Einfachheit halber einige verkürzt bzw. zugespitzt und beispielhaft als Gegensatzpaare einander gegenüberstelle – in der Realität sind es eher Tendenzen in die eine oder andere Richtung:

- soziale Verbundenheit *oder* Feindseligkeit anderen gegenüber
- Vertrauen zum Mitmenschen *oder* Misstrauen gegenüber den Menschen

2. Grundlagen: Menschenbild und Konzept der Ermutigung

- Empfinden der Gleichwertigkeit *oder* Gefühl der Unter- oder Überlegenheit.

Das Menschenbild, das jeder Mensch in sich trägt, bildet die Grundlage des persönlichen, individuellen Lebensstils, der Ziele, Handlungen, Entscheide, Gefühle sowie der Verhaltensweisen und stellt somit mehr als einfach ein rein philosophisches Problem dar: Es entscheidet nämlich wesentlich mit, wie wir mit anderen Menschen, seien es SchülerInnen, dem Lebenspartner oder der Lebenspartnerin, BerufskollegInnen, Freunden, Nachbarn oder Fremden umgehen, aber auch, was wir ihnen an Fähigkeiten zugestehen, was wir von ihnen erwarten, was wir erhoffen oder befürchten. Dieses Menschenbild, das sich in Lebensstilsätzen wie «*ich bin ...*», «*die Welt ist ...*», «*die anderen Menschen sind ...*» äußert, drückt sich in relativ stabilen Beziehungsmustern aus und bildet schließlich die Leitlinien für das Denken, Fühlen und Verhalten eines Menschen.

Der folgende kurze Text von einem unbekannten Verfasser fängt eine Variante einer gelebten Erwartungshaltung – hier am Beispiel eines Hundes – treffend ein und lässt sich sehr gut auf das menschliche Leben übertragen:

Die fatale Erwartung

*Ein Hund irrt in einem Raum herum,
in dem alle Wände Spiegel sind.
Überall sieht er Hunde.*

*Er wird wütend,
fletscht die Zähne und knurrt.
Alle Hunde in den Spiegeln fletschen ebenfalls
wütend die Zähne.*

*Der Hund erschrickt, fängt an im Kreis
herumzulaufen,
so lange, bis er schließlich
tot zusammenbricht.*

*Hätte er doch nur ein einziges Mal mit
dem Schwanz gewedelt.*

Ob man in seinem tiefsten Inneren den Menschen allgemein beispielsweise als entwicklungsfähig, mit guten Anlagen ausgestattet oder von egoistischen Genen und dunklen Trieben beherrscht sieht, entscheidet maßgebend mit über die Haltung und das Verhalten anderen gegenüber, sei dies im privaten wie öffentlichen Leben, im Berufsalltag wie in der Freizeit. Wer etwa davon überzeugt ist, dass die Menschen im Allgemeinen unfreundlich sind und man ihnen deshalb nicht vertrauen kann, erzeugt so, ob er/sie es merkt oder nicht, negative Gefühle in sich – mit den entsprechenden Folgen. Der Spruch von Lao Tse[8], wer nicht Vertrauen habe, dem werde man auch nicht vertrauen, variiert diese Erkenntnis.

In **Tabelle 2-1** werden solche Menschenbilder auf einige Kernaussagen reduziert und vereinfacht sowie einige mögliche Folgen daraus abgeleitet.

Die Aussagen 1 bis 6 sind eher von einem positiven Menschenbild geprägt, die Aussagen 8 bis 13 hingegen basieren tendenziell auf negativen Annahmen über den Menschen, die Nummer 7 kann je nach Kontext der Aussage eher dem positiven (a) oder dem negativen (b) Menschenbild zugeordnet werden.

Aus einer historischen und gesellschaftlichen Perspektive möchte ich an dieser Stelle kurz einflechten, dass das klassische christliche Menschenbild von einem mit der Erbsünde belasteten Menschen ausgeht, während etwa die wirtschaftsliberale Auffassung die Konkurrenz, die Überbetonung des Individuums und die ausgeprägte Eigenverantwortung ins Zentrum stellt. Diese beiden Varianten von Menschenbildern sind aus meiner Sicht sowohl problematisch wie verhängnisvoll und werden deshalb hier nicht weiter verfolgt – das Gleiche gilt für postmoderne Konzeptionen, die sich u. a. durch Beliebigkeit im Sinn von *anything goes* «auszeichnen».

Es geht hier nicht darum, ein naiv-positives Menschenbild zu postulieren, wonach alle Menschen lieb und gut seien und jeder und jede gleichsam von selbst alles erreichen kann, wenn er oder sie das nur will: Solche von esoterischen BestsellerautorInnen verkündete «Weisheiten» (oder vielleicht treffender: Dummheiten) sind häufig nicht nur unhaltbar oder gelegentlich auch lächerlich, sondern manchmal auch höchst gefährlich, wie das etwa Scheich (1997) und Goldner (2000) anhand verschiedener tragischer Beispiele eindrücklich dokumentiert haben. Menschen, die «immerzu positiv denken, sind eine leichte Beute» (Schmid 2005b,

---

8 Lao Tse (Tao-Te-King), zitiert nach: Breitenbach/Requardt 2005, S. 55

2. Grundlagen: Menschenbild und Konzept der Ermutigung

Tabelle 2-1: Einige Menschenbilder und ihre möglichen Folgen

Der Mensch ist ...	Beispiele für daraus folgende mögliche, tendenzielle Einstellungen, Gefühle und Handlungen
1. ... entwicklungsfähig, ein Lernwesen.	Alle SchülerInnen sind lernfähig.
2. ... mit guten «Anlagen» ausgestattet.	Auch im abweisenden Peter steckt ein guter Kern, den ich noch am Entdecken bin.
3. ... zu freien, selbständigen Entscheiden fähig.	Ich traue meinen MitarbeiterInnen etwas zu und lasse ihnen genügend Spielraum.
4. ... ein handelndes, aktives Wesen.	Ich versuche, mein Bestes zu geben.
5. ... ein denkendes, ein vernünftiges Wesen.	Man kann in vielen Fällen mit anderen Menschen mit vernünftigen Argumenten Probleme besprechen und klären.
6. ... unter entsprechenden Umständen in der Regel gerne kooperativ.	Wenn ich meine SchülerInnen fair behandle, so verhalten sie sich tendenziell meistens auch in diese Richtung – Ausnahmen bestätigen die Regel.
7. ... von der Umwelt abhängig und beeinflussbar.	a) Ich habe halt wenig Gestaltungs- oder Spielraum. b) Ich kann Kindern in der Schule vieles für das Leben mitgeben: Fachliches und Menschliches.
8. ... egoistisch, träge, faul, arbeitsscheu.	Wenn ich meinen Untergebenen nicht dauernd auf die Finger schaue und sie kontrolliere, arbeiten sie nicht.
9. ... im Innersten unfrei, unsicher, zerrissen, unglücklich.	Der Mensch braucht immer eine starke Hand, die sagt, wo's durchgeht.
10. ... ein konfliktträchtiges Wesen.	Mit Menschen auszukommen ist grundsätzlich schwierig.
11. ... ein Herdentier, manipulierbar.	Wenn ich als Chef nicht immer den Tarif durchgebe, fällt das Team auseinander.
12. ... aggressiv und rücksichtslos.	Man muss sich vor allen Männern in Acht nehmen.
13. ... gefährlich, gemein.	Alle im Arbeitsteam wollen mich fertig machen.

S. 108). Beispiele kann ich mir hier sparen. Zudem geht es auch nicht darum, gesellschaftliche Missstände und Ungerechtigkeiten, von denen es mehr als genug gibt, schönzureden oder mit einem positiven Mäntelchen zu kaschieren. Ein gesundes Misstrauen gegenüber Politikern und Wirtschaftsführern etwa, die den BürgerInnen Arbeitsplätze und Sicherheit versprechen, gleichzeitig aber Sozialdemontage am Staat, unverschämte Steuergeschenke für multinationale Konzerne oder Reiche und horrende Löhne für Kaderleute rechtfertigen, erweist sich als durchaus gesunde und notwendige Haltung und ist durchaus kompatibel mit einem guten Menschenbild. Ein positives Bild vom Menschen kann und muss mit einer kritischen Einstellung zu Organisationen und Institutionen einhergehen. Statt einfach blind an das Gute oder Positive zu glauben, ist es angemessener, immer auch kritische Fragen zu stellen. Es gilt hier die Handlung, die Funktion eines Menschen in einer Organisation und den Menschen als Individuum zu unterscheiden. Es gehört zu einem realistischen Menschenbild, dass man ein politisches Umfeld, Formen des Machtmissbrauchs usw. kritisch betrachtet, ohne deswegen den einzelnen Menschen abzulehnen oder zu verdammen. Selbstverständlich wäre es auch naiv und gefährlich, die Existenz von BetrügerInnen, EinbrecherInnen oder Dieben im Alltag auszublenden oder schwerwiegende akute Umweltgefahren und -bedrohungen oder fortwährende Umweltzerstörungen einfach zu negieren – oder von irgendeiner höheren Instanz (Gott, Partei, Führer) zu erwarten, dass die das schon irgendwie richten wird.

Mein Anliegen geht vielmehr dahin, Denkanstöße zum eigenen, persönlichen Menschenbild zu geben, weil die persönliche Lebensqualität – und die eigene Einflussnahme darauf – im engeren Lebensumfeld leichter in eine positive Richtung zu bewegen ist, als größere gesellschaftliche Problembereiche vom Einzelnen verändert werden können. Sperber (1981, S. 691) hat im Hinblick auf die Mehrschichtigkeit und die Funktion von Utopien Folgendes formuliert: «*Ich bin ein Gegner von Utopien, weil sie versprechen, was sie nie erfüllen können.* [Auf unseren Zusammenhang übertragen: Alle Menschen sind harmlos und gut – J.F.]. *Dennoch bleibe ich in der Nähe der Utopisten, weil ihr Elan manchmal dazu verhilft, allmählich jene Änderungen zu bewerkstelligen, die für alle das Leben trotz seiner unabänderlichen Endlichkeit sinnvoll, ja lebensschöpfend gestalten mögen.*» Ich erachte diese Einstellung – mit der kleinen Einschränkung, dass ich den Begriff «Utopie» lieber durch «Vision» ersetzen möchte – als sehr sinnvoll.

Im privaten Bereich erweist sich – wie wir später noch sehen werden – ein prinzipielles oder *tendenzielles Wohlwollen*, ein lebensbereichsspezi-

2. Grundlagen: Menschenbild und Konzept der Ermutigung 29

fisches (nicht blindes) Vertrauen, als hilfreich und gesundheitsförderlich für die persönliche Lebensgestaltung; schon Erikson (1980) hat früh enge Zusammenhänge zwischen erlebtem Vertrauen (Urvertrauen) und der Persönlichkeitsentwicklung des kleinen Kindes erkannt. Eine angemessene positive Grundhaltung zu den Menschen und zum Leben ist immer relativ, differenzierend, abwägend, denn jedes Mal stellt sich die Frage: Womit habe ich es zu tun? Lebensbereichsspezifisch würde beispielsweise bedeuten, in einer guten Partnerschaft dem anderen grundsätzlich und weitgehend zu vertrauen, aber gegenüber einem Finanzakrobaten, der einem für einen bestimmten finanziellen Einsatz eine Traumrendite verspricht, sehr kritisch und vorsichtig zu sein (= gesundes Misstrauen). Wir könnten auch von einem personalen Vertrauen (oder Misstrauen), einem Vertrauen (oder Misstrauen) in einen konkreten Interaktionspartner, und einem systemischen Vertrauen/Misstrauen als Vertrauen/Misstrauen in eine Organisation oder Institution wie eine Partei, eine Kirche oder einen Staat sprechen (vgl. Schweer/Thies 2004). Naturgemäß fällt es schwerer, in eine Organisation Vertrauen aufzubauen und zu behalten, es sei denn, sie verfügt über vertrauenswürdige und glaubwürdige RepräsentantInnen. Eine situationsspezifische, von den Realitäten ausgehende Vorsicht gegenüber potenziell schädigenden zwischenmenschlichen Beziehungen oder Interaktionen ist sicher sinnvoll, denn sie erlaubt es Individuen, Ausbeutung oder körperlichen wie emotionalen Missbrauch zu vermeiden (vgl. Pearson 1997). Doch die durchgängige, grundlegende Überzeugung, dass andere Menschen vor allem gefährlich seien und schlechte Absichten hätten, schadet der Entwicklung von Beziehungen und verhindert so, vielfältige positive Erfahrungen sammeln zu können. Schmid schlägt vor, von einer Basis des Vertrauens auszugehen und gelegentliche Enttäuschungen mit einzukalkulieren; wünschenswert sei ein Vertrauen, das noch einen Hauch von Misstrauen mit umfasst: ein Grundvertrauen, das grundsätzlich gilt, aber eben Ausnahmen zulässt (Schmid 2009). Die grundsätzliche Auffassung, andere Menschen seien tendenziell oder mehrheitlich gefährlich, böse und schlecht, bedeutet eine angststimulierende Einstellung und damit auch eine Einengung, die schließlich dazu führen kann, dass sich Individuen zunehmend isolieren; und sie stellt andererseits auch ein nicht geringes gesundheitliches Risiko dar, wie ich gleich noch darlegen werde. Wer im Gegenüber vor allem die Bedrohung und weniger die Bereicherung sieht, erlebt unzählige Situationen im Alltag rigider und vermag die Vielfalt des Lebens weniger differenziert zu erkennen – und zu genießen.

Trotz allen gesellschaftlichen Missständen und persönlichen Schwierigkeiten des Einzelnen: Eigentlich beruht das ganze menschliche Leben in hohem Maß auf Vertrauen. *Vertrauen ist ein zentrales Charakteristikum menschlichen Lebens.* Ohne Vertrauen ist ein soziales Miteinander schlichtweg nicht vorstellbar, kann unsere Welt nicht funktionieren, d. h. ohne ein Mindestmaß an Vertrauen ist das Leben nicht denkbar: Wir vertrauen beispielsweise selbstverständlich darauf, dass die gekauften Lebensmittel einwandfrei sind, im Straßenverkehr alle Verkehrsteilnehmer vor einer roten Ampel anhalten und der Gegenverkehr in seiner Spur bleibt, dass der eingeworfene Brief von der Post korrekt zugestellt wird, die Eisenbahn nach Fahrplan fährt und die Einladung zum Abendessen mit der Freundin im vereinbarten Lokal zur abgesprochenen Zeit auch tatsächlich stattfindet. Auch im Berufsfeld ist Vertrauen eine entscheidende strukturierende Variable: Ohne sie geht buchstäblich fast nichts. Kurz: Letztlich beruht die ganze Lebensführung in einem erheblichen Ausmaß auf Konventionen und Vertrauen und erst dies ermöglicht überhaupt das Funktionieren einer hoch komplexen Gesellschaft. Vertrauen reduziert zudem die Vielzahl denkbarer und möglicher Handlungsausgänge auf einige wenige – und dadurch wird der einzelne Mensch bzw. ein soziales System überhaupt erst handlungsfähig (Schweer/Thies 2004): Vertrauen bewirkt eine unabdingbare Komplexitätsreduktion von unendlichen Entscheidungsvarianten.

Die Menschen haben sich so sehr an das Vertrauen gewöhnt, dass es ihnen meist erst auffällt, wenn es abhanden kommt – Vertrauen wirkt meistens unbewusst (vgl. Enkelmann/Rückerl 2004). Ein Mindestmaß an Vertrauen – allerdings nicht in Form eines naiven und blinden Glaubens – ist sozusagen die Voraussetzung für eine positive und befriedigende Lebenshaltung. Mittlerweile liegen sogar betriebswirtschaftliche Analysen vor, die nachweisen, wie hoch sich die durch Vertrauen eingesparten Kosten in Unternehmungen beziffern lassen und die zeigen, dass dadurch – als Folge – etwa die Arbeitsabläufe effizienter und die MitarbeiterInnen zufriedener sind (Schweer/Thies 2004).

Drei weitere Argumente zur Abgrenzung von einem naiv positiven Menschenbild möchte ich noch kurz hier aufführen:
1. Ein Mensch braucht auch Anleitung, realistische Ziele sowie die Bereitschaft, sich unterstützen zu lassen.
2. Die naive oder bequeme Haltung im Sinne von «der wird das schon schaffen» kann durchaus auch Interesselosigkeit bedeuten – und dann auch so, nämlich entmutigend, wirken.

3. Bei einigen Varianten des Konstruktivismus besteht durchaus die Gefahr, die ganze Verantwortung für den Lernprozess auf die SchülerInnen abzuwälzen, was diese natürlich überfordert: Alles sei eben Eigenverantwortung, wer nicht wolle, sei selber schuld. Hier gilt es, auch erschwerende soziale Umstände u. a. einzubeziehen.

Kehren wir zum Menschenbild zurück: Die in den vorherigen Abschnitten (stark vereinfacht dargestellten) Grundannahmen über die Menschen und die Welt werden *in den ersten Lebensjahren* eines Menschen aufgrund der individuellen Erfahrungen mit seiner Umgebung, seinen Erziehungs- wie Beziehungspersonen entwickelt, modifiziert, verändert und schließlich gegen das Ende der Kindheit verfestigt. Sie verändern sich in der Regel im weiteren Laufe des Lebens erstaunlich wenig, es sei denn, dass wichtige, tiefgreifende positive wie negative Erfahrungen Anlass geben, diese Grundorientierung nochmals zu modifizieren. Traumatische Erfahrungen ohne gegenwirkende Verarbeitungsmöglichkeiten, etwa im Rahmen einer Psychotherapie, können dann beispielsweise eine tendenziell positive Grundorientierung in eine negative verwandeln oder die schon vorhandene negative noch weiter bestärken.

In der Praxis ist die Sache allerdings noch etwas komplexer: Wir verfügen genau genommen über *mehrere Menschenbilder*, d. h. einem nahestehende Personen, mit denen man ein gutes oder inniges Verhältnis pflegt, werden tendenziell günstiger taxiert als fremde Menschen oder Bekannte, mit denen man etwa in einem intensiven Konflikt steht. Trotzdem lässt sich auch hier sozusagen ein Haupt-Menschenbild, ein *leitendes Menschenbild* beobachten, das diesen Teil-Menschenbildern zugrunde liegt. Wer also Menschen mit ihren Gefühlen, ihrem Denken, ihren Handlungen und ihren Problemen verstehen will, tut gut daran, sein zugrundeliegendes Menschenbild näher zu betrachten. Man könnte stark vereinfacht folgende zwei Aussagen aufstellen:

1. *Sage mir – oder besser: Zeige mir in deinem Verhalten –, welches Menschenbild du hast, und ich sage dir, wie du etwa bist und welche Probleme und Stärken du im Umgang mit anderen Menschen zeigst oder haben wirst!*

2. *Sage mir – oder besser: Zeige mir in deinem Verhalten –, wie du wahrnimmst und interpretierst, und ich sage dir, wer du ungefähr bist.*

Sechs Varianten von Menschenbildern

Am folgenden, fiktiven und witzigen Beispiel, das ich von Friedemann Schulz von Thun (1991, S. 160 f.) übernommen und verändert habe, möchte ich dies anhand von verschiedenen Reaktionen eines Firmeninhabers etwas näher veranschaulichen. Es geht um ein Problem zwischen dem Vorgesetzten und seiner Untergebenen: Die Angestellte, Frau Lehner, hat es unterlassen, die Unterlagen für einen Geschäftsabschluss richtig einzuordnen, so dass ihr Chef während ihrer Abwesenheit einige Zeit vergeblich suchen musste. Achten Sie auf die verschiedenen Vorgehensweisen und Äußerungen des Vorgesetzten, wobei Sie sich die Stimme bzw. die Stimmungslage des Vorgesetzten und die gefühlsmäßige Reaktion der Untergebenen selber ausmalen müssen.

Varianten von Menschenbildern

Variante 1: (sachlich und freundlich, mit einem offenen, freundlichen und zugewandten Blick) *Frau Lehner, ich habe gemerkt, dass Sie die Unterlagen betreffend der Firma Neon falsch eingeordnet haben. Diese Dokumente gehören in den hintersten Schrank im Büro.*

Variante 2: (gereizt, zunehmend ungeduldig) *Frau Lehner, darf ich Ihnen das einmal zeigen? Sehen Sie mal hier bitte! Die Unterlagen betreffend Neon gehören doch zu den Geschäftsabschlüssen. Sie haben das aber in den falschen Schrank gelegt. Sie wissen ja: immer in den hintersten Schrank, nicht wahr? Das habe ich Ihnen doch sicher schon mehr als einmal erklärt, erinnern Sie sich? Na bitte, aal-so* (gedehnt). *Nochmals* (betont): *Geschäftsabschlüsse gleich hinterster Schrank, können Sie sich das nun merken? Klar? Das müssen Sie sich absolut einprägen, sonst ...*

Variante 3: (gereizt, zynisch) *Frau Lehner? Kommen Sie doch mal bitte, ja? Wie lange arbeiten Sie nun eigentlich schon bei uns? Eben, schon über ein Jahr! Sehen Sie mal hier! Was ist das? Nun? Fällt Ihnen dazu nichts ein? Doch ... Aha! Aus Versehen, aus Versehen, na bitte, wie viel Mal noch aus Versehen?*

Variante 4: (sehr ärgerlich) *Frau Lehner ...* (längere Pause). *Neonpower, Neonpower, Neonpower ...* (Pause). *Ich suche mich halbtot. Sie wissen doch, wie mir die Arbeit schon längere Zeit bis zum Hals steht*

2. Grundlagen: Menschenbild und Konzept der Ermutigung 33

... (seufzt laut und wiederholt) ... Warum plagen Sie mich schon wieder mit Ihrer schludrigen Ablegerei??! Was soll das eigentlich, Sie ...?

Variante 5: (kontrolliert ärgerlich, zögert) *Frau Lehner, es ist mir nicht angenehm ... (zögert leicht) die Sache anzusprechen. Aber – äh – es ist Ihnen da – äh – wieder eine – äh – gewisse – äh – Ungenauigkeit unterlaufen, oder?* (Pause, dann plötzlich) *Ist irgendetwas nicht in Ordnung?* (Längere peinliche Pause, dann abrupt) *Haben Sie Sorgen in der Familie ... mit Ihrem Mann? Oder vielleicht mit den Kindern? Mit mir können Sie ja offen sprechen, Sie wissen ja, jeder hat ja so seine Tiefpunkte, nicht wahr, das kennen wir ja oder ...*

Variante 6: (kontrolliert wütend, zynisch) *Ihre Sorgfalt und Genauigkeit, Frau Lehner, beeindruckt mich wirklich außerordentlich. Die Ablage der Neonpower-Unterlagen im falschen Schrank – präzis im falschen Schrank natürlich – ist ein außerordentlich humorvoller Beitrag zum Wohlbefinden eines unterbeschäftigten und faulen Chefs ... ich danke schon se-e-h-r* (gedehnt und sehr betont) *für Ihren wirklich originellen Beitrag zur ...* (bricht abrupt ab, dreht sich wütend um und eilt aus dem Büro)

Jede dieser Aussagen geht von bestimmten Grundannahmen oder Grundhaltungen über Menschen, hier im Besonderen über die Mitarbeiterin Lehner aus. Wie Frau Lehner diese Aussagen wahrnimmt, erlebt, interpretiert, verarbeitet und darauf reagiert, hängt neben der bisherigen Beziehung zu ihrem Vorgesetzten von ihrem eigenen Menschenbild, aber auch ihrer Tagesform und anderen Faktoren ab. Wie erwähnt spielen auch Tonlage sowie die begleitende Mimik und Gestik des Chefs eine wichtige Rolle. Nur im ersten Beispiel reagiert der Vorgesetzte sachlich, freundlich und unterstützend – und nur hier besteht vermutlich die Chance, dass Frau Lehner auch entsprechend, d. h. positiv und offen darauf eingehen wird und möglicherweise daraus lernen kann. Die Varianten 2 bis 6 beinhalten autoritäre, belehrende, drohende, beleidigende, Schuldgefühle wie Empörung auslösende, aber auch gönnerhafte und unechte Posen sowie Zynismus. Die Wirkung auf die Untergebene wird mit großer Wahrscheinlichkeit ungünstig ausfallen, d. h. es wird nicht am Problem, der falschen Einordnung gearbeitet, es wird kaum eine Lösung, eine Einsicht entstehen, sondern die Mitarbeiterin wird mit Ressentiments, Wut, Ärger, vielleicht auch Angst reagieren. Die Stimmung zwischen den beiden ist verdorben, Frau Lehner vermutlich demotiviert, unzufrieden.

Umgekehrt gilt: Je gewinnender, gelassener und vor allem wertschätzender das eigene Auftreten in zwischenmenschlichen Situationen – und hier vor allem auch in Konflikten – ausfällt, desto höher ist die Wahrscheinlichkeit, dass sich die beteiligten Menschen eher auch so oder ähnlich verhalten.

Grundsätzliche Annahmen über den Menschen sagen deshalb mehr über den Träger, den «Konstrukteur» dieser verinnerlichten und in seinem Handeln bestimmenden Menschen aus als über die anderen, denn: *Wir sehen die Dinge nicht so, wie sie sind, sondern wie* wir *sind.* Am deutlichsten erkennt man das bei der Depression: Der Kern der Depression besteht u. a. ja in der negativen kognitiven Triade (Beck 1999, S. 41 ff.): *Ich bin nichts wert (negatives Selbstbild), die anderen mögen mich nicht (negatives Fremdbild), was bringt schon die Zukunft, wozu soll ich eigentlich noch leben? (negative Zukunftserwartung).* Depressive Menschen fühlen sich sehr schlecht, empfinden und beurteilen sich und andere tendenziell deutlich negativ und – das ist das Tragische – sie verhalten sich so, dass es der Umgebung bald einmal schwer fällt, ihnen positive Gefühle entgegenzubringen. Weil sich Depressive so negativ empfinden, ziehen sie sich zurück, trauen sich nichts oder wenig mehr zu, weisen Mitmenschen häufig ab, wirken abweisend usw. Ein Teufelskreis kommt in Gang, sowohl die depressive Person wie auch ihre Umgebung fühlen sich in ihren Annahmen bestärkt.

Gesundheit, Grundhaltung und Menschenbild

Frühe gesundheitsmedizinische Einsichten über Zusammenhänge von Psyche und Körper entwickelte schon ab den 1950er-Jahren Hans Selye (1957, 1977) in seinen Klassikern über Stress. In unserem Zusammenhang wichtig geworden ist sein Konzept des altruistischen Egoismus: Verhaltensweisen, die in einem Gefühle der Erfüllung und der Sicherheit hervorrufen, entstehen u. a. dadurch, dass man bei anderen Menschen Liebe, Zuneigung oder Dankbarkeit für das weckt, was man getan hat. Vereinfacht: Positive Gefühle erlebt man, wenn man anderen Menschen hilft und der Körper in einen ausgeglichenen, entspannteren Zustand übergeht. Oder noch prägnanter und ganz kurz ausgedrückt: Helfen ist

2. Grundlagen: Menschenbild und Konzept der Ermutigung 35

gesund. Gemeint ist dabei selbstverständlich nicht die aufopfernde Hilfe, die eigene Bedürfnisse rücksichtslos übergeht, also die Hilfe aus reiner Pflichterfüllung. Echte Hilfe muss sozusagen in Freiheit gewährt werden, statt etwas Erzwungenes oder Auferlegtes zu sein. Auch eine helfende Person muss lernen, sich dabei Grenzen zu setzen. Und: Helfen ist nur gesund, wenn dabei nicht die eigenen Kräfte überfordert werden, denn sonst steigt das Risiko für eine schlechtere mentale Gesundheit sowie für körperliche Symptome (beispielsweise eine schlechtere Immunabwehr oder ein höherer Spiegel von Stresshormonen). Chronisch gestresste HelferInnen weisen ein höheres Gesundheitsrisiko für Bluthochdruck, Diabetes oder Infektionen auf, wie die Untersuchung von Vitaliano et al. (2003) an der Universität Washington nachweisen konnte. Zusammengefasst: *Helfen ist sowohl für die Psyche wie auch für den Körper gesund – wenn es sich in Grenzen hält,* wenn dabei die eigenen Bedürfnisse nicht übergangen werden. Letzteres kann bei bestimmten Formen von christlichen Helfersyndromen der Fall sein. Hilfreiches Helfen für beide Seiten grenzt sich also deutlich von Varianten christlicher Nächstenliebe ab, wo die Selbstaufopferung, die Selbsterhöhung durch Leiden, das Erhalten eines Gotteslohnes im Jenseits usw. die Motivationsbasis liefern. Es geht also nicht nur um das Maß des Helfens, sondern auch um das Motiv.

Hilfsbereite Menschen können sogar noch mehr für ihr seelisches Wohlbefinden profitieren als diejenigen, die sich helfen lassen: Das haben Schwartz und MitarbeiterInnen (2003) an der Universität Massachusetts herausgefunden. Laut dieser Untersuchung an 2000 Menschen zeigte sich u. a. Folgendes: Wer sich selbst aktiv um andere kümmert, hat nach eigenen Angaben weniger mit Ängsten und Depressionen zu kämpfen. Das hat mit großer Wahrscheinlichkeit auch damit zu tun, dass Helfende weniger auf sich selbst fixiert sind.

Wer anderen Menschen also in ihren Schwierigkeiten oder ihrer Not beisteht, entwickelt tendenziell das Gefühl, etwas Gutes zu bewirken: Das beglückt, macht zufriedener und fördert so das eigene Geborgenheitsgefühl. Bekannt ist dieses Phänomen bei vielen helfenden Tätigkeiten und Berufen, von der Nachbarschaftshilfe bis zur Pannenhilfe, in der psychotherapeutischen oder ärztlichen Praxis (vgl. Mogel 2004). Man tut sich selbst Gutes, indem man sich Mühe gibt, anderen Gutes zu tun, sich also quasi die Liebe seines Nächsten verdient. Weitere Untersuchungen von Wissenschaftlern an der Johns Hopkins Medical School in Baltimore zeigten, dass unser Gehirn eigene morphinähnliche Substanzen, die Endorphine produziert, die beim Helfen nicht nur schmerztötend wirken, sondern auch starke Gefühle des Wohlbefindens, ja manchmal sogar der Euphorie auslösen (vgl. Luks/Payne 1998, S. 34). Es kann heute als gesicherte Erkenntnis festgehalten werden, dass bestimmte Lebenseinstellungen auf den Körper wie die Psyche günstige bzw. schädliche Auswirkungen haben. So stellen etwa Gefühle und Einstellungen der Hoffnungslosigkeit und Hilflosigkeit ein bedeutendes Gesundheitsrisiko dar, während *Freude, Optimismus und die Zuwendung zu anderen Menschen* der körperlichen und emotionalen Gesundheit des Menschen förderlich sind (vgl. Luks/Payne 1998, Seligman 1999a, 1999b). Weitere frühere Arbeiten (Friedman/Rosenman 1974) über gesunde und ungesunde Lebenseinstellungen zeigen, dass Menschen mit dem so genannten Typ-A-Verhalten, gekennzeichnet u. a. durch eine feindselige Grundhaltung, eine erhöhte Anfälligkeit für Herzgefäßerkrankungen aufweisen, d. h. es besteht ein gewisser – allerdings nicht linearer, eher komplexer – Zusammenhang zwischen feindseligen Gefühlen und Infarktrisiko. Je negativer jemand dem Leben und den Menschen gegenüber eingestellt ist, desto mehr steigt die Wahrscheinlichkeit für das Auftreten einer Angina pectoris und umso häufiger und stärker zeigen sich Herzattacken. *Feindseligkeit ist – kurz und bündig formuliert – ungesund*. Umgekehrt hilft ein Mindestmaß an Vertrauen in andere Menschen und in sich selbst, den Organismus zu entspannen. Starkes Vertrauen führt den Menschen in eine nachhaltige und tiefe Entspannung; der Zustand des Vertrauens und die damit einhergehende körperliche und psychische Entspannung bewirken zudem eine Steigerung des Gefühls der Sicherheit (Enkelmann/ Rückerl 2004). Umgekehrt blockieren Angst und Misstrauen die menschliche Schaffenskraft und Kreativität. Schon Epikur (341–270 v. u. Z.) hat in der Furcht die größte Gefahr für die Glückseligkeit des Menschen gesehen und deshalb die Gelassenheit als ideale Haltung gegenüber dem Leben bezeichnet (vgl. Hossenfelder 1998). Gelassenheit, Vertrauen und Freundschaft sind wichtige Faktoren für ein gesundes Leben. Letzteres stellt Epikur in seinen Lehrsätzen wie folgt dar: «*Von allem, was die Weisheit zur Glückseligkeit des ganzen Lebens in Bereitschaft hält, ist weitaus das Wichtigste der Besitz der Freundschaft. Es ist die nämliche Erkenntnis, die uns einerseits die ermutigende Überzeugung schafft, dass nichts Schreckliches ewig oder auch nur lange Zeit dauert, anderseits Klarheit darüber gibt, dass innerhalb unserer begrenzten Verhältnisse die volle Sicherheit vor allem auf Freundschaft beruhte.*»[9]

---

9   zitiert nach Geyer 2000, S. 101

2. Grundlagen: Menschenbild und Konzept der Ermutigung 37

Es ist eine wichtige Erkenntnis von Seligmans Forschungen (Seligman 1999a), dass zu den negativen bzw. ungesunden Reaktionen auf Stressereignisse nicht nur eine feindselige Stimmung, sondern auch Gefühle der Hilf- und Hoffnungslosigkeit und des Alleingelassenseins, der Einsamkeit gehören. Menschen, die sich deprimiert und außerstande fühlen, ihre persönlichen Lebensumstände selbst zu verändern, leiden deutlich öfter an Gewichtsverlusten, Appetitlosigkeit, Magengeschwüren und Angst. Die (unangemessene) Angst bildet wohl die größte Gefahr für die psychische und körperliche Integrität des Menschen. Die Grundlage für eine generalisierte und unangemessene Angst bildet ein tendenziell negatives Menschen- und Weltbild.

Gute, d. h. befriedigende und erfüllende soziale Beziehungen stellen einen wesentlichen Gesundheitsfaktor dar, während umgekehrt ein Mangel oder sehr unbefriedigende soziale Beziehungen ebenso große Risikofaktoren für die Gesundheit darstellen wie Nikotin, Bluthochdruck, Blutfett und Übergewicht (House 1988). Viele weitere Untersuchungen in verschiedenen Ländern stellen auch interessante Zusammenhänge zur Sterblichkeitsrate fest. So belegt beispielsweise eine Studie über sechs Jahre an über 17 000 Personen in Schweden ein deutlich geringeres Sterberisiko (1:3,7) bei sozial engagierten Menschen im Vergleich zu sozial isoliert lebenden Menschen (vgl. Luks/Payne 1998, S. 39).

Genau wie also eine eher feindselige Einstellung und ähnliche Haltungen anderen Menschen gegenüber tendenziell gesundheitsschädigend sind, gibt es auch Emotionen, die die Gesundheit fördern und das Risiko einer Krankheit zwar in vielen Fällen nicht verhindern, aber häufig mindern können, indem sie den Auswirkungen von Stress entgegenwirken und positive Körperreaktionen hervorrufen. Zu diesen *günstigen, gesundheitsfördernden Emotionen* gehören Optimismus, Freude, Humor, Vertrauen, Gefühle des Selbstwertes – im Gegensatz zum Minderwertigkeitsgefühl –, der Selbstbestimmung (das Gegenstück zur Hilflosigkeit) sowie das Gefühl, gebraucht zu werden und sich einsetzen zu können. Aus zahlreichen Studien der Glücksforschung lassen sich als die fünf häufigsten Merkmale glücklicher Menschen 1. ein hohes Selbstwertgefühl, 2. das Gefühl persönlicher Kontrolle, 3. Extraversion, 4. niederer Neurotizismus sowie 5. hoher Optimismus zusammenfassen (vgl. Dick 2003). Von besonderem Wert für die menschliche Gesundheit erweist sich zudem die Fähigkeit, positive Emotionen wie Freude, Zuneigung, Neugier und Zufriedenheit bewusst zu kultivieren, zu mobilisieren und für die persönlichen Problemlösungen im Alltag einzusetzen (Ernst 2005,

38 Die Kraft der Ermutigung

S. 20–27). Ich werde dazu in Kapitel 9 verschiedene Anregungen geben. Neuere US-amerikanische Forschungsergebnisse zeigen beispielsweise, dass in einer guten Partnerschaft das Verhältnis von positiven zu negativen Gefühlen mindestens 4:1, aber höchstens 10:1 beträgt (vgl. Ernst 2006)!

Schließlich verbreitern positive Emotionen unser Repertoire des Denkens wie des Handelns: *Positive Gefühle entspannen,* machen uns offen für Informationen aller Art – während negative Emotionen wie Angst das Blickfeld stark verengen, eingrenzen, das Denken auf eine einzige Lösung fixieren oder zu unproduktivem Grübeln führen können. In verschiedenen Studien konnten mittlerweile Zusammenhänge zwischen Optimismus und psychischer sowie physischer Gesundheit nachgewiesen werden: Eine durchgehend optimistische Haltung führt beispielsweise nach einer Bypass-Operation tendenziell zu einer rascheren Genesung sowie zu einem höheren Maß an Lebensqualität (Scheier et al. 1989). Letzteres blieb auch nach fünf Jahren noch so. Weitere Untersuchungen belegen schließlich einen engen Zusammenhang zwischen einer optimistischen Grundhaltung und einer guten Immunabwehr. Resultat: Pessimisten sind durch ein schwächeres Immunabwehrsystem einem stärkeren Gesundheitsrisiko ausgesetzt als Optimisten (Rosenkranz et al. 2003).

Selbstverständlich – das soll hier in aller Deutlichkeit festgehalten werden – lassen sich bestimmte körperliche Krankheiten nicht einfach mit einer positiven, optimistischen Einstellung wegzaubern, wie das in esoterischen Kreisen etwa bezüglich Krebserkrankungen wiederholt behauptet wird. Bis heute liegen keine empirischen Beweise vor, dass die seelische Grundverfassung eines Menschen das Entstehen von Krebs begünstigen oder ihm entgegenwirken kann. Eine positive Grundhaltung und eine psychologische Begleitung und Unterstützung helfen einem an Krebs erkrankten Menschen aber eher, besser mit seiner Erkrankung umzugehen und die verbleibenden Lebensmöglichkeiten optimal zu nutzen und damit möglicherweise die restliche Lebenszeit etwas zu verlängern.

Eine quasi «antidepressive», also psychisch günstige Grundhaltung würde analog zum Beckschen Schema etwa wie folgt aussehen (vgl. die **Tab. 2-2**).

Becker (1989, 1994) spricht ganz ähnlich von einer positiven Triade. Eine optimale psychische und körperliche Gesundheit wird nicht allein dadurch erreicht, dass man sich nur auf die eigene Gesundheit konzen-

2. Grundlagen: Menschenbild und Konzept der Ermutigung

Tabelle 2-2: Günstige kognitive Triade

Grundhaltung	Folgen aus der Grundhaltung (Beispiele)
positives Selbstbild	Selbstachtung, positive Einstellung zur eigenen Person: «Ich kann etwas, ich habe einen Wert, ich bin liebenswert.»
positives Bild von anderen Menschen (Fremdbild)	Bejahung der Umwelt: «Andere Menschen mögen mich, ich habe gute Freunde, ich kann mich auf andere Menschen verlassen.»
positive Zukunftserwartung	«Das Leben lohnt sich, ich habe eine Zukunft, ich kann mein weiteres Leben aktiv mitgestalten.»

triert. Vielmehr muss man Beziehungen zu anderen Menschen knüpfen und versuchen, diese Beziehungen positiv zu gestalten: Helfen ist, wie angedeutet, nur eine Möglichkeit dazu, muss aber – wie ein Muskel – betätigt, trainiert werden, weil diese potente Fähigkeit des Menschen wie der untrainierte Muskel eben mit der Zeit verkümmert. Die Rolle der gegenseitigen Hilfe in der Entwicklung der Menschheit ist von verschiedenen Seiten und wissenschaftlichen Disziplinen dargestellt und betont worden (Kropotkin 1902/1975; Leakey/Lewin 1978; Luks/Payne 1998; Kohn 1989; Auhagen 2004; Axelrod 2005), leider mit sehr geringer Resonanz sowohl in der Öffentlichkeit wie auch im wissenschaftlichen Diskurs. Das ist zumindest erstaunlich, weil beispielsweise aus der Gesundheitspsychologie als erhärtete Erkenntnis gilt, dass Glück bzw. Wohlbefinden positiv korreliert mit den prosozialen Einstellungen eines Menschen (vgl. Hascher 2004).

Realistischer Optimismus

«Die wahren Optimisten sind nicht davon überzeugt, dass alles gut gehen wird. Aber sie sind überzeugt, dass nicht alles schief gehen wird.» (Unbekannt)

In früheren Abschnitten wurde mehrmals die Rolle des Optimismus angesprochen: Eine ermutigende Grundhaltung steht mit Optimismus in einer engen Korrelation. Menschen in einer positiven Stimmungslage gelingt es beispielsweise eher als PessimistInnen, angemessene Problemlösungsstrategien zu entwickeln; sie vermögen eher ihrer Intuition, ihrer Einschätzung zu trauen, weil sie damit in der Regel gute Erfahrungen gemacht haben, oder kreative Prozesse in Gang zu setzen, weil sie weniger verbissen und angespannt sind. Scheier und Carver (1987) führen in ihren Arbeiten das Konzept des «*dispositionalen Optimismus*» (= Neigung zu Optimismus) ein und können Korrelationen zwischen Bewältigungsformen und Optimismus belegen. So neigen beispielsweise Pessimisten eher dazu, Misserfolge internal (d. h. sich selber), Erfolge hingegen external (d. h. äußeren Faktoren wie Glück, Zufall, eine leichte Aufgabe) zuzuschreiben. Optimisten verfahren umgekehrt: Sie schreiben Erfolge tendenziell ihren eigenen Fähigkeiten zu, Misserfolge mangelndem persönlichem Einsatz, widrigen Umständen oder Pech. Auch sind Menschen mit situationsübergreifenden optimistischen Stimmungslagen kontaktfreudiger, hilfsbereiter und haben *mehr Zutrauen in ihre eigenen Kompetenzen* und die ihrer Mitmenschen (vgl. auch Lorenz 2004). Optimistische Menschen zeigen zudem eine hoffnungsvolle(re) und zuversichtliche Grundhaltung im Leben – und sie investieren viel weniger Energie in negative oder negativ erwartete Ereignisse, grübeln weniger bis kaum über mögliche Misserfolge und schwierige Situationen oder Konflikte. Stattdessen konzentrieren sie sich zielorientierter auf das Anpacken und Gelingen ihrer Vorhaben und Pläne. Bei Pessimisten verläuft dies mehr oder weniger umgekehrt.

Mit «realistischem Optimismus» ist – ich betone das bewusst nicht zum ersten Mal – nicht eine naive positive und unkritische Grundhaltung gegenüber sich und der Welt gemeint, die sich beispielsweise in einer blauäugigen Einstellung gegenüber den eigenen Bewältigungsmöglichkeiten äußert, etwa nach dem Motto: «Ich kann alles erreichen, wenn ich nur will!» *Ein realistisch optimistischer Mensch sieht auch klar die Grenzen und Begrenzungen, die in ihm selber oder der gestellten Aufgabe stecken:* Das schützt zugleich vor überhöhten Erwartungen und führt so zu weniger entmutigenden Erfahrungen. Ein realistischer Optimismus ist immer mit einer gesunden Prise Skepsis versetzt!

Menschen, die tendenziell eher über ein optimistisches Konzept verfügen, haben eine höhere Lebensqualität. Bengel et al. (2002, S. 58) fassen den derzeitigen Wissensstand dazu wie folgt zusammen: «*Mehrere Studien bestätigen den protektiven (= schützenden) Einfluss von dispositionalem Optimismus auf die körperliche Gesundheit, das psychische Wohlbefinden, die Lebenszufriedenheit, auf Bewältigungsverhalten sowie prä-*

2. Grundlagen: Menschenbild und Konzept der Ermutigung 41

ventive Gesundheitsverhaltensweisen.» Umgekehrt erweist sich so eine negative, pessimistische Grundhaltung, ein «tendenzieller Pessimismus» als ungünstig, lebenstrübend, möglicherweise auch gesundheitsschädigend. Dieser dispositionale Pessimismus wird in Kapitel 3 u. a. am Beispiel von Kafka als Variante einer entmutigten Lebenshaltung dargestellt.

Die individuelle subjektive Wahrnehmung und ihre Bedeutung

Viele Menschen gehen davon aus, dass ihr Leben von den Umständen, d. h. ihren Lebensbedingungen geprägt oder bestimmt wird. Das stimmt nur teilweise. Es sind weniger die Erfahrungen oder Bedingungen selbst, die entscheiden, sondern *unsere persönliche Reaktion darauf,* die Art und Weise, wie wir auf Ereignisse emotional, kognitiv und als Folge davon im Verhalten reagieren. Als Beispiel mag hier der Schmerz dienen: Die Empfindung physischen Schmerzes hängt nicht nur von der Intensität des schmerzhaften Reizes ab, sondern auch von der subjektiven, individuellen Einstellung dazu: eine Erkenntnis, die aus der Schmerzforschung schon länger bekannt ist.

Die Einsicht in die subjektive individuelle Wahrnehmung und ihre Bedeutung hat auch schon Montaigne (1580/2000, Bd. 1, S. 14) scharfsichtig gewonnen, wenn er – in Anlehnung an Epiktet und Seneca – ein Kapitel seiner berühmten Essais mit der folgenden treffenden Überschrift versieht: «*Ob wir etwas als Wohltat oder Übel empfinden, hängt weitgehend von unserer Einstellung ab.*» Die Individualpsychologie betont schon seit vielen Jahrzehnten, dass wir unsere Erfahrungen *machen* – und damit die Bedeutung bestimmen, die diese Erfahrungen für uns haben sollen (vgl. Dreikurs 1987, S. 18). Es ist immer eine *private Logik*, eine subjektive Wahrnehmung, Verarbeitung, Interpretation, Folgerung und Schematisierung, die jedes Individuum aus den unzähligen Erlebnissen und Ereignissen des Lebens trifft – und diese Logik ist den meisten Menschen gar nicht oder höchstens teilweise bewusst. Adler nennt dies auch die «tendenziöse Apperzeption», den persönlichen Wahrnehmungs- und Verarbeitungsstil des Menschen. Dazu gehören auch die Erwartungen des Menschen: Wir handeln entsprechend unseren Erwartungen. Sie sind es, die unser Tun letztlich bestimmen (vgl. Dreikurs 1987, S. 46). Man könnte deshalb noch einen Schritt weitergehen und sagen, dass es unsere Selbsteinschätzung ist, die mehr als alles andere unsere Zukunft, unsere Möglichkeiten wie auch unsere Begrenzungen bestimmt (Dreikurs 1987, S. 48). Es ist die aktuelle Fokussierung unserer Wahrnehmung, die bestimmte Erlebnisweisen schafft, herstellt.

Es kann heute als gesicherte Erkenntnis gelten, dass Menschen ihre Erfahrungen aktiv und selber gestalten, individuell konstruieren, selektieren, verarbeiten, also Erfahrungen nicht einfach mit dem berühmten Nürnberger Trichter verpasst bekommen; ebenso wenig prägen Erfahrungen das Individuum wie ein Prägestempel (vgl. z. B. Piaget 1988; Adler 1973b; Roth 1997; Bauer 2002). Auch Korzybski (1951) untersuchte diese Fragestellung schon ab den 1920er-Jahren und drückte eine seiner diesbezüglichen Erkenntnisse dann wie folgt aus: «*Es gibt keine Wahrnehmung ohne Interpolation und Interpretation.*»[10] Roth (1997, S. 106 f.) formuliert es recht ähnlich: «*Die Bedeutung von Signalen* [z. B. Verhaltensweisen von anderen Menschen – J.F.] *hängt überhaupt nicht von der Beschaffenheit der Signale ab, sondern von den Bedingungen, unter denen sie beim Empfänger aufgenommen werden. Es ist der Empfänger, der Bedeutung konstituiert.*» Mit anderen Worten: *Wir machen unsere Erfahrungen – die Erfahrungen machen uns nicht!* Erfahrungen sind also das, was wir daraus und damit machen. Die ganz persönliche Perspektive des Menschen, seine individuelle Verarbeitungsweise sind der Schlüssel zum Verständnis seines Strebens, Fühlens, Denkens und Handelns: Die subjektive Erfahrung stellt den wirksameren und entscheidenderen Faktor für die Entwicklung dar als die vorgegebene Umweltsituation oder das Ereignis. Das hat für das Verständnis des menschlichen Verhaltens erhebliche Konsequenzen. Damit soll natürlich keineswegs die enorme Bedeutung der Umweltbedingungen für die Entwicklung des Menschen negiert werden.

Ganz ähnlich sieht das auch schon ab den 1920er-Jahren der Sozialpsychologe Kurt Lewin (1935, 1946) in seiner Feldtheorie, wenn er davon ausgeht, dass die Wahrnehmung des Feldes, hier der Umwelt, nicht objektiv gegeben ist, sondern vielmehr von der Einstellung des Betrachters/der Betrachterin und seiner/ihrer Interaktion mit dem Feld abhängig ist: Das Feld, die Landschaft sind also immer erlebte Felder oder Landschaften. Auch er betont, dass nicht die objektive Realität von psychologischer Bedeutung sei, sondern die Realität, die vom Individuum erlebt wird. Bronfenbrenner (1981) drückt das später in anderen Worten

---

10 Korzybski 1951; zitiert nach Ellis und Hoellen 2004, S. 75

ähnlich aus. Unsere Überzeugungen – so bestimmt sie auch sein mögen – sind, wie auch später der Neurobiologe Roth (1997, S. 270) treffend vermerkt, letztlich nur Hypothesen über die Umwelt.

Vom ersten Lebenstag an gestaltet der Mensch also als aktives Wesen sein Leben mit, wählt aus einer unendlichen Fülle von Eindrücken aus, ordnet, verarbeitet, gestaltet um, interpretiert, vergisst, verdrängt, verinnerlicht usw. (Frick 2006). Schließlich sehen wir die Welt im Allgemeinen so, wie wir gelernt haben, wie sie sein soll – eben nicht wie sie ist (vgl. Frick 2009, S. 38).

Die Meinung bestimmt das Fühlen, Denken und Handeln

«*So wie wir denken, so sind wir.*» (Unbekannt)

Die Meinungen, die Menschen im Laufe ihrer Entwicklung über sich, die anderen Menschen, die Welt und die Zukunft gebildet und verfestigt haben, bestimmen – wie aus den vorherigen Darlegungen deutlich hervorgegangen ist – ihr Verhalten: Nicht die Fakten selbst beeinflussen und bestimmen vor allem das menschliche Fühlen, Denken und Handeln, sondern die persönliche, subjektive Interpretation. Die Individualpsychologie spricht hier auch, wie oben erwähnt, treffend von «privater Logik» oder «tendenziöser Apperzeption» (Dinkmeyer/Dreikurs 1980). Viele dieser Meinungen oder Grundannahmen sind ihnen *nicht oder nur teilweise bewusst* – nicht zuletzt auch deshalb, weil sie in wesentlichen Teilen in einer Zeit (konkret: der Kindheit) entstanden sind, in der die kritische Selbstreflexion noch nicht vorhanden war. Was der einzelne Mensch über sich und seine Möglichkeiten, seine Grenzen, seine Fähigkeiten annimmt, steht in direkter Beziehung zu seinen Bemühungen und Leistungen. Wer glaubt, dass er oder sie wenig oder keine Möglichkeit hat, mit einer bestimmten Situation erfolgreich fertig zu werden, wird meistens (oder zumindest mit erhöhter Wahrscheinlichkeit) dieses Ergebnis erzielen: Er wird vielleicht noch auf eine Prüfung etwas lernen, aber dabei immer vom Gefühl und der Meinung begleitet sein, es ja doch nicht begreifen oder schaffen zu können. Wer hingegen glaubt, dass er oder sie etwas Positives und Konkretes unternehmen und eine Situation ändern kann, wird das im Allgemeinen auch tun – oder zumindest versuchen. Zuversichtliche, mutige Menschen, gehen eher von Annahmen aus wie: «*Ich kann damit fertig werden*», «*Ich kann Einfluss nehmen*», «*Ich beherrsche das und ich werde es vermutlich schaffen*», «*Ich werde es auf jeden Fall probieren*» usw. Solche Menschen reden sich vor zu bewältigenden Aufgaben gut zu, bekräftigen und bestärken sich. Bei BerufssportlerInnen gehört das zum selbstverständlichen mentalen Vorbereitungstraining: sich ein persönliches Ziel setzen und sich gut zureden, im Geist den Weg zum Erfolg visualisieren, sich das Ergebnis schon vorstellen und sich dann darüber freuen.

Was heißt Ermutigung?

Wenn wir die Begriffe «ermutigen» und «entmutigen» betrachten, so enthalten beide das Wort Mut: Mut ist ein wichtiger Bestandteil des Selbstbewusstseins. So wagt ein mutiges Kind eher, neue Dinge auszuprobieren, geht mit einer positiven Erwartung auf andere Menschen zu, während ein entmutigtes Kind weniger Selbstbewusstsein zeigt und häufiger versucht, neuen oder schwierigen Situationen auszuweichen. Laut der Wikipedia-Enzyklopädie (http://de.wikipedia.org./wiki/Ermutigung, 10. Januar 2006) bedeutet Ermutigung, «*dass eine Person einer anderen oder einer ganzen Gruppe in einer bestimmten Form Mut zukommen lässt, sei es nun in einer Art Zuspruch oder auch durch Gesten, Ansprachen, Flugblätter oder einfache Schlagworte*». Mein Verständnis von Ermutigung geht noch etwas weiter, wie die folgenden Abschnitte zeigen werden.

Die Verwendung des Begriffs der Ermutigung in der Psychologie und der Pädagogik geht auf die Individualpsychologie Alfred Adlers (ab 1904) zurück, d. h. Adler kann mit guten Gründen als Begründer einer Ermutigungspsychologie bezeichnet werden.[11] Adler (1973a) postulierte als lebenslängliche Aufgaben des Menschen, die jede/jeder zu bewältigen bzw. immer wieder neu zu lösen hat, die Felder Arbeit/Beruf, Liebe/Partnerschaft und Gemeinschaft/Freundschaft. Die Lösung dieser grundsätzlichen Aufgaben verlangt Mut, Selbstbewusstsein, Sensibilität, Ausdauer und anderes mehr. Der Adler-Schüler Rudolf Dreikurs hat diesen drei Lebensaufgaben noch zwei weitere hinzugefügt: Die Beziehung zu sich selbst (Selbstakzeptanz) und die Beziehung zum Kosmos, d. h. die Sinnfrage: Warum bin ich da? Was ist die Bedeutung/der Sinn der Welt und meine Bedeutung in der Welt? (Dreikurs 1981).

---

11 So hat er beispielsweise 1927 einen Aufsatz unter dem Titel «Die Erziehung zum Mut» publiziert, in dem er u. a. die zentrale Bedeutung einer Erziehung zum Mut herausstreicht: In: Adler 1982, S. 189–192.

2. Grundlagen: Menschenbild und Konzept der Ermutigung

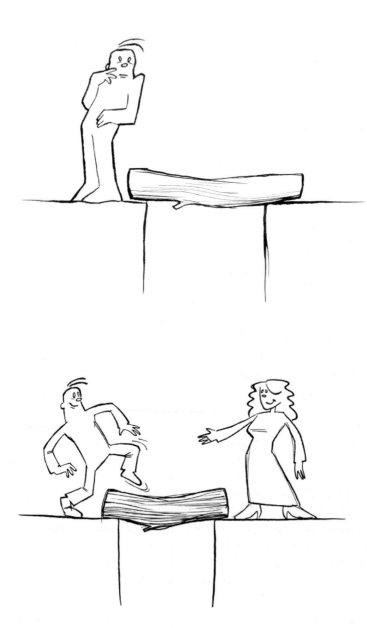

Nun sind schon Kinder und Jugendliche mit vielerlei Anforderungen und Aufgaben des Lebens konfrontiert: dem Aufbau einer eigenen Identität, dem Lernen und der Schule, den Beziehungen und Freundschaften zu Geschwistern und Gleichaltrigen, der Beziehung zu und der Abgrenzung und Ablösung von den Eltern usw. Die Bewältigung all dieser Anforderungen und Aufgaben erfordern Selbstvertrauen – und Mut. Wie finden Heranwachsende Mut? Wie ermutigen wir Kinder, Jugendliche und Erwachsene sinnvoll? Und wo kann Ermutigung gar kontraproduktiv wirken?

Ermutigung gilt in der Pädagogik als unterstützende Erziehungsmaßnahme und lässt sich in frühen Ansätzen schon etwa bei Montaigne, Comenius oder Erasmus von Rotterdam entdecken. Ermutigung wird von Dreikurs und Soltz – aus meiner Sicht zu Recht – als das *«wichtigste Element in der Erziehung von Kindern»* (Dreikurs/Soltz 1994, S. 42) bezeichnet. Vieles, was auf Kinder bzw. Jugendliche bezogen wird, gilt in weiten Teilen auch für Erwachsene. Voraussetzungen für Ermutigung sind u. a. die Wertschätzung des Kindes/des Jugendlichen/des Erwachsenen und ein Einfühlungsvermögen in deren persönliche Situation und Befindlichkeit. Die Basis jeder Ermutigung besteht so darin, *das Gegenüber in einer gleichwertigen Beziehung bejahen* und annehmen zu können: So wie du bist, als Person, mag ich dich, bist du o. k. *(existenzielle Ermutigung)* (vgl. dazu auch: Schoenaker 1995). Dazu gehören weiter das (angemessene und realistische) Vertrauen in die Möglichkeiten und Fähigkeiten des Menschen, der «Glaube» an das Gute im Gegenüber sowie an seine potenziell positiven Veränderungsmöglichkeiten. Nur wer an ein Kind, einen Jugendlichen oder Erwachsenen glaubt, wie es oder er ist, und das Gute in ihnen erkennt, kann richtig ermutigen (Dreikurs 1981). Ohne an das Positive in jedem Menschen zu glauben, kann man nicht wirklich und echt ermutigen. Ermutigung regt das Kind, den Jugendlichen wie den erwachsenen Menschen an, sein Bestes zu geben, und hilft ihm dabei, die eigenen Fähigkeiten überhaupt als solche zu erkennen – Ermutigung wirkt so positiv ansteckend, über sich hinauszuwachsen. Der Effekt der Ermutigung geht also weit über das bloße Vertrauen oder den Glauben an das Gegenüber hinaus, es geht sozusagen um eine Tiefenwirkung, eine Infragestellung von bis dahin vorherrschenden Minderwertigkeits- und Unzulänglichkeitsgefühlen; Ermutigung zielt vielfach darauf ab, dem Entmutigten seine Furcht vor einem Misserfolg, einer Niederlage, einer (häufig nur befürchteten) Beschämung zu nehmen.

2. Grundlagen: Menschenbild und Konzept der Ermutigung

Ermutigen kann sich – der häufigere Fall – auf bestimmte Fertigkeiten beziehen: das Erlernen von neuen Kompetenzen wie etwa mit der Schere richtig schneiden, bruchrechnen oder einen Vortrag halten *(partielle oder spezifische Ermutigung)* (Schoenaker 1995). Ermutigende Qualitäten eines Menschen beinhalten ein echtes Interesse für andere, aufmerksames Zuhören, echtes Engagement, Geduld, Freundlichkeit (Stimme, Blick), die Versuche und Fortschritte des anderen anzuerkennen sowie die Bereitschaft, im anderen das Gute entdecken zu wollen. Ermutigung ist jedes Zeichen der Aufmerksamkeit, das anderen oder uns selbst Mut einflößt oder Auftrieb gibt, oder – wie Dreikurs (1987, S. 138) meint – «*die Fähigkeit, Selbstvertrauen einzuflößen*». Das beinhaltet auch nonverbale Signale wie ein kurzes Nicken, ein Zwinkern oder ein freundliches Lächeln. Ermutigen bedeutet schließlich auch, dass wir den Fehlern, den Misserfolgen weniger Bedeutung beimessen als den Stärken und dem Bemühen – und dies auch so signalisieren – kurz: Ermutigen geht von einem ressourcenorientierten Grundansatz aus.

Die ermutigende Grundhaltung auf der existenziellen Ebene fällt einem nicht einfach in den Schoß, sondern ist vielmehr die Frucht einer intensiven persönlichen Auseinandersetzung mit sich selbst und anderen Menschen. *Wer andere ermutigen will, muss sich selber ermutigen können.* Die «richtige» Ermutigung ist keine leicht zu erlernende «Technik», sondern vielmehr eine innere Überzeugung, eine Haltung, die man sich häufig mühevoll erwerben muss, ja vielleicht sogar eine Kunst. Dazu gehört auch, sich selbst etwas zuzumuten.

Immer wieder lässt sich beobachten, wie Menschen nicht nur direkt, sondern auch indirekt ermutigt werden (können): Erzieherinnen in Kindertagesstätten helfen Kindern beim Erzählen und Besprechen eines Bilderbuches über Ängste in der Nacht meistens indirekt, ebenso wirken Spieltherapien bei Vorschulkindern via indirekte und unbewusste Prozesse. Ein freundlicher Blick oder ein Nicken des Vorgesetzten kann ebenso ermutigend wirken wie ein nettes Wort der Partnerin oder die leichte Berührung mit der Hand durch einen guten Freund. Es gibt (nicht wenige) Kinder und (viele) Erwachsene, die auf direkte Ermutigung sogar eher abwehrend reagieren; hören sie aber zufälligerweise oder nebenbei mit, wie sich jemand positiv über sie äußert, wirkt das häufig sehr ermutigend.
Allerdings kann eine übertriebene Ermutigung einen Menschen auch kränken, da er sich nicht recht ernst genommen fühlt. Richtige Ermutigung ist tatsächlich eine Kunst und keine Technik.

Warum brauchen Menschen Ermutigung?

Ermutigung ist aber – wie schon erwähnt – nicht allein für Kinder und Jugendliche von großer Bedeutung, sondern auch im Umgang mit Erwachsenen: Ermutigung ist die Kraft, die das natürliche Wachstumspotenzial in Kindern, Jugendlichen und Erwachsenen zur Entwicklung bringen kann. Konstruktive und wirksame Entwicklungsprozesse in Heranwachsenden und Erwachsenen werden meistens durch Ermutigung ausgelöst; Ermutigung ist sozusagen das Kernstück, die Basis einer gelungenen Entwicklung. Warum? Die gelungene, d. h. akzeptierte und damit vom Betroffenen integrierte Ermutigung weckt Hoffnung, stärkt die Zuversicht, gibt Sicherheit, fördert Mut, hilft Durststrecken zu überwinden. Mutige – gemeint sind nicht unvorsichtige – Kinder sind weniger gefährdet auf ihrem Lebensweg, mutige Erwachsene besitzen die nötige Portion Abhärtung («dickes Fell»; vgl. Resilienz in Kap. 5) und Zuversicht: beides unabdingbare Eigenschaften, die das Leben wiederholt abverlangt. Lehrpersonen, die an sich glauben, können eher Freude vermitteln, Anerkennung von Kindern empfangen und Anerkennung weitergeben, eine ermutigende Atmosphäre gestalten, Probleme leichter lösen und ihren Kindern einen emotionalen Rückhalt bieten. MitarbeiterInnen, die an sich und die Bedeutung ihrer Arbeit glauben, arbeiten besser, motivierter, sind leistungsfähiger und vermögen ihre Tätigkeit auch überzeugender nach außen zu vertreten – und sind dadurch wahrscheinlich auch zufriedener mit ihrem Leben. Umgekehrt verringern Minderwertigkeitsgefühle, Lustlosigkeit und Angst die eigenen Möglichkeiten im beruflichen und privaten Alltag. So gilt die folgende «Regel»: Vor allem Erwachsene, die sich selber bejahen und ermutigen können und an sich glauben, können dies in ihren Lebensbereichen, sei es in der Liebe, der Arbeit, in Freundschaften, in der Freizeit eher befriedigend umsetzen.

Die Bedeutung der Beziehung

Die Wirkung einer Ermutigung hängt neben weiteren Faktoren (Umstände, Tagesform usw.) auch von der Beziehung zum Gegenüber ab: Wer lässt sich schon gerne von einer Person ermutigen, die einem unsympathisch ist oder zu der man eine schlechte oder überhaupt keine Beziehung hat (vgl. **Tab. 2-3**)?

Tabelle 2-3: Die Bedeutung der Beziehung für Ermutigung

a) günstige Variante
Die Lehrerin (L) hat eine gute Beziehung zu Sarah (S). L ermutigt S → wirkt auf Sarah (eher) *ermutigend*
b) ungünstige Variante
Die Lehrerin (L) hat eine schlechte Beziehung zu Sarah (S). L ermutigt S → wirkt auf Sarah (eher) *entmutigend*

Meistens hängt die Wirkung einer (beabsichtigten) Ermutigung stark von der Beziehung zum Gegenüber ab; was in der Psychotherapie oder der Beratung gilt, lässt sich auch auf die pädagogische Arbeit übertragen: Zuerst kommt die Beziehung und erst viel später die «Technik». Frau Heller (Lehrerin) sagt in freundlichem Ton zu Sarah, die gerade dabei ist, ihre Zeichnung zu zerknüllen: «*Versuch es auf dem anderen Weg, den du vorher schon eingeschlagen hast, dann wirst du eher zum Ziel kommen!*» Entsprechend der Beziehung zwischen Frau Heller und Sarah (und der Tagesform) fällt Sarahs Reaktion aus – ich zeige die drei Hauptvarianten: Probiert sie es noch einmal (1), weil sie ihre Ermutigung spürt *(«Die glaubt an mich.» «Die kann mich einschätzen.» «Wenn die das sagt, probiere ich es noch einmal.» «Die mag mich!»* usw. → ermutigende Wirkung)? Fühlt sie sich zurzeit einfach nicht in der Lage dazu → keine Wirkung (2)? Oder (3) fühlt sie sich gar blamiert *(«Die will mich bloßstellen.» «Will die mich lächerlich machen?» «Es gelingt mir sowieso nicht!» «Ich bin zu blöd!»* → entmutigende Wirkung)? Solche inneren Gespräche und Dialoge verlaufen besonders im Kindesalter meistens unbewusst – und schnell! Für entmutigte Menschen – nicht nur Kinder oder Jugendliche! – kann eine positive neue Beziehung, z. B. zu einer außerfamiliären Bezugsperson, zu einem Freund oder zu einer Partnerin, eine große Chance darstellen, um neue und stärkende Erfahrungen zu sammeln – und so vielleicht einen ersten Schritt aus der negativen Entmutigungsspirale zu tun. Lernen – das zeigen die obigen Ausführungen außerdem – vollzieht sich in vielen Bereichen wesentlich über Personen, man lernt sozusagen an und mit einer Person: seien das Eltern, Lehrkräfte, Vorgesetzte, Freunde, PartnerInnen usw. (vgl. dazu auch Kap. 7).

Niemand kann einen Menschen ermutigen, wenn dieser die Ermutigung nicht annimmt (vgl. dazu auch die Ausführungen über die Bedeutung der individuellen subjektiven Wahrnehmung und Verarbeitung,

S. 41–43). Deshalb erfordert Ermutigung immer auch eine dauernde Beobachtung der Wirkung. *Die Kunst der Ermutigung* kann deshalb nicht als eine Technik, als ein mechanisches Handwerk gelernt und praktiziert werden (vgl. Dreikurs/Soltz 1994). Wir können nur versuchen, Menschen zu ermutigen: Die eigentliche Wirkung der Ermutigung hängt vom Gegenüber ab; d. h. Ermutigung kann – glücklicherweise – nicht erzwungen werden! Nur wenn das ermutigte Gegenüber, sei es ein Kind oder ein Erwachsener, diese Ermutigung auch so interpretiert und zu einer Selbstermutigung umsetzen kann, wird eine ermutigende Reaktion zu beobachten sein. Andernfalls verarbeitet er/sie die (beabsichtigte) Ermutigung zu einer Entmutigung und entmutigt sich damit: «*Der/die meint es sicher nicht so, die wollen sich nur lustig über mich machen!*» «*Die weiß gar nicht, wie dumm ich wirklich bin!*» «*Der schätzt mich falsch ein: Wenn der mich kennen würde …!*» «*Ich bin gar nicht so gut/schön/liebenswert/nett/begabt usw., wie sie/er meint!*» usw. Diese und ähnliche Gedanken und Gefühlsmuster laufen meistens unbewusst ab und verhindern eine positive Umsetzung der beabsichtigten Ermutigung. Gut gemeinte Ermutigung wirkt in diesem Fall kontraproduktiv, d. h. entmutigend.

Tabelle 2-4 zeigt vereinfacht die beiden Hauptstränge von Ermutigung bzw. Entmutigung: Die Lehrperson der ersten Grundschulklasse (A) ermutigt den beim Basteln noch unsicheren und ungeschickten Mauro. Die freundliche und ermutigende Art der Lehrperson lässt bei ihm das Gefühl und die Hoffnung aufkommen, das bisher gefaltete Papier doch noch zum geplanten Schiffchen umgestalten zu können. Er probiert – und schafft es schließlich freudestrahlend. Beginnen ermutigte Menschen, die Ermutigung in eine Selbstermutigung umzusetzen, ist die Wirkung häufig frappant – bei Kindern wie bei Erwachsenen. So lernt z. B. eine 60-jährige Frau trotz sehr negativer und entmutigender Erfahrungen im Klavierunterricht vor 50 Jahren nun nochmals ein Musikinstrument spielen. Immer wieder lassen sich Zeugnisse von Menschen finden, die im fortgerückten Erwachsenenalter «plötzlich» noch eine

Tabelle 2-4: Die Bedeutung der individuellen subjektiven Verarbeitung

Selbstermutigung → Wirkung: *Ermutigung*
                                        ↑
 A ermutigt B → **individuelle subjektive Verarbeitung**
                                        ↓
                                        Selbstentmutigung → Wirkung: *Entmutigung*

2. Grundlagen: Menschenbild und Konzept der Ermutigung 51

Schule oder Ausbildung nachholen und abschließen, weil sie wieder – meistens über eine andere Person – Mut dafür gefasst haben.
Ein sehr entmutigtes Kind bzw. ein/e sehr entmutigte/r Jugendliche/r hingegen kann die echt gemeinte Ermutigung einer Lehrperson (oder einer anderen erwachsenen Person) nicht zu einer Selbstermutigung umsetzten, weil es/er/sie in seinem bisherigen Leben von Erwachsenen immer wieder enttäuscht und damit entmutigt worden ist. Dieser misstrauisch gewordene Mensch traut den Worten der Lehrperson nicht und verarbeitet diese Begegnung – leider – zu seinen Ungunsten: Seine subjektive individuelle Verarbeitung ist mehrheitlich entmutigend. Das gilt in noch verstärktem Ausmaß auch zwischen Erwachsenen, weil die vergangenen Lebensjahre diese Entwicklung in der Regel leider verstärkt und verfestigt haben. Wer Menschen richtig ermutigen möchte, muss diese individuelle subjektive Komponente der inneren Verarbeitung des anderen unbedingt im Auge haben. Ermutigung kann deshalb – soll sie dem anderen Menschen wirklich weiterhelfen – nur vorsichtig, quasi in individuell angemessener und sorgfältig dosierter Form vermittelt werden. Das hat schließlich auch damit zu tun, dass Menschen nicht in allen Lebensbereichen gleich viel Ermutigung benötigen – und dass sie in bestimmten Bereichen selbstsicherer, mutiger sind als in anderen. Tabelle 2-4 zeigt die Rolle der individuellen subjektiven Verarbeitung bei der Entmutigung.

Ein spezieller Fall ist die «Trotz-Selbstermutigung» oder die «*Jetzt-erst-recht-Selbstermutigung*» – Dieterich und Kollegen (1983, S. 156)[12] sprechen auch von einer «Selfdestroying prophecy», d. h. sich selbst zerstörenden Prophezeiung: Ein Lehrer reagiert auf die ungenügende Leistung seiner Schülerin mit einer verächtlichen Bemerkung (*«Du bleibst in Mathe halt unter dem Strich.»*). Bei sehr entmutigten SchülerInnen wirkt eine solche Bemerkung zusätzlich entmutigend, die meisten resignieren. Andere SchülerInnen, die noch einen Rest Selbstbewusstsein und Vitalität bewahrt haben und vielfach von außen – sei es von Eltern(teilen) oder Freunden – Unterstützung erhalten, können einem solchen Lehrer u. U. den (hier gesunden) Kampf ansagen und sich nun vermehrt anstrengen, um es «dem» (jetzt erst recht!) zu zeigen. Man spricht in sol-

---

12 Die von der Lehrperson angenommene sich selbst erfüllende Prophezeiung (*self-fulfilling prophecy*) «*du schaffst die Aufnahmeprüfung sowieso nicht*» wird vom Schüler, der sich schulisch jetzt erst recht einsetzt, zerstört.

chen Fällen auch von Reaktanz. Der innere Dialog lautet dann etwa so: «*Der muss gar nicht meinen, er habe recht!*» «*Der Trottel, der wird noch staunen!*» oder «*Ich bin besser, als der/die meint!*» Solche inneren Kampf-Gefühle und -Dialoge finden sich immer wieder, wenn man mit ehemaligen SchülerInnen spricht. So wirkte die Aussage eines Oberstufenlehrers zu seinem Schüler Jan, er gehöre nicht in eine Mittelschule, anfänglich entmutigend. Kurz darauf aber begann Jan, mit Hilfe eines Nachhilfelehrers seine Defizite aufzuarbeiten, und schließlich bestand er die Aufnahmeprüfung ans Gymnasium. Zwei Jahre später traf Jan seinen ehemaligen Oberstufenlehrer zufälligerweise auf dem Bahnhof und teilte ihm nun triumphierend mit, er sei jetzt entgegen der früheren Prophezeiung in der Mittelschule!

Die ganzheitliche Wirkung von Ermutigung

Echte Ermutigung im Sinne einer Selbstermutigung wirkt in vielen Fällen ganzheitlich und strahlt auf den ganzen Menschen aus. Trauer, Depression oder Wut können auch starke körperliche Reaktionen zur Folge haben – wir sagen richtigerweise auch: «Ich bin traurig, deprimiert oder wütend.» Dasselbe gilt für Ermutigung oder Entmutigung: «Ich bin mutig, entmutigt.» Der ganze Mensch ist dann momentan in diesem (Gefühls-) Zustand. Ein Kind, das ein schlechtes Schulzeugnis erhält, ist häufig niedergeschlagen und fühlt sich in der Regel als ganze Person schlecht. Viele Kinder fragen sich, ob die Eltern sie deswegen oder trotzdem noch gern haben, d.h. sie generalisieren ihre partielle negative Leistung auf ihre ganze Person. Wir sehen hier, wie sich einzelne Misserfolgserlebnisse auf das ganze Lebensgefühl des Menschen auswirken können: Von der schlechten Einzelleistung wird auf die ganze Person, den ganzen Menschen geschlossen. Wiederholte Misserfolge jeder Art im Kindergarten oder in der Schule können Kinder in der ganzen Persönlichkeitsentwicklung schwächen und die weitere Lebensgeschichte erheblich beeinflussen. Das Gegenstück dazu ist allerdings ebenfalls zu beobachten: Kinder, die schon resigniert haben, aber in der neuen Klasse eine ermutigende und verständnisvolle Lehrperson finden, tauen zusehends auf, werden nicht nur in der Schule leistungsmäßig besser, sondern fühlen sich auch psychisch insgesamt stärker, sind initiativer, lebensfreudiger. Das Gesagte gilt auch für Erwachsene und das weitere Leben.

2. Grundlagen: Menschenbild und Konzept der Ermutigung

Tabelle 2-5 zeigt diesen Sachverhalt: Ein unsicheres Mädchen zum Beispiel, das bisher im Schwimmen kaum mitkam, von den anderen als Angsthase ausgelacht wurde und sich immer mehr zurückzog, wird durch die ausdauernde und ermutigende Lehrerin allmählich mutiger, beginnt zu üben und gehört nach einem knappen Jahr zu den «normalen» Schwimmerinnen. Das – für dieses Mädchen besonders wichtige – Erfolgserlebnis kann im günstigen Fall auch weitere Bereiche seiner Persönlichkeit positiv stärken und so ganzheitlich auf sein Lebensgefühl wirken. Dies gilt für entmutigte Kinder und Jugendliche im besonderen Maße. SchülerInnen, die sich in einem Schulfach deutlich verbessern, werden häufig auch in anderen Fächern «plötzlich» besser oder verwandeln sich im Unterricht überraschenderweise von störenden oder desinteressierten zu aktiven und lernwilligen Jugendlichen. Für Außenstehende mag das manchmal wie eine plötzliche Verwandlung, ein kleines Wunder aussehen. Eine gelungene Ermutigung – nicht als einmaliger Akt! – bewirkt eine Änderung in der inneren Haltung dessen, der ermutigt wird, erhöht das Gefühl von Selbstachtung und stärkt den Glauben an die eigenen Fähigkeiten und Möglichkeiten (Schoenaker 1996). Das gilt im Übrigen genauso für Erwachsene: eine Erfahrung, die psychologische BeraterInnen oder PsychotherapeutInnen im Verlaufe ihrer Berufslaufbahn wiederholt erleben können.

Das ermutigte Mädchen erlebt den Erfolg im Bereich Schwimmen und überträgt diese Erfolgserfahrung (und Erwartung) nun auch auf andere Bereiche, zum Beispiel auf andere Schulfächer. Mit dieser positiven Erfahrung im Rücken geht es nun vielleicht auch mutiger an bisher eher ungeliebte Fächer heran. Wenn sich auch hier Erfolge einstellen, installiert sich sozusagen ein Ermutigungskreislauf.

Tabelle 2-5: Die ganzheitliche Wirkung von Ermutigung

Beispiel		
Die Lehrerin ermutigt das Mädchen im Schwimmunterricht. (punktuelle Ermutigung)		
punktuelle Ermutigung (Handlung/Absicht)	→	→□
ganzheitliche Ermutigung (Wirkung)	→	→□← ↑

Schoenaker (1996, S. 9) hat die mögliche Wirkung von Ermutigung auf den Menschen treffend mit dem folgenden Bild beschrieben: «*Ermutigung macht den Schwachen stärker, den Kranken gesünder, den Zweifelnden sicherer, den Ängstlichen mutiger*» und – so würde ich hinzufügen – erweitert die Lebensmöglichkeiten, den Horizont, bereichert das Gefühlsleben, stärkt die Zuversicht und die Lebensfreude.

Ganz genau betrachtet, muss die ganzheitliche Wirkung sowohl von (Selbst-) Ermutigung wie von (Selbst-) Entmutigung eigentlich als Übergeneralisierung beurteilt werden, denn Feststellungen wie «*ich bin gut*» oder «*ich bin schlecht*» sind eigentlich unzutreffend: Eine Person zeigt in bestimmten Bereichen bessere oder erwünschtere Leistungen oder Verhaltensweisen als in anderen, manchmal handelt sie eher «gut», manchmal eher «schlecht». So erweisen sich genau genommen alle (Selbst-) Beurteilungen als fehlerhaft, da Menschen zu komplex und vielseitig sind, um jemals global beurteilt werden zu können, wie Ellis/Hoellen (2004) dazu kritisch anmerken.

Der Ermutigungs- und der Entmutigungskreislauf

Ermutigung wie Entmutigung verlaufen meistens zirkulär und – via die individuelle subjektive Verarbeitung (vgl. die **Tab. 2-6** und **2-7**) – selbstverstärkend.

Nadine wird von der Lehrerin bei ihren ersten Schreibversuchen ermutigt – ihr innerer unbewusster Dialog lautet etwa: «*Ich kann es schaffen.*» Sie übt weiter, erreicht das gesteckte Ziel und hält einige Zeit später der Lehrerin stolz das Blatt, vollgeschrieben mit ihrem Namen, unter die Nase. Die Freude und das Lob der Lehrerin steigern das Selbst-

Tabelle 2-6: Der Ermutigungskreislauf

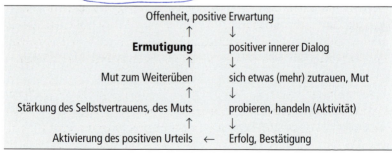

2. Grundlagen: Menschenbild und Konzept der Ermutigung 55

Tabelle 2-7: Der Entmutigungskreislauf

vertrauen und spornen Nadine an, ihren Namen nun in allen Größen und Farben auf unzählige Zettel und Blätter zu schreiben. Schließlich ist sie von ihrer Leistung befriedigt und will als nächstes auch ihren Nachnamen schreiben können. Nun kommen der Vorname ihrer Mutter, ihres Vaters, des Bruders, der Patin, der Großmutter usw. an die Reihe .... Sie ist im Schreiben mutiger geworden, der Ermutigungskreislauf hat sich um eine Runde weitergedreht. Analog verläuft auch der Entmutigungskreislauf: Der innere Dialog («*Ich kann nicht!*» «*Ich bin nicht gut genug!*» «*Er/sie mag mich nicht.*» usw.) führt zum partiellen (im ungünstigsten Fall bis zum fast völligen) Verlust des Selbstwertgefühls; das Kind wird vorsichtiger, erwartet Versagen und Fehlschläge, seine Kreativität und Leistungsfähigkeit werden eingeschränkt, die Fehlerquote steigt und das Kind wird im Gefühl der Unzulänglichkeit und Unfähigkeit (bis hin zum Gefühl der Wertlosigkeit!) bestätigt. Der negativ verstärkte und unbewusste Dialog führt zu einer noch selbstkritischeren, negativeren Einstellung und Verhaltensweise, und der Entmutigungskreis schließt sich: Der in Tabelle 2-6 dargestellte Ermutigungskreislauf wirkt dann mit negativen Vorzeichen analog als Negativvariante (s. Tab. 2-7). Bei schon unsicheren und entmutigten Menschen ist der negative Entmutigungskreislauf besonders ausgeprägt und hat für die Betroffenen häufig verheerende Wirkungen. Entmutigung kann zudem auch ein Signal sein, dass der betroffene Mensch Zuwendung, Unterstützung oder Erleichterung sucht.

Der Ermutigungskreislauf wird mit der Zeit zum Rezept des mutigen, erfolgreichen Menschen; der Entmutigungskreislauf hingegen zur unbewusst verinnerlichten Misserfolgsspirale des zunehmend unglücklichen, entmutigten Menschen. Positive innere Dialoge sind von Zuversicht geprägt und lauten etwa wie folgt: «*Ich schaffe das schon, das wird schon gehen, ich werde einen Weg finden, das ist mir bisher auch gelungen, es kann ja nicht allzu viel dabei passieren. Das wird sicher spannend werden ....*» usw. Eine negative, strenge, kritisierende und abwertende Haltung in der Erziehung führt – zumindest in einem, häufig aber auch in mehreren Bereichen – zum sich fortlaufend negativ verstärkenden Entmutigungskreislauf. Nur spätere günstige Umstände, etwa eine stabile und positive Partnerschaft oder eine Psychotherapie vermögen u. U. diese Unglücksspirale zu stoppen oder zu ändern.

Negative innere Dialoge – mit der Zeit auch neurobiologisch verankert – sind tendenziell von Angst und Befürchtungen geprägt und lauten dann häufig wie folgt: «*Wenn das nur gut geht?! Ich darf auf keinen Fall einen Fehler machen. Ich kann das doch nicht. Hoffentlich blamiere ich mich nicht! Ich halte mich lieber zurück und sage nur etwas, wenn ich ganz sicher bin. Und wenn mich jemand auslacht? Am liebsten würde ich gar nicht hingehen.*» usw.

Sowohl der Ermutigungs- wie der Entmutigungskreislauf basieren auf einer längeren biografischen Vorgeschichte. Die vielfältigen und langjährigen Erfahrungen des Menschen führen dann zu einer ihm oder ihr meistens nicht so bewussten Vorerwartung, zu einer eher positiv oder negativ gefärbten Grundmeinung, die dann den entsprechenden Kreislauf in Gang setzt. Die neuen Erfahrungen und Erlebnisse sind so in den meisten Fällen für die betroffenen Menschen nur «Beweise» oder Bestätigungen für die schon vorhandene entsprechende Grundmeinung und Erwartung: Je nachdem werden diese eher positiv oder eher negativ gefärbt und – und verfestigt (*self-fulfilling prophecy*).

Ermutigung und Entmutigung im Selbstgespräch

Die meisten Menschen führen – meist lautlos – innere Selbstgespräche (das erkannte übrigens schon Epiktet 50–138 n. u. Z.), und diese laufen häufig nach einem bestimmten, in der Regel sehr ähnlichen Muster ab. Als Selbstgespräch oder Selbstkommunikation kann man jede Art der inneren, gedanklichen Auseinandersetzung einer Person verstehen – eine Art innerer Dialog, der sich auf das Erleben oder auf Ereignisse in Verbindung mit der Umwelt bzw. im zwischenmenschlichen Kontakt bezieht (vgl. Lorenz 2004). Selbstgespräche vollziehen sich wie ein dialektischer Prozess, bei dem alles von zwei oder mehreren inneren Stimmen dis-

2. Grundlagen: Menschenbild und Konzept der Ermutigung 57

kutiert und bewertet wird. Das äußert sich beispielsweise schon in banalen, alltäglichen Dingen wie etwa: Soll ich dieses oder jenes Haarshampoo kaufen? Was denkt X, wenn ich zu spät komme? Warum habe ich diesen Arzttermin vergessen? Soll ich noch kurz zur Bank, oder reicht wohl die Zeit nicht mehr? usw. Der Mensch steht, ob er es merkt oder nicht, in einem permanenten inneren Dialog, in einer Art inneren Zwiesprache mit den Aspekten seiner Person. Schon Platon hat dieses altbekannte Phänomen als inneren Dialog bezeichnet. Wie man genau genommen nicht *nicht* kommunizieren kann – das bekannte Axiom von Watzlawick et al. (2000) –, so gelingt es Menschen auch kaum, mit sich nicht immer wieder einen inneren Dialog zu führen. Soll ich dies oder jenes oder doch nicht? Solche ambivalenten inneren Dialoge gehören zum Menschsein! Was sich also nicht verhindern lässt, kann aber vielleicht zumindest teilweise verändert, in eine andere Richtung gelenkt werden. Das ist auch ein Ziel des vorliegenden Buches, wird in verschiedenen Teilen immer wieder aufgegriffen und speziell in Kapitel 9 erörtert.

Diese Selbstgespräche oder inneren Dialoge können in der Auseinandersetzung mit uns selbst, mit anderen Menschen oder Situationen hemmend und hinderlich oder aber förderlich und hilfreich sein (Lattmann/ Rüedi 2003), und sie ergeben sich meist fast wie von selbst. Watzlawick (1983, S. 35 f.) zeigt uns in einem schönen und humorvollen Beispiel, wie ein Mensch sich im Verlauf eines inneren Selbstgesprächs mehr und mehr in eine negative Erwartung hineinsteigert, dann in dieser im Grunde genommen selbsterzeugten Stimmung reagiert und – so kann man sich das lebhaft ausmalen – auch entsprechende Reaktionen ernten wird:

Die Geschichte mit dem Hammer

Ein Mann will ein Bild aufhängen. Den Nagel hat er, nicht aber den Hammer. Der Nachbar hat einen. Also beschließt unser Mann, hinüberzugehen und ihn auszuborgen. Doch da kommt ihm ein Zweifel: «Was, wenn der Nachbar mir den Hammer nicht leihen will? Gestern schon grüßte er mich nur so flüchtig. Vielleicht war er in Eile. Aber vielleicht war die Eile nur vorgeschützt, und er hat etwas gegen mich. Und was? Ich habe ihm nichts angetan; der bildet sich da etwas ein. Wenn jemand von mir ein Werkzeug borgen wollte, ich gäbe es ihm sofort. Und warum er nicht? Wie kann man einem Mitmenschen einen so einfachen Gefallen abschlagen? Leute wie dieser Kerl vergiften einem das Leben. Und dann bildet er sich noch ein, ich sei auf ihn angewiesen. Bloß weil er einen Hammer hat. Jetzt reicht's mir wirklich.» – Und so stürmt er hinüber, der Nachbar öffnet, doch noch bevor er «Guten Tag» sagen kann, schreit ihn unser Mann an: «Behalten Sie Ihren Hammer, Sie Rüpel!»

Allerdings sind solche Selbstgespräche meistens nicht durchgängig negativ oder positiv gefärbt – Ausnahmen zeigen sich etwa in psychischen Krankheiten wie schweren Depressionen, wo die negative Tendenz durchwegs vorherrscht –, sondern eher lebensfeldbezogen: Für die einen Menschen sind die inneren Dialoge im Feld «Partnerschaft» eher günstig (oder ungünstig), im Berufsbereich hingegen das Gegenteil (oder auch nicht), bezüglich der Freundschaften positiv oder eher negativ usw. Ellis hat mit der rational-emotiven Verhaltenstherapie (REVT) (Ellis 1993; Ellis und Hoellen 2004) solche Selbstgespräche, ihre Analyse und ihre Veränderung als wesentlichen Kern in der beraterischen wie therapeutischen Arbeit herausgearbeitet; in neuerer Zeit sind sie in etwas anderer Form auch von kommunikationspsychologischer Seite mit Begriffen wie «das innere Team», «die inneren Widersacher» und «Quälgeister» ausführlicher dargestellt worden (vgl. Schulz von Thun 2005). Selbstbewusste und optimistische Menschen sprechen freundlicher, bejahender und aufbauender mit sich als entmutigte, resignierte oder mit sich strenge und hadernde, die den Glauben an sich und ihre Möglichkeiten verloren haben (Schoenaker 1996). Ist das innere Selbstgespräch vorwiegend durch selbstkritische, selbstentmutigende Gedanken geprägt, dann ist das Selbstwertgefühl meistens entsprechend schwach ausgeprägt (Minderwertigkeitsgefühl bzw. Minderwertigkeitskomplex nach Adler). Ellis (1993) spricht auch vom großen negativen Einfluss solcher *verbaler Selbstindoktrinationen* auf die persönliche Lebensgestaltung. Entsprechend zeigt ein solcher Mensch seine misstrauische und ablehnende Haltung nicht nur gegenüber sich selbst, sondern auch anderen gegenüber. Umgekehrt gehen Menschen mit einem positiv ausgeprägten Selbstwertgefühl tendenziell wertschätzend mit sich selbst und anderen um. Wenn wir uns gut fühlen, stabilisieren wir uns durch ermutigende Selbstgespräche wie etwa: «Das hast du gut gemacht!» «Letztes Mal ist es auch toll herausgekommen.» «Ich werde diese Situation schon irgendwie meistern.» «Für den Elternabend vor drei Monaten habe ich ein schönes Echo erhalten.» «Mein Partner liebt mich von ganzem Herzen.» «Ich gefalle mir so,

2. Grundlagen: Menschenbild und Konzept der Ermutigung

wie ich bin.» «*Ich habe gute Freunde, auf die ich mich verlassen kann.*» «*Ich komme gut an.*» Diese Beispiele zeigen zugleich, wie ein großer Teil unserer Gefühle die Form von Selbstgesprächen oder verinnerlichten Sätzen angenommen hat. Bei Kindern sieht man das noch deutlicher, weil sie ihre Gefühle direkter aussprechen. Den Erwachsenen hingegen sind solche Sätze dann – wie schon mehrfach erwähnt – eher zu einer Art unbewusster Gewohnheit geworden.

Wie Menschen mit sich und den Mitmenschen zurechtkommen, hängt auch davon ab, wie sie sich durch Selbstgespräche ermutigen oder eben entmutigen. Häufig gestalten Erwachsene ihren inneren Dialog so, wie die Eltern mit ihnen als Kinder umgegangen sind, und reden so mit sich, wie die Eltern mit ihnen sprachen. Der türkische Schriftsteller Aziz Nesin (1996, S. 14–18) hat uns in einer kurzen Satire ein paradigmatisches und treffendes Beispiel hinterlassen. Auf witzige Art und Weise führt er den LeserInnen das eigenartige menschliche Paradoxon vor Augen: Wir beschimpfen uns, ohne dass wir es selber merken – und lachen über andere Menschen, die Selbstgespräche führen! Schoenaker (1996, S. 204) und andere Fachleute gehen davon aus, dass im Durchschnitt rund drei Viertel (!) der Selbstgespräche (mit großen inter- und intraindividuellen Unterschieden) negativ, d. h. gegen sich selbst gerichtet sind – und damit eine selbstentmutigende Wirkung auslösen, ohne dass die betreffenden Menschen das so bewusst realisieren. Damit entmutigen sie sich schließlich selbst mit ihrer Selbstkritik, ihrer Selbstanklage und ihren Selbstvorwürfen immer mehr. Das Fatale daran ist, dass die meisten Menschen diese Selbstgespräche nicht bewusst wahrnehmen und so nicht – bei negativen Inhalten – Gegensteuer geben können. So besteht die Gefahr, dass man in einer problematischen Form eines bloßen Kreisens in sich selbst immer weiter verharrt, im «negativen Training» stecken bleibt. Es ist dann im günstigsten Fall eine Kollegin oder Freundin, die solche sich verbal äußernden SelbstkritikerInnen auf ihr problematisches Muster aufmerksam macht und die *«propagandistische Dauerberieselung»* (Ellis 1993, S. 163) mit negativen Aussagen so vielleicht zu unterbrechen oder zumindest kurzfristig zu stoppen vermag. Innere, nichtverbalisierte negative Dialoge sind schwerer erkennbar – und die Einwirkung darauf von außen ist deshalb ungleich schwieriger. Bei ausgeprägt entmutigten Menschen, die sich aus Resignation schon stark aus Beziehungen und Auseinandersetzungen zurückgezogen haben, ist ein Aufbrechen dieses Musters von außen manchmal sogar fast unmöglich – das Aufbrechen und Verändern solcher innerer

Selbstgespräche setzt in der Regel eine tragfähige Beziehung zu einem anderen Menschen voraus, der es ermöglicht, neue innere Dialoge zu entwickeln. Ich werde in Kapitel 9 einige – und so hoffe ich ermutigende! – Beispiele und Anregungen für das Aufbrechen solcher negativer Selbstgespräche geben.

Die *gelungene Selbstermutigung* hingegen hat noch einen weiteren, häufig übersehenen Aspekt: Ein Mensch, der sich auf Selbstermutigung einstellt, d. h. eine entsprechende Haltung lebt, ist auch gut zu sich selbst, drängt und quält sich nicht, muss sich nicht selber unangemessen kritisieren, einschüchtern oder gar bekämpfen. Nach einem Arbeitstag oder auch nach zwischenmenschlichen Konflikten lässt er/sie sich die Stimmung und Freizeit nicht (oder sehr selten) durch innere Dialoge und selbstquälerische Grübeleien über die «Tagesfehler» verderben, sondern behält ein überwiegend positives Gefühl. Er/sie sieht – neben den natürlich auch vorhandenen Problemen und Schwierigkeiten – vor allem auch das, was gut gelaufen ist, und erkennt positive Ansätze und Fortschritte bei sich und den anderen Menschen, sei es dem Partner/der Partnerin, den BerufskollegInnen oder den zu unterrichtenden Schulkindern usw. Eine solche Lebensphilosophie fördert eine selbstbejahende Grundhaltung – ein Buchtitel bringt es auf den Punkt: «Mit sich selbst befreundet sein» (Schmid 2004) – und ist deshalb ein wesentliches und wirksames psychohygienisches Mittel gegen Burn-out-Syndrom.

Der mutige Mensch

Was ist ein mutiger Mensch? Es ist wahrscheinlich nicht diejenige Person, die sich immer gegen andere durchsetzen muss, kämpft, andere beschuldigt, angreift, sich sofort verteidigt oder sich zurückzieht. Als mutig kann der Mensch bezeichnet werden, der an sich selbst glaubt, sich weder unter- noch überschätzt, eigene Fehler zugeben kann, ohne sich klein machen zu müssen, seine Mängel und Schwächen kennt (vgl. Dinkmeyer/Dreikurs 1980) und mit sich und seinem Leben zumindest relativ zufrieden ist bzw. möglichst alles in seinen Kräften Stehende unternimmt, um diesem Ziel näher zu kommen. Mut als Grundhaltung lässt sich als die Bereitschaft begreifen, sich auf eine vorbehaltlose Auseinandersetzung mit Problemen und mit anderen Menschen einzulassen, die dabei unweigerlich auftretenden Hindernisse und Misserfolge ohne große Angst vor Prestige- und Wertverlust auch zu akzeptieren und daraus zu lernen (Antoch 1981). Die wesentlichen Bestandteile von Mut sind Selbstsicherheit und das Vertrauen in die eigenen Fähigkeiten, mit einer gegebenen Situation fertig zu werden oder, was noch bedeutsamer ist, allem, was auch kommen mag, mehr oder weniger gewachsen zu sein (Dinkmeyer/Dreikurs 1980). Das bedeutet selbstverständlich nicht, dass man alle Probleme und Schwierigkeiten des Lebens lösen kann. Es geht eher um eine Grundorientierung gegenüber dem Leben, den anderen Menschen, der Zukunft und im Verhältnis zu sich selbst, um ein Grundgefühl des Vertrauens bezogen auf die Herausforderungen des Lebens. Wichtig ist, dass der mutige Mensch eine Lösung *sucht* und nicht so rasch aufgibt. Nelson Mandela (1997) hat gesagt, der tapfere Mensch sei nicht der, der keine Angst verspüre, sondern derjenige, dem es gelinge, diese Angst zu überwinden. So gesehen würde Mut eben gerade nicht heißen, etwas einfach (immer) ohne Angst zu tun, sondern gerade *trotz* der Angst zu handeln. Mut, so verstanden, bedeutet, sich von der eigenen Angst – oder auch den Ängsten anderer – nicht lähmen zu lassen.

Der mutige Mensch ist sich seiner Stellung in der Gemeinschaft, in seinem Umfeld sicher, er muss sich nicht dauernd vor anderen beweisen, macht sich wenig Gedanken um sein Ansehen und betrachtet die Schwierigkeiten und Herausforderungen des Lebens als Gelegenheit, als Chance, seine geistigen und körperlichen Kräfte zu mobilisieren. Die Vorstellung des Misslingens ängstigt ihn nicht allzu sehr. Er wird versuchen, jeweils sein Bestes zu tun, im Bewusstsein, dass es zu einem späteren Zeitpunkt vielleicht oder sogar mit großer Wahrscheinlichkeit noch bessere Lösungen geben könnte. Mut hat so auch mit einer fast *philosophischen Haltung der Gelassenheit* – nicht der Gleichgültigkeit – zu tun. So ist die Grundhaltung des mutigen – im Gegensatz zum entmutigten – Menschen eine gelassene: Da die Zukunft so oder so zu viele unberechenbare Möglichkeiten und Ereignisse bereithält, um sie (zum Glück!) mit objektiver Sicherheit voraussehen zu können, beruht die positive und optimistische Beurteilung immer auf einer subjektiven Gewissheit (Schoenaker 1996). In der optimistischen, das Gute sehenden – nicht naiven – Haltung wird dem, was unbestimmt ist, mit Hoffnung, Tatkraft und Zuversicht begegnet. Wohl kein einfaches Patentrezept – eher eine Zielrichtung –, aber mit einer großen Wirkung, auch auf andere Menschen!

3 Ermutigung und Entmutigung

«Selbstentmutigung ist wahrscheinlich eines der häufigsten Symptome psychischer Erkrankung.» *(Albert Ellis)*[13]

Nachdem in Kapitel 2 einige Grundlagen der Ermutigung zur Sprache gekommen sind, möchte ich in diesem Kapitel näher beleuchten, welche Faktoren und Verhaltensweisen zu einer entmutigten Lebenseinstellung und zu entsprechenden Verhaltenweisen führen können. Wichtige Erkenntnisse dazu werden im zweiten Teil am Beispiel von Franz Kafka veranschaulicht.

Schwierigkeiten mit und Hindernisse bei der Ermutigung

Ich habe im vorangehenden Kapitel schon darauf hingewiesen, dass Ermutigung keine einfache Psycho-Technik ist und in ihrer wirkungsvollsten, vollendetsten Form sogar als *Kunst* bezeichnet werden könnte. Auch wohlmeinenden Menschen gelingt es vielfach nicht so leicht, richtig zu ermutigen: So äußern etwa Eltern oder PartnerInnen zwar im ersten Satz etwas Ermutigendes, fügen dann aber einen folgenschweren Nachsatz hinzu, der entmutigt (vgl. Dinkmeyer et al. 2004b) und die gutgemeinte Ermutigung so zunichte macht. **Tabelle 3-1** veranschaulicht das an einigen Beispielen. Besonders häufig findet sich die entmutigende Variante nach der Formulierung «*aber*», wie das in den Beispielen 2, 6, 7, 9 und 10 ersichtlich wird – besonders auch, wenn dann noch der Ton entsprechend zweifelnd, hinterfragend oder gar ironisch ausfällt. Das

---

13 Ellis 1993, S. 164

Tabelle 3-1: Entmutigender Nachsatz

Ermutigende Aussage	Entmutigender Nachsatz
1. «Ich sehe, du hast dich dafür stark eingesetzt.»	«Ich wäre schon froh, du würdest das öfters/immer ... tun!»
2. «Ich vertraue dir/deinem Urteil/ deinem Vorgehen ...»	«... aber enttäusche mich nicht!»
3. «Vielen Dank für die schönen Rosen.»	«Wie schön wäre es doch, wenn ich öfters Rosen von dir erhalten würde!»
4. «Dieses Essen ist dir gut gelungen.»	«Hoffentlich ist das auch nächstes Mal so.»
5. «Schön, wie du das Zimmer aufgeräumt hast.»	«Wenn du das nur immer so tun würdest ...!»
6. «Das ist dir wirklich gut gelungen ...»	«...aber hoffentlich ist das nicht eine Ausnahme.»
7. «Jetzt hast du dich sehr gut verhalten ...»	«...aber glaubst du, das hält bis morgen an?»
8. «Ich bin erfreut, wie rasch du die Hausaufgaben angepackt hast!»	«Wenn das nur immer so wäre ...» (seufzt/atmet tief/schüttelt den Kopf)
9. «Du liest (zwar) jetzt schon viel (oder deutlich) besser ...»	«..., aber du musst besser betonen.»
10. «Deine Rechtschreibung hat sich verbessert ...»	«..., aber es wimmelt immer noch von Fehlern.»

achte Beispiel zeigt, wie weitere Signale, auch nonverbale, die entmutigende Aussage bisweilen noch massiv verstärken.

Genau genommen benötigen alle Menschen, nicht nur kleine Kinder, immer wieder Ermutigung, d. h. kleine ermutigende Zeichen der Wertschätzung, des Zutrauens, der Zuneigung, der Liebe. Allerdings finden sich auch Menschen, denen es sehr schwer fällt, eine Ermutigung anzunehmen, zu akzeptieren oder zu spüren. Sie glauben beispielsweise, der andere meine das gar nicht so, wolle sie auf die Schippe nehmen, mache sich nur lächerlich über sie, verfolge eine bestimmte, ihnen leider unbekannte, meistens schlechte Absicht mit der ermutigenden Aussage usw. – kurz: Solche Menschen bleiben misstrauisch, vorsichtig, kritisch beobachtend oder weisen die Ermutigung sogar rundweg zurück. Das zeigt deutlich, dass Ermutigung nicht sozusagen allgemein flächendeckend den Mitmenschen «verabreicht» werden kann und soll. Es existieren vielerlei Gründe, warum Menschen Ermutigungen nicht annehmen oder gar zurückweisen. Einige Hinweise sollen dies verdeutlichen (vgl. dazu auch Schoenaker 1996, S. 153):

3. Ermutigung und Entmutigung 65

- Wer glaubt, dass Eigenlob oder Lob stinkt, übermütig oder überheblich macht, Prahlerei sei oder Geltungssucht bewirke, wird ermutigenden Signalen eher kritisch begegnen. Das sind vielfach Menschen, die eine streng-moralische, religiös geprägte Erziehung erlebt haben und mit zu hohen, manchmal fast unerbittlich strengen Moralvorstellungen durchs Leben gehen. Ihnen kommt dann u. U. das Bibelwort: «Denn wer sich selbst erhöht, wird erniedrigt.» (Matthäus 23, 12) u. ä. in die Quere, das eine falsche Form von Bescheidenheit und Demut postuliert.

- Wer wenig oder nichts von sich selbst hält, also ein schwach ausgebildetes Selbstwertgefühl aufweist, von anderen Menschen keine gute Meinung hat und/oder von ihnen nichts Gutes erwartet, wird ermutigenden Signalen gegenüber ebenfalls weniger zugänglich sein. Ein Lob, eine Ermutigung wird auf diesem Hintergrund als Lüge, Einschmeichelei, als Betrug usw. empfunden – entsprechend fällt die Abwehr aus.

- In einer anderen Variante macht es Menschen Mühe, sich von Gleichgestellten oder – in ihrer Wahrnehmung – Unterlegenen ermutigen zu lassen: Wer mich ermutigen will, stellt sich über mich – und das lasse ich nicht zu. Solche Menschen leben in ausgeprägten Gefühlskategorien von Unterlegenheit bzw. Überlegenheit, d. h. sie vermögen ihre Mitmenschen kaum als gleichwertig zu empfinden.

- Menschen, die aufgrund ihrer Erziehung stark auf Fehler – und besonders auf ihre Fehler – bezogen leben und/oder auch unrealistischen Zielen nachstreben, die sie natürlich nie erreichen können. Das Nichterreichen wird dann als Niederlage, als Beweis für die eigene Schwäche, Dummheit usw. bewertet. Die Ermutigung erreicht sie nicht, prallt an ihnen ab.

Auf der anderen Seite *fällt es vielen Menschen auch schwer, andere zu ermutigen.* Warum? Auch hier lassen sich viele Hintergründe und Aspekte feststellen, von denen ich nur einige aufführen möchte.[14]

- Menschen, die Angst davor haben, dass andere Menschen durch die Ermutigung stärker werden (könnten) und sie selbst dabei unterliegen oder Nachteile erleiden würden. Die Angst ist diesen Menschen meis-

---

[14] Ich stütze mich dabei sowohl auf Schoenaker (1996) wie auch auf meine eigenen langjährigen Erfahrungen als psychologischer Berater.

tens gar nicht bewusst, es ist eher ein diffuses, unbewusstes (oder halbbewusstes) Gefühl.

- Menschen, die sich selbst so gering einschätzen, dass sie glauben, unfähig oder unberechtigt zu sein, andere zu ermutigen: «Wer bin ich denn schon, dass ich es mir erlauben könnte, ihm etwas Anerkennendes zu sagen, das steht mir doch nicht zu!» – so oder ähnlich lautet die Devise dieser Menschen.

- Menschen, die mit den anderen Menschen im Kampf leben, also von einem negativen Menschenbild getrieben sind. Ermutigung bedeutet ja auch, im anderen etwas Gutes, Schönes, Wertvolles zu erkennen – oder ihm zumindest positive Eigenschaften oder zukünftige Fähigkeiten zuzutrauen. Wer im Mitmenschen nur oder vorwiegend das Schlechte sieht, für den wird Ermutigung ein Buch mit sieben Siegeln bleiben.

- Menschen, die ihre Mitmenschen auf Abstand halten möchten oder müssen, weil für sie Nähe gefährlich, unangenehm, Angst auslösend usw. ist. Ermutigung schafft oder ermöglicht Nähe und Verbindlichkeit zu anderen Menschen.

- Menschen mit Distanzregulationsproblemen ermutigen entweder unangemessen, d. h. zu direkt, übertrieben, zu schnell, oder sie lassen es fast ganz bleiben.

- Menschen, die meinen, Ermutigung sei eigentlich überflüssig. Es sind Menschen, die davon ausgehen, dass keine Kritik bedeute, man sei mit dem anderen zufrieden. Das Credo lautet sozusagen: Keine Kritik heißt du bist o. k. Es sind vielfach – besonders auch mit sich selbst – strenge, emotional eher karge, an sehr hohen Maßstäben orientierte Menschen, auf die dieser Modus zutrifft.

- Wahrscheinlich handelt es sich auch um ein kulturell-religiöses Phänomen: Es ist in der christlich-abendländisch geprägten Kultur nicht üblich, wir sind es uns nicht gewohnt – ja es wird unter Erwachsenen immer noch eher als peinlich empfunden, Anerkennenswertes, Bejahendes und Positives zum Ausdruck zu bringen, in ermutigende Worte zu fassen.

Die Schwierigkeiten, andere Menschen zu ermutigen oder Ermutigung anzunehmen, hängen eng mit entsprechenden erzieherischen Erfahrungen zusammen.

Erziehung und Entmutigung

Beim Aufbau und der Konsolidierung eines gesunden Selbstwertgefühls spielen die Erziehung in der Familie, Erlebnisse im Kindergarten, in der Schule, mit Gleichaltrigen und spätere Erfahrungen in der beruflichen Ausbildung eine entscheidende Rolle. Eine negative Grundhaltung (vgl. Kap. 2) der Eltern oder einzelner Elternteile zum Kind wirkt vielfach verheerend auf das seelische Wohlbefinden und die ersten Lernversuche Heranwachsender, wie das folgende Beispiel auf bedrückende Weise zeigt. Den Boden für eine ausgeprägte Entmutigung bilden wiederholte negative frühe Erfahrungen, die im ungünstigen Fall kombiniert auftreten. Beispiele dafür wären etwa häufige und harte Bestrafung, Vernachlässigung und Lieblosigkeit, unangemessene und nicht einlösbare Ansprüche der Bezugspersonen, Mangel an positiven Impulsen und Anregungen, ausgeprägte Verwöhnung (vgl. Frick 2011; Fennell 2005) u. a. Das Beispiel einer 22-jährigen, noch unsicheren Vorschulerzieherin, die in der Kindertagesstätte und bei Elternabenden auch Gitarre spielt, veranschaulicht einige dieser Aspekte; sie hat übrigens den Titel selbst so formuliert.

Fehlendes Selbstvertrauen, Versagerängste

Als Kind und auch später hatte ich oft Lust, etwas ganz Neues auszuprobieren, sei es ein neues Hobby, ein neues Instrument o. ä. Aber seit ich mich erinnern kann, hieß es von Seiten der Eltern immer: «Ach was, vergiss es, das kannst du nicht. Dafür braucht es Talent und das hast du sowieso nicht!» Dieser Satz: «Du bist unfähig, du kannst es sowieso nicht», hat sich tief in mir eingeprägt, obwohl mir schon einige Leute bewiesen haben, dass ich es kann und sogar Talent besitze. Leider hat dieser Satz auch heute noch seine Wirkung nicht verloren. Am meisten merke ich es, wenn ich irgendwo vorspielen muss. Ich setze mich oft selbst unter Druck, um mir zu beweisen, dass es geht, spüre den Erwartungsdruck der ZuhörerInnen oder es kommt mir plötzlich während dem Vorspielen der Satz meiner Eltern in den Sinn und dann ist es vorbei. Auch wenn ich das Stück in- und auswendig kenne und es sonst perfekt spielen kann, merke ich, wie mich das Selbstvertrauen verlässt. Ich beginne mit den Händen zu zittern, wobei ich dann die richtigen Saiten nicht mehr finde. Meist muss ich dann abbrechen und

3. Ermutigung und Entmutigung 69

nochmals anfangen, was mir äußerst unangenehm ist und mein Selbstwertgefühl in den Keller fallen lässt.

Die Beschreibung bietet ein bedrückendes Beispiel für die fortwährende Verunsicherung durch eine jahrelange entmutigende Erziehungshaltung der Eltern: Entmutigung als permanenter Vorgang, die Mutlosigkeit als der Zustand, das Resultat. Besonders eine Erziehung, die Kinder (und Jugendliche) immer wieder auf ihre Fehler und Mängel hinweist (Fehlerbezogenheit), ruft ein Gefühl hervor, nie zu genügen, schlecht oder dumm oder unfähig zu sein. Entmutigung raubt dem Menschen so etwas vom Allerwichtigsten, was er im Leben immer wieder benötigt: Mut und Zuversicht. Die Bandbreite der Entmutigung kann so von leicht bis schwer, von einzelnen Bereichen (partiell) bis generell (global) reichen. Die letzte Variante führt fast immer zu schwerwiegenderen psychischen Störungen.

Neuere Untersuchungen (Nevermann/Reicher 2009; Essau 2002) belegen mittlerweile vielfältige *Zusammenhänge zwischen Entmutigung* (wiederholte entmutigende Erfahrungen) *und Depression*. Allerdings äußert sich eine entmutigende Erziehung vielfach auf subtilere, weniger auffällige Art und Weise als im Beispiel der jungen Amateur-Gitarristin: Leicht abschätzige Worte oder ein vielsagender Blick sind Beispiele für den verbalen und mimischen Ausdruck von solchen Varianten. Entmutigung kann aber auch eine häufige Folge aus einer anderen verbreiteten Erziehungsvariante darstellen: der verwöhnenden Erziehung, wie ich sie in meinem Buch *Die Droge Verwöhnung* (Frick 2011, S. 30 ff.) ausführlicher behandelt habe. Es stehen hier vor allem die starke Besorgnis und der Zweifel am Kind und seinen Fähigkeiten und Möglichkeiten, die (gut gemeinte) Bereitschaft, dem Kind zu bewältigende Aufgaben schnell abzunehmen, vom Kind selbst keine Anstrengung zu erwarten sowie ein unangemessener Umgang mit Grenzsetzungen im Vordergrund. Besonders *der fortwährende Zweifel* stellt eine zentrale Komponente der Entmutigung dar: «Kann ich das?» «Könnte nicht das oder jenes passieren?» «Was mache ich, wenn ...?» sind mögliche Folgen solcher elterlicher Haltungen beim verunsicherten Kind.

Die tragische Folge einer entmutigenden Erziehung beinhaltet die Entwicklung und Ausbildung einer überwiegend negativen, angstvollen Einschätzung der eigenen Person – und damit verbunden mehr oder weniger ausgeprägte Minderwertigkeitsgefühle –, die eigenen Fähigkeiten, das Leben, die Zukunft und die Menschen (vgl. Kap. 2), die sich dann in selbstentmutigenden Äußerungen und Gedanken wie den folgenden zeigen kann:

- «*Ich bin zu nichts fähig.*»
- «*Niemand mag mich, hat mich gerne.*»
- «*Ich schaffe es (doch, sowieso ...) nicht.*»
- «*Ich bin eben dumm, unbegabt.*»
- «*Ich kann nicht ....*»
- «*Alle anderen sind besser, gescheiter, stärker, schöner, erfolgreicher usw. als ich.*»
- «*Ich weiß nichts ....*»
- «*Ich bin nicht in Ordnung, abnormal, komisch.*»

Das Gemeinsame, sozusagen der Kern ist sowohl bei der vorherigen wie bei der folgenden Auflistung eine ausgeprägte *Angst, eine ängstliche Grundhaltung*. Entmutigte Menschen zeigen so eine von der Angst verzerrte *Wahrnehmung* – von sich und den anderen Menschen – und begehen dabei meistens mehrere der nachfolgend aufgeführten Denkfehler oder Fehleinschätzungen:[15]

1. Sie überschätzen die Gefahr, dass etwas Schlimmes, Negatives eintritt.
2. Das Ausmaß des – wenn überhaupt eingetretenen – Schadens wird deutlich bis massiv überschätzt.
3. Die eigene Fähigkeit oder Kompetenz, mit den anstehenden Problemen fertig zu werden, wird stark unterschätzt.
4. Die mögliche Unterstützung von außenstehenden Personen wird unterschätzt oder ausgeblendet.

Häufig lässt sich beobachten, dass solche Menschen in vielen Bereichen immer wieder weit unterhalb ihrer Möglichkeiten bleiben, weil sie ängstlich darauf bedacht sind, jede Herausforderung, die für sie eine große Gefahr des Scheiterns bedeutet, zu vermeiden. Andere arbeiten, wie die Psychotherapeutin Fennell (2005, S. 19) festhält, «*umso unermüdlicher*

---

15 Die Auflistung erfolgt leicht verändert nach: Fennell 2005, S. 77–80.

und legen einen rigorosen Perfektionismus an den Tag, der ihre Angst vor dem Versagen verbergen soll». Hier verbirgt sich kompensatorisch hinter einer übermäßigen Tüchtigkeit die Angst vor Misserfolg, Ablehnung, Gesichtsverlust. Menschen mit ausgeprägter Entmutigung zeigen sich weiter in ihren sozialen Beziehungen häufig befangen und reagieren außerordentlich empfindlich auf – auch harmlose – Kritik, wollen es allen recht machen. Geringe Selbstachtung und Entmutigung stehen in einem engen Zusammenhang, wie ich das anhand des vorherigen Beispiels der jungen Frau dargestellt habe.

Selbstentmutigender innerer Dialog und Angst

Entmutigte Menschen führen häufig auch einen negativen inneren Dialog, der mit der Zeit fast automatisiert abläuft und zumindest teilweise die verinnerlichten Erfahrungen dieser Menschen laufend verfestigt, zementiert und mit immer neuen Beispielen, «Beweisen» und Variationen aus ihrem Leben erweitert. Es ist eine *negative selbstentmutigende Spirale*, wie ich sie in Kapitel 2 schon dargestellt habe. Schulz von Thun (2005, S. 170) spricht auch von *«Quälgeistern»* und nennt dazu einige (von mir leicht veränderte) Beispiele:

- *Selbstzweifel schüren* («Das schaffst du nie, dumm wie du bist!»)

- *Pessimismus verbreiten* («Es wird alles böse/schlecht/für mich ungünstig usw. ausfallen!»)

- *Selbstvorwürfe machen* («Wie konntest du nur so dumm/blöd/unachtsam usw. sein!»)

- *Ängste wecken/schüren* («Pass bloß auf, es wird garantiert/sicher alles schief gehen!»)

Tragischerweise gehen manchmal solche Menschen mit sich selbst noch härter und unnachgiebiger um, als ihre Eltern oder Geschwister (vgl. Bach/Torbet 1985). Sogar aufrichtig gemeinte Komplimente von Mitmenschen werden u. U. abgetan, abgewehrt. Die innere Stimme lautet dann etwa: *«Das ist wahrscheinlich nicht ernst gemeint! Der will mich doch nur auf die Schippe nehmen! Das ist nicht der Rede wert usw.»*
 Zusätzlich ungünstig wirkt sich die *zunehmende negative Selbstbeschäftigung* aus: Je entmutigter ein Mensch wird, desto stärker wendet er das

Interesse von seiner Umgebung ab und beschäftigt sich immer häufiger mit sich selbst: «*Warum handle ich immer wieder so? Warum habe ich das gesagt (oder nicht gesagt)? Warum bin ich dazu nicht fähig? Warum bin ich so dumm? Ich habe mich dort völlig blamiert! Warum ruft mich niemand an?*» usw. Entmutigte Menschen geben sich so eher Stimmen hin – es sind hauptsächlich die aus vielfältigen Erlebnissen verinnerlichten elterlichen Stimmen –, die hoffnungslos, selbsterniedrigend und schließlich sogar selbstzerstörerisch sind; Bach und Torbet (1985, S. 88–92) nennen sie auch «feindliche Stimmen» und erwähnen dabei u. a. den Zweifler, den Pessimisten, den Miesmacher und den Angsthasen. Mit diesen inneren Stimmen dreht sich nun der Selbstentmutigungskreislauf – je nach Persönlichkeit und individueller Situation – etwa in den Bereichen «äußere Erscheinung», «Selbstachtung», «Freundschaften», «Liebesbeziehung», «Arbeit und Beruf», «Freizeit» usw. unaufhörlich. Als Resultat solcher Folgerungen und Schlüsse versuchen dann derart geschwächte und entmutigte Menschen häufig um jeden Preis, Misserfolge, Demütigungen, Vergleiche oder Niederlagen zu vermeiden, indem sie z. B. ausweichen, passiv werden, sich quasi «dumm» stellen, die anstehenden Aufgaben entwerten usw. Dahinter steht oft eine – von außen manchmal nicht leicht zu durchschauende – *Hoffnungslosigkeit*, die in Gleichgültigkeit oder Abwertungen zum Ausdruck kommen kann. Weitere mögliche Folgen sind Einsamkeit oder Selbstmitleid, wobei gerade das letztere zu einem negativen selbstverstärkenden Teufelskreis für die Betroffenen wird (vgl. **Tab. 3-2**). Ziel bleibt es, das schon stark in Mitleidenschaft gezogene Selbstwertgefühl nicht noch weiter sinken zu lassen: Die Selbstwertstabilisierung

Tabelle 3-2: Entmutigung in Teilschritten

1 →	2 →	3 →	4 →	5 →	6 →	7
Ausgangspunkt: geringes Selbstwertgefühl durch fortlaufende Entmutigung	führt zur Grundmeinung: «Ich bin eben dumm, unbegabt, langweilig.» usw.	führt zu zögerlichem oder ausweichendem Verhalten (verbunden mit entsprechenden Gefühlen)	verstärkt die vorhandene Grundhaltung der Vorsicht, Angst, Abwehr	verstärkt die «private Logik» («Dazu bin ich nicht geeignet, das habe ich ja immer schon gewusst ….»)	Negative Erfahrungen bestärken die Grundmeinungen und verfestigen sie.	Suchen von Ersatzzielen und Rechtfertigungen («Das ist mir doch egal!» «Das wollte ich sowieso gar nicht.»)

3. Ermutigung und Entmutigung 73

wird zur drängendsten und dringendsten Aufgabe. Schematisch sieht das dann etwa wie in Tabelle 3-2 aus.

Es ist naheliegend, dass stark entmutigende Erfahrungen eine wichtige Grundlage für eine ganze Reihe von psychischen Beeinträchtigungen und Störungen wie beispielsweise Depressionen, Suizidalität, Phobien und andere Angststörungen bilden können.

Wie bisher deutlich geworden ist, spielt die *Angst* bei der Entmutigung die zentrale Rolle. In Anlehnung an das Modell von Clark und Wells (leicht verändert nach Butler 2002, S. 79 resp. 84) lässt sich der Mechanismus der Angst im Entmutigungsprozess modifiziert etwa wie in **Abbildungen 3-1** und **3-2** darstellen.

In Abbildung 3-2 wird die Funktionsweise dieses Angstprozesses bei einer entmutigten Person am Beispiel der Problemstellung «mit KollegInnen ausgehen» etwas variiert dargestellt.

Wie wir etwas später in diesem Kapitel am Beispiel von Franz Kafka sehen werden, lässt sich dieses Modell sehr anschaulich auf verschiedene seiner Versuche, Entscheidungen zu treffen und Lebensfragen zu bewältigen, anwenden.

Entmutigte Menschen richten also ihr Interesse zunehmend auf sich selbst, verlieren immer mehr das Interesse an ihrem Umfeld und dem reichen und vielfältigen Angebot des Lebens – die schon mehrfach

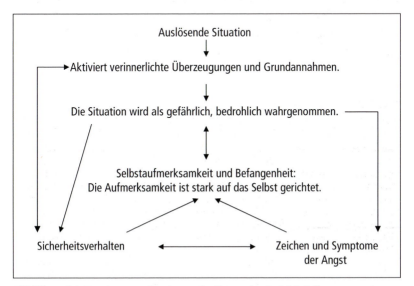

Abbildung 3-1: Der Angstmechanismus der Entmutigung I: Modell

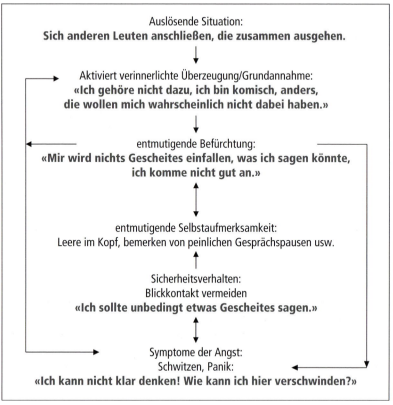

Abbildung 3-2: Der Angstmechanismus der Entmutigung II: Beispiel

erwähnte Angst bildet die wesentliche Basis dieses Entwicklungsprozesses. Entmutigung bedeutet nicht nur – wie wir schon mehrmals gesehen haben und dies in Kapitel 9 nochmals näher betrachten werden – eine Verzerrung des Selbstbildes, sondern schließlich (leider) auch eine Eingrenzung der eigenen Lebensmöglichkeiten sowie die Ausblendung anderer Interpretationsraster und vorhandener positiver Aspekte. Diesen Sachverhalt möchte ich in **Abbildung 3-3** kurz darstellen.

Solche Kreisläufe funktionieren überwiegend nach dem Prinzip der selbsterfüllenden Prophezeiung: Je mehr ich mich in eine bestimmte Richtung verhalte und entsprechend denke, desto eher trifft die Annahme oder Befürchtung – leider – auch zu!

Im folgenden Beispiel beschreibt eine angehende Lehrperson rückblickend, wie in ihrer Schulzeit andere Kinder – hier besonders die Jungen –

3. Ermutigung und Entmutigung 75

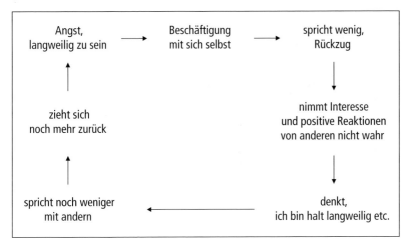

Abbildung 3-3: Selbstentmutigender Zyklus

mit ihren Bemerkungen einen ungünstigen Einfluss auf ihr Selbstwertgefühl genommen haben und wie sie das in einigen Bereichen auch entmutigt hat: Die damalige Schülerin verharrte so längere Zeit in einem eher düsteren, entmutigenden Kreislauf von negativen Rückmeldungen, Selbstzweifeln und Rückzug, aus dem sie sich erst Jahre später befreien konnte.

Selbstwertgefühl und Entmutigung

In meiner Schulzeit hatte ich nicht ein sehr gutes Selbstwertgefühl. Ich litt unter ausgeprägten Minderwertigkeitsgefühlen. Wenn ich es heute betrachte, würde mir die Adlersche Individualpsychologie für diese Zeit einen Minderwertigkeitskomplex diagnostizieren, was wahrscheinlich zutreffend wäre. Vor allem die Jungen foppten mich immer wieder, lachten mich aus, weil ich bestimmte Ausdrücke aus den Bravo-Heften nicht kannte; zudem war ich damals auch rundlich, ja dick. Sie hänselten mich alle, einer meinte im Spott, ich sei eine geile Frau. Ich wusste, dass er dies nicht ernst meinte, sondern mich nur lächerlich machen wollte. Alle anderen Schüler und Schülerinnen lachten dabei. Dies ging die ganze Schulzeit so, und ich konnte nichts dagegen tun. Die Lehrer merkten das Ganze nicht, besonders auch, weil die Schüler das meistens nicht in ihrer Anwesenheit taten. Leider hatte ich auch keine feste Freundin, die mir geholfen oder mich verteidigt hätte. Damals tat mir das alles sehr weh, da ich kein Selbstwertgefühl hatte. Lange Zeit litt ich sehr darunter, wollte am liebsten nicht mehr in die Schule, zog mich zurück. Es fiel mir auch zeitweise schwer, mich in der Schule, z. B. an Prüfungen oder beim Lernen, zu konzentrieren, im Unterricht aufzupassen; ich war mit mir als unansehnlicher und andersartiger Person zu beschäftigt. Erst ein späterer Schulwechsel in eine andere Gemeinde und die Bekanntschaft mit meinem ersten Freund brachte eine langsame Wende zum Besseren.

Das folgende «Nachtgebet», vom ehemaligen Schweizer Kleinklassenlehrer und Liedermacher Jürg Jegge getextet und an vielen öffentlichen Auftritten gesungen, ist im Original auf Schweizerdeutsch geschrieben. Ich habe es geringfügig verändert und ins Hochdeutsche übertragen:

Nachtgebet vom dummen Schüler

*Lieber Gott, mach, dass noch lange der Morgen nicht kommt
und ich noch nicht aufstehen muss.
Und dass die Mutter noch möglichst lange nicht aus der Küche ruft,
ich müsse jetzt in die Schule gehen.
Ich habe doch so Angst, in der Nacht im Dunkeln zu sein,
aber lieber das als den ganzen Tag die Schule.
Warum bin ich wieder schlecht im Lesen gewesen?
Ich habe doch so gut zu Hause geübt.
Warum habe ich denn so Angst, dass ich es einfach nicht kann?
Warum bin ich denn so ganz allein?
Warum begreifen alle anderen den Schulstoff besser
und lachen mich deswegen auf dem Schulweg aus?
Warum hat mich der Lehrer weniger gern
als die anderen Schüler?
Warum gibt er mir mehr zu tun als den anderen der Klasse,
die doch auch nicht braver sind?
Warum hilft mir denn niemand? Ich verstehe das nicht.
Doch die anderen haben ja Recht, wenn sie sagen, ich sei blöd.*

3. Ermutigung und Entmutigung

Warum muss ich meine Hefte zu Hause verstecken,
damit sie der Vater ja nicht sieht?
Er wird bei mir immer so böse. Jetzt unterschreibe ich das einmal
selber mit dieser Fünf^{16} dort.
Doch es hilft nichts, denn im Sommer kommt ja doch das Zeugnis,
das man sicher nicht selber unterschreiben kann.

Lieber Gott, wenn du doch lieb bist, warum machst du dann
noch gescheite und dumme Leute?
Und warum muss ausgerechnet ich ein dummer sein?
Ich verstehe das einfach nicht.
Warum hast du die anderen lieber als mich?
Doch ich schimpfe nicht, nur einen ganz kleinen Wunsch habe ich ...

Lieber Gott, mach, dass der Morgen noch lange nicht kommt
und ich noch nicht aufstehen muss.
Und dass die Mutter noch lange nicht aus der Küche ruft,
ich müsse jetzt in die Schule gehen.
Ich habe doch solche Angst, in der Nacht im Dunkeln zu sein,
aber lieber das als den ganzen Tag die Schule.

Es ist ein wesentliches Element der Psychodynamik der Mutlosigkeit, der auch im obenstehenden Liedtext zum Ausdruck kommt, dass der entmutigte Mensch das Vertrauen in seine Fähigkeiten wie in das Leben im Allgemeinen weitgehend verloren hat: Er nimmt es als gegeben hin, dass er sozusagen keine Chance, keine besseren Möglichkeiten mehr finden kann. Mutlosigkeit ist dann das Endprodukt wiederholten und erfolglosen Versuchens, Suchens und der Gefühlszustand der Hoffnungslosigkeit und Resignation. In unzähligen autobiografischen Texten und Berichten lassen sich verschiedenste Spielarten einer entmutigenden und das Kind geringschätzenden Erziehung finden. So beschreibt beispielsweise der Schweizer Schriftsteller Arthur Honegger in seinem autobiografischen Text mit dem bezeichnenden Titel «Die Fertigmacher» (1974/1982), wie er als Verdingkind wie der letzte Dreck behandelt wurde: Nichts, was er tat, war recht, und von verschiedenen Personen hörte er immer wieder, er

---

16 Bezieht sich auf die Benotung in Deutschland; in der Schweiz entspräche das der Note 2.

werde sowieso im Zuchthaus enden. Honeggers Fortsetzungsbericht «Der Ehemalige» (1979/1981) zeigt den LeserInnen dann aber auch, welche Umstände ihm zu einem schließlich gelungenen Leben verholfen haben. Die beiden Bücher können LeserInnen nur empfohlen werden, geben sie doch auch ein Beispiel, wie ein Mensch trotz jahrelanger widrigster Umstände seinen Weg finden kann – Honegger bietet uns auch ein Beispiel für ein gelungenes Leben trotz großen Schwierigkeiten: ein wichtiges Thema, das ich in Kapitel 5 ausführlicher verfolgen werde.

Selbstkritik, Selbstwertgefühl und Entmutigung

Eine wichtige Selbstwertbedrohung stellt die unangemessene Selbstkritik dar – die faire und freundliche selbstkritische Betrachtung hingegen ist durchaus sinnvoll. Eine schädliche Form von Selbstkritik zeigt sich in vielfältiger Art und Weise, so z. B. wenn man mit bestimmten eigenen Verhaltensweisen oder Eigenschaften wiederholt bzw. häufig unzufrieden ist und sich als Folge davon selber abwertet, sei dies in der Kindererziehung, im Berufsleben, in der Partnerschaft oder in anderen Bereichen. Selbstkritik gilt in vielen Untersuchungen (vgl. Potreck-Rose/Jacob 2003) als primärer Faktor für die Entstehung von Minderwertigkeitsgefühlen. Das ist nicht erstaunlich, wenn man bedenkt, dass die persönliche Selbsteinschätzung *die* Informationsgrundlage für die Konstituierung, Stabilisierung oder eben auch allmähliche Zerstörung des Selbstwertes schlechthin darstellt. Zwar streben alle Menschen im Grunde danach, einen positiven Selbstwert herzustellen – oder anders formuliert: Alle Menschen haben ein Bedürfnis nach Selbstwerterhöhung und -stabilisierung. So wirkt echte und angenommene Ermutigung fast durchwegs selbstwerterhöhend, massive Entmutigung tendenziell selbstwertreduzierend. Fortlaufende Selbstkritik führt fast unweigerlich zu starken Gefühlen der Insuffizienz, des Selbstzweifels, der Minderwertigkeit bis hin zu Gefühlen der Selbstverachtung, in der massivsten Ausprägung dann auch zu Selbsthass. Zu Recht spricht Ellis (1993, S. 164) von der «*Selbstentmutigung als einem der häufigsten Symptome psychischer Erkrankungen jeglicher Art*».

Selbsterfüllende Prophezeiung und Entmutigung

Entmutigung und selbsterfüllende Prophezeiung (*self-fulfilling prophecy*) stehen in einem engen Zusammenhang. Ein ungünstiges, d. h. ein deutlich negatives Selbstkonzept beeinflusst stark das persönliche gegenwärtige wie zukünftige Denken und Handeln: Glaubt jemand beispielsweise, er oder sie sei technisch völlig unbegabt, wird er oder sie bei technischen Problemen im Haushalt oder im Berufsleben tendenziell glauben, dafür keine Lösung zu finden. Sobald eine Annahme in diese Richtung getroffen wird, beginnt man «buchstäblich» nach Fakten zu suchen, um sie zu bestätigen, ja zu beweisen – und die Beweise finden sich meistens mit Leichtigkeit. Entsprechend werden von solchen Menschen kaum oder nur kurze, vielleicht gar zaghafte Versuche unternommen, auftretende Probleme alleine zu lösen. Wer es trotzdem noch versucht, wird bei auftretenden Schwierigkeiten rasch resignieren, weil er denkt, er habe es ja eigentlich schon gewusst, dass er das nicht könne! Das sei für ihn eben zu schwer, zu kompliziert, zu technisch usw. Wer aber früh aufgibt, wird auch eher ein schlechtes Ergebnis erzielen und sich auch leichter als Versager fühlen. Damit wird eine *negative Vorerwartung* (Laskowkski 2000) bestätigt, und dies führt wiederum zu einer negativen Bekräftigung, wodurch sich das Selbstbild bezüglich technischer Fähigkeiten weiter vermindern wird. In Zukunft wird sich dieser Mensch – zumindest im technischen Bereich – noch weniger zutrauen, noch früher vom zu erwartenden Misserfolg überzeugt sein, kurz noch entmutigter sein. Aber auch wenn ein solcher Mensch andere Personen bei technischen Problemen fragt und sich helfen lässt, führt das in der Regel zu einem ähnlichen Resultat: Er gerät weiter in einen Trainingsrückstand, da er es nicht oder selten selbst übt und seine Meinung darüber nicht ändert. Mit dem verinnerlichten Vorurteil (*«ich bin technisch eben unbegabt, ich habe zwei linke Hände usw.»*). lähmt er sich selbst – und bleibt schließlich in diesem Bereich zurück. Viele Menschen schränken sich durch solche negativen Vorurteile und Überzeugungen in vielen Aspekten ihres Lebens ein und reduzieren sich so in ihren Möglichkeiten und ihrer Lebensführung (vgl. Laskowski 2000). Selbsterfüllende Prophezeiungen funktionieren in beide Richtungen: Mutige Menschen gehen eher von einer positiven Annahme aus, entmutigte von einer negativen. Beide bestärken sich schließlich in ihrem Denkmuster, d. h. sie ermutigen bzw. entmutigen sich so selbst.

Rosenthal- oder Pygmalion-Effekt und Entmutigung

Unter dem von Rosenthal (Rosenthal/Jacobson 1968) so benannten Pygmalion-Effekt versteht man ursprünglich, dass sich eine Lehrperson eine ganz bestimmte Vorstellung von einem Schüler, einer Schülerin macht – und ihn oder sie dann dieser Vorstellung entsprechend einschätzt und behandelt. Die Grundmaxime lautet etwa so: Die Macht der Erwartungen, die wir an einen anderen Menschen richten, ist so groß, dass durch sie allein schon dessen Verhalten beeinflusst werden kann. Der Pygmalion-Effekt stellt eine besondere Form der selbsterfüllenden Prophezeiung dar: *Was wir einem Menschen zutrauen, bestimmt manchmal wesentlich sein Verhalten.* Durch die entsprechende Haltung, die Körpersprache, die Stimme, aber auch die Unterrichtsmethode erzeugen ermutigende Personen eine positive Erwartung, ein wärmeres sozio-emotionales Klima, geben mehr positives Feedback, mehr Informationen (man glaubt ja an sie) und mehr Gelegenheit zu Fragen. Beim Pymalion-Effekt handelt es sich also um die Auswirkungen von positiven Erwartungen. Negative Leistungen werden entsprechend weniger auf mangelnde Begabung als vielmehr ungenügende Anstrengung oder andere variable Faktoren wie Unaufmerksamkeit zurückgeführt. Solcherart behandelte SchülerInnen sind tendenziell zuversichtlicher, was ihre Erfolgschancen angeht, motivierter zu lernen und eher bereit, sich anzustrengen. Schließlich verbessern sich auch die schulischen Leistungen, was wiederum die Lehrperson in ihrer Ansicht bestärkt. Ein positiver Kreislauf, eine Art Ermutigungsspirale, setzt sich in Gang. Der positive Pygmalion-Effekt wirkt fast in jedem Fall, manchmal besonders eindrücklich zu beobachten bei SchülerInnen, die sich ursprünglich vor Misserfolgen fürchteten und weniger motiviert waren zu lernen.

Der Rosenthal- oder Pygmalion-Effekt lässt sich aber auch umkehrt beobachten: Ungünstige, negative Erwartungen, die wir an andere Menschen richten, können deren Verhalten und deren eigene Erwartungen an sich selbst nicht selten erheblich beeinflussen. Wenn ein Mensch von einer wichtigen, höhergestellten oder bewunderten Person kaum positive oder gar negative Erwartungen spürt (*«der kann es ja sowieso nicht, der oder die scheint mir kaum in der Lage zu sein, diese Aufgabe zu bewältigen» usw.),* braucht es eine gehörige Portion Mut und Selbstvertrauen, jetzt erst recht nicht aufzugeben und die bevorstehende Aufgabe anzupacken. Negative Erwartungen in andere Menschen führen deshalb häufig zu entmutigten Reaktionen der Betroffenen: Sie geben auf, zweifeln an sich, stellen sich und ihre Person – oder zumindest Teilbereiche davon – in Frage, resignieren usw.

In den vorangegangen Teilen dieses Kapitels wurden grundlegende Zusammenhänge von Erziehung, Selbsteinschätzung und Entmutigung näher erörtert. Als konkretes Beispiel, um diese Sachverhalte zu veranschaulichen, bietet sich in fast idealer Weise die Lebensgeschichte von Franz Kafka an. Kafkas schonungslose, präzise und psychologisch beeindruckende Analyse seines Verhältnisses zum Vater, die besonders im «*Brief an den Vater*» beschriebenen Gefühle und Nöte, helfen möglicherweise, die Grundstimmung der Entmutigung von Menschen über den Einzelfall hinaus besser zu verstehen.

Angst und Entmutigung: Franz Kafka (1883–1924)

Leben als Entmutigung

Im Folgenden möchte ich den Lebensweg des Schriftstellers Franz Kafka als ein tragisches Beispiel eines in einigen wichtigen – nicht allen – Lebensbereichen entmutigten Menschen etwas näher beschreiben und interpretieren.

Franz Kafka ist als ältestes Kind mit drei Schwestern aufgewachsen; zwei weitere, 1885 und 1887 geborene Brüder starben nach 15 bzw. nach 6 Monaten. Die drei deutlich jüngeren Schwestern scheinen – mit einer Ausnahme – keine große Rolle in seinem Leben gespielt zu haben.

Obwohl Kafka seine Mutter als verständnisvolle Person geschildert hat, überragt der Vater in seiner Bedeutung und Einflussnahme sowohl die ganze Kindheit und Jugendzeit wie auch das weitere Leben Kafkas bis zu seinem Tod. Zudem nimmt der empfindsame Kafka genau wahr, wie die Mutter ihren Mann liebt, sich ihm unterordnet und ihrem Sohn keine wirkliche Stütze, auch keinen Ausgleich bieten kann. Und da die Brüder schon klein sterben und die Schwestern erst viel später, d. h. nach sechs, sieben und neun Jahren, in den Familienkreis eintreten[17], bleibt der Erstgeborene Franz über Jahre als einziges Kind dem überaus starken negativen Einfluss des Vaters voll und ungeschützt ausgesetzt. Kafka scheint in der Familie keinen näheren Kontakt zu seinen Schwestern

---

17 Sie wurden später in ein Konzentrationslager deportiert und dort ermordet.

gefunden zu haben, mit Ausnahme von Otla – und mit ihr auch erst ab dem frühen Jugendalter. Schon hier finden sich Erklärungsansätze für das zunehmende Einsamkeitsgefühl Kafkas. Seine Schwester Otla ist, neben Max Brod – und für kurze Zeit die Freundin Milena – der einzige Mensch, mit dem Kafka etwas offener sprechen konnte. Mit Otla fühlt er sich auch später in seinen unausgesprochenen und ungelösten Ängsten und Belastungen in der Beziehung zum Vater verbunden.

Schon früh entwickelt Kafka eine tiefe innere Unsicherheit – und obwohl ihn später die Mitschüler durchaus schätzen, umgibt er sich immer mit einer gläsernen Wand, bleibt er ihnen verschlossen (Wagenbach 2000). Die schließlich weitgehende Abkapselung von den anderen Menschen beginnt also schon früh.

In einem Brief an Max Brod schreibt er drei Jahre vor seinem Tod, dass er «*umherirre wie ein Kind in den Wäldern des Mannesalters*»[18] und ein Jahr später bekennt er Oskar Baum gegenüber noch offener, wie seine Erziehung «*im Grunde genommen sich vollständig im einsamen, überkalten oder überheißen Knabenbett vollzogen hat*».[19]

Auch weitere Personen im Familienhaushalt wirken nicht – im Sinne der Resilienzforschung (vgl. dazu Kap. 5) – als mildernde oder schützende Faktoren im Einflussbereich der väterlichen Autorität, ganz im Gegenteil: So droht beispielsweise etwa die strenge und humorlose Köchin dem kleinen Franz wiederholt, sie werde dem Lehrer erzählen, wie unartig er zu Hause gewesen sei – obwohl er alles andere als Ungehorsamkeit zeigt und mittlerweile schon mehr als brav und eingeschüchtert ist. Der Weg in die Schule wird so zu einem weiteren täglichen Schrecken. Auch vor dem Zu-spät-Kommen entwickelt er immer die größte Angst.

Die Schuljahre von Kafka bestehen fast ausschließlich aus autoritärer Unterordnung und sinnlosem Paukerbetrieb und verstärken die schon vorhandene Unsicherheit und Ängstlichkeit weiter. Die Hauptgründe für diese alles überschattende Ängstlichkeit – daran lassen die Zeugnisse keine Zweifel – liegen vor allem in der familiären, genauer väterlichen Erziehung, die sich mehr oder weniger auf Anweisungen, Befehle, Einschüchterungen u. ä. beschränkt.[20] Die knappen Befehle bleiben Franz vielfach unbegreiflich oder rätselhaft, und er «*wurde schließlich so unsi-*

---

18 Kafka in: Briefe 1902–1924, zitiert nach: Wagenbach 2000, S. 32
19 Kafka in: Briefe 1902–1924, zitiert nach: Wagenbach 2000, S. 33
20 In neuerer Zeit hat Morton Schatzmann (1978) die brutalen Erziehungsmittel des berühmten Daniel Gottlob Moritz Schreber (1808–1861) und ihre verheerenden Folgen für seinen Sohn Daniel eindrücklich beschrieben. Vater Schreber

3. Ermutigung und Entmutigung 83

cher aller Dinge, dass ich tatsächlich nur das besaß, was ich schon in den Händen oder im Mund hielt».[21] Angst flößt die tyrannische Haltung des Vaters auch in seiner heftigen Art ein, über alle Menschen, seien es Tschechen, Deutsche, Juden usw. zu schimpfen und zu richten, so dass der Sohn den Eindruck erhält, außer dem Vater seien alle Menschen schlecht, gefährlich, niederträchtig, unehrlich, gemein usw.

Die fortlaufende entmutigende Erziehung durch den Vater zeigt sich schließlich noch in einer weiteren Variante der Drohung. Wenn der kleine Franz *«etwas zu tun anfing, was Dir nicht gefiel, und Du drohtest mir mit dem Misserfolg, so war die Ehrfurcht vor Deiner Meinung so groß, dass damit der Misserfolg, wenn auch vielleicht erst für eine spätere Zeit, unaufhaltsam war. Ich verlor das Vertrauen zu eigenem Tun. Ich war unbeständig, zweifelhaft. Je älter ich wurde, desto größer war das Material, das Du mir zum Beweis meiner Wertlosigkeit entgegenhalten konntest; allmählich bekamst Du in gewisser Hinsicht wirklich recht».* (Kafka 1984, S. 22 f.).

Kafka spricht in einem Brief deutlich von den zwei Haupterziehungsmitteln des Vaters: Tyrannei und Sklaverei[22], und auch im Brief an den Vater, den ich später noch eingehender besprechen werde, bezeichnet er sich als Sklaven. Weitere angewandte Erziehungsmittel neben den schon erwähnten sind Schreien, Schimpfen, Vorwürfe, Zurechtweisungen, Ironie sowie Auslachen. Nützt das Schimpfen nicht, erwarten ihn massive Drohungen wie etwa *«Ich zerreiße Dich wie einen Fisch»* (Kafka 1984, S. 22), was für Kafka in schrecklicher Erinnerung bleibt. Diese Erziehungspraktiken paralysieren den kleinen Franz so sehr, dass der autoritäre Vater auf das Schlagen weitgehend verzichtet. Allein die offenbar furchtbar angsteinflößende Art, das Schreien des Vaters reicht, um im Sohn das Gefühl aufkommen zu lassen, er werde gehenkt (Kafka 1984, S. 20)! Als eine Folge davon beginnt Franz meistens zu stottern, wenn er mit dem Vater sprechen soll.

Der junge Kafka spürt schon früh, dass er dem Vater – so wie er ist – nicht genügen kann und auch in Zukunft nie genügen wird. Später formuliert er in einem Tagebucheintrag treffend, dass die Erziehung einen anderen Menschen aus ihm machen wollte als den, der er geworden ist.[23]

---

schrieb berühmte Erziehungsratgeber und gilt u. a. als Begründer der Schrebergarten-Bewegung.
21 Kafka (in: «Hochzeitsvorbereitungen auf dem Lande»), zitiert nach: Wagenbach 2000, S. 20
22 Kafka in: Briefe 1902–1924, zitiert nach: Wagenbach 2000, S. 24
23 Kafka in: Tagebücher 1910–1923, zusammengefasst nach: Wagenbach 2000, S. 24

84 Die Kraft der Ermutigung

Die entmutigende Erziehung fördert auch schon früh einen auffallenden Gegensatz der Selbst- und Fremdeinschätzung bezüglich seiner schulischen Fähigkeiten: Obwohl er mit überdurchschnittlich guten Schulleistungen auffällt, nagt permanent der Selbstzweifel an ihm. Eindrücklich gibt er seine Stimmung wie folgt wieder: «*Niemals würde ich durch die erste Volksschulklasse kommen, dachte ich, aber es gelang, ich bekam sogar eine Prämie, aber die Aufnahmeprüfung ins Gymnasium würde ich gewiss nicht bestehen, aber es gelang; aber nun falle ich in der ersten Gymnasialklasse bestimmt durch, nein, ich fiel nicht durch und es gelang immer weiter und weiter. Daraus ergab sich aber keine Zuversicht, im Gegenteil, immer war ich überzeugt, dass, je mehr mir gelingt, desto schlimmer es schließlich wird ausgehn müssen. Oft sah ich im Geist die schreckliche Versammlung der Professoren […], wie sie zusammenkommen würden, um diesen einzigartigen, himmelschreienden Fall zu untersuchen, wie es mir, dem Unfähigsten und jedenfalls Unwissendsten gelungen war, mich bis hinauf in diese Klasse zu schleichen, die mich, da nun die allgemeine Aufmerksamkeit auf mich gelenkt war, natürlich sofort ausspeien würde, zum Jubel aller von diesem Alpdruck befreiten Gerechten.*» (Kafka 1984, S. 54 f.). Nicht nur in der Schule, auch später im Beruf nagt an ihm der Zweifel, begleitet ihn die Angst, ungenügend zu sein.

Mit dem Jurastudium – er hört nur die vorgeschriebenen Vorlesungen und promoviert nach der vorgeschriebenen Mindestzahl von acht Semestern – erfüllt er wenigstens in diesem Feld teilweise die Erwartungen des Vaters. Trotzdem steht er dann der konkreteren Berufsentscheidung längere Zeit ausgesprochen hilflos gegenüber und arbeitet vorerst in verschiedenen Stellungen. Für Kafka ist die Berufswahl schließlich nur unter zwei Gesichtspunkten von Bedeutung: um von den Eltern finanziell unabhängig zu werden und Zeit zum Schreiben zu haben. Mehr resigniert als erfreut übernimmt er ab 1907 eine angebotene Stelle als Angestellter in einer Versicherungsgesellschaft. Trotzdem hat Kafka die Unabhängigkeit vom Elternhaus nie erreicht.

Das weitere Leben in der Familie bei den Eltern erlebt er als fremd, sie scheinen kaum miteinander zu sprechen, Besuche empfindet er sogar als feindselig. Der Tagesablauf sieht nun über viele Jahre etwa folgendermaßen aus: Nach der Büroarbeit (von 8 bis14 Uhr) kommt Kafka nach Hause, schläft nun etwa von 15 bis 19.30 Uhr, geht dann eine Stunde spazieren, isst anschließend mit seiner Familie und beginnt schließlich etwa ab 23 Uhr für drei oder vier Stunden zu schreiben. Erst als 31-Jähriger – und da auch nur gezwungenermaßen – verlässt Kafka die elterliche Wohnung,

3. Ermutigung und Entmutigung   85

zieht zuerst zur einen, dann zur anderen Schwester, bis er endlich doch noch eine eigene Wohnung mietet.

Das Schreiben bedeutet das wahrscheinlich einzige Feld, das er sich im Leben einigermaßen zutraut. Aber auch hier zeigt sich sein Selbstkonzept als beschädigt, verunsichert, ambivalent. So kommt etwa die Selbstabwertung seiner Arbeiten in einem Brief von 1912 an den Verleger Rowohlt deutlich zum Ausdruck, wenn er ihn quasi vor seinem Manuskriptangebot warnt: «*Schließlich ist auch bei größter Übung und größtem Verständnis das Schlechte in den Sachen nicht auf den ersten Blick zu sehen. Die verbreitetste Individualität der Schriftsteller besteht ja darin, dass jeder auf ganz besondere Weise sein Schlechtes verdeckt.*»[24] Kafkas zögernde bis strikt ablehnende Haltung gegenüber der Veröffentlichung seiner Werke ist Ausdruck seines immensen Selbstzweifels, seiner Verunsicherung und der Angst, auch hier (!) nicht zu genügen. Sein Freund Max Brod ermuntert und ermutigt den stets zögernden Kafka zu kleinen Ausflügen, zum Vorlesen seiner Arbeiten im Freundeskreis und später auch zu ersten Publikationen – seinem günstigen Einfluss sind wohl mehrere Veröffentlichungen zu verdanken. Diese verzögern sich aber zusätzlich, weil Kafka Manuskripte meistens nur nach Aufforderung an Zeitschriften und Verlage sendet.

Der Vater steht Kafkas literarischen Bemühungen immer misstrauisch und verständnislos gegenüber. Wiederholt beklagt sich Kafka über die Rohheit und Gefühllosigkeit seines Vaters, wenn auch nie direkt. Wenn Kafka jeweils ein Exemplar eines seiner neuen Bücher dem Vater überreichen will – er hofft wohl immer wieder von neuem (und letztlich vergebens) auf einen Hauch von Anerkennung –, sagt der meistens ärgerlich, er wolle nicht unterbrochen oder gestört werden, und der Sohn solle es gefälligst auf den Nachttisch legen. Der Wunsch, vom Vater wenigstens für seine literarische Tätigkeit etwas Bestätigung zu erhalten, bleibt ihm zeitlebens verwehrt.

Ab etwa 1912 nehmen Angst, Rückzug und auch Todesideen immer mehr zu; das Wort *Angst* taucht in Tagebüchern und Briefen immer häufiger auf. Im Jahre 1922 schreibt er in einem Brief an Max Brod: «*Ich könnte leben und lebe nicht.*»[25] Im selben Brief kommt sein geringes Selbstwertgefühl, das Gefühl der Bedrohung weiter zum Ausdruck: «*[...] wurde mir wieder bewusst, auf was für einem schwachen oder gar nicht vor-*

---

24 Kafka am 14. August 1912, zitiert nach: Wagenbach 2000, S. 85
25 Kafka in: Briefe 1902–1924, zitiert nach: Wagenbach 2000, S. 78

handenen Boden ich lebe.»[26] Im Jahre 1917 zeigt sich der Beginn einer Lungentuberkulose – und diese Krankheit bildet für ihn nur einen weiteren Grund bzw. Vorwand, die Beziehung zu einer Frau, Felice B., aufzulösen. Wegen der fortschreitenden Krankheit wird Kafka 1922 in den Ruhestand versetzt.

Nur wenige Monate vor seinem Tod gelingt es Kafka erstmals, zusammen mit Dora Diamant eine neue Wohnung außerhalb von Prag zu mieten, und mit ihr zusammen ist er für kurze Zeit glücklich. Aber die Krankheit schreitet rasch voran, und Kafka stirbt nach mehreren Sanatoriumsaufenthalten 1924 im Alter von nur 41 Jahren an Kehlkopftuberkulose.

Der auffallende Mangel an Neugierde im Leben von Kafka und das Zurückweichen vor der Umwelt können als weiterer Ausdruck der Entmutigung interpretiert werden: Bei Kafka fehlen größere Reisen, die Begegnungen mit wichtigen Zeitgenossen – und er schließt sich auch von der unmittelbaren Teilnahme am literarischen Gespräch aus. Kafka gilt als sensibler und zurückhaltender Zuhörer, aber beschränkt seinen Umgang nur auf wenige Freunde (vgl. Wagenbach 2000). Seine ausgeprägte Schüchternheit, eine übermäßige Ängstlichkeit (wie auch Bescheidenheit) sowie eine auffällige Scheu und Kontaktarmut kennzeichnen wesentliche Aspekte seines Wesens. Alles bleibt durchtränkt von einer allgemeinen, ihn hemmenden und zerstörenden *Lebensangst*. Seine allgemeine Wachsamkeit und übermäßige Vorsicht lässt ihn überall Gefahren wittern. Darauf werde ich etwas später nochmals zurückkommen. Während seines ganzen Lebens hat Kafka – mit Ausnahme seiner letzten Jahre, als ihn die Krankheit zwang, Sanatorien aufzusuchen – den innersten Bezirk von Prag nur selten verlassen: Diese Eingeschlossenheit, die Beschränkung seines Lebensraumes ist ein weiteres auffallendes Charakteristikum seines Lebensstils und seiner Persönlichkeit.

Lebensaufgabe Liebesbeziehung

Kafka hat drei Verlobungen aufgelöst (1914, 1917, 1920), ebenso die Verbindungen mit Gerti Wasner (1913), Grete Bloch (ab 1914) und Milena Jasenská (ab 1920/1921). Mehrmals hat er sogar eine Zusammenstellung all dessen, was für und gegen eine Heirat spricht, verfasst! Die tiefe Entmutigung und die geringe Selbsteinschätzung kommen auch in einem erst

---

26 Kafka in: Briefe 1902–1924, zitiert nach: Wagenbach 2000, S. 78

3. Ermutigung und Entmutigung 87

1963 aufgefundenen Brief zum Ausdruck, in dem er sich selber mit Du anspricht: «*Du, der du für deinen innern Bestand unaufhörlich kämpfen musst, mit allen deinen Kräften, und sie genügen nicht einmal, du willst einen eigenen Hausstand gründen [...]. Mit welchen Kräften willst du das besorgen?*»[27] In dieser Lebensaufgabe erleidet Kafka totalen Schiffbruch, ereilen ihn wiederholte und stark entmutigende, schmerzliche Niederlagen – und dabei hat nichts für ihn eine so große Bedeutung wie die von ihm so bezeichneten Heiratsversuche. Es bleiben immer nur Versuche. Warum? Im «Brief an den Vater» deutet er an: «*Dieser bisher größte Schrecken meines Lebens* [nämlich die Bedeutung und Möglichkeit einer Ehe – J. F.] *[...].*» (Kafka 1984, S. 57). Heiraten, eine Familie gründen und Kinder zu unterhalten, bedeutet seiner Meinung nach das Schwierigste – er nennt es das Äußerste, was einem Menschen gelingen könne. Dazu hält er sich offensichtlich für unfähig, wie er im Brief an den Vater rückhaltlos bekennt: Er bezeichnet sich selber als «*offenbar geistig unfähig zu heiraten. Das äußert sich darin, dass ich von dem Augenblick an, in dem ich mich entschließe zu heiraten, nicht mehr schlafen kann, der Kopf glüht bei Tag und Nacht, es ist kein Leben mehr, ich schwanke verzweifelt herum [...]. Es ist der allgemeine Druck der Angst, der Schwäche, der Selbstmissachtung*» (Kafka 1984, S. 66).

Im Fragment «Hochzeitsvorbereitungen auf dem Lande» aus dem Nachlass klingt an, wie es Kafka angesichts einer drohenden Hochzeit zumute gewesen sein muss: Die fast ausschließlich düster-trostlose Atmosphäre der Geschichte legt den Schluss nahe, dass der Protagonist an eine Beerdigung geht – Kafka muss welch die Heirat geradezu als tödliche Gefahr empfunden haben. Die enormen Selbstzweifel zeigen sich aber nicht nur angesichts der Lebensaufgabe Partnerschaft: «*Ich prüfte mich ja nicht erst gegenüber der Ehe, sondern gegenüber jeder Kleinigkeit; gegenüber jeder Kleinigkeit überzeugtest Du* [der Vater – J. F.] *mich durch Dein Beispiel und durch Deine Erziehung, so wie ich es zu beschreiben versucht habe, von meiner Unfähigkeit, und was bei jeder Kleinigkeit stimmte und Dir recht gab, musste natürlich ungeheuerlich stimmen vor dem Größten, also vor der Ehe.*» (Kafka 1984, S. 70 f.).

Kafka erweist sich immer wieder als unfähig, eine tiefere Verbindung mit Frauen einzugehen und zu gestalten; eindrücklich fasst er seine Sichtweise in einem frühen Brief von 1907 an eine Frau zusammen: «*Wenn du mich ein wenig lieb hast, so ist es Erbarmen, mein Anteil ist die*

---

27 Kafka in einem Brief vom 24. November 1919 an die Schwester von Julie Wohryzek, zitiert nach: Wagenbach 2000, S. 118

Furcht.»[28] Sein Selbstbild und sein Selbstwertgefühl in Bezug auf das andere Geschlecht zeigen sich schon hier stark beeinträchtigt.

Die schon früher angesprochene Rohheit und Gefühllosigkeit des Vaters äußert sich auch in der Reaktion auf die Mitteilung des Sohnes, er wolle sich mit einer Frau (Julie Wohryzek) verloben. Diese Verlobung bedeutet in den Augen von Vater Kafka eine große Schande; der Beruf von Julies Vater – Synagogendiener – gilt ihm als letzte Stufe der Beleidigung. Es ist bei der folgenden Beschimpfung des Vaters zusätzlich zu bedenken, dass Franz Kafka zu diesem Zeitpunkt schon 36 Jahr alt ist! *«Sie hat wahrscheinlich irgendeine ausgesuchte Bluse angezogen, wie das die Prager Jüdinnen verstehn, und darauf hast du dich natürlich entschlossen, sie zu heiraten. Und zwar möglichst rasch, in einer Woche, morgen, heute. Ich begreife dich nicht, du bist doch ein erwachsener Mensch, bist in der Stadt, und weißt dir keinen andern Rat als gleich eine Beliebige zu heiraten. Gibt es da keine anderen Möglichkeiten?»* Die Beleidigungen des Vaters enden schließlich mit dem Rat, er möge doch besser ins Bordell gehen: *«Wenn du dich davor fürchtest, werde ich selbst mit dir hingehn.»* (Kafka 1984, S. 63). Beleidigungen und Beschimpfungen des Vaters wie etwa «Du bist ein großes Schwein» und ähnliches berichtet Kafka schon aus der Kindheit in seinem «Brief an den Vater». Solche und viele ähnliche Erlebnisse und Erfahrungen bilden die Voraussetzung für die Abfassung des berühmten Briefes an seinen Vater (1984/1919).

Bei der letztlich nur vermeintlichen Wahl zwischen Leben (Liebesbeziehung, Freundschaften, Lebensgenuss, befriedigende Arbeit) und Literatur entscheidet er sich – nach den bisherigen Ausführungen wenig überraschend – stets für das Schreiben: Es bleibt trotz allen Selbstzweifeln das einzige Feld seines Lebens, das ihm einen gewissen Erfolg beschert hat.

Angst als nicht zu bewältigende Lebens- und Entwicklungsaufgabe

Aufgrund seiner Erfahrungen kommt Kafka zu dem (ihm wohl so nicht bewussten) Schluss, dass das Leben mit seinen vielfältigen Aufgaben und Möglichkeiten für ihn zu schwierig, überfordernd sei – oder anders ausgedrückt, dass er zu schwach, unfähig, minderwertig o. ä. sei. Auch die Grundhaltung in Kafkas Werken erweist sich überwiegend als von Angst,

---

28 Kafka in: Briefe 1902–1924, zitiert nach: Wagenbach 2000, S. 82

Ohnmacht und Selbstzweifeln sowie von Unsicherheit geprägt. In seinen Novellen und Fragmenten wie auch in den Romanen steht diese Grundstimmung immer wieder im Vordergrund, in unzähligen Variationen, Themen und Verkleidungen. Die meisten Werke Kafkas handeln von Urteil, Verurteilung, Strafe und Prozess. Während seines Lebens wird Kafka immer wieder von Selbsthass und von Suizidüberlegungen belastet.

Viele seiner Texte sind in weiten Teilen Darstellungen und Versuche von Aufarbeitungen eigener persönlicher Problemstellungen, Leidenskämpfe und Schwierigkeiten, teilweise drücken die Titel dies sogar ganz direkt aus. Beispiele dafür sind etwa: «Beschreibung eines Kampfes» (ab 1904) «Hochzeitsvorbereitungen auf dem Lande» (1906), «Entschlüsse» (1913), «Der Prozess» (1914, erst 1925 veröffentlicht), «Das Urteil» (1913, 1916), «In der Strafkolonie» (1919), «Brief an den Vater» (erst nach Kafkas Tod veröffentlicht). Einige kurze Andeutungen müssen hier genügen.

- So finden sich schon im kurzen Text «Entschlüsse» (1913) stark resignative, depressive Elemente, die für Kafka so typisch sind und mit dem Rat enden, alles hinzunehmen.

- Im Roman «Der Prozess» (1914) beschreibt Kafka den Kampf des J. K. gegen ein unentwirrbares Rechts- und Instanzensystem, dem er schließlich zum Opfer fällt. Obwohl er gegen keinen Paragrafen verstoßen hat, wird J. K. verhaftet: Er weiß bis zum Schluss nicht, welchen Vergehens er eigentlich angeklagt wird und welcher Gerichtshof seinen Fall behandelt. Der ganze Text beschreibt den quälenden und von Anfang an aussichtslosen Kampf gegen unsichtbare Ankläger und Widersacher. Im Prozess gesteht er schließlich resigniert – obwohl unschuldig – seine Schuld und wird verurteilt. Mit einem Messer direkt ins Herz wird das Urteil von zwei unbekannten Beauftragten vor der Stadt vollzogen, er wird mit äußerster Brutalität regelrecht abgeschlachtet. Die Prozess- und Richter-Thematik hat Kafka fünf Jahre später in seinem Brief an den Vater in direkten Worten festgehalten: Der Vater als immerwährender Richter in einem Prozess gegen den Sohn.

- Die Verunsicherung in seinem Leben fasst er im «Fahrgast» (1913) ebenso treffend wie knapp zusammen: *«Ich stehe auf der Plattform des elektrischen Wagens und bin vollständig unsicher in Rücksicht meiner Stellung in dieser Welt, in dieser Stadt, in dieser Familie.»* (Kafka 1973, S. 16).

- «Das Urteil» (1913/1916) beschreibt die Geschichte eines Mannes, der beschließt, seinen im Ausland lebenden Freunden die bevorstehende Verlobung anzuzeigen. Der Mann erzählt seinem Vater vom soeben verfassten Brief. Der Vater überschüttet daraufhin seinen Sohn mit Vorwürfen und behauptet gar, er solle dadurch erniedrigt werden. Der Ausbruch des Vaters gipfelt in den Worten, er sei noch immer der viel Stärkere! Dann holt der Vater zum entscheidenden Schritt aus: «*Häng' dich nur in deine Braut ein und komm' mir entgegen! Ich fege sie dir von der Seite weg, du weißt nicht wie [...]. Ein unschuldiges Kind warst du ja eigentlich, aber noch eigentlicher warst du ein teuflischer Mensch!* – Und darum wisse: Ich verurteile dich jetzt zum Tode des Ertrinkens!» (Kafka 1973, S. 31 f.). Der Sohn akzeptiert dieses Urteil, und so endet die Geschichte mit dem Suizid des Protagonisten. Wiederum legt uns Kafka seine ungelöste Vater-Problematik in einer neuen Variante vor.

- Eine kurze Erzählung mit dem Titel «Gibs auf!» aus dem Nachlass endet ebenfalls hoffnungslos: Das Aufgeben wird zum unausweichlichen Programm.

- Auf den «Brief an den Vater», den zentralen Text zum Verständnis von Kafkas Persönlichkeit, möchte ich im Folgenden noch etwas näher eingehen.

Entmutigung als psychische Zerrüttung des Selbst

Rattner (1964, S. 24) hält in seiner Analyse zu Kafkas Brief an den Vater, der 1919 verfasst und erst nach dem Tode Kafkas veröffentlicht wird, in Bezug auf die Bedeutung dieses literarisch wie psychologisch wohl einzigartigen Dokumentes treffend fest: «*Kafkas Unfähigkeit zu handeln, seine Weltflucht und seine [...] zwanghaften Fantasien, seine Furcht vor Entscheidungen (auch in Bezug auf die Ehe) etc. müssen darauf zurückgeführt werden, dass er eigentlich niemals sicher gewesen ist.*» Die spätere Entscheidungsunfähigkeit in der Liebe, in der Ablösung von zu Hause und im Beruf lässt sich als Folge-Phänomen seiner jahrelangen diesbezüglichen Erlebnisse verstehen. Und diese Erlebnisse sind untrennbar mit dem allmächtigen Vater verbunden.

Der derbe Vater will aus seinem mit einer zarten Konstitution geborenen Sohn ein Ebenbild schaffen, kann kaum Verständnis für ihn und seine Bedürfnisse aufbringen. Er schlägt sein Kind nicht oder sehr selten,

3. Ermutigung und Entmutigung 91

aber die massiven und permanenten Drohungen und Missachtungen genügen, um den Sohn einzuschüchtern. Die Folgen auf den Sohn sind: «*Ich verlor das Vertrauen zu eigenem Tun. Ich war unbeständig, zweifelhaft. Je älter ich wurde, desto größer war das Material, das du mir zum Beweis meiner Wertlosigkeit entgegenhalten konntest: allmählich bekamst Du in gewisser Hinsicht wirklich recht.*» (Kafka 1984, S. 22). Der Vater ist für ihn als Kind die letzte Instanz, er selber ein Nichts, er beklagt selber sein ihn oft beherrschendes Gefühl der Nichtigkeit (Kafka 1984, S. 11). Das hängt auch damit zusammen, dass der Vater mit den Menschen in seiner Umgebung, seien es seine Geschäftspartner oder eben sein Sohn Franz, nie zufrieden sein kann – und dies auch deutlich artikuliert. Kein Wunder, verliert Franz auch noch den letzten Rest von Selbstbewusstein und Selbstachtung: «*Ich hatte vor Dir das Selbstvertrauen verloren, dafür ein grenzenloses Schuldbewusstsein eingetauscht.*» (Kafka 1984, S. 43).

Misstrauen als Lebensprinzip verinnerlicht er im Laufe seiner Kindheit nachhaltig. Wie zeigt sich das? «*Das Misstrauen, das Du mir in Geschäft und Familie gegen die meisten Menschen beizubringen suchtest (nenne mir einen in der Kinderzeit irgendwie für mich bedeutenden Menschen, den du nicht wenigstens einmal bis in den Grund hinunterkritisiert hättest) [...] dieses Misstrauen, das sich mir Kleinem mit eigenen Augen nirgends bestätigte, da ich überall nur unerreichbar ausgezeichnete Menschen sah, wurde in mir zu Misstrauen zu mir selbst und zur fortwährenden Angst vor allem andern.*» (Kafka 1984, S. 44). Dieses Misstrauen führt so – wenig überraschend – auch zu einem massiven Selbstmisstrauen, wie das Kafka selber präzis feststellt.

Erschwerend kommt noch hinzu, dass der Vater gegen alle Neigungen und Beschäftigungen des Sohnes seine deutliche Abneigung bekundet. So erhält Franz auch hier keinerlei Unterstützung oder Bestätigung.

Was ihm in der Beziehung zum Vater gefehlt hat, ist die Ermutigung, wie er mehrmals und an verschiedenen Stellen seiner Schriften bedauernd festhält: «*Damals und damals überall hätte ich die Aufmunterung gebraucht.*» (Kafka 1984, S. 12). Neben ihm kommt er sich jämmerlich, als Nichts vor, denn der Vater verkörpert für ihn das Maß aller Dinge. Der Vater duldet auch keinen Widerspruch, keine eigenständige Meinung neben sich: «*In deinem Lehnstuhl regiertest Du die Welt. Deine Meinung war richtig, jede andere war verrückt, überspannt, meschugge, nicht normal.*» (Kafka 1984, S. 13). Trotzdem zeigt der kleine Franz gelegentlich (noch) letzte Reste von Lebenslust und Freude, die ihm aber rasch ausgetrieben werden. Statt ihn in seiner Person zu bestärken, entmutigt der Vater seinen Sohn unentwegt immer tiefer, wie die folgende Stelle zeigt: «*Man musste nur über irgendeine Sache glücklich sein, von ihr erfüllt sein, nach Hause kommen und es aussprechen, und die Antwort war ein ironisches Seufzen, ein Kopfschütteln, ein Fingerklopfen auf den Tisch:* ‹Hab' auch schon etwas Schöneres gesehen› [...] *oder* ‹Auch ein Ereignis!›» (Kafka 1984, S. 14). Weil der Vater für ihn die maßgebende Person ist und bleibt, treffen solche Äußerungen das Kind im tiefsten Kern: «*Der Mut, die Entschlossenheit, die Zuversicht, die Freude an dem oder jenem hielten nicht bis zum Ende aus, wenn du dagegen warst.*» (Kafka 1984, S. 15). Das noch vorhandene Interesse an anderen Menschen in der Kindheit – ein Wesenszug, der Kafka später weitgehend bis fast vollständig abhandenkommt – zerstört der Vater, indem er diese Personen ohne Gefühl und Achtung beschimpft, abwertet, verleumdet. Alle Äußerungen des Vaters nimmt er sehr ernst, prägen sich tief ein: «*Für mich als Kind war aber alles, was Du mir zuriefst, geradezu Himmelsgebot, ich vergaß es nie, es blieb mir das wichtigste Mittel zur Beurteilung der Welt.*» (Kafka 1984, S. 16).

Die Bemühungen in Kafkas Leben gipfeln alle immer wieder im Versuch, mit seinen ungeklärten und außerordentlich schmerzlichen Vater-Erfahrungen fertig zu werden. Diese Erfahrungen führen hauptsächlich zu seiner Lebensangst und seiner lähmenden Schwermut.

Eine weitere Wirkung der entmutigenden Erziehung zeigt sich in einer zunehmenden Selbstzentrierung und Selbstbeschäftigung: Verunsicherte und zutiefst an sich zweifelnde Menschen schränken ihre Interessen, den Lebenskreis stark ein. Kafka erkennt dies teilweise selber recht klar, wenn er anmerkt: «*Ich hatte, seit ich denken kann, solche tiefste Sorgen der geistigen Existenzbehauptung, dass mir alles andere gleichgültig war.* [...] *Mich beschäftigte nur die Sorge um mich.*» (Kafka 1984, S. 52 f.).

Das Schreiben bedeutet für ihn einen Versuch zur – wenigstens teilweise inneren – Selbständigkeit. Das benennt Kafka selber deutlich: «*Hier war ich tatsächlich ein Stück selbständig von Dir weggekommen, wenn es auch an einen Wurm erinnerte, der, hinten von einem Fuß niedergetreten, sich mit dem Vorderteil losreißt und zur Seite schleppt. Einigermassen in Sicherheit war ich, es gab ein Aufatmen.* [...] *Mein Schreiben handelte von Dir, ich klagte ja dort nur, was ich an deiner Brust nicht klagen konnte.*» (Kafka 1984, S. 50 f.).

Deutlicher, eindringlicher und bedrückender vermag wohl kaum jemand die Not, das Leiden an einer unglückseligen Vater-Beziehung wiederzugeben.

3. Ermutigung und Entmutigung

Dabei darf Kafka, das sei hier ausdrücklich und ergänzend festgehalten, nicht ausschließlich auf Entmutigung verkürzt werden: Wie Kafka seinen Vater von verschiedenen Seiten immer wieder analysiert, sein Handeln kritisch beschreibt und darüber hinaus hinterfragt – und wie er sich ihm gegenüber in einigen Ansätzen (z. B. mit dem Schreiben) sogar auch verweigert, all dies zeigt immerhin doch einige übriggebliebene und erstaunliche *Formen des Mutes*. Mut zeigt er im Übrigen auch, wie er die schrecklichen Erfahrungen mit seinem Vater nicht verdrängt, verharmlost oder gar noch rechtfertigt, wie das viele Menschen, die eine ähnliche Erziehung erlitten haben, im Sinne von «mir hat es nicht geschadet» u. ä. tun – Kafka schaut hin, beschreibt, analysiert, kommentiert. Und obwohl ihm der Vater so viel Leid angetan hat, verurteilt er ihn nicht, wächst so über ihn hinaus – er verhält sich in seinem Leben nicht so wie der Vater –, auch wenn er die Erfahrungen mit ihm doch nicht bewältigen kann. Dank Kafkas bewundernswerter und rückhaltlos offener Selbstdarstellung und -beschreibung erkennen wir eine eindrückliche mögliche psychologische Verbindung von autoritärer Erziehung und späterer Entmutigung im Leben.

Dennoch: Trotz der bewundernswerten Selbstdarstellung kann Kafkas Leben und Dichten so als mehr oder weniger erfolgloser Versuch eines Abschieds, eines Loskommens vom Vater, verstanden werden, denn: Wo immer er von ihm loszukommen versucht, findet er den Vater immer wieder in einer neuen Gestalt vor (Rattner 1964), trägt er diesen nun in sich, hat ihn in vielen seiner Denk- und Verhaltensmuster, seinen Erwartungen, verinnerlicht – die verschiedenen Texte Kafkas legen davon eindrücklich Zeugnis ab. Kafka gelingt es – und das ist die große Tragik seines Lebens – letztlich nie, sich von den entmutigenden Erfahrungen und dem entsprechend verinnerlichten, von Lebensangst und Selbstzweifeln durchtränkten Lebenskonzept zu befreien.

Kafkas Selbstkonzept und Selbstwertgefühl

Zum Abschluss dieses Kapitels möchte ich noch den kurzen Versuch unternehmen, Kafkas psychische Problematik unter identitätspsychologischer Perspektive darzustellen. Nach Hausser (1995, S. 26) bestehen die Identitätskomponenten des Menschen aus drei zentralen Selbstdefinitionen:

- *Selbstkonzept* (= generalisierte Selbstwahrnehmung, kognitiv).
  Beispiel: «*Ich bin eine gute Schülerin!*»
- *Selbstwertgefühl* (= generalisierte Selbstbewertung, emotional).
  Beispiel: «*Ich fühle mich als Mensch gut.*»
- *Kontrollüberzeugung* (= personale Kontrollüberzeugung).
  Beispiel: «*Ich bringe etwas zustande!*»

Wenn wir diese Komponenten auf Kafka übertragen, muss die Identität von Kafka als schwer angeschlagen, massiv beeinträchtigt beurteilt werden: Die generalisierte Selbstwahrnehmung ist schlecht, die generalisierte Selbstbewertung über weite Strecken ebenfalls und bei der Kontrollüberzeugung kann noch am ehesten bei der Lebensaufgabe Beruf (Schreiben) von Erfolg gesprochen werden – obwohl ja Kafka auch hier immer wieder mit Zweifeln gerungen hat. Im Bereich der Liebesbeziehung ist ihm hingegen die Kontrolle weitgehend oder gänzlich misslungen.

Wenn wir uns nun besonders auf das *Selbstwertgefühl* beschränken, lässt sich Folgendes (sehr kurz) zusammenfassen. Das Selbstwertgefühl eines Menschen entsteht aus den Generalisierungen seiner erfahrungsabhängigen Selbstbewertungen (Hausser 1995, S. 35) und kann als eine integrierte Befindlichkeit des Menschen, die sich in einer Reihe von empirisch belegten Komponenten ausdrückt, bezeichnet werden. Es sind dies:

- *Wohlbefinden und Selbstzufriedenheit*
- *Selbstakzeptanz und Selbstachtung*
- *Erleben von Sinn und Erfüllung*
- *Selbständigkeit und Unabhängigkeit.*

Es liegt nun quasi in der Natur des Lebens, dass das Selbstwertgefühl jedes Menschen gewissen Schwankungen unterworfen ist. Aufgrund der bisherigen Darlegungen würde Kafka in seiner genauen und auch offenen Selbsterkundung mit großer Wahrscheinlichkeit selbst alle vier Komponenten als sehr unbefriedigend einschätzen. Kafkas Selbstwertgefühl weist eben gerade kaum oder wenig Schwankungen auf, sondern zeigt vielmehr ein konstant tiefes Niveau: Die veröffentlichten wie hinterlassenen Schriften lassen sich sogar als klare und exakte Gegensätze zu Wohlbefinden, Selbstzufriedenheit, Selbstakzeptanz, Selbstachtung oder Erleben von Erfüllung verstehen und einordnen!

3. Ermutigung und Entmutigung

Ein anderes, mehr aus dem psychotherapeutischen Kontext entstandenes Konzept des Selbstwertgefühls hilft, die verheerende Wirkung von Kafkas entmutigender Erziehung und Lebenshaltung von einem weiteren Standpunkt aus zu verstehen. Aus klinischen Untersuchungen und Therapien lassen sich nach Potreck-Rose und Jacob (2003, S. 72 ff.) vier Säulen oder Aspekte des Selbstwertes festhalten, wobei die ersten beiden der intrapersonellen, die letzten zwei der interpersonellen Dimension zugeordnet werden:

1. *Selbstakzeptanz*
Darunter versteht man die positive Einstellung zu sich selbst als Person: zufrieden sein mit sich selbst, einverstanden mit sich sein, eins mit sich sein sowie sich in sich selbst zu Hause fühlen.

2. *Selbstvertrauen*
Das Selbstvertrauen meint die positive Einstellung zu eigenen Fähigkeiten und Leistungen und beinhaltet: etwas gut können, etwas gut machen, etwas erreichen und durchhalten aber auch etwas lassen können.

3. *Soziale Kompetenz*
Das Erleben von Kontaktfähigkeit gilt als zentraler Aspekt der sozialen Kompetenz. Genauer aufschlüsseln lassen sich: mit Menschen umgehen können, sich schwierigen Situationen gewachsen fühlen, flexibel reagieren können, positive Resonanz spüren sowie Nähe/Distanz regulieren können.

4. *Soziales Netz*
Soziales Netz bedeutet das Eingebundensein in positive soziale Beziehungen und kann differenziert werden in: befriedigende Partnerschaft, befriedigende Familienbeziehungen, Freunde haben, sich verlassen können/verlässlich sein sowie wichtig sein für andere.

Das Vier-Säulen-Konzept zeigt anschaulich die Möglichkeiten und Gefahren in zwischenmenschlichen Beziehungen: Ermutigende Erfahrungen bewirken in der Regel eine Stärkung aller vier Säulen, entmutigende hingegen eher eine Schwächung. Alle Schriften, Belege wie auch Kafkas eigene Äußerungen legen nahe, wie verheerend die Folgen seiner entmutigenden Erfahrungen und der daraus gezogenen Schlüsse waren: In allen vier Bereichen, von der Selbstakzeptanz bis zum sozialen Netz gelingt es Kafka nicht, auch nur eine halbwegs befriedigende Erfahrung oder gar

Lösung zu finden – im Gegenteil. Er bleibt lebenslänglich ein zweifelnder, ängstlicher, entmutigter, trauriger und in sich gefangener Mensch, der vor zentralen Aufgaben des Lebens kapituliert. Scharfsinnig formuliert das Kafka in einem Gespräch über Chaplin: «*Das ist ein sehr energischer, arbeitsbesessener Mann. In seinen Augen qualmt die Glut der Verzweiflung über die Unveränderlichkeit des Niedrigen, doch er kapituliert nicht. Wie jeder echte Humorist hat er ein Raubtiergebiss. Damit geht er auf die Welt los.*»[29] Kafka ging – um es mit seinen Worten auszudrücken – nicht auf die Welt los, sondern kapitulierte.

So bilden Lebensgeschichte wie auch die literarischen Zeugnisse Kafkas ein eindrückliches und eindringliches Beispiel, das uns vor Augen führen kann, wie zerstörerisch ein Mangel an Ermutigung sein kann bzw. wie eine lang anhaltende entmutigende Erziehung einen begabten Menschen letztlich am Leben mit seinen zahlreichen Möglichkeiten scheitern lässt.

---

29 Kafka 1951; zitiert nach: Tichy 2002, S. 135

4 Kompensationsfähigkeit, Ressourcenoptimierung und Neuroplastizität

«Mangelsituationen, Schwächen und Behinderungen beschränken nicht zwangsläufig die Entfaltung unseres Potenzials – sie können auch ein sehr fruchtbarer Ansporn sein und verborgene Kräfte freisetzen.» (Olaf-Axel Burow)[30]

«Inmitten von Schwierigkeiten liegen günstige Gelegenheiten.» (Albert Einstein)[31]

«Alles Leben ist Problemlösen.» (Karl Popper)[32]

«Wir haben gefordert, dass man Kinder keineswegs davor bewahren soll, die Schwierigkeiten des Lebens richtig wahrzunehmen, denn nur durch die Entfaltung kompensatorischer Kräfte werden sie mit ihnen schließlich fertig. Im Psychischen ist aller Wert Überwindungsprämie; zwar können wir sie nicht immer allein, doch müssen wir sie stets selbst erringen.» (Manès Sperber)[33]

«Die Schwierigkeiten werden Sie zwingen, neue Kräfte zu entfalten.» (Voltaire)[34]

Minderwertigkeitsgefühl und Kompensation: Adler und seine Kompensationstheorie

Es kann als Alfred Adlers[35] Verdienst gelten, den Kompensationsbegriff in die Psychologie eingeführt zu haben. Zwar gab es schon früher scharfsinnige Denker und Beobachter wie etwa den französischen Materialis-

---

30 Burow 1999, S. 60
31 zitiert nach Burow 1999, S. 80
32 Popper 1996
33 Sperber 1981a, S. 13
34 Voltaire in einem Brief an Helvétius, zitiert nach Momdshian 1959, S. 67
35 Adler (1870–1937) war einer der frühesten Mitarbeiter Sigmund Freuds und gründete nach der Trennung von Freud eine neue Schule der Tiefenpsychologie, die Individualpsychologie.

ten Julien Offray de La Mettrie (1709–1751), der die Fähigkeit des menschlichen Organismus (und Geistes) u. a. in folgenden Worten treffend beschrieben hat: «*Ich nehme an, dass die Augen eines Tauben schärfer sehen und einsichtiger sind, als wenn er nicht taub wäre, ganz einfach, weil der Verlust eines Körperteils oder eines Sinnes die Kraft oder den Scharfsinn eines anderen zu erhöhen vermag.*» (La Mettrie 1984, S. 51 f.).

Adler hat sich als einer der ersten Psychologen ausführlich mit kompensatorischen Möglichkeiten und Fähigkeiten des Menschen auseinandergesetzt, nicht zuletzt vermutlich aufgrund eigener körperlicher Schwierigkeiten in der Kindheit: Adler litt in frühen Jahren u. a. an Rachitis und wäre zudem einmal fast erstickt. Seine Theorie vom Minderwertigkeitsgefühl basiert ursprünglich auf einem körperlich-organischen Konzept: Die Erforschung angeborener «Minderwertigkeiten» – so die aus heutiger Sicht etwas unglückliche Formulierung –, d. h. Organmissbildungen und Organschwächen, belegt er in der 1907 veröffentlichten «Studie über die Minderwertigkeit von Organen» (Adler 1977). Er erläutert darin anhand einer umfangreichen Kasuistik die kompensatorische Fähigkeit des menschlichen Organismus, verschiedene organische Mängel (morphologische wie funktionelle) auszugleichen. Kompensation wird bei Adler als Tendenz zur Deckung eines organischen «Defektes» (Unterentwicklung, Verkümmerung, Funktionsschwäche), durch Wachstum und Funktionssteigerung verstanden. Dabei unterscheidet Adler verschiedene Formen des Ausgleichs, der Kompensation: a) das Einspringen symmetrisch (paarig) gelegener gleicher Organe (Beispiel: Niere); b) die Hilfeleistung zugehöriger, genügend ausgebildeter Organteile; c) die Inanspruchnahme eines anderen Organs; d) die außergewöhnliche Anspannung und Bemühung durch intensives Training des «minderwertigen» Organs selbst; e) kompensatorische Änderungen in den übergeordneten Bahnen und Zentren des Zentralnervensystems (ZNS).

Längst weiß man in der Medizin beispielsweise, dass bei Herzklappenfehlern sich das Herz vergrößert, um die notwendige Leistung zu erbringen. Aus dem Versuch, einen körperlichen Schaden oder Mangel zu kompensieren bzw. zu überwinden, kann schließlich sachliche Überlegenheit, ja unter bestimmten Umständen sogar Genialität hervorgehen – Adler (1977) führt als erfolgreiche Beispiele u. a. den athenischen Redner Demosthenes (384–322 v. u. Z.) und den Komponisten Ludwig van Beethoven (1770–1827) auf. Demosthenes litt an einer schweren Sprechbehinderung und stotterte als Kind. Mit unermüdlicher Übung am Meer – er hat mit Steinen im Mund gegen die Meeresbrandung angebrüllt! – gelang

4. Kompensationsfähigkeit, Ressourcenoptimierung, Neuroplastizität

es ihm schließlich nach vielen Jahren, zu einem der bedeutendsten Rhetoriker der Antike zu werden. Aus neuester Zeit könnte man den britischen Physiker Stephen Hawking (geb. 1942) erwähnen, der seit 1968 durch ein schweres progressives Muskelleiden (amyotrope Lateralsklerose, ALS) an den Rollstuhl gebunden und zusätzlich durch seine Krankheit sprechunfähig ist, aber dank Übung und Technik mittels einer mundbedienten digitalisierten Sprech- und Schreibhilfe kommunizieren kann. Seine wichtigsten, berühmtesten und erfolgreichsten Werke hat er im Übrigen seit der Kenntnis seiner Diagnose und im Zustand der fortgeschrittenen Krankheit verfasst. Hawking gilt als einer der profiliertesten Physiker, arbeitet als Professor in Cambridge und schreibt Bestseller in seinem Fachgebiet.

Im Laufe der Zeit erweiterte Adler seine anfänglich eng auf die seelischen Auswirkungen einer körperlichen Minderwertigkeit bezogene Untersuchung auf das allein psychisch hervorgerufene Minderwertigkeitsgefühl; das Schwergewicht seiner psychologischen Theorien verlagerte sich von der «objektiven» biologischen «Minderwertigkeit» zum subjektiven erlebnispsychologischen Minderwertigkeitsgefühl.

Später versuchte Adler die Lehre vom Minderwertigkeitsgefühl anthropologisch herzuleiten. Der Mensch, phylogenetisch (stammesgeschichtlich) betrachtet als Gattung ein schwaches Wesen, das keine besonderen körperlichen Stärken aufzuweisen vermag, steht ontogenetisch (in seiner individuellen Entwicklung) zu Beginn seines Lebens in einer Phase ausgeprägter physischer und psychischer Unsicherheit und Hilflosigkeit, d. h. ohne Hilfe der Mitmenschen wird das Überleben unmöglich. Aus der Sicht Adlers wird jedes Kind dadurch, dass es in der Umgebung von Erwachsenen lebt, und im Weiteren angesichts der Tatsache, dass es den «Lebensaufgaben» noch unfähig, schwach und unzulänglich gerüstet gegenübersteht, dazu verleitet, sich als klein und schwach zu betrachten, ja sich als unzulänglich und minderwertig einzuschätzen (vgl. Adler 1973b/1927). Adler geht sogar soweit, die Formel zu prägen: *«Mensch sein heißt, sich minderwertig fühlen.»* (Adler 1973a, S. 67)! In diesem Minderwertigkeitsgefühl sieht er eine Art positives Leiden, da es eine Spannung erzeugt, die nach einer Lösung drängt. Die empfundene Schwäche bildet den individuellen Stachel zur Überwindung der Schwierigkeiten und zum Streben nach Sicherheit: Das Kind ist geneigt, sich den Anforderungen der Umgebung anzupassen, seine Minussituation möglichst rasch zu überwinden. Aus der Sicht Adlers wird *Lernen so quasi zu einem kompensatorischen Akt.* In **Tabelle 4-1** versuche ich in einer vereinfachten und übersichtlichen Form, Adlers Kompensationsmodell darzustellen. Die Teilpfeile

Tabelle 4-1: Adlers Kompensationsmodell (Darstellung/Modifizierung: J. Frick)

Minderwertigkeitsgefühl (Motor, Anreiz, treibende Kraft, Ausgangslage, Chance)	Streben nach	Kompensation (Ausgleich von Mängeln, überwinden durch Lernen, Üben)
Unzulänglichkeit («inkompetent»)	→→→→→→→	zulänglich werden/fühlen («kompetent»)
allgemeine «Minussituation»	→→→→→→→	«Plussituation»
Kleinheit, Schwäche	→→→→→→→	Größe, Stärke
Gefühl der Unsicherheit	→→→→→→→	Gefühl der Sicherheit
Gefühl des Ungenügens	→→→→→→→	Gefühl des Genügens
noch nicht können	→→→→→→→	können, fähig sein
abhängig sein	→→→→→→→	unabhängig, selbständig sein
sich minderwertig fühlen	→→→→→→→	sich wertvoll fühlen
Angst, Unlust	→→→→→→→	Mut, Zuversicht
Besorgnis	→→→→→→→	Gelassenheit

sollen andeuten, dass dieser Prozess in vielen Teilschritten erfolgt; Rückschläge sind dabei immer möglich und durchaus auch ein natürlicher Teil des Lebens! Andererseits verhindert eine günstige Entwicklung, etwa eine mehr oder weniger erfolgreiche Kompensation, keineswegs, dass Menschen in bestimmten Lebenssituationen und durch entsprechende Ereignisse für eine kurze oder auch längere Zeit wieder in einen Zustand des Minderwertigkeitsgefühls geraten können (partielles bzw. temporäres Minderwertigkeitsgefühl). Dieses Minderwertigkeitsgefühl kann sich dann nur auf einzelne Bereiche beziehen oder sich gar wieder generell etablieren. Bereiche/Themen dazu wären beispielsweise die Liebe (etwa Trennung des/der Partnerin), die Arbeit (etwa Verlust der Arbeitsstelle), die Freundschaften (etwa Streit oder zunehmende Einsamkeit), der Kosmos (Verlust des Lebenssinns durch traumatische Erfahrungen) usw.

Wie im bisherigen Abschnitt dargelegt, betrachtet die Adlersche Psychologie den Menschen in biologischer Hinsicht als Mängelwesen: extrem hilfsbedürftig, nur mit wenigen angeborenen Fähigkeiten in die Natur gesetzt und mit einem allgemeinen Minderwertigkeitsgefühl ausgestattet, erwächst schon beim kleinen Kind der starke Wunsch, rasch aus dem Gefühl der Unzulänglichkeit und Kleinheit hinauszuwachsen (vgl. dazu

4. Kompensationsfähigkeit, Ressourcenoptimierung, Neuroplastizität

Frick 1998). Dieses Minderwertigkeitsgefühl ist von entscheidender entwicklungsfördernder Bedeutung, da es ein energisches kompensatorisches Überwindungsstreben hervorruft, also quasi wie ein kräftiger Entwicklungsmotor wirkt. Adler überträgt nun diesen Gedanken von der Entwicklung des Individuums in etwas veränderter Form auf die Entwicklung der ganzen Gesellschaft. Nur das Leben in der Gesellschaft, in einer menschlichen Gemeinschaft ermöglicht das Überleben des Einzelnen, aber auch die Gesellschaft ist auf die Beiträge der einzelnen Individuen für ein gedeihliches Leben angewiesen: Atomisierte und ausschließlich ich-zentrierte Individuen zerstören schließlich eine Gesellschaft, verhindern jede gesellschaftliche und kulturelle Entwicklung.

Unspezialisiertheit: Ausgleich durch Lernen und Kompensation

Adler tritt mit seinem Konzept der Kompensation den sozialdarwinistischen Vorstellungen vom Überleben des Stärksten, von der Ausmerzung des Untauglichsten und Schwachen, entgegen. Sowohl für die psychosoziale Entwicklung des Einzelnen (Individualgeschichte) als auch für die Kulturgeschichte als Ganzes sieht Adler Kompensationsprozesse am Werk: Der Mensch als Einzelwesen wie als Gattung besitzt eine *enorme Flexibilität der aktiven und zielgerichteten Anpassung* an die Umwelt. Kein anderes Lebewesen konnte und kann sich beispielsweise an derartig unterschiedliche klimatische Verhältnisse (z.B. Kälte-Wärme) anpassen wie die menschliche Gattung: Der Mensch bewohnt als einziges Lebewesen sowohl alle Weltgegenden wie Klimazonen. Während Tiere an einzelne Klimazonen optimal angepasst sind, vermögen Menschen ihre Unspezialisiertheit durch Lernen mehr als zu kompensieren. Obwohl wir in vielerlei Hinsicht von der Natur nur mittelmäßig (oder stiefmütterlich?) ausgerüstet sind, gelingt es uns, (fast) alle dieser Defizite oder mittelmäßigen Voraussetzungen wettzumachen. **Tabelle 4-2** soll dies beispielhaft veranschaulichen.

Tabelle 4-2: Unspezialisiertheit und Ausgleich durch Lernen/Kompensation (Darstellung: J. Frick)

Ausgangslage		Kompensation (Beispiele)
kein Fell	→ → → → → → →	Kleidung, Heizung
keine Flügel	→ → → → → → →	Flugzeug usw.

Tabelle 4-2: Fortsetzung

Ausgangslage		Kompensation *(Beispiele)*
vergleichsweise geringe Kraft	→ → → → → → →	Maschinen
keine Krallen	→ → → → → → →	Bergschuhe, Seil, Pickel; Waffen usw.
mittelmäßige Augen	→ → → → → → →	Brille, Lupe, Fernrohr, Mikroskop usw.
mäßige Schwimmleistung	→ → → → → → →	Boot, Flossen, Schiff
mittelmäßiges Gehör	→ → → → → → →	Hörgerät; Megaphon, Verstärker und Lautsprecher
langsam in der Fortbewegung	→ → → → → → →	Fahrrad, Rollschuhe, Kickboard, Eisenbahn, Roller, Auto, usw.
keine Instinkte im Sinne von angeborenen Verhaltensprogrammen	→ → → → → → →	enormes Lernvermögen, weitergeben des Wissens *(kumulatives Wissen über Generationen und Jahrhunderte)*

In (fast) allen Bereichen finden wir Tiere – Pflanzen wie Bäume (Stichwort: Lebensdauer) lassen wir hier aus dem Spiel –, die uns zumindest in einem Bereich deutlich bis massiv überlegen sind. Die ausgewählten Beispiele in **Tabelle 4-3** zeigen dies auf eindrückliche und vergnügliche Weise[36]. Spork (2006) stellt deshalb zu Recht leicht süffisant fest, dass wir Menschen bezüglich Rennen, Klettern und Schwimmen alles ein bisschen, aber nichts richtig gut können – dafür können wir sehr gut denken!

Bei diesen Vergleichen gilt es zusätzlich zu beachten, dass die Leistungen des Menschen in einigen Bereichen nur mit ausgeklügelten Hilfsmitteln (z. B. warme Polar-Daunenjacke) zustande kommen, während die

---

36 Die Angaben stammen aus dem Tages-Anzeiger vom 28. Oktober 1996, S. 9, leicht verändert. Der Titel des Beitrags lautete: Olympische Spiele Mensch gegen Tier. Ein/e Autor/in ließ sich leider nicht eruieren. Die Zahlen sind vermutlich nicht ganz exakt, aber die aufgezeigte Tendenz gilt dennoch: In einzelnen Fähigkeiten finden wir Menschen in einem bestimmten Tier ohne Hilfsmittel einen überlegenen Meister! Die Angaben zu Gepard und Elefant (s. Tab. 4-3) sowie zu weiteren eindrücklichen Spitzenleistungen in der Natur liefert Spork (2006) in seinem vergnüglichen Buch. So sehen beispielsweise Bussarde, Adler und Falken mit ihren Augen so gut wie Menschen durch ein Fernglas mit achtfacher Vergrößerung!

4. Kompensationsfähigkeit, Ressourcenoptimierung, Neuroplastizität

Tabelle 4-3: Der Mensch im Vergleich (Darstellung: J. Frick)

Fähigkeit	Mensch	Tier
Wer lebt am längsten?	max. 120 Jahre	Seychellenschildkröte (ca. 160 Jahre)
Wer überlebt am längsten ohne Nahrung?	ca. 70 Tage	Skorpion (ca. 36 Monate)
Wer springt am höchsten?	ca. 2,45 m	Heringshai (ca. 7,6 m)
Wer hört am besten?	ca. 16–20 000 Hz	Fledermaus (ca. 18–80 000 Hz)
Wer erträgt die größte Kälte?	ca. –40 °C	Pinguin (ca. –88 °C)
Wer schwimmt am schnellsten?	rund 8 km/h während 50 Sekunden	Seglerfisch rund 109 km/h
Wer rennt am schnellsten?	rund 36,5 km/h	Gepard (rund 110 km/h über eine Strecke von bis zu 400 m)
Wer ist am stärksten im Gewichtheben?	?	Elefant (bis zu einer Tonne)

Tiere ihre Leistungen sozusagen von Natur aus vollbringen, ohne irgendwelche leistungssteigernden Hilfsmittel! Obwohl also einige Tiere beispielsweise schärfere Zähne oder schnellere Beine haben, sind Menschen sehr erfolgreich: Im Gegensatz zu den meisten Tieren hat sich der Mensch dank seines Gehirns nicht auf einen Bereich oder eine Fähigkeit spezialisiert, sondern er vermag sich – und das macht ihn im Vergleich zu allen anderen Lebewesen unvergleichlich – auf die verschiedenartigsten Umgebungen, Aufgaben und Probleme einzustellen. Kurz: Er kann lernen, und zwar viel besser als alle anderen Lebewesen dieser Erde (vgl. Spitzer 2003).

Kultur als Kompensation?

Ähnlich wie Adler betrachtet übrigens auch der Historiker A. J. Toynbee (1982) die menschliche Geschichte als einen Prozess von Herausforderung (durch Umweltschwierigkeiten) und Antwort (durch zivilisatorische Leistungen). Viele geschichtliche Ereignisse und kulturelle Entwicklungen können aus dieser Perspektive als erfolgreiche oder missglückte Versuche aufgefasst werden, das Minderwertigkeitsgefühl des Einzelnen und der Gemeinschaft zu überwinden. Adlers Auffassung nach strebt jedes Individuum – und jede Gemeinschaft – nach Überwindung, Sicherheit, Vollkommenheit, ohne diese je ganz zu erreichen. Dieses Streben erachtet er als angeboren, gesund – und somit das Leben als fortwährende Entwicklung (vgl. Frick 1986). So sind alle kulturellen Errungenschaften wie Sprache, Verstand, Ethik usw. das Resultat dieser sozialen Evolution und gelten gleichzeitig als kompensatorische Gebilde: *Kultur gleich Kompensation* – so könnte man diese Theorie pointiert zusammenfassen! Alle – oder vielleicht etwas angemessener – viele bedeutende kulturelle Leistungen entstehen durch Versuche der Überwindung. Anschauliche Beispiele wären etwa die Entwicklung von Flugzeugen oder die fantastischen medizinischen Erfolge in der Behandlung von Krankheiten. Die derart verstandene Kompensation erweist sich dabei als Sicherung des individuellen und kulturellen Lebens.

Auf die Bedeutung der Prozesse zur Überwindung von Widerstand im Leben der Menschen hat auch Schopenhauer (1999, S. 66) pointiert hingewiesen, obwohl die Beschreibung in seiner Formulierung sicherlich übertrieben erscheinen mag:

> «*Sich zu mühen und mit Widerstand zu kämpfen ist das wesentlichste Bedürfnis der menschlichen Natur: Der Stillstand, der allgenugsam wäre im ruhigen Genuss, ist ihm etwas Unmögliches: Hindernisse überwinden ist der vollste Genuss seines Daseins: Es gibt ihm nichts Besseres. Die Hindernisse mögen nur materieller Art sein, wie beim Handeln und Treiben, oder geistiger Art, wie beim Lernen und Forschen: Der Kampf mit ihnen und der Sieg über sie ist der Vollgenuss seines Daseins.*»

Die Beispiele in den folgenden Abschnitten dieses Kapitels mögen zumindest in Ansätzen Belege für die Schopenhauerschen Aussagen darstellen. Allerdings müssen auch weitere Faktoren einbezogen werden: Soziale Konstellationen wie Erziehung, Geschwisterbeziehungen (vgl. dazu Frick 2009), ökonomische und politische Situation u. v. a. überlagern und prägen biologische Gegebenheiten, also auch organische Schwächen, Behinderungen usw. Adler (1973a, S. 30) nennt seine individualpsychologische Lehre auch eine «Gebrauchspsychologie»: *Die schöpferische Kraft des Menschen liegt im Gebrauch, den er von seinen Möglichkeiten, seinem «Material»* (Adler 1981, S. 47) *macht* – und hier liegt die Chance der unglaublich vielfältigen menschlichen Kompensationspotenziale.

Adler (1973a, S. 68) sieht kompensatorische Mechanismen sogar auch außerhalb der Menschen: «*In Bewegung gesetzt, war die lebende Materie stets darauf aus, von einer* [ungünstigen – J. F.] *Minussituation in eine* [günstige – J. F.] *Plussituation zu gelangen. [...] Diese Bewegung ist es, die wir im Begriff der Evolution erfassen*». Die Überwindung wird so quasi zu

4. Kompensationsfähigkeit, Ressourcenoptimierung, Neuroplastizität

einem Grundgesetz des Lebens. Theoriegeschichtlich erfährt Adlers Konzept der Kompensation im Laufe seiner Theoriebildung so eine massive Ausweitung des Geltungsbereiches von Organsystemen über den Menschen bis zur menschlichen Kultur.

In Anlehnung an die Individualpsychologie Adlers könnte man etwa folgende Aussagen für die Erziehung von Kindern formulieren: Das beste, was eine gute Fee einem Kind in die Wiege legen kann, sind Schwierigkeiten, die es überwinden kann; die Schwierigkeiten sollen nicht zu groß sein, damit es nicht scheitert, aber auch nicht zu klein, damit es sich anstrengen muss. Oder mit einem anderen Bild von Sperber (1971): Die Türklinke soll dem Kind erreichbar sein, nicht zu hoch – sonst wird es entmutigt! –, aber hoch genug, damit es sich zuerst auf die Zehenspitzen stellen muss, um sie fassen zu können. Die Entwicklung kompensatorischer Kräfte bedeutet für jeden Menschen eine unabdingbare Voraussetzung, um mit den vielfältigen Anforderungen und Aufgaben des Lebens fertig zu werden; eine Einsicht, die Sperber (1981a, S. 13) – wie am Anfang dieses Kapitels schon ausgeführt – wie folgt festhält: «*Wir haben gefordert, dass man Kinder keineswegs davor bewahren soll, die Schwierigkeiten des Lebens richtig wahrzunehmen, denn nur durch die Entfaltung kompensatorischer Kräfte werden sie mit ihnen schließlich fertig. Im Psychischen ist aller Wert Überwindungsprämie; zwar können wir sie nicht immer allein, doch müssen wir sie stets* selbst [Hervorhebung im Original] *erringen.*»

Bei der Bewältigung von Hindernissen und Schwierigkeiten entwickelt der Mensch neue Kräfte und findet u. U. ungeahnte neue Möglichkeiten und Kompetenzen. Im letzten Teil dieses Kapitels werden wir an einigen Beispielen solche Gelegenheiten und in diesem Zusammenhang teilweise erstaunliche, mit eigenen Kräften errungene Fähigkeiten antreffen.

Ressourcenoptimierung und Kompensationsprozesse

In der Heilpädagogik sind solche Beobachtungen und Einsichten schon längst unter Begriffen wie *Ressourcenoptimierung* oder *selektive Optimierung* (vgl. Nicolay 2004) u. ä. weiterentwickelt und in der Förderung von Kindern umgesetzt worden. Durch eine ausgeprägte selektive Optimierung verfügbarer oder entwickelbarer persönlicher Ressourcen können Entwicklungs- und Kompensationsprozesse – quasi als Defizitkompensation – in Gang gesetzt und so kompensatorische Kompetenzen erworben werden, die für die Betroffenen von größter Bedeutung sind (vgl.

Nicolay 2004). Beispiele dafür sind etwa die Gebärdensprache bei gehörlosen, Tastkompetenz bei blinden und visuelle Repräsentation bei dysphasischen Kindern. Aus Schilderungen vieler blinder Menschen wissen wir auch, wie etwa Stimmen, andere Sprachen, Düfte oder Gerüche viel intensiver wahrgenommen werden und so zu einer lebhaften inneren Vorstellung beitragen (vgl. Martin-Brunnschweiler 2004). Kompensationsmechanismen in der Arbeit mit blinden Kindern können nach Brambing (2005, S. 173 f.) sein: optimale Ausnutzung alternativer Sinnesinformationen, Vermittlung von nur visuell wahrnehmbaren Sachverhalten durch sprachlich-kognitive Erklärungen sowie Darstellung plastischer Objekte mittels taktiler Modelle, Reliefs oder im Schulalter durch die Blindenschrift (Braille-Schrift). Frühzeitige und geeignete, von HeilpädagogInnen eingerichtete Übungsmöglichkeiten (Kompensationsmöglichkeiten) spielen hier also eine wichtige Rolle. Ein nicht sehender Mensch empfindet in der Regel nicht permanent sein Handicap und konzentriert sich stattdessen auf andere Sinneswahrnehmungen oder zieht sich vielfach in seine innere Vorstellungswelt zurück. Beides sind konstruktive und sinnvolle Kompensations- und Bewältigungsleistungen. Neueste neuropsychologische Untersuchungen (Röder 2004 u. 2005) bestätigen, dass Blinde in Bereichen wie Hör- und Tastsinn bessere Leistungen als Sehende erzielen. Der jahrelang trainierte Tastsinn speichert sich in den sensorischen Karten des Gehirns ab. Röder (2005) hat auch herausgefunden, dass Blinde den Ausfall der visuellen Fähigkeit beim Sprechen mit einer besseren und schnelleren Analyse der Sprachsignale kompensieren. So vermögen Blinde beispielsweise Hörbücher in beschleunigtem Tempo abzuhören: Es gelingt ihnen, das Gehörte schneller zu entschlüsseln als es gesprochen wird! Röder (2005) konnte in Versuchen zudem beweisen, dass blinde TeilnehmerInnen Geräusche in der Peripherie präziser lokalisieren können als Sehende. Zudem gelingt es Blindern besser, sich mehr Dinge auf Anhieb zu merken als Sehende: Ihr Arbeitsgedächtnis hat für Gehörtes eine höhere Kapazität, scheint besser trainiert. Und schließlich, so Röder (2005), gelingt es Blinden auch besser als Sehenden, eine andere Person an ihrer Stimme zu erkennen. Alles beeindruckende kompensatorische Leistungen! In der Hirnforschung wird inzwischen auch vom Hirn als einem sich selbst optimierenden System gesprochen: «*Herausforderungen stimulieren die Spezialisierung und verbessern die Effizienz bereits bestehender Verschaltungen.*» (Hüther 2002, S. 81). Ich werde am Beispiel von Helen Keller sowie in Kapitel 5 anhand von Ray Charles darauf noch zurückkommen.

Plastizität des menschlichen Gehirns und Selbstheilungskräfte

Die Plastizität des menschlichen Gehirns («Neuroplastizität») sowie die vielfältigen Möglichkeiten der Umwelt erlauben dem Menschen die Entwicklung unzähliger kompensatorischer Fähigkeiten, wie ich sie oben schon dargestellt habe, so z. B. den Erwerb der Gebärdensprache von Gehörlosen. Darauf weisen aus neurobiologischer wie entwicklungswissenschaftlicher Perspektive namhafte Forscher wie Spitzer (2003) oder Petermann et al. (2004, S. 22, S. 350) hin.

Der menschliche Körper verfügt über vielfältige Selbstheilungs-, Reparatur- und Kompensationskräfte. Ein Schnitt mit dem Brotmesser in den Finger beispielsweise heilt normalerweise nach einer gewissen Zeit wieder, infektiösen Angriffen vermag der Körper in der Überzahl der Fälle zu begegnen: Von einer Grippe erholt man sich in der Regel innerhalb von zwei Wochen wieder. Ein – nicht zu schwerwiegender – Schlag auf den Kopf bringt dem betroffenen Menschen zwar für einige Zeit Kopfschmerzen und eine Schwellung ein, beides lässt aber mit der Zeit nach. In der Neurobiologie spricht man auch von einer *neuralen Plastizität* (oder Neuroplastizität) und meint damit die Fähigkeit des Gehirns, sich an eine veränderte Umwelt mit Veränderungen seiner Struktur und seiner Funktion anzupassen oder auch Schädigungen (so genannte Läsionen) auszugleichen (vgl. Petermann et al. 2004, S. 94; Spitzer 2003, S. 105). Neuroplastizität beinhaltet neuronale Reorganisationsvorgänge, d. h. das Gehirn baut sich in Abhängigkeit von zu verarbeitenden Impulsen dauernd um.

Läsionen des linken Schläfenlappens führen bei Erwachsenen in der Regel zu schweren bleibenden Defiziten im Bereich der Sprache; bei Kindern hingegen lässt sich nach einer vergleichbaren Schädigung zwischen dem ersten und fünften Lebensjahr eine vollständige Wiedererlangung der Sprachfähigkeit beobachten. Sogar eine operative Entfernung der linken Gehirnhälfte führt im frühen Kindesalter in der Regel nicht zu bleibenden Beeinträchtigungen der Sprachentwicklung! Offensichtlich übernimmt die rechte Hirnhälfte die Aufgaben der linken bezüglich der Sprachprozesse: eine Flexibilität, die im Jugendalter zunehmend verloren geht und beim Erwachsenen – leider! – ganz fehlt (vgl. Petermann et al. 2004, S. 94). Viele operative Eingriffe wie die Entfernung von Teilen einer Hälfte der Großhirnrinde können sogar u. U. bis zu einem Alter von etwa zehn Jahren weitgehend kompensiert werden. So kann beispielsweise bei einer Schädigung des linken Schläfenlappens das Wernicke-Sprachzentrum in der rechten Hemisphäre neu angelegt werden, wie dies bei einigen Linkshändern beobachtet wurde (vgl. Roth 1997, S. 334). Im Hirn findet sozusagen eine dauernde erfahrungsabhängige Umorganisation von Nervenzellen und ihrer Verbindungen statt. Das geschieht beim normalen Lernen (z. B. das Aneignen von Mathematik) wie bei kompensatorischen Lernvorgängen. Lernt beispielsweise ein Mensch die Braille-Blindenschrift, so vergrößert sich dadurch, dass der rechte Zeigefinger beim Lesen Millionen von kleinen Erhebungen ertasten muss, das kortikale Feld, das für die Fingerkuppe des rechten Fingers zuständig ist.

Und wer vom frühen Kindesalter an das Gitarren- oder Geigenspiel erlernt, verändert ebenfalls die für die Finger der linken Hand zuständigen kortikalen Flächen um 1,5 bis 3,5 cm Länge (vgl. Spitzer 2003, S. 106). Zudem konnte nachgewiesen werden, dass die akustische Landkarte für Töne bei Musikern rund 25 Prozent größer ist als bei Nichtmusikern (Spitzer 2003, S. 106). Es ist schon seit längerem bekannt, dass von Geburt an blinde Menschen über besondere Fähigkeiten im Bereich des Gehörs und des Tastsinns verfügen. Umgekehrt wird nach einer Amputation einer Hand infolge fehlender Eingangssignale das bisherige kortikale Feld für die Hand kleiner. Wird dann eine fremde Hand transplantiert, vergrößern sich im Laufe von etwa vier Monaten die sensorischen Bereiche in der Großhirnrinde wieder (Spitzer 2003, S. 106)!

Spitzer (2003, S. 15 f.) berichtet von einem siebenjährigen Mädchen, bei dem im Alter von drei Jahren die linke Gehirnhälfte operativ entfernt werden musste, um eine sonst tödlich verlaufende chronische Gehirnentzündung zu behandeln. Dem Mädchen fehlte nun die linke, sprachdominante Großhirnhälfte. Weder die erwartete schwere halbseitige Körperbehinderung noch das Fehlen sprachlicher Kommunikation traten als Folge der Operation ein. Das Mädchen war mit sieben Jahren praktisch völlig normal und konnte sich nicht nur in einer, sondern in zwei Sprachen fließend verständigen; einzig eine geringfügige Spastizität des rechten Armes und Beines war noch feststellbar. Spitzer nimmt dieses Beispiel zu Recht als Beleg für die außerordentliche Flexibilität und Anpassungsfähigkeit des menschlichen Gehirns: Das Mädchen findet sich offenbar mit nur einer Hälfte des Gehirns mehr oder weniger zurecht, d. h. das Gehirn hat offensichtlich gelernt, seine fehlende Hälfte zu kompensieren! Wer an weiteren faszinierenden Beispielen von kompensatorischen Leistungen des menschlichen Gehirns interessiert ist, sei auf das erwähnte Buch von Spitzer (2003) verwiesen. Spitzer (2003, S. 114) spricht deshalb von einer

4. Kompensationsfähigkeit, Ressourcenoptimierung, Neuroplastizität

«weitreichenden kortikalen Plastizität des Menschen», was auch von Berk (2005, S. 162) bestätigt wird: «*Plastizität scheint eine grundlegende Eigenschaft des Nervensystems darzustellen, eine Eigenschaft, die über die gesamte Lebensspanne* [in erheblichem Ausmaß – J. F.] *hinweg bestehen bleibt.*»

Zusammenfassend lässt sich festhalten, dass die kompensatorische Neuorganisation des Gehirns bei Schädigungen während der Kindheit deutlich größer und umfassender ist als im Jugend- oder Erwachsenenalter, d. h. die Neuroplastizität nimmt mit zunehmendem Alter ab. Das hat u. a. auch damit zu tun, dass sich das Nervensystem des Menschen – im Gegensatz etwa zur Entwicklung der inneren Organe und besonders der Genitalien – in den ersten Lebensjahren fast explosionsartig entwickelt. Auch Roth (1997, S. 334) betont deshalb zu Recht, dass verschiedene Zentren des Gehirns, besonders diejenigen, die mit komplexen kognitiven Leistungen zu tun haben, bei jungen Menschen in ihrer Lokalisation sehr variabel sind, etwa in ihrer Verteilung auf die rechte oder linke Hemisphäre. Dabei verfügt aber durchaus auch das Erwachsenenhirn noch in bestimmten Bereichen über die Fähigkeit, sich über plastische Veränderungen seiner Struktur den vorgefundenen Lebensumständen anzupassen: In einer Studie an Londoner Taxifahrern von Maguire et al. (2000, zusammengefasst in Spitzer 2003) zeigte sich, dass das räumliche Vorstellungsvermögen mit der Dauer der Berufstätigkeit im Zusammenhang stand. Menschen, die während Jahren täglich durch den Verkehr einer Millionenstadt navigieren, haben regional ausgedehntere «Felder» in ihrem Gehirn als der Durchschnitt der Bevölkerung.

Berk (2005, S. 161 f.) betont, dass auch das reife Gehirn nach Verletzungen noch zu gewissen Um- und Neustrukturierungen in der Lage ist. So berichtet sie von SchlaganfallpatientInnen, die erstaunlich oft positiv auf Stimulation der Zentren für Sprache und Motorik reagieren, wobei es ihnen gelingt, viele ihrer verloren gegangenen Fähigkeiten zurückzugewinnen. Das lässt sich mittlerweile sogar mit bildgebenden Verfahren belegen: So reorganisieren sich oft in der direkten Nachbarschaft des geschädigten Hirngewebes oder aber in der anderen Hirnhälfte die Bereiche, um die beeinträchtigte Fähigkeit zu unterstützen (Berk 2005). Die *neurale Plastizität* scheint also nicht nur während der Entwicklungsphase wirksam, sondern – wenn auch in geringerem Maße – für das ganze Leben des Individuums von Bedeutung zu sein.

Bei Verletzungen verfügt das Gehirn über die Fähigkeit, sich so zu organisieren, dass es benachbarten Hirnregionen ermöglicht, sich in Bereiche auszudehnen, die gewöhnlich von Impulsen des verletzten Sinnesorgans belegt sind. In diesem Zusammenhang spricht die Neurobiologie auch von der *intermodalen Plastizität*. Beispiele dafür sind etwa erblindete Menschen: Bei ihnen können taktile Aufgaben, so etwa das Ertasten der Blindenschrift, zu Aktivitäten in Bereichen der Großhirnrinde führen, die ursprünglich für die Unterscheidung von visuellen Formen reserviert waren. Angeborene oder früh erlittene Blindheit kann – wie neuere Untersuchungen eindrucksvoll zeigen – tatsächlich bewirken, dass der visuelle Bereich der Großhirnrinde zur Verarbeitung von somatosensorischen Signalen herangezogen wird (vgl. Petermann et al. 2004, S. 104)! Die erwähnte intermodale Plastizität lässt sich aber auch in weiteren Bereichen der Großhirnrinde beobachten: Bei Gehörlosen können die gewöhnlich für das Hören der Sprache vorgesehenen Hirnareale im oberen Schläfenlappen durch andere Sinnesmodalitäten aktiviert werden: Ein Beispiel wäre die Gebärdensprache.

Wir Menschen verfügen also offensichtlich über die Fähigkeit, unter bestimmten Bedingungen ausgefallene kognitive oder motorische Fähigkeiten teilweise oder sogar vollständig zu kompensieren: entweder durch Reparatur (Regeneration) oder durch das Inkrafttreten von Ersatzschaltungen (vgl. Roth 1997, S. 277). Der menschliche Organismus bzw. das menschliche Gehirn ist also unglaublich lernfähig, anpassungsfähig. Der Neurobiologe und Hirnforscher Gerhard Roth (1997 u. 2003) betont diese Erkenntnis an mehreren Stellen seiner Bücher: «*Die meisten Merkmale der funktionalen Organisation des Gehirns sind nur unspezifisch genetisch festgelegt, sie gehorchen überwiegend epigenetischen, selbstorganisierenden und erfahrungsabhängigen Prozessen.*» (Roth, 1997, S. 348).

Allerdings muss – ich wiederhole dies bewusst – doch auch gesagt werden, dass frühe Hirnschädigungen wesentlich geringere Auswirkungen sowohl auf sprachliche wie räumliche Fähigkeiten haben, als dies bei späteren Schädigungen der Fall ist (Berk 2005).

Die hier nur kurz und vereinfacht dargestellten Erkenntnisse und Beispiele sind in ihrer Bedeutung für die Arbeit und im Umgang mit Menschen von großer Bedeutung, denn sie legen den Schwerpunkt auf die Ressourcen, die Möglichkeiten jedes Einzelnen. Wir haben die Chance, diese zu erkennen und zu unterstützen. Der Mensch ist ein unglaublich lernfähiges Wesen, das durch Erziehung, Unterricht, Unterstützung, Beratung oder Therapie viel mehr erreichen kann, als er selbst oder seine Umgebung vielfach glaubt. Es ist sozusagen weniger die «Hardware» (Biologie, Genetik usw.) als die zur Verfügung gestellte und angewandte «Software» (Umgebungseinflüsse und Selbststeuerung), die den Menschen erst

4. Kompensationsfähigkeit, Ressourcenoptimierung, Neuroplastizität

zum entwickelten Menschen machen. Viele Aussagen und Behauptungen über mangelnde Begabung oder Unfähigkeiten müssen aus dieser Perspektive kritisch betrachtet bzw. hinterfragt werden: Der Mensch ist mehr und kann mehr, als er selbst oder die anderen häufig meinen.

Mit einem Bein im Leben stehen[37]

Der 47-jährige Heinz Lutz verlor vor rund 25 Jahren bei einem Militärunfall sein linkes Bein. Als Folge davon musste er seine Arbeit als Dachdecker aufgeben. Mittlerweile ist Lutz verheiratet, hat zwei Töchter und steht voll im Leben: Als Hausmann, Hauswart, Küster, Pizzaiolo, Velomechaniker – und vor allem als Freizeitsportler; letzteres interessanterweise erst seit seinem schweren Unfall. Lutz spielt Sitzball (eine Art Volleyball für Behinderte), fährt im Winter Snowbike u. v. a. m. Speziell dabei ist außerdem, dass er seit dem Unfall einen stärkeren Drang zur Bewegung verspürt, den er zusätzlich noch mit Velorennen auslebt. Mit seinem Verein gewann er sogar schon mehrmals den Schweizer Meistertitel im Sitzballspiel, und er hat sogar an der Mountainbike-Europameisterschaft teilgenommen. Weitere sportliche Ziele mit dem Mountainbike hat er schon im Visier: die Teilnahme an einem Mountainbike-Rennen quer durch Australien. Auf die Frage, was ihn dazu motiviert, entgegnet er im Interview mit dem *Tagblatt der Stadt Zürich*: «*Wir sagen immer, dass gesunde Menschen Sport machen können, während wir Behinderte Sport machen müssen. In unserem Alltag sind wir in unseren Bewegungen stets eingeschränkt. Sport gibt uns eine gute Gelegenheit, dem entgegenzuwirken.*» Es ist Lutz ein Anliegen, den Behinderten mitzuteilen, dass trotz der Behinderung noch viele Aktivitäten möglich sind. Besonders wichtig: Er rät allen, sich nicht auf das zu konzentrieren, was sie angesichts ihrer Behinderung nicht mehr können. Besser sei es, sich an dem zu orientieren, was noch möglich ist. Als weiteres Ziel hat sich Lutz in den Kopf gesetzt, die Hausfrauen seiner Wohngenossenschaft zu überzeugen, mit ihm zusammen mit dem Fahrrad auf den Uetliberg (Hausberg von Zürich, 460 m Höhenunterschied) zu fahren. Der Erfolg hängt – und genau das stellt das Erfolgsrezept von Lutz dar – zum großen

---

37 Dieser Abschnitt stützt sich auf den Beitrag von Julia Schott in *Tagblatt der Stadt Zürich*, 10. August 2004, Nr. 152, unter dem Titel «Mit einem Bein im Leben stehen.»

Teil von der mentalen Einstellung, und weniger von äußeren Bedingungen ab. Er selbst fährt mit seinem Mountainbike jede Woche zwei- bis dreimal auf den Uetliberg – mit einem Bein, wohlverstanden. Allerdings musste er sich die Fähigkeit dazu hart erarbeiten. Am Anfang bekundete er beispielsweise große Mühe, das Gleichgewicht auf dem Mountainbike zu behalten sowie einen gleichmäßigen Tritt zu finden. Nur: Aufgeben kam für ihn nicht in Frage. So ist er zwar anfänglich mehrmals gestürzt, aber mit intensivem Üben und mit einem besonderen Pedal, in das er seinen Fuß mit Spezialschuhen einklinken kann, hat Lutz schließlich seinen Rhythmus gefunden. Das Fahrrad ist für ihn zu einem unentbehrlichen Fortbewegungsmittel geworden und ermöglicht ihm ein schnelles und selbständiges Vorwärtskommen.

Blind, taub und optimistisch: Helen Keller (1880–1968)

Die 1880 geborene US-amerikanische Schriftstellerin Helen Keller erleidet im Alter von 19 Monaten eine schwere Krankheit und wird als Folge davon taubstumm und blind. In ihrem Rechenschaftsbericht «Meine Welt» beschreibt sie in eindrücklichen Worten ihren Umgang mit ihrer Behinderung und die verstärkte und kompensatorische Wahrnehmung der verbliebenen Sinne (Keller 2003, S. 23): «*Die Natur unternimmt es, durch Übung die verbleibenden Sinne zu stärken und zu vermehren. Darum hören Blinde oft leichter und deutlicher als andere Leute. Der Geruchssinn wird beinahe eine neue Fähigkeit, um verworrene und unbestimmte Erscheinungen zu erkennen. [...] Der Tastsinn bringt dem Blinden manche süße Gewissheiten, deren unsere glücklicheren Mitmenschen entbehren müssen, weil ihr Gefühl nicht ausgebildet ist.*»

So vermag sie schon als Fünfjährige an der Art und Weise, wie die Mutter oder die Tante gekleidet sind, zu erkennen, ob diese ausgehen wollen oder nicht (Keller 1955). Die Einschränkung auf wenige Sinneskanäle hat eine außerordentliche Sensibilisierung zur Folge, wie das nächste Beispiel zeigt (Keller 2003, S. 23): «*Schritte, habe ich entdeckt, unterscheiden sich taktmäßig je nach dem Alter, dem Geschlecht und dem Charakter der Gehenden. Es ist unmöglich, das Getrappel eines Kindes mit dem Tritt einer erwachsenen Person zu verwechseln.*» Keller gelingt es sogar, Schritte eines Mannes jungen, mittleren oder höheren Alters präzis zu unterscheiden, und aus den Schritten leitet sie Stimmungen und Haltungen ab: «*Oftmals verraten Schritte bis zu einem gewissen Grade Charakter und Stimmung des*

4. Kompensationsfähigkeit, Ressourcenoptimierung, Neuroplastizität 113

Gehenden. Ich fühle in ihnen Festigkeit und Unentschlossenheit, Übereilung und Bedachtsamkeit. [...] Besonders an Personen, mit denen ich vertraut bin, bemerke ich diese Stimmungen und Charakterzüge.» (Keller 2003, S. 24). Ausführlich beschreibt sie in ihren Berichten weitere erstaunliche kompensatorische Leistungen und bezeichnet beispielsweise jedes Atom ihres Körpers als Vibroskop, erkennt aber, dass ihre Wahrnehmungen nicht unfehlbar sind. Auch ihr Geruchssinn ist stärker ausgebildet; so erkennt sie beispielsweise recht treffsicher am Geruch die Art eines Hauses (modernes Haus, altes Landhaus). Besonders wichtig sind für sie auch die Gerüche von Personen (Keller 2003, S. 32): «*Ausdünstungen sagen mir viel Neues von Menschen. Oft erkenne ich daran die Arbeit, womit sie beschäftigt sind. [...] So kann ich den Tischler vom Eisenarbeiter unterscheiden, den Künstler vom Maurer oder Apotheker.*» Allerdings räumt sie selbst ein, nicht den Spürsinn eines Hundes zu besitzen.

Helen Keller gelang es vor allem dank der unermüdlichen und jahrzehntelangen Unterstützung und Ermutigung durch ihre Lehrerin, Anne Mansfield Sullivan Macy, nicht nur zu erstaunlichen Leistungen zu gelangen, sondern auch eine optimistische Lebenshaltung zu entwickeln. Sie kommt dabei zu überraschend ähnlichen Schlüssen wie Epiktet, wenn sie festhält (Keller 2003, S. 35 f.): «*Ob blind oder sehend: Wir unterscheiden uns voneinander nicht durch unsere Sinne, sondern durch den Gebrauch, den wir von ihnen machen, durch die Einbildungskraft und den Mut, womit wir Weisheit jenseits unserer Sinne suchen.*» Sie glorifiziert oder beklagt ihre Behinderung nicht weiter, sondern legt den Schwerpunkt auf etwas anderes (S. 36): «*Das Unglück, blind zu sein, ist unermesslich, unersetzlich. Aber es beraubt uns nicht unseres Anteils an den Dingen, auf die es ankommt: an Hilfsbereitschaft, Freundschaft, Humor, Fantasie, Weisheit.*»

Die erwähnte Unterstützung (seit 1887) durch ihre Lehrerin und spätere Lebensbegleiterin sah unter anderem wie folgt aus (Keller 2003, S. 43): «*Seit dem Beginn meiner Erziehung wurden mir stets von einem Menschen mit scharfen Sinnen und einem feinen Gefühl für das Kennzeichnende alle Gegenstände mit ihren Farben und Formen beschrieben. Darum stelle ich mir gewohnheitsmäßig in meinen Gedanken alle Gegenstände als farbig und tönend vor.*» Kurz: Hinter den erstaunlichen Wahrnehmungsleistungen steckt jahrelange harte Arbeit und Unterstützung – und eine intensive Beziehung und Bindung zu ihrer Lehrerin und Förderin, die immer an sie geglaubt hat. Wie wichtig diese war, erkennt man auch in einer Aussage von Anne Mansfield Sullivan (in Keller 2003, S. 57), die sie

immer wieder ermutigen konnte: «*Etwas in mir sagt mir, dass ich* [mit Helen – J. F.] *erfolgreich sein werde, wie ich es mir noch nicht erträumen kann. [...] Ich weiß, dass Helen erstaunliche Kräfte hat, und ich glaube, dass ich diese freisetzen und entwickeln kann. [...] Wenn Probleme auftauchen, werfen sie mich nicht in Zweifel, ich weiß einfach, wie ich mit ihnen fertig werde. Ich scheine Helens spezielle Grundbedürfnisse zu erahnen.*»
Wir erkennen hier einmal mehr, wie der Glaube an den anderen Menschen die Basis für eine erfolgreiche Ermutigung bildet. Trotz ihres Engagements und ihrer Erfolge – u. a. ein abgeschlossenes Universitätsstudium, mehrere Bücher, ein Ehrendoktor, beglückende Kontakte und Begegnungen mit Persönlichkeiten wie Mark Twain, Maria Montessori oder Charles Chaplin, Vorträge, Einsatz für die Rechte der Arbeiter und von Behinderten –, wurde sie gelegentlich auch von Selbstzweifeln befallen, aber schließlich überwog doch das Positive: «*Es wird behauptet, dass das Leben hart mit mir verfuhr; und manchmal habe ich innerlich gehadert, dass viele menschliche Freuden mir vorenthalten sind* [sie meint hier u. a. eine eigene Familie und die Sexualität – J. F.]. *Aber wenn ich an den Reichtum denke, welchen Freundschaft mir geschenkt hat, ziehe ich alle Anklagen gegen das Schicksal zurück. [...] Solange die Erinnerung an solche geliebten Freunde in meinem Herzen lebt, werde ich sagen: Das Leben ist gut.*» (Keller 2003, S. 72). Geholfen hat Helen Keller dabei auch ihr ausgeprägter Ehrgeiz, möglichst alles auch zu lernen, was nichtbehinderten Menschen möglich ist – und dies gelang ihr in erstaunlichem Ausmaß durch unermüdliche Übung. Mansfields Ehemann, der Literaturwissenschaftler und Harvard-Professor John A. Macy beschrieb Kellers Persönlichkeit und ihre Lebenshaltung treffend (in Keller 2003, S. 155): «*Ihr Leben ist eine Reihe von Anläufen gewesen, alles zu tun, was andere auch tun, und es ebenso gut zu tun. [...] Ihre Abneigung, sich geschlagen zu erklären, hat ihren Mut entwickelt. Was ein anderer erreichen kann, das kann sie auch.*» Wir erkennen hier wichtige und hilfreiche Ressourcen und Kräfte, die auch in weiteren Beispielen im folgenden Kapitel 5 zum Ausdruck kommen. Ich werde darin im Zusammenhang mit wichtigen Ergebnissen aus der Resilienzforschung ausführlicher auf den Journalisten Christian Lohr eingehen. Seine ungewöhnliche wie ermutigende Geschichte lässt sich mit guten Argumenten sowohl als gelungenes Beispiel für kompensatorische Leistungen wie für Resilienz verstehen.
Eine ähnlich beeindruckende Geschichte bietet uns der blinde Jacques Lusseyran (2004) in seinem Lebensbericht: Obwohl er im Alter von acht Jahren erblindet, schafft er es dank seiner Stärke und der Unterstützung

durch die Eltern, seine Blindheit zu akzeptieren und schließlich ein kraftspendendes Vorbild für andere zu werden. Sein Selbstvertrauen, seine innere Kraft und natürlich auch das nötige Glück erlauben ihm, in der Résistance gegen die deutsche Besatzung zu kämpfen, die Deportation nach Buchenwald zu überleben und vielen Menschen zu helfen, den Glauben an das Leben auch angesichts widrigster Umstände nicht zu verlieren.

Die außerordentlich lesenswerte Autobiografie von Zoltan Törey (2007) stellt ebenfalls ein bedeutsames Dokument für die Kompensationsleistung des menschlichen Gehirns dar: Mit 21 Jahren verliert der Autor als Folge eines Chemieunfalls das Augenlicht, und seine Stimmbänder werden zu einem großen Teil zerstört. In jahrelanger hartnäckiger Arbeit und mit der Unterstützung von vielen Menschen lernt er durch ständige innere Visualisierung von Stimmen, Stimmungen, Gesichtsausdrücken, Geräuschen, Gegenständen usw., sich praktisch überall wieder zurechtzufinden. Seine Fähigkeit, Dinge zu visualisieren, ermöglicht es ihm, dennoch zu «sehen». Er mobilisiert alle seine Kräfte, studiert Psychologie und widmet sich schließlich der Erforschung des menschlichen Bewusstseins. Daneben repariert er im Alleingang die Dachrinne seines Hauses, mit seiner Frau geht er in die Tiroler Berge wandern, unternimmt Kulturreisen usw.

Im Buch «Trotzdem» beschreiben Haiden und Rainer (2009) in 20 Portraits die eindrücklichen Lebenswege von Menschen, die durch einen Unfall, eine Diagnose oder eine schwere Krankheit das Leben von Grund auf verändern mussten. Die Betroffenen resignieren nicht einfach, sondern entwickeln Kräfte, die LeserInnen beeindrucken: So vertritt eine Gehörlose seit 2009 als Abgeordnete die Anliegen behinderter Menschen im österreichischen Parlament, und eine im Alter von 52 Jahren an Lungenfibrose erkrankte, anschließend vorzeitig pensionierte Lehrerin zeigt uns, wie lebenswert ihr Leben trotz Schläuchen dank gutem Netzwerk und tragenden Beziehungen immer noch ist.

5 Lebenstüchtig und zufrieden trotz widriger Lebensumstände: Ermutigende Ergebnisse aus der Resilienzforschung und Beispiele

«Ich habe die Erfahrung gemacht, dass es hoffungslose Situationen kaum gibt, solange man sie nicht als solche akzeptiert.» (Willy Brandt)[38]

«Was uns den Weg verlegt, kann uns voranbringen.»
(chinesisches Sprichwort, verändert)

«Inmitten von Schwierigkeiten liegen günstige Gelegenheiten.» (Albert Einstein)[39]

Eine ergänzende Sichtweise der Kindheit und Entwicklung

Die verschiedenen Forschungszweige der Entwicklungspsychologie wie der Psychotherapie sowie in neuester Zeit auch der Entwicklungspsychopathologie (vgl. Resch et al. 1999) haben in den vergangenen Jahrzehnten in zahlreichen Untersuchungen und anhand vieler Beispiele den wichtigen Einfluss von frühen Kindheits- und Lebenserfahrungen betont – zu Recht. Auch aktuelle Forschungsergebnisse der Neurobiologie (vgl. Roth

---
38 zitiert nach Breitenbach und Requardt 2005, S. 12
39 zitiert nach Burow 1999, S. 80

1997 und 2003; Spitzer 2003; Bauer 2003; Petermann et al. 2004) weisen auf die starke Prägung der Großhirnregion durch frühe Erfahrungen hin.

In den meisten Therapien Erwachsener (sowie bei Kindern und Jugendlichen) wird deshalb auch die frühe Lebensgeschichte der KlientInnen als wichtiger Faktor bei der Entstehung ihres seelischen Leidens mitberücksichtigt. Allerdings hat das, vor allem in der frühen psychoanalytischen Literatur, manchmal auch zu überzeichneten, einseitigen und letztlich unhaltbaren deterministischen Behauptungen geführt, für die stellvertretend die Aussage von Kurt R. Eissler (1975) steht: So meint er, es sei «*die grundlegende Erkenntnis der psychoanalytischen Forschung, dass, eine durchschnittliche Konstitution vorausgesetzt, die Ereignisse der ersten fünf Lebensjahre darüber entscheiden, ob aus dem Kind später ein Verbrecher oder ein Heiliger wird, ein Durchschnittsbürger oder ein Spitzenkönner, ein gesunder, angepasster Mensch oder einer, den Neurose oder Depression zerreißen*».[40] Diese einseitige und übertriebene Vorstellung über die absolute Formbarkeit des Menschen kann aufgrund der vielfältigen Forschungsergebnisse so nicht mehr aufrechterhalten werden: Die ersten Lebensjahre bleiben zwar tatsächlich enorm wichtig und legen wesentliche Grundlagen für die weitere Entwicklung, sie legen aber nicht ein für alle Mal die gesamte weitere psychische Entwicklung eines Menschen fest.

So wurde (und wird) die Psychologie immer wieder auch mit Fällen von Lebensgeschichten konfrontiert, die von gravierender Armut, Gewalt, Ablehnung und Lieblosigkeit gekennzeichnet waren und deren «Opfer» trotzdem überraschende Beispiele für ein gelungenes, zufriedenes Leben darstell(t)en. Sind diese etwa unverwundbar, wie das einige ForscherInnen – fälschlicherweise – eine Zeitlang annahmen? Oder ist die Kindheit doch nicht so bedeutsam? Vorweg die Antwort: Die Kindheit und die Jugendzeit bleiben für jeden Menschen sehr wichtig und eine prägende Phase, aber die Entwicklung verläuft komplexer und mehrdimensionaler, als in einigen Theorien von (frühen) PsychoanalytikerInnen, BehavioristInnen oder auch von TraumatheoretikerInnen wie etwa Alice Miller und anderen dargestellt. Die kritische Analyse von problematischen Erziehungsvorgängen, von Kindsmisshandlungen und Traumata haben vor allem in den 1980er-Jahren einige PsychologInnen – fälschlicherweise – dazu verleitet, zwingende (und naheliegende) Kausalschlüsse, so genannte Eins-zu-eins-Beziehungen, zu postulieren. Die häufig – aber glücklicherweise eben nicht immer und zwangsläufig! – zutreffende Kausalbeziehung

---

40 Eissler, K. R. (1975), zitiert nach Zimmer 1990, S. 335

5. Lebenstüchtig und zufrieden trotz widriger Lebensumstände

formulierte die Schweizer Psychologin Alice Miller (1980, S. 119) etwas kategorisch so: «*Wenn man einem Kind Moral predigt, lernt es Moral predigen, wenn man es warnt, lernt es warnen, wenn man mit ihm schimpft, lernt es schimpfen, wenn man es auslacht, lernt es auslachen, wenn man es demütigt, lernt es demütigen, wenn man seine Seele tötet, lernt es töten. Es hat dann nur die Wahl, ob sich selbst oder die anderen oder beides.*» Einige Seiten weiter hinten (1980, S. 158) behauptet sie: «*Wie man als kleines Kind behandelt worden ist, so behandelt man sich später sein ganzes Leben lang.*» Das Kind wird hier auf ein Reiz-Reaktions-Wesen reduziert. Auch der bis vor kurzem oft gehörte und vielzitierte Satz: «Jedes misshandelte Kind muss/wird später ebenfalls ...» ist falsch: Die Zwangsläufigkeit besteht so nicht. Leider tun das viele als Kinder Misshandelte zwar später als Erwachsene (vgl. Dornes 1997), aber glücklicherweise nicht alle. *Die Entwicklung eines Menschen verläuft vielschichtiger, komplexer – und schwer vorhersehbar bzw. voraussagbar:* So können nach dem neueren Entwicklungspfadmodell (vgl. Petermann et al. 2004) sehr stark vereinfacht Menschen vier verschiedene Entwicklungsverläufe – in der Wirklichkeit sind es natürlich unzählige Varianten – einschlagen: 1. eine kontinuierliche Fehlentwicklung, die schließlich in eine Störung mündet. 2. eine kontinuierliche positive Entwicklung. 3. eine anfänglich ungünstige Entwicklung, die immer mehr sich ins Positive verändert und 4. eine anfänglich positive Entwicklung, die immer mehr einen ungünstigen Verlauf nimmt. In welche Richtung die Entwicklung eines Menschen, nicht nur in der Kindheit und Jugendzeit, führt, hängt von sehr vielen verschiedenen Faktoren ab, die einwirken: seien es z. B. Eltern, Freunde, Lehrpersonen, Bekannte, PartnerInnen, die schulische und berufliche Situation sowie gesellschaftliche und ökonomische Umstände (z. B. Arbeitslosigkeit, Krieg). Zudem spielen auch die individuelle subjektive Wahrnehmung und die Verarbeitung aller Einflüsse durch das Individuum selbst (vgl. Kap. 2), sein Gesundheitszustand und das vorhandene Beziehungsnetz eine wichtige Rolle. Schließlich bietet jede Gesellschaft über die einzelnen Personen aus dem persönlichen Bezugsfeld des betreffenden Menschen hinaus dem Individuum immer verschiedene Risiko- wie Schutzfaktoren, die sich in **Tabelle 5-1** zusammenfassen lassen.

Wenn wir wieder auf das engere Beziehungsfeld des Einzelnen zurückkommen, bedeutet das u. a. Folgendes: Unter günstigen Lebensumständen kann sich das Kind z. B. durch außenstehende Bezugspersonen von problematischem Elternverhalten distanzieren und eine eigene, andere Einstellung und innere Haltung aufbauen sowie positivere Erfahrungen

Tabelle 5-1: Schutz- und Risikofaktoren auf der sozio-kulturellen Ebene (Beispiele)

Schutzfaktoren (protektive Faktoren)	Risikofaktoren
positive Rollenmodelle (Vorbilder) in der Umgebung, der Schule, am Arbeitsplatz, in der Freizeit und Gesellschaft	Diskriminierung, Angstmacherei, ungünstige Rollenmodelle (negative Vorbilder) in der Umgebung, der Schule, am Arbeitsplatz, in der Freizeit und Gesellschaft
Chancengleichheit für Bildung und Arbeit	soziale Ungleichheiten
ausreichende und befriedigende Arbeits- und Tätigkeitsfelder	Arbeitsmangel, Arbeitslosigkeit, sinnentleerte Arbeit
günstige Wohnverhältnisse	schlechte Wohnverhältnisse
Wahl-, Entscheidungs-, Einfluss- und Kontrollmöglichkeiten	kaum/wenig Wahl-, Entscheidungs-, Einfluss- und Kontrollmöglichkeiten
Sicherheit, Toleranz und Vertrauen im näheren und weiteren Umfeld	mangelnde Sicherheit, erhöhtes Maß von Intoleranz und Misstrauen im näheren und weiteren Umfeld
Friede, Gerechtigkeit, soziale Sicherheit	Krieg, Ungerechtigkeit, sozialer Abbau, Kriminalität

aktiv abholen und kompensatorische Möglichkeiten finden. Den hohen Stellenwert von Gedanken und Vorstellungen bzw. Kognitionen haben schon die Stoiker erkannt. Der griechisch-römische Philosoph Epiktet (50–138 n. u. Z.), ein Vertreter der späten Schule der Stoa, hat die zwingende Kausalität – etwas später als und ähnlich wie Seneca (ca. 4–65 n. u. Z.) – mit folgenden Worten bezweifelt (Epiktet 1984, S. 24): «*Nicht die Dinge selbst beunruhigen uns, [...] sondern die Meinung, die Vorstellungen, die wir von den Dingen haben.*» Der Tiefenpsychologe Alfred Adler hat diesen Sachverhalt ebenfalls schon klarer gesehen als einige Jahrzehnte später frühe TraumatheoretikerInnen oder die schon erwähnte Alice Miller; er hat sie in seinem Konzept der «tendenziösen Apperzeption» deutlich herausgearbeitet: Das Kind ist vom ersten Lebenstag an ein aktives Wesen, das eigene Bilder, Vorstellungen, Fantasien, Pläne, Lösungen sowie Ziele entwickelt, andere Menschen beobachtet, von ihnen abschaut und versucht, sie in bestimmten Bereichen nachzuahmen. Wir Menschen verarbeiten, bearbeiten und verändern unsere Wahrnehmungen und Erfahrungen also aktiv und individuell. Die neuere kognitive Verhaltenstherapie (vgl. Beck 1999; Ellis 1993) sowie die Wahrnehmungspsychologie haben diese Erkenntnis bestätigt und

5. Lebenstüchtig und zufrieden trotz widriger Lebensumstände

vertieft: Menschen konstruieren ihre Wirklichkeit aktiv, gestalten sie in ihren Gedanken (und Taten) um. Damit sollen beispielsweise die Kindsmisshandlung oder die sexuelle Misshandlung von Kindern in ihren Wirkungen selbstverständlich keinesfalls bagatellisiert sondern nur vereinfachende und dogmatische (Fehl-) Schlüsse vermieden werden.

Nachdem die Entwicklungspsychologie über Jahrzehnte vorwiegend *negative* Einflüsse auf die Biografie von Kindern und Jugendlichen im Blickfeld hatte, fokussieren neuere Untersuchungen zunehmend auf die systematische Erforschung der *Bewältigungsfaktoren* bei schwierigen frühen Lebensbedingungen. Anfänglich ist man bei diesen Arbeiten vom (falschen) Konzept der «Unverwundbarkeit» («Invulnerabilität»), der «Unverwundbaren» ausgegangen: Die ForscherInnen glaubten, einige Heranwachsende seien eben einfach widerstandsfähiger (resilienter) als andere. Sorgfältige und langjährige Studien führten schließlich zu differenzierteren und außerordentlich interessanten Antworten auf die zentrale Frage: Welche Faktoren und Umstände ermöglichen die Aufrechterhaltung von Kompetenzen unter aktuellen Belastungen oder verhelfen zu einer Erholung von schwerwiegenden Einwirkungen? Die Ergebnisse und Beispiele sind von großer Bedeutung für alle, die mit Kindern und Jugendlichen zu tun haben, denn die Resilienzforschung der letzten beiden Jahrzehnte hat die Sichtweise der traditionellen, klassischen Risiko- und Defizitmodelle erheblich erweitert. Die ResilienzforscherInnen bestätigen aber gleichzeitig auch neuere Erkenntnisse aus der Baby- und Kleinkind-Entwicklungspsychologie, die uns zeigen, dass schon kleine Kinder nie nur passive Sozialisationsobjekte sind, sondern von Anfang an (fast) alle Einflüsse – also auch Belastungen – in ihrer Entwicklung aktiv und individuell sehr unterschiedlich wahrnehmen, verarbeiten und auch mitgestalten: Das Kind ist, ich wiederhole das bewusst, ein aktives, handelndes, kreatives, schöpferisches Wesen. Ein ähnlicher Blickfeld- oder Perspektivenwechsel ist im Übrigen fast parallel dazu, allerdings schon etwas früher, auch in der Heilpädagogik zu beobachten: nämlich weg von der Problem- zur Ressourcenbetrachtung (vgl. Nicolay 2004).

19 wichtige Schutz- und Gesundheitsfaktoren: Ergebnisse aus der Resilienzforschung

Wesentliche Einsichten und Themen der Resilienzforschung finden sich in ersten Ansätzen schon bei verschiedenen Holocaust-Opfern. So erkannte der italienische Schriftsteller und Holocaust-Überlebende Primo Levi (1990, S. 59) aufgrund seiner eigenen Erfahrungen und der Beobachtung von Leidensgenossen, wie Menschen über Schutz- oder Kraftpotenziale verfügen: «*Jeder Mensch besitzt eine Kraftreserve, deren Ausmaß er nicht kennt: Sie kann groß, klein oder gleich null sein, nur die äußerste Zerreißprobe ermöglicht ihre Einschätzung.*» Levis Suizid im Jahre 1987 zeigte allerdings auf tragische Weise, wie komplex das Zusammenwirken von äußeren Einflüssen und inneren Verarbeitungsprozessen verläuft – und wie Menschen unter bestimmten Umständen allmählich die stabilisierenden inneren Kräfte verlieren können.

Der Begriff *Resilienz* (engl.: *resiliency*) lässt sich mit psychischer Widerstandsfähigkeit übersetzen: Resilienz bezeichnet die Fähigkeit einer Person (oder auch einer sozialen Gruppe), mit belastenden Lebensumständen erfolgreich umzugehen und daraus Bewältigungskompetenzen zu entwickeln. Resilienz setzt sich aus mehreren Faktoren zusammen und beschreibt also einen dynamischen oder kompensatorischen Prozess (vgl. Kap. 4) positiver Anpassung angesichts belastender Umstände. Kurz zusammengefasst kann man Resilienz auch als *psychische Widerstandskraft* von Menschen gegenüber biologischen, psychologischen und psychosozialen Entwicklungsrisiken verstehen (vgl. Wustmann 2004).

Eine frühe – wenn auch etwas reichlich überspitzte – Beschreibung der persönlichen Resilienz liefert uns der über Jahrhunderte völlig zu Unrecht verunglimpfte und heute fast vergessene französische Philosoph und Arzt La Mettrie (1985) in seinem schon 1748 erschienenen Text *Über das Glück oder das höchste Gut* in den folgenden Zeilen: «*Ich bin in Zeiten tiefster Verlassenheit fast ebenso glücklich gewesen wie in Zeiten großzügigster Protektion; Krankheiten schließlich sind ohne Einfluss auf meine innere Ruhe und Heiterkeit. Was ist aus all dem zu schließen? Doch nur, dass meine Triebfedern denen eines elastischen Körpers gleichen (der seine ursprüngliche Gestalt wieder einnimmt, nachdem er gebogen oder gestaucht worden ist), und die Fasern meines Gehirns den Fasern anderer Teile meines Körpers, die Gott sei Dank aktiv und gesund sind. Wenn meine Seele von einem Schicksalsschlag getroffen wird, richtet sie sich normalerweise ebenso schnell wieder auf wie ein gesundes Körpergewebe nach einem*

5. Lebenstüchtig und zufrieden trotz widriger Lebensumstände 123

Daumendruck.»[41] Allerdings bedeutet Resilienz keineswegs eine absolut stabile Größe oder gar eine lebenslängliche Immunität gegenüber negativen Ereignissen oder psychischen Störungen. Es ist aufgrund des heutigen Forschungswissens deshalb angemessener, von einer elastischen Resilienz oder Widerstandsfähigkeit zu sprechen. Resilienz sollte schließlich auch nicht automatisch generalisiert werden; man geht in der Forschung heute eher von einer situations- und lebensbereichsspezifischen (z. B. Lernen/Schule, soziale Beziehungen, Partnerschaft usw.) Resilienz aus.

Die Resilienzforschung hat ihren Schwerpunkt vor allem auf die protektiven (= schützenden) Faktoren im *Mikrobereich* gelegt. Dieser umfasst im Wesentlichen die Merkmale/Eigenschaften einer Person, ihre familiären Beziehungen und außerfamiliären Kontakte/Personen. Protektive Faktoren sind psychologische Merkmale oder Eigenschaften des Individuums und der sozialen Umwelt, die die Auftretenswahrscheinlichkeit psychischer Störungen oder Auffälligkeiten herabsetzen – es sind aus der Sicht von Aaron Antonovsky (1997) sozusagen generalisierte Widerstandsressourcen. Ich werde mich nachfolgend auf diesen Bereich beschränken; protektive Faktoren im *Makrobereich* wären etwa die «Rechte des Kindes» der UNO-Konvention des Kindes von 1989, wo u. a. grundlegende Rechte wie Identität, Diskriminierungsverbot, soziale Sicherheit, Glaubens- und Gewissensfreiheit, Bildung, Verbot der Kinderarbeit festgehalten sind. Je nach AutorIn und Untersuchungsschwerpunkt wird auch von personalen, externen, relationalen, objektiven und subjektiven *Ressourcen* (Willutzki 2003) gesprochen.

Im Folgenden habe ich angesichts der enormen Bedeutung dieser Forschungsergebnisse (vgl. Lösel und Bender 1994; Lösel 2005; Opp et al. 1999; Brisch und Hellbrügge 2003; Antonovsky 1997; Udris und Rimann 2002; Werner und Smith 1982; Werner 1999 und 2001; Bandura 1977 und 1997; Kobasa 1979 und 1982) die wichtigsten protektiven (d. h. schützenden) bzw. salutogenetischen (d. h. gesundheitsfördernden) Faktoren in 19 Punkten zusammengefasst und ergänzt und werde sie hier kurz, später eine Auswahl davon auch ausführlicher und an Beispielen erläutern und veranschaulichen. Diese Faktoren können – wie schon erwähnt – im Individuum *(personale protektive Faktoren)*, und/oder in der nahen Umgebung des betreffenden Menschen *(familiäre und soziale protektive Faktoren)* und/oder im weiteren Umfeld *(gesellschaftliche protektive Faktoren)*

---

41 La Mettrie, J. O. de (1985): Über das Glück oder das höchste Gut. Nürnberg: LSR, S. 91 (EA 1748)

liegen und weisen eine komplexe gegenseitige Wechselwirkung im Sinne der Verstärkung auf. Sie sind angesichts der neuesten Forschungsergebnisse weniger als feste, unveränderbare Eigenschaften, sondern vielmehr als günstige Wechselwirkungsprozesse zu verstehen. Wenn ich im Folgenden der Einfachheit halber trotzdem von Faktoren spreche, sind diese immer im erwähnten Sinne von Wechselwirkungsprozessen zwischen dem Individuum, anderen Personen sowie Lebensumständen zu verstehen. Die aufgeführten Faktoren können in vielen Situationen auch im Sinne eines Puffereffekts (Pearson 1997) schwierige Lebenserfahrungen und -ereignisse mildern, dämpfen oder gar relativieren.

1. eine *enge, stabile und sichere positiv-emotionale Beziehung* zu (mindestens) einer Bezugsperson (einem Elternteil oder einer anderen zuverlässigen Versorgungsperson), die Feinfühligkeit, Responsivität (= prompte, angemessene Reaktion) und Kompetenz im Umgang zeigt – kurz: eine qualitativ gute Beziehung. Dies ist die zentralste Ressource, wie unzählige Forschungsergebnisse dies mittlerweile eindrücklich nachweisen konnten.

2. *soziale Unterstützung* innerhalb und außerhalb der Familie (z. B. durch Verwandte, Bekannte, Nachbarn, Tagesmutter, Geschwister, aber auch durch eine Erzieherin in einer Vorschuleinrichtung oder eine Lehrperson in der Schule – häufig in der Rolle eines Mentors, später auch durch Freunde und Gleichaltrige). Kinder erleben so einen Zufluchtsort aus einer belastenden familiären und/oder gesellschaftlichen Situation, sie finden schützende Inseln (Nuber 1995) oder machen schützende Insel-Erfahrungen (Petzold 1993), die – auch wenn sie nur kurz andauern – eine stabilisierende Funktion bekommen können. Vielfach sind für solche belasteten Kinder oder Jugendliche andere Menschen, die ihnen ein positiveres Selbstbild vermitteln, eine Art alternativer (positiver) Spiegel, die dem negativen Spiegel aus der eigenen Familie etwas entgegenhalten: Statt «du bist schlecht, dumm, blöd usw.» erfahren so Heranwachsende, dass jemand an sie glaubt, von ihrem Wert, ihren Fähigkeiten oder Möglichkeiten überzeugt ist. Das kann manchmal fast wie ein kleines Wunder wirken, wie Sie am Schulbeispiel von Jegge in Kapitel 7 sehen werden. Wenn beispielsweise die Familie einen Ort des Schreckens darstellt, kann die Schule unter günstigen Umständen zu einem Hort des Glücks werden (Cyrulnik 2001).
Zur sozialen Unterstützung gehören natürlich auch Peers sowie Freunde (vgl. auch die Punkte 15 und 16), die in schwierigen Umstän-

5. Lebenstüchtig und zufrieden trotz widriger Lebensumstände

den eine geradezu lebensrettende Rolle spielen können. Freunde ermöglichen die erwähnten Insel-Erfahrungen, können sich gegenseitig bestärken und Mut einflößen und gemeinsam Wege aus einer als schwierig empfundenen Situation finden.

3. *ein emotional warmes, offenes,* aber auch angemessen strukturierendes und normorientiertes Erziehungsverhalten und *Erziehungsklima* durch die Betreuungspersonen.

4. *überzeugende soziale Modelle* (Rollenvorbilder: positive Modellfunktion) – z. B. Eltern, ältere Geschwister, Lehrpersonen, Großeltern, außerfamiliäre Vorbilder –, die Kinder und Jugendliche zu konstruktivem Bewältigungsverhalten (Coping) ermutigen und anregen.

5. dosierte *soziale Verantwortlichkeiten* und individuell *angemessene Leistungsanforderungen* (z. B. in Kindergarten und Schule, Mithilfe im Familienalltag). Heranwachsende erhalten damit eine Bedeutung und fühlen sich positiv herausgefordert.

6. *kognitive und soziale Kompetenzen:* Gemeint sind z. B. ein mindestens durchschnittliches Intelligenzniveau, soziale Intelligenz, kommunikative Fähigkeiten, vorausplanendes Verhalten, soziale Fähigkeiten oder gute Leistungen in der Schule.

7. *individuell angemessene, eigene persönliche Zielsetzungen,* die selbst gesteckt und angestrebt werden, eine realistische Zukunftsplanung/ Zukunftserwartung. Primo Levi schrieb (1990, S. 151) einmal: «*Ziele sind die beste Verteidigung gegen den Tod.*» Belege dafür lassen sich weiter hinten in diesem Kapitel etwa bei Nelson Mandela oder Ray Charles finden.

8. *günstige Temperaments- und Charaktereigenschaften,* die eine effektive Bewältigung begünstigen (z. B. Flexibilität, Freundlichkeit, Soziabilität, Annäherungsverhalten, Impulskontrolle, Fähigkeit zur Selbstregulation, adaptive Beharrlichkeit) bzw. auf die Umgebung positiv wirken. Die Geschichte von Nelson Mandela zeigt die Bedeutung dieser Eigenschaften vielleicht auf besonders überzeugende Art und Weise.

9. *günstige Selbstwirksamkeits- und Kontrollüberzeugungen* (d. h. angemessene innere Kontrollattribuierungen): Erfahrungen von Selbstwirksamkeit, innere Kontrollüberzeugungen (etwa: «*Ich bin dem gewachsen*», «*Ich kann das beeinflussen*», «*Ich kann das wahrscheinlich*

bewältigen»), realistischer Attributions- oder Erklärungsstil (verhindert unangemessene Schuldgefühle oder Gefühle der Wertlosigkeit).

Günstige Selbstwirksamkeits- und Kontrollüberzeugungen stehen in enger Verbindung mit einem realistischen Optimismus: Ihre TrägerInnen sind überzeugt, dass sie fast alles, was ihnen im Leben passiert, beeinflussen können (vgl. auch Punkt 17).

10. *ein gesundes Selbstvertrauen, ein eher hohes Selbstwertgefühl* und damit einhergehend ein positives Selbstbild, ein angemessen positives Selbstkonzept.

11. *aktive Bewältigungsmuster* bei Problemen, aktiver (nicht ausweichender) Umgang mit Belastungen (günstige Coping-Strategien). Alle weiter hinten aufgeführten Zeugnisse von gelungenen Lebensgeschichten zeigen dieses Verhalten.

12. *Erfahrungen von Sinn, Struktur und Bedeutung* in der eigenen Entwicklung, Gefühl von Kohärenz (engl.: *sense of coherence* nach Antonovsky 1997), im Sinne einer normativen Sinnverankerung wie etwa: «Ich weiß, wozu ich lebe», «Ich werde gebraucht, bin den anderen nicht gleichgültig». Gemeint ist ein grundlegendes Vertrauen in die Sinnhaftigkeit/Bedeutsamkeit (engl.: *meaningfulness*), Verstehbarkeit (engl.: *comprehensibility*) und Handhabbarkeit/Bewältigbarkeit (engl.: *manageability*) des Lebens. Das von Antonovsky (1997) sozusagen als psychisches Immunsystem beschriebene grundsätzliche und generelle Vertrauen in das Leben führt zum erwähnten Kohärenzgefühl. Damit ist nach Antonovsky im Sinne einer subjektiven Gewissheit gemeint, dass die Ereignisse und Vorkommnisse des Lebens bezüglich ihres Sinnes mehrheitlich erklärbar und somit auch verstehbar sind (Aspekt der Verstehbarkeit). Kohärenzgefühl beinhaltet zusätzlich die notwendigen Fähigkeiten, um den vielfältigen Lebensanforderungen gerecht zu werden und so das eigene Leben gestalten oder bewältigen zu können (Aspekt der Handhabbarkeit). Wer ein hohes Maß an Handhabbarkeit erlebt, wird sich nicht durch Ereignisse in die Opferrolle gedrängt oder vom Leben einfach ungerecht behandelt fühlen (Antonovksy 1997). Schließlich beinhaltet das Kohärenzgefühl als dritte Komponente die Einschätzung, dass das Leben lohnt und sinnvoll ist, sich zu engagieren (Aspekt der Bedeutsamkeit) (vgl. auch Bamberger 2001), d. h. das Leben wird als sinnvoll empfunden, und es lohnt sich, dafür Energie aufzubringen. Resiliente, also seelisch stabile Menschen zeich-

nen sich durch dieses Kohärenzgefühl aus. Mehrere der weiter unten aufgeführten Lebensgeschichten legen davon Zeugnis ab.

Auch viele weitere Untersuchungen, so etwa von Tausch (2003) haben gezeigt, dass Menschen, die einen nahen Angehörigen durch Tod verloren haben oder von einer schweren chronischen Erkrankung betroffen sind, deutlich weniger seelisch beeinträchtigt und beispielsweise weniger depressiv werden, wenn sie in den Ereignissen oder in ihrem Leben einen Sinn sehen.

Zahlreiche Forschungsergebnisse weisen einen deutlichen Zusammenhang zwischen Sinn und seelischer Gesundheit nach: So sind Menschen, die häufiger Sinn erleben, eher seelisch gesund, und seelisch gesunde Menschen erleben häufiger Sinn (Becker 1985). Sinn stellt, das betont auch Schmid (2004, S. 367), eine (fast) «*unendliche Ressource an Kräften dar, deren Bedeutung darin liegt, wie ein umfassendes Immunsystem zu wirken, das Schwierigkeiten und Bedrohungen aller Art zu parieren erlaubt*». Es sei diese Erfahrung des Sinns, so Schmid weiter, die es erlaube, ausreichende Kräfte für die Bewältigung des ganzen Lebens und einzelner Lebenssituationen freizusetzen. Wem es also gelingt, für wichtige Lebensbereiche in der Gegenwart, Vergangenheit oder Zukunft tragfähige Sinnkonstruktionen zu finden, der ist eher in der Lage, auch sehr problematische und tragische Ereignisse im eigenen Leben mit einer optimistischen und aktiven Grundhaltung zu ertragen (vgl. Breitenbach und Requardt 2005). Während Sinn also fast unbegrenzte Kräfte freisetzen kann, macht Sinnlosigkeit kraftlos, schwach, aussichtslos. Auch Religiosität – allerdings nur in einer menschenfreundlichen, Halt gebenden, tragenden und bejahenden Form – kann solche Sinnkräfte freilegen.

13. *die Fantasie, die Hoffnung, die Antizipation einer besseren Zukunft*: Resiliente, stabile Kinder stellen sich vielfach für ihr weiteres Leben eine glückliche Zukunft vor (Nuber 1995). Diese Hoffnung gibt ihnen Halt, Kraft und Ausdauer, widrige Umstände besser zu ertragen und zu bewältigen. Mandela (1997, S. 526) zweifelte in den langen Jahren seiner Haft nie «*ernsthaft daran, dass ich nicht doch eines Tages aus dem Gefängnis kommen würde. Ich glaubte nie daran, dass eine lebenslängliche Gefängnisstrafe tatsächlich lebenslänglich bedeutet und ich hinter Gittern sterben würde*». Die Fantasie ist somit eine Auflehnung gegen die Gegenwart und die Suche nach einer Zuflucht in eine günstigere Lebenslage. Auch Viktor Frankl (2005, S. 5) fand als junger Häftling

und Arzt im Konzentrationslager in einer extrem trost- wie hoffnungslosen Situation Trost und Hoffnung im Vorgriff auf die (mögliche) Zukunft: Er stellte sich beispielsweise vor, er stehe am Rednerpult in einem großen, schönen und warmen Saal und halte einer interessierten Zuhörerschaft einen Vortrag unter dem Titel «Psychotherapeutische Erfahrungen im Konzentrationslager» und spreche dabei u. a. von all dem, was er gerade erlebt hatte. Dieses selbst gesteckte Ziel, anderen Menschen von dieser Hölle zu berichten und Rechenschaft abzulegen, gab ihm einen Sinn zum Weiterleben und die Kraft durchzuhalten. Frankl (2005, S. 120 f.) schreibt aus seiner KZ-Zeit: «*Wer an eine Zukunft, wer an seine Zukunft nicht mehr zu glauben vermag, ist hingegen im Lager verloren.*» Es gelang ihm – mit viel Glück und unter entsprechenden Umständen – immer wieder, sich auf ein Ziel in der Zukunft auszurichten. Frankls Zeugnis ist im Übrigen auch ein Beispiel für das Kohärenzgefühl (Antonovsky 1997, siehe Punkt 12).

Die Fähigkeit des Menschen, Hoffnung zu entwickeln, «das Prinzip Hoffnung» (Bloch 2001), gilt als wichtige persönliche Voraussetzung, um den eigenen Lebenswillen gegen Not, Unglück und andere Widrigkeiten zu mobilisieren (vgl. Utsch 2004). In schwierigen Situationen entwickeln Menschen, die die Hoffnung (noch) nicht aufgegeben haben, häufig auch utopische Gedanken: *Die (positive) Utopie* hilft ihnen, die Gegenwart zu ertragen und die Hoffnung auf eine bessere Zeit aufrechtzuerhalten, sie bedeutet sozusagen eine Antithese zur derzeitigen, unbefriedigenden (hoffnungslosen) Lage. Der Historiker Minois (1998, S. 112) schreibt dazu treffend: «*Die Utopie widersetzt sich immer der Gegenwart, da ihr hauptsächlicher Daseinsgrund darin besteht, diese zu kritisieren, indem sie ihr eine ideale Situation gegenüberstellt.*» Was hier auf die Geschichte bezogen wird, gilt auch für den einzelnen Menschen, und solange diese Kluft zwischen Realität und Utopie nicht als unerträglich empfunden wird, vermag der utopische Gedanke – vor allem bei Versuchen einer bewussten Realisierung – gar zu einer Quelle der Kraft und des Handelns zu werden. Die Utopie enthält in diesem Sinn eine gewisse Hoffnung und bewirkt eine Kraft zum Handeln oder zumindest zum Aushalten schwieriger Lebensumstände.

14. ab dem Schulalter: *Schreiben* (Tagebücher, Gedichte) und *Lesen.* Schreiben hilft Belastendes zu verarbeiten; Lesen erschließt neue, andere Welten und kann Heranwachsende stärken. Das Beispiel von Alexandre Jollien in diesem Kapitel belegt dies deutlich, und Jean-Paul

5. Lebenstüchtig und zufrieden trotz widriger Lebensumstände 129

Sartre beschreibt in seiner Autobiografie (1976) ebenfalls anschaulich, wie wesentlich für ihn und seinen Entwicklungsgang in der Kindheit die Welt der Bücher und der darin enthaltenen Gedanken war. Für wiederum andere wie etwa den Illustrator und Kinderbuchautor Janosch scheint die ausgeprägte Kreativität eine wichtige Möglichkeit gewesen zu sein, um schreckliche Kindheitserfahrungen verarbeiten zu helfen (vgl. Nuber 1995).
Für den späteren Kinderpsychiater H. S. Herzka bot in der Kindheit unter anderem die Lektüre von Dickens Werken eine wichtige Einsicht. Er schreibt: «*Ich erfuhr damals ein erstes Mal, wie große Literatur in schwierigen Lebenssituationen zur persönlichen Entlastung beitragen, Identifikationen ermöglichen und Vorbilder für die Bewältigung vermitteln konnte.*» (Herzka 2007, S. 38)
Lesen kann überdies auch eine gut funktionierende Ablenkungsstrategie bei Schmerzen sein, wie Tonhauser und Rausch (2003) festgestellt haben.

15. *Interesse, Motivation und Erfolg in der Schule* und in einzelnen Schulfächern, meistens gekoppelt mit der positiven Bestärkung durch eine oder mehrere Lehrpersonen, positive Erfahrungen (z. B. mit Gleichaltrigen) in der Schule und im Schulumfeld. Die Schule kann von Kindern und Jugendlichen in schwierigen Entwicklungsmilieus «*im günstigen Fall als Fluchtpunkt, als Nische, als Insel der Ordnung und der Struktur in einem sonst eher chaotischen Alltag, als Ort der persönlichen Zuwendung, der Einbindung in Freundschaftsbeziehungen und der Bestätigung eigener Werthaftigkeit erlebt werden*» (Göppel 1999, S. 178).

16. *Interessen und Hobbys*, die Freude und Selbstbestätigung fördern. Freizeitbeschäftigungen bedeuten eine Abwechslung oder gar eine Gegenwelt zum belastenden Alltag und verhelfen unter günstigen Umständen zu einer Selbstwertstabilisierung. Besonders wenn sie mit einem Freund oder einer Freundin geteilt werden können, können sie in schwierigen Zeiten Trost, Abwechslung, Freude, Ablenkung oder Bestätigung vermitteln.

17. Auch «*das Gute im Schlechten*» (als Chance) sehen, *positive Umdeutungen* («*Das hätte noch schlimmer herauskommen können*», «*Glück im Unglück*»), positive Selbstinstruktionen («*Das schaffe ich schon*»), ein tendenziell *positives Menschenbild*, angemessener oder angepasster Optimismus (nicht flacher Zweckoptimismus!) und Zuversicht (Latt-

mann und Rüedi 2003) im Sinne von: «*Es wird wahrscheinlich wieder besser werden*». Der schon mehrfach erwähnte Nelson Mandela ist wiederum ein gutes Beispiel für die Bedeutsamkeit dieser Einstellung und Fähigkeit.

18. *Fähigkeit, sich zu distanzieren* (Rahm et al. 1999; Reddemann 2001), sich von Problemen nicht überwältigen zu lassen, *Gelassenheit* (Rahm 2004). Resiliente Heranwachsende haben sich häufig schon früh von schwierigen Eltern distanziert, indem sie außerhalb der Familie Kontakte gesucht, in jungen Jahren das Elternhaus verlassen und ihr eigenes Geld verdient haben, um sich so Unabhängigkeit zu verschaffen. Andere Kinder nehmen Zusatzaufgaben in der Schule an, um länger dort bleiben zu können. Dazu gehört – als weitere Variante – auch der *Sinn für Humor* (Werner 2001): Humor bietet eine günstige Möglichkeit, sich von widrigen Umständen nicht überwältigen zu lassen bzw. diese zumindest ein Stück weit zu verarbeiten. Ein besonders eindrückliches Beispiel dafür ist Charlie Chaplin (s. Kapitel 6). Humor kann u. U. auch einen Ausdruck des Widerstandes gegen das Leid darstellen.

19. *Die Beziehung zur Natur* (z. B. Pflege eines Haustiers) kann für Heranwachsende eine bedeutsame Ressource sein und teilweise auch kompensatorische Funktionen bei unbefriedigenden Lebensumständen übernehmen. Die Pflege kann diesem Menschen zu einem Gefühl von Wert und Bedeutung verhelfen.

Diese Zusammenfassung stellt keine definitive Liste ursächlich wirkender protektiver Faktoren bzw. Wechselwirkungsprozesse dar, und die Wirkungsweise der Faktoren muss immer im Einzelfall untersucht und betrachtet werden, ebenso die einzelne Gewichtung eines Faktors im Gesamtzusammenhang. Meistens finden sich in einer geglückten, d. h. nicht mit schwerwiegenderen psychischen Einbrüchen belasteten Lebensgeschichte mehrere dieser Faktoren kombiniert über eine kürzere oder längere Zeit, gelegentlich oder manchmal auch nacheinander, d. h. protektive Faktoren wirken besonders gut kumulativ, meistens weniger nur als Einzelfaktor (Lösel 2005) – und es lassen sich dabei günstige Wechselwirkungsprozesse beobachten. Resilienz setzt sich also aus verschiedenen Faktoren zusammen. Zudem existieren verschiedenste Varianten bzw. Verläufe von so genannten *Entwicklungspfaden*. Die Entwicklung kann sehr stark vereinfacht dargestellt vier Hauptverläufe einschlagen, die nicht linear, sondern von wechselnden Fortschritten wie Rückschlägen gekennzeichnet sein können: 1. gut-schlecht, 2. schlecht-gut, 3. gut-schlecht-gut sowie 4. schlecht-gut-schlecht. Und da solche Entwicklungen eben nicht linear verlaufen, zeigen sich vielfältige komplexe Wechselwirkungen von möglichen Risiko- wie Schutzfaktoren, so dass ein einzelner Faktor in seiner Wirkung gar nicht so leicht isoliert betrachtet werden kann.

Die Berücksichtigung dieser Ergebnisse der Resilienzforschung scheint mir für alle Menschen, besonders aber auch für Eltern, Lehrpersonen aller Stufen, PsychologInnen, PsychotherapeutInnen, ÄrztInnen und SozialpädagogInnen von erheblicher Bedeutung zu sein – nicht zuletzt deshalb, weil diese Erkenntnisse den Betroffenen helfen, den Akzent auf das eigene Handeln, die persönlichen Möglichkeiten zu richten, statt in einer unproduktiven und lähmenden Opferrolle zu verharren.

Ich möchte im Folgenden auf einige dieser Faktoren etwas näher eingehen und sie anhand von Erklärungen und Beispielen veranschaulichen. Wie erwähnt, lassen sich bei fast allen Menschen mehrere solcher Faktoren in einem komplexen Wechselwirkungsprozess finden. Vorweg möchte ich festhalten, dass die in den Beispielen beschriebenen Menschen trotz ihren erstaunlichen Lebenswegen natürlich auch Zeiten des Leidens erfahren haben, die sie – aus verschiedenen Gründen – in ihren Berichten manchmal vielleicht etwas einseitig ausgeblendet oder an den Rand gedrängt haben. Resilient zu sein bedeutet also nicht, immer nur glücklich und zufrieden zu sein oder schwierige oder gar unerträgliche Umstände einfach wegzustecken.

Ein Lehrer und der Onkel als Überlebensfaktoren

Welche Bedeutung eine Lehrerin oder ein Lehrer für ein Schulkind unter bestimmten Umständen haben kann, das unter widrigen Umständen aufwachsen muss, zeigt das folgende Beispiel: Es stammt aus einem ausführlichen autobiografischen Bericht einer etwa 50-jährigen Frau, die zu mir für einige Zeit in die Beratung kam. Die Frau wurde als junges Mädchen von ihrem Vater jahrelang sexuell ausgebeutet. Als die Misshandlung nach Jahren endlich aufflog und der Vater für mehrere Jahre das Dorf verlassen musste, fühlte sich die Tochter schuldig und schämte sich: Die zeitweilige Verbannung des Vaters verstand sie als ihre persönliche Schuld. Zusätzlich verschärfte sich die familiäre Situation dadurch, dass die Mutter nicht zu ihrer Tochter stand und ihr die Schuld für die gerichtlich vollzogene Abwesenheit des Vaters in die Schuhe schob. Auch zu den Geschwistern bestand während der ganzen Kindheit kein gutes Verhältnis – was bis heute so geblieben ist. Umso erstaunlicher zeigt unser Beispiel, wie viel sie aus zwei Beziehungen – zum Mittelstufenlehrer und zum Onkel – an Kraft und Unterstützung zu ziehen vermochte.

Am folgenden Auszug aus den aufgezeichneten Erinnerungen[42] soll sehr verkürzt eine mögliche Wirkung protektiver Faktoren beispielhaft veranschaulicht werden. Die Zitate sind Auszüge aus autobiografischen Texten von Maria Meier (Name geändert). Maria kam als Nachzüglerin als siebtes und unerwünschtes Kind zur Welt. Die Mutter lehnte sie aktiv ab, der Vater zeigte kein Interesse an ihr, sie fühlte sich jahrelang abgelehnt, überflüssig. Aus Versehen wurde sie von einem Geschwister sogar fast umgebracht. Eine wichtige Person wurde für sie der Lehrer der fünften Klasse. Sie schreibt: «*Er war immer fair, schlug nie, behandelte alle korrekt und schaffte eine gute Atmosphäre im Schulzimmer. Ich hatte bei ihm ein großes Gefühl von Angenommensein, Akzeptiertsein. Ich fühlte, dass er es gut mit mir meinte und mich fördern wollte. Ich verehrte ihn. Kein Tadel, keine Zurechtweisung! Ich fühlte mich unendlich glücklich, geliebt und angenommen. Ich spüre noch heute* [nach über 30 Jahren – J. F.] *den Blick des geliebten Lehrers, wie er auf mir ruhte und mich wie eine warme kraftvolle Quelle durchflutete. Sein Glaube an mich, sein Vertrauen in mich haben meinem weiteren Leben viel Zuversicht und Mut verliehen. Ich verdanke seinem klugen Verhalten viel.*»

Schon vor ihrem Lehrer suchte sich Maria Meier als Kind aktiv eine positive außerfamiliäre Bezugsperson. Der Onkel war für sie «*von Geburt an mein einziger wirklicher und bester Freund. Von ihm fühlte ich mich absolut verstanden. Mit ihm konnte ich über alle Dinge reden, er stand hinter mir. Ich habe ihm vertraut, das ist bis heute so geblieben. Ich denke, dass ich ihm sehr viel verdanke. Ohne seine Gegenwart und das Grundgefühl des Akzeptiertseins, welches ich in meiner Familie nie erlebt habe, wäre ich nicht der Mensch, der ich heute bin. Sein Verhalten, seine Fürsorge und Zuwendung hat viele Mängel aufgehoben. Da er sehr nahe wohnte, konnte ich seine Gegenwart so oft ich ihrer bedurfte, suchen – und wurde nie zurückgewiesen.*»

Aufschlussreich sind auch die späteren Idole von Maria Meier: «*Martin Luther-King. Seine Unerschrockenheit, sein Mut und seine Kampffreude ohne Waffengewalt haben mich immer beeindruckt und angeregt, ebenso unerschrocken durchs Leben zu gehen. Susanne Barden, eine engagierte*

---

42 Diese Erinnerungen liegen mir im handschriftlichen Original vor.

Krankenschwester, hat mich ebenfalls sehr beeindruckt, ebenso Albert Schweitzer – kurz: Großherzige Menschen mit Tatkraft!» Maria Meier war es trotz schwerer Belastungen in Kindheit und Jugendzeit immer wieder möglich, sich außerhalb der Familie Unterstützung und Bejahung zu holen, und sie ist an diesen Schwierigkeiten gewachsen. Natürlich gelingt das vielen Menschen nicht. Das Beispiel von Maria Meier zeigt die unter bestimmten Bedingungen außerordentlich hilfreiche positive Rolle von außerfamiliären Bezugspersonen. Ihr kamen dabei auch kognitive Kompetenzen (Intelligenz, kommunikative Fähigkeiten) sowie aktive Coping-Strategien zu Hilfe. Leider können in einem anderen, weniger günstigen Fall solche letzten Rettungsanker für die hilfesuchenden Kinder versagen.

Kindern und Jugendlichen sollen deshalb auf allen Ebenen und in allen Bereichen so weit wie möglich das Gefühl und die Erfahrung ermöglicht werden, einer Sache nicht hilflos ausgeliefert zu sein, akzeptiert zu sein, *immer etwas aktiv tun zu können*, auch wenn dies in einer bestimmten Situation wenig sein kann. Einen zentralen Ansatzpunkt dazu sehe ich in der richtigen Ermutigung, dem Thema des vorliegenden Buches: Kinder und Jugendliche zu unterstützen, sie zur angemessenen Anstrengung und Beharrlichkeit anzuregen, ihnen so viel Mut einzuflößen, dass sie sich selbst ermutigen können und an sich glauben (vgl. dazu Kap. 2 und 7). Das wird auch ein weiteres Resilienz-Forschungsfeld bleiben: Wie entsteht Lebensmut, und wie kann er weiter gefördert werden?

Der Text von Maria Meier bietet im Weiteren auch eine schöne Veranschaulichung zu den Ausführungen über die Bedeutung der Persönlichkeit im pädagogischen Umfeld in Kapitel 7.

Zwischenmenschliche Beziehungen und Gesundheit

Wie neueste neurobiologische Forschungsresultate zeigen, bestehen *enge Zusammenhänge zwischen guten zwischenmenschlichen Beziehungen und Gesundheit*. So gilt nach Bauer (2002) als gesicherte Erkenntnis aus der Stressforschung, dass gute, d. h. tragende zwischenmenschliche Beziehungen nicht nur im Gehirn abgebildet oder gespeichert werden, sondern dass sie ebenso die am besten wirksame und völlig nebenwirkungsfreie «Droge» gegen seelischen und körperlichen Stress darstellen (vgl. Bauer 2002, S. 13). Gute zwischenmenschliche Beziehungen gelten deshalb in der Stressforschung (Bauer 2002) sowohl als psychologischer wie auch biologischer Gesundheitsfaktor. Tragende, stabile und verlässliche zwischenmenschliche Bindungen schützen die biologischen wie psychologischen Stresssysteme nicht nur in der Kindheit, sondern auch im späteren Erwachsenenleben: Gute Bindungen und soziale Unterstützung «*haben sich in zahlreichen Studien als einer der wichtigsten Schutzfaktoren gegenüber extremen Ausschlägen der biologischen Stressreaktionen erwiesen*» (Bauer 2002, S. 68). Zudem bewirken Reize und zwischenmenschliche Erfahrungen, die uns positiv herausfordern, mit bewältigbaren Aufgaben konfrontieren und schließlich zu angenehmen Ergebnissen führen, eine Stabilisierung und Erweiterung von Nervenzellen-Netzwerken sowie eine strukturelle Verstärkung der Kontaktstellen, mit denen die einzelnen Nervenzellen innerhalb der Netzwerke miteinander verbunden sind (Bauer 2002, S. 187).

Hilfreiche Wesensmerkmale und eine gute Beziehung zum Vater: Alfred Adler (1870–1937)[43]

Das Konzept der protektiven Faktoren lässt sich auch auf Alfred Adler, den Begründer der Individualpsychologie, anwenden. Adler beschreibt in seiner Biografie günstige und ungünstige Lebenseinflüsse: Die eher schlechte Beziehung zur Mutter wurde für ihn durch den warmherzigen und *verständnisvollen Vater* aufgewogen, seine schweren, zum Teil lebensgefährlichen Kinderkrankheiten führten nicht etwa zu Resignation oder Ängstlichkeit, sondern spornten seinen Ehrgeiz und Mut geradezu an; als Kind wollte er Krankheiten verstehen lernen und später anderen kranken Menschen helfen können. So setzte er als zunächst mittelmäßiger Schüler alles daran, Arzt zu werden – was er später auch erreichte. Sein *freundliches Verhalten* verschaffte ihm als Kind, das so viel wie möglich mit andern Kindern auf der Straße spielte, viele gleichaltrige Freunde. So konnte er das zeitweilige Gefühl des Ungeliebt-Seins durch die Mutter mildern. Bei Adler lässt sich die interessante Variante beobachten, dass ungünstige Lebensumstände wie Krankheiten sogar positive Auswirkungen haben *können*: Beharrlichkeit, Ausdauer und Mut. Adler wurde zum Begründer einer optimistischen Ich-Psychologie, in der Ermutigung eine zentrale Rolle spielt. In einem seiner letzten Bücher (1994, S. 31) schreibt er: «*Die Essenz des Lebens ist gekennzeichnet durch das Streben, Schwierigkeiten die Stirn zu bieten.*» Dieser kurze Satz fasst

---
43 vgl. zu Adler: Rattner 1972; Handlbauer 1984; Hoffmann 1997

5. Lebenstüchtig und zufrieden trotz widriger Lebensumstände

eine wesentliche Grundhaltung Adlers treffend zusammen. Schwierige Lebensumstände können also die Lebenskräfte eines Heranwachsenden stärken, wenn gleichzeitig mindestens ein protektiver Faktor vorliegt: *Das Kind wächst sozusagen an seinem Problem.* Ein Lebensmotto von Adler lautete zusammengefasst: *Es kommt weniger darauf an, was ein Mensch mitbringt, als was er daraus macht.* Das Letztere ist natürlich stark vom Vorhandensein protektiver Faktoren abhängig.

Zugegeben: Die Biografie von Adler enthält mehrere protektive Faktoren. Das ist aber häufig auch bei anderen Menschen – wie wir an weiteren Beispielen in diesem Kapitel gleich noch sehen werden – der Fall: Viele Kinder und Jugendliche, die unter schlimmen Verhältnissen aufwachsen, suchen sich aktiv eine verständnisvolle außerfamiliäre Person (z. B. eine Lehrerin), eifern einem außerfamiliären Vorbild nach oder erwerben früh die Erfahrung von Selbstwirksamkeit. Auch in meiner Arbeit mit Kindern und Erwachsenen hat sich die hilfreiche Kombination von mehreren Schutzfaktoren häufig bestätigt: Das Vorhandensein von mehreren protektiven Faktoren steigert die Chance des Heranwachsenden, problematische Umstände und Erfahrungen auszugleichen und zu bewältigen – umgekehrt erhöht eine Kumulation von mehreren Risikofaktoren (Belastungen und Milieuprobleme) tendenziell das Risiko für eine beeinträchtigte Entwicklung. In der Depressionsforschung der klinischen Psychologie ist man übrigens schon früher zu ähnlichen Ergebnissen gelangt: Die «erlernte Hilflosigkeit» (Seligman 1999a) des depressiven Menschen ist das Gegenstück zur Erfahrung von Selbstwirksamkeit, interner Kontrollüberzeugung und Selbstvertrauen. Auch in Becks «Kognitiver Triade» der Depression (Beck 1999) – eine negative Sicht der eigenen Person, der Umgebung und der Zukunft – kommt u. a. das große Defizit in diesem Bereich zum Ausdruck.

Schwachheit kann zu Stärke führen: Alexandre Jollien (*1975)

Der 1975 im Wallis (Schweiz) geborene Schweizer Schriftsteller Alexandre Jollien legt in seinem persönlichen Bericht (2001) eindrücklich dar, wie er trotz äußerst ungünstiger Startbedingungen seinen Lebensweg gefunden hat: Eine zerebrale Kinderlähmung, verursacht durch Sauerstoffmangel bei der Geburt, macht das Erlernen des aufrechten Gangs, der Bewegungskoordination und das Sprechen zu nahezu unüberwindlichen Aufgaben. Die Perspektive, sein Leben in einer Spezialklinik zu fristen und Hilfsarbeiten zu verrichten, lässt ihn neue Wege finden. Dank einer außerordentlich hohen Motivation, unterstützenden Freunden, Eltern und Betreuern absolviert er allen Hindernissen zum Trotz die Schule und entdeckt schließlich die Philosophie, die ihm später sehr helfen sollte. Nach der erfolgreich abgeschlossenen Handelsschule studiert er an den Universitäten Freiburg i. Ue. und Dublin Philosophie. Da er nicht mit der Hand schreiben kann, diktiert er seine Gedanken einem Computer, der sie aufschreibt. Sein Buch ist – nicht zufällig – in Dialogform verfasst: Der Ich-Erzähler (Alexandre Jollien) unterhält sich mit Sokrates!

Aus seinem Bericht lassen sich sehr anschaulich und eindrücklich einige protektive Faktoren herausarbeiten: An erster Stelle steht wohl die *Freundschaft zu anderen schwer Behinderten im Heim*. Jollien schreibt (2001, S. 30): «*Die Bande knüpften sich spontan, gefestigt durch das ungewöhnliche unserer Lebensbedingungen, durch die besondere Realität unserer Gemeinschaft. Angesichts der Härte bestimmter Situationen beugten die gegenseitigen freundschaftlichen Gesten der Mutlosigkeit vor. Die Freundschaft einte uns, stärkte uns. Wir liebten einander. Ja, das war's. Wir hatten keine Wahl. Die Aufrichtigkeit unserer gegenseitigen Zuneigung milderte die Einsamkeit.*» Besonders die Beziehung zu einem schwer behinderten Jungen, der weder sprechen, noch gehen, noch aufrecht sitzen konnte, aber Jollien mit seiner Heiterkeit ansteckte, half ihm rückblickend immer wieder, Klippen zu bewältigen. Die Freundschaft zu einigen weiteren Heimjungen half ihm, die manchmal unerträgliche Situation besser zu ertragen; die Jungen unterstützten einander, um den Herausforderungen besser gewachsen zu sein, um die Isolierung gemeinsam durchbrechen zu können: «*Wir mussten uns jeden Tag an die Arbeit machen, noch und nochmals Schwierigkeiten überwinden, unser Los akzeptieren, Oberhand behalten.*»(Jollien 2001, S. 48). Adrien, ein weiterer Schwerstbehinderter, wurde für Alexandre in vielen Lebenslagen gar zu einer «*unversiegbaren Quelle von Ermutigung*» (Jollien 2001, S. 53).

Voraussetzung für und gleichzeitig Folge von Freundschaft ist das *Vertrauen*, im Fall Jolliens – von wenigen Ausnahmen abgesehen, auf die ich gleich noch kurz eingehen werde, – weniger in die Betreuer im Heim, als in die Eltern zu Hause, die an ihn glaubten, sowie in die «Mitleidensgenossen» im Heim, die ihn verstanden, unterstützten, ermutigten. Bei einigen wenigen Betreuern spürte Jollien die Liebe und das Zutrauen – und besonders von einem, Matthieu, lernte er, dass jeder die Lösungen

5. Lebenstüchtig und zufrieden trotz widriger Lebensumstände 137

in sich selbst bereithält, und diese nur geweckt werden müssten; «*eingeschlafene Fähigkeiten*» (Jollien 2001, S. 88), so die wunderbare Formulierung seines Pflegers.

Obwohl Matthieu nur ein Jahr im Heim blieb, weckte er in Jollien nicht nur mehr Mut und Selbstvertrauen, sondern auch die Einsicht, sich seiner Selbstverantwortung für sein Leben klar zu werden, also nicht in eine Opferhaltung zu verfallen. Matthieus Vermächtnis beschreibt uns Jollien (2001, S. 90) wie folgt: «*Laut Matthieu gibt uns das Leben – mit Leben meine ich die konkrete Erfahrung – die Waffen in die Hand, um Lösungen zu finden, die nach und nach im Laufe eines Dialogs auftauchen: im Dialog mit Freunden, mit Angehörigen, aber vor allem mit sich selbst.*» Das Vertrauen sei, so stellt er lapidar fest (2001, S. 42), «*für meinen Lebensweg vital gewesen*». Jollien zog auch aus der schieren Anwesenheit der Mitbewohner im Heim, aus ihren wenigen schlichten Worten und einigen Gesten das für ihn Essenzielle, nämlich die Zuneigung, die Ermutigung.

Eng mit der Freundschaft gekoppelt – oder wohl besser dank ihr – entwickelte Jollien zudem auch eine außerordentliche und bewundernswerte *Beharrlichkeit*, Mut und eine große Portion Zuversicht: «*Unsere Lebensphilosophie ließ sich folgendermaßen zusammenfassen: Das Leben kündigte sich voller Möglichkeiten, voller Perspektiven an; wir hatten nichts zu verlieren, wir konnten nur gewinnen! Unsere Aufgabe bestand also darin, alle unsere Kräfte zu mobilisieren, um Fortschritte zu machen, zu wachsen.*» (Jollien 2001, S. 31). Man muss sich diese erstaunliche Haltung vor dem Hintergrund vor Augen halten, dass Jollien viele Stunden benötigte, um beispielsweise allein die richtige Handhabung einer Zahnbürste zu beherrschen. Eine bestimmte *kämpferische Grundhaltung*, die sich Jollien angeeignet hatte und die ihm angesichts vieler Hindernisse half, ist deshalb nicht verwunderlich: «*Gegen jedes und alles kämpfen: das war unsere oberste Maxime; kämpfen, trotz der Rigidität gewisser Betreuer; gegen die medizinische Diagnose ankämpfen, gegen die Entmutigung und gegen das Gespött der anderen Kinder, die unsere Empfindsamkeit verletzten.*» (Jollien 2001, S. 31 f.). So blickte er beispielsweise eines Morgens auf dem Weg in die Handelsschule niedergefüllt den Radfahrern nach, die ihn immer wieder überholten. Nach der Maxime «Die Herausforderung gehört zum Wesen des Menschen» (Jollien 2001, S. 43) entwickelt er einen Plan: Obwohl er kaum aufrecht stehen kann und sein Arzt Fahrradfahren ausdrücklich als kontraindiziert erklärt hat, will er lernen, sich auf zwei Rädern fortzubewegen. «*Dessen ungeachtet setzte ich meinen Vater über meine kühne Absicht ins Bild [...]. Und dann wagte ich nach* langen minuziösen Vorbereitungen die Expedition. Mit viel Gefluche und nach vielen lächerlichen Trainingsstunden war ich schließlich für das neue Abenteuer gewappnet. Der ärztlichen Diagnose zum Trotz schaffte ich es, mich auf zwei Rädern im Gleichgewicht zu halten. Was für ein Glücksgefühl, nun über Land zu radeln! Auf der gewohnten täglichen Strecke wandte man sich um, um sich zu vergewissern, ob es sich tatsächlich um das torkelnde Wesen handelte, dem man jeden Morgen auf dem Schulweg begegnet war.» (Jollien 2001, S. 44). In Hindernissen und Problemen sieht er zunehmend auch etwas Positives, Antreibendes, so dass er zwei wichtige Schlüsse in Form von Kernsätzen (Jollien 2001, S. 40 f.) zieht: «Allen Widrigkeiten zum Trotz» und «Die Schwierigkeit stählt, stimuliert, zwingt, eine Lösung zu finden.»

Selbstverständlich erlebte Jollien auch Krisen, und es fiel ihm bisweilen schwer, die Wirklichkeit zu akzeptieren, nicht am Alltag und den schwierigen Lebensumständen zu verzweifeln. Entscheidend bleibt aber, dass er eben nie aufgegeben, an bessere Möglichkeiten für sich geglaubt und sich dafür mit allen zur Verfügung stehenden Kräften eingesetzt hat.

Als hilfreicher Faktor erwies sich auch, trotz bestimmter und gegebener Umstände eine gewisse Zufriedenheit und Freude zu empfinden: «Diese Zufriedenheit beherrschte unser Dasein und nahm die verschiedensten Formen an: Freude am Dasein, Freude, Gefährten zu haben, um die Schwierigkeiten meistern zu können, Freude, Eltern zu haben, die uns liebten.» (Jollien 2001, S. 75).

Nach dem Heimaufenthalt besucht Jollien eine reguläre Handelsschule und wird dort noch vermehrt mit seiner schweren Behinderung konfrontiert. Aus dem Heim bringt er nun die Erkenntnis mit, dass er sich seinen Platz selber erkämpfen muss und kann: *Sich zu behaupten* scheint ihm vital. Einem Mitschüler, der aus Scham über seinen leicht verkrüppelten Daumen die Hand immer in der Hosentasche behält, rät er (Jollien 2001, S. 73): «*Man soll sich dem Gebrechen stellen. Schau mich an, um mein Gebrechen zu verstecken, müsste ich in einem Müllsack verpackt herumlaufen!*» Diese Aussage macht deutlich, dass Jollien nicht bei sich stehen bleibt, sondern auch andere Menschen aktiv ermutigt, ihre Lebenssituation und ihre Einstellung zu ändern.

Wie schon erwähnt, entdeckte Jollien später die Philosophie. Es kommt eher selten vor, dass wenige Sätze, die ein Mensch in seinem Leben hört oder liest, entscheidende Schritte auszulösen vermögen oder Wendepunkte darstellen. Auf Jollien traf dies hingegen für zwei Aussagen zu: «*Keiner tut freiwillig Schlechtes*» und «*Erkenne dich selbst*». Beide Sätze

5. Lebenstüchtig und zufrieden trotz widriger Lebensumstände 139

veränderten sein Leben nach eigener Aussage entscheidend und gaben ihm ein Werkzeug in die Hand, ermöglichten ihm neue gedankliche Horizonte: *«Dieser Aufruf widerhallte wie ein Donnerschlag im Heranwachsenden, der ich war. Er veränderte mein Leben tief greifend und machte es plötzlich spannend [...]. In diesem breit gefächerten Programm eröffnete sich mir ein aufregendes Abenteuer und gleichzeitig eine Herausforderung und ein befreiender Ansporn.»* Hier findet sich eine interessante Variante von Ermutigung bzw. Selbstermutigung. Jollien schreibt weiter: *«Alles in allem ja, es* [die Philosophie – J. F.] *erlaubte mir aber vor allem, aus meinem Leben etwas zu machen, endlich die Möglichkeit zum Handeln zu haben, den quälenden Fragen den Versuch einer Antwort entgegenzustellen. Die Lektüre der Philosophen forderte mich auf, die Realität besser zu verstehen, ihr einen Sinn zu verleihen.»* (Jollien 2001, S. 33). Jolliens bewundernswerte Fähigkeit, aus den Umständen für sich das Beste zu machen und damit das Leben trotz allem – oder gerade deshalb! – zu genießen, belegt auch folgende Passage: *«Im Heim genügten ein Lächeln, ein köstliches Dessert, um uns glücklich zu machen. Die einfachsten, anspruchslosesten Annehmlichkeiten des Lebens erinnern daran, dass man es allen Widrigkeiten zum Trotz genießen muss. Das Leben war kein Rivale, sondern ein Verbündeter. Ein fordernder Verbündeter, streng ja, aber immerhin verbündet. Gewiss, wir waren uns dessen in keiner Weise bewusst, erlebten es jedoch Tag für Tag.»* (Jollien 2001, S. 75).

In seinem Text verwirft Jollien die Vorstellung, Leiden verteidigen oder gar glorifizieren zu müssen, aber er macht auch hier aus dem Unvermeidbaren das Beste, das Optimum. So beharrt er darauf, *«dass man alles einsetzen muss, um schließlich selbst aus der unheilvollsten Situation Nutzen zu ziehen. Ich beharre auf dem Nutzen der Prüfungen, denn sie sind unvermeidlich. Es bringt nichts, sich lang und breit auszulassen und stundenlang über das Leiden zu diskutieren. Man muss Mittel und Wege finden, es auszumerzen, und wenn das nicht möglich ist, muss man es einfach akzeptieren, ihm einen Sinn geben»* (Jollien 2001, S. 80). Diese außerordentlich nüchterne, realitätsbezogene, unsentimenale und pragmatische Einstellung hat viel zur gelungenen Lebensbewältigung des schwerbehinderten Jollien beigetragen. Nicht aufgeben wo möglich, sich anpassen und arrangieren wo nötig – und sich trotzdem fortwährend weiterentwickeln, verbessern wollen, sind weitere Grundüberzeugungen und Verhaltensweisen, die uns Jollien in seinem Text nahe bringt: *«Man muss sich ständig übertreffen, über sich hinauswachsen, sich neu erschaffen, das sich selbst Erreichte vervollkommnen. Diese intuitive Erkenntnis war schon sehr früh von entscheidender Bedeutung. Das Glück, wenn es das Glück gibt, steht somit in diametralem Gegensatz zur ruhigen, zufriedenen Behaglichkeit. Es bedarf intensiver Anstrengung, einer ewigen Auseinandersetzung.»* (Jollien 2001, S. 84).

Ein Mensch benötigt – das ist aus den bisherigen Darlegungen sicher deutlich geworden – neben den erwähnten personalen Fähigkeiten und Antriebskräften auch immer eine entsprechende Umgebung, die in bestimmten Momenten entscheidend wirken kann: Aus dem Kontakt mit anderen Menschen außerhalb des Heimes erwuchs in Jollien der Wunsch nach einem Studium. Trotz der negativen Einstellung der Heimleitung sowie eines völlig missratenen IQ-Tests – Jollien erzielte das schlechteste Resultat in seiner Klasse! – obsiegten die hartnäckigen Eltern mit ihrem Wunsch nach einer weiterführenden Privatschule, wo Jollien dann bald zu den Klassenbesten gehörte. *«Als ich erst einmal in einem stimulierenden Umfeld untergebracht war»*, so Jollien rückblickend (2001, S. 126), *«entwickelten sich meine Begabungen schnell. Ich lernte viel, um zu den Besten zu gehören, um mich zu assimilieren, mich zu integrieren.»* Entgegen dem Rat des Arztes schenkten die Eltern ihm auch einen Computer. Dieser wurde für ihn zu einem unentbehrlichen Hilfsmittel.

Die persönliche Situation so annehmen und das Beste daraus machen, bedeutet zugleich auch, der Realität ungeschminkt in die Augen zu schauen, keinen unerreichbaren Illusionen nachzuhängen oder Luftschlösser zu bauen. So blieb ihm auch nach dem Erfolg in der Handelsschule die klare und nüchterne Einsicht (Jollien 2001, S. 136), *«dass ich auf andere angewiesen bin»*, er also weiterhin und immer die Hilfe von anderen Menschen benötigen würde. Und deshalb *«gehe ich auf den anderen zu»*. Wiederum wird eine nützliche Einsicht und hilfreiche soziale Aktivität deutlich. Ehrlich stellt er deshalb gegen das Ende seines Buches (S. 137) fest: *«Bevor ich mich immatrikulierte, hatte ich lange über die Möglichkeiten nachgedacht, die mir erlauben würden, zu studieren wie jedermann sonst. Ich stellte schnell fest, dass der Glaube an meine Fähigkeiten nicht genügte. Studienkollegen anerboten sich, mir zu helfen, und dank ihnen kann ich fast normal studieren.»*

Als Schluss und Zusammenfassung von Jolliens Beispiel drängt es sich fast auf, seine gereiften und mittlerweile fast philosophisch-weisen Gedanken am Ende seines Buches (S. 138) wiederzugeben: *«Meine Unfähigkeit, eine vollkommene Unabhängigkeit zu erlangen, zeigt mir täglich die menschliche Größe. Im Herzen meiner Schwachheit kann ich also das Geschenk der Gegenwart des anderen genießen und versuche, ihm meiner-*

seits mit meinen eingeschränkten Mitteln meine bescheidene, zerbrechliche Präsenz anzubieten. Das schwache Individuum stellt nicht notwendigerweise eine Last für den anderen dar. Jeder verfügt frei über seine Schwachheit, es ist an ihm, klug davon Gebrauch zu machen.» Dem ist wohl nichts mehr hinzuzufügen – außer, dass Jolien auch ein eindrückliches Beispiel für gelungene Kompensationsleistungen darstellt (vgl. Kap. 4).

Solidarität, Hoffnung, Optimismus, Beharrlichkeit: Nooria Haqnegar (*1959)

Die afghanische Bauingenieurin und Krankenschwester Nooria Haqnegar kämpft seit mehr als 23 Jahren im Untergrund für Demokratie und Frieden. Die fünffache Mutter, 1959 in Kabul geboren, Kind mutiger und engagierter Eltern, Bücherliebhaberin, Mitbegründerin und Vorsitzende der Organisation demokratischer Frauen Afghanistans, hat diverse Putschs, Kriege, die Taliban-Herrschaft, Beschattungen durch Geheimdienste und Verhaftungen überlebt. Wie hat sie beispielsweise das dreimonatige Verhör im völlig überfüllten und für seine Gewalt berüchtigten Kabuler Gefängnis während der sowjetischen Besatzungszeit überstanden? Was gab ihr die Kraft, nicht – wie viele andere – zu kapitulieren oder traumatisiert zu werden? *«Als wir in das Gefängnis eingeliefert wurden, begegnete uns eine Gruppe von Frauen, die schon vier, fünf Jahre dort einsaßen. Sie umarmten uns und lachten strahlend und trösteten uns. Sie waren so lebendig, dass uns diese Begegnung sehr viel Kraft gab. Wir sahen: Auch dieses Gefängnis kann man überleben. Sie sind schon so lange hier und können uns trotzdem noch mit so viel Liebe empfangen.»* (Haqnegar 2004, S. 181). Neben der nötigen Portion Glück halfen Haqnegar *Solidarität, Zuwendung* und *Verbundenheit* – hier sogar von fremden Personen –, die unmenschlichen Umstände besser zu ertragen. Nach zwei Monaten im Gefängnis erhielt sie das fürchterliche Urteil: 16 Jahre Haft! Wie überlebte diese Frau so etwas? Woher nahm sie die Kraft zum Weiterleben?

Als wichtiger Schutzfaktor erweist sich bei ihr die Hoffnung, der *Glaube an die eigenen Ideale* und *an eine bessere Zukunft*, also trotz widrigster Umstände ein auf die Zukunft bezogener Optimismus: *«Die Hoffnung auf die Zukunft hat uns am Leben gehalten, unsere Ideale, unser Glaube an die Ideen. Und unser innerer Widerstand. Wir glaubten, dass die Russen irgendwann verlieren werden. Genauso wie die Engländer mehrere Male in Afghanistan aufgeben mussten.»* (Haqnegar 2004, S. 181). Zusätzlich finden sich als wichtige schützende Faktoren die *gute Beziehung zu* und *die gegenseitige Hilfe und Solidarität mit Leidensgenossinnen*: Beziehung, Verständnis und gegenseitige Hilfe erweisen sich als zentrale Voraussetzungen für den Überlebenskampf: «*Mein Glück im Unglück war, dass in meiner Zelle lauter kluge Frauen waren, wir haben uns gut verstanden, uns gemocht. Wir versuchten, mit Scherzen ein bisschen Freude und Abwechslung ins Gefängnis zu bringen [...]. Jüngere und Ältere haben sich gegenseitig respektiert, Ältere schützten und trösteten die Jüngeren. Am meisten litten die Mütter, die ihre Kinder draußen gelassen hatten. Wir versuchten, sie mit Witzen ein wenig abzulenken, ihre Sehnsucht nach ihren Kindern wenigstens einen Moment lang vergessen zu machen. Auch alle Ethnien waren vertreten [...], und die Gefängnisaufsicht versuchte, Einzelne aufzuhetzen oder zu diskriminieren. Aber wir durchschauten das schnell, wir machten da nicht mit. Uns verband der gemeinsame Kampf für die Freiheit, also haben wir unter uns Demokratie praktiziert.*» (Haqnegar 2004, S. 181 f.). Auffallend an dieser Beschreibung ist auch die Aktivität der Frauen: Sie haben nicht aufgegeben, sich in ihr Los geschickt oder resigniert, sondern – erfolgreich – versucht, das Beste aus der misslichen Lage zu machen, den geringen Spielraum zur konkreten Verbesserung der persönlichen Lebenssituation optimal zu nutzen. Schließlich nutzten sie auch die Möglichkeit, russische Bücher in Übersetzungen zu lesen, um sich geistig anregen zu können.

Auch nach dem Sturz der russisch gestützten Regierung und dem Fall des Taliban-Regimes engagiert sich Haqnegar weiter für die Anliegen der Demokratie und der Frauen.

Ein ungeliebtes und abgelehntes Kind: Claude Debussy (1862–1918)

Wer den Namen des Komponisten Claude Debussy hört, assoziiert damit in der Regel impressionistische Klangfarben und raffiniert-elegante orchestrale und pianistische Meisterwerke, die wegweisende Neuerungen und Effekte in die Musikgeschichte eingeführt haben. Die Lebensgeschichte des französischen Komponisten Claude Debussy lässt sich besonders anschaulich als eine komplexe Mischung von Schwierigkeiten wie Ermutigungen verstehen. Zumindest musikalisch ließ er sich nicht entmutigen und konnte sich schließlich als einer der bedeutendsten Komponisten des ausgehenden 19. und frühen 20. Jahrhunderts durchsetzen.

5. Lebenstüchtig und zufrieden trotz widriger Lebensumstände

Debussy wuchs unter äußerst ungünstigen Lebensumständen auf. Der Vater galt als Schwächling unter der lauten, jährzornigen, despotischen Ehefrau, die keinen Widerspruch duldete, selbstverständlich auch nicht von ihrem Sohn. Der kleine Claude wurde von ihr oft angeschrien und geschlagen – Debussy warf ihr später verbittert die vielen verabreichten Ohrfeigen vor. Sie empfand ihn als lästig und spürte zudem gar nichts von seiner außerordentlichen musikalischen Begabung. Als Erwachsener kümmerte er sich in der Folge über viele Jahre überhaupt nicht mehr um seine Herkunftsfamilie. Debussy besuchte keine Schule, und Orthographie und Grammatik bereiteten ihm ein Leben lang große Mühe. Die einzigen glücklichen Tage seiner Kindheit verbrachte er im Hause einer Tante. Um 1870 entdeckte eine Bekannte der Familie das Talent von Claude; sie anerbot sich, für seine Ausbildung zu sorgen, was die Eltern schließlich widerwillig zuließen. Der Gang ans Konservatorium sollte ihm dann den weiteren Weg – allerdings mit vielen Umwegen und Hindernissen – weisen. Das ausgesprochen rebellische und unabhängige Temperament Debussys führte dort während seiner ganzen musikalischen Ausbildung zu zahlreichen heftigen Konflikten mit seinen Lehrern. Nach zwei frühen Auszeichnungen stagnierte – scheinbar – Debussys Entwicklung, der Vater betrachtete seinen Sohn gar als Versager, die Mutter trat mit dem Ausspruch hervor: «*Ich hätte lieber einen Schlangenknoten zur Welt gebracht, als dieses Kind der Schande aufgezogen.*»[44] Die Ursachen für Debussys wiederholte Fehlschläge bei verschiedenen Klavierwettbewerben lagen allerdings weniger in seinen pianistischen Fähigkeiten als vielmehr in seinen Problemen mit der Podiumssituation: Die Gegenwart des Publikums wirkte offensichtlich lähmend auf ihn. Auch später fiel ihm dann das öffentliche Auftreten – ob als Pianist oder als Dirigent – äußerst schwer. Zudem galt er als kontaktarm, ungesellig, fremdartig und komisch, und er war als Mensch unbeliebt. Ab 1880 gelang es Debussy, bei einer reichen Frau als Klavierbegleiter und -lehrer für ihre Kinder eine Anstellung zu finden. Später fand er über mehrere Jahre in der Familie Vasnier weitere wohlwollende und herzliche Mentoren. Trotzdem blieb Debussy mehrheitlich den Menschen gegenüber verschlossen, zeigte weiterhin ein unbeständiges Wesen, vermied den Kontakt mit Musikern und der musikalischen Welt und zeigte sich – verstärkt durch häufige kritisch-unverständige Urteile seiner musikalischen Lehrer sowie später auch der

---
[44] zitiert nach Barraqué, 1988, S. 19. Ich stütze mich bei der Darstellung Debussys vor allem auf Barraqués Standardwerk.

Musikpresse über seine neuen Werke – äußerst reizbar und schroff. Der musikalische Durchbruch gelang schließlich 1884 mit der Verleihung des prestigeträchtigen ersten Rom-Preises. Neben weiteren kraftraubenden Auseinandersetzungen, etwa mit Konzertgesellschaften über die Aufführungsbedingungen, versuchte sich Debussy in zahlreichen und wechselnden Liebschaften, aber auch ersten dauerhaften Freundschaften, über Wasser zu halten – auch finanziell. Hier fand er glücklicherweise einige Freunde, die ihn zeitweise mit Geld unterstützten. Auch in einer längeren, wenn auch schwierigen Liebesbeziehung mit einer weiteren Frau fand er etwas Halt und Hilfe trotz andauernder Schwierigkeiten wie Geldknappheit oder öffentlicher Kritik an seinen Werken. Erst durch die Verbindung mit der reichen Emma Bardac, die er schließlich 1908 heiratete, gelang es Debussy mehr oder weniger, sein Leben zu stabilisieren, und er erhielt die Möglichkeit, sich nun ganz der Musik widmen zu können. Mit Emma und der gemeinsamen Tochter verband ihn eine innige Beziehung.

Beim Überblick über das gesamte Leben von Claude Debussy scheint es, dass als wesentliche Schutzfaktoren – neben einem *unabhängigen Temperament*, einer gewissen *Unbeirrbarkeit* bezüglich seiner musikalischen Fähigkeiten und natürlich fraglos vorhandener kompositorischer Kompetenzen – ihm immer wieder *gutmeinende Menschen* über den Weg liefen oder treffender: er solche Menschen fand, die ihn über eine gewisse Zeit ermutigten, förderten oder auch finanziell unterstützten. Ohne diese Bestätigung seiner musikalischen Ideen und Produkte durch andere Menschen wäre sein Leben mit großer Wahrscheinlichkeit anders verlaufen.

Seine offenkundige Menschenfeindlichkeit, der Kampf gegen unzählige seiner Mitmenschen – Haltungen, die der Komponist nie abzulegen vermochte –, der Rückzug und sein schwieriges Wesen sind mit einiger Sicherheit vor allem auf die schwerwiegenden und frühen Erfahrungen in seinem Leben zurückzuführen – Erfahrungen, die er offensichtlich nie richtig verarbeiten konnte. Trotzdem: Ein anderer Mensch hätte angesichts dieser schwierigen Umstände möglicherweise kapituliert und den Lebensweg als Musiker aufgegeben. Debussy blieb trotz (oder gerade wegen?) der beschriebenen Widerstände dabei und hinterließ ein bedeutendes musikalisches Erbe. Die Lebensgeschichte dieses bedeutenden Komponisten lässt sich als schönes Beispiel für eine partielle, d. h. auf bestimmte Lebensbereiche beschränkte Resilienz, verstehen.

Den Menschen im Feind erkennen: Verarbeitungsmodi im Krieg

Werners (2001) ergreifender Bericht über die Erfahrungen und Verarbeitungsmodi von Kindern während des Zweiten Weltkrieges hat u. a. gezeigt, wie hilfreich es für die betroffenen Kinder war, das Gespür für die Leiden anderer nicht zu verlieren und auch im so genannten Feind den Menschen zu erkennen. Werner betont bei überraschend vielen dieser Kinder das *Fehlen von Hass und Bitterkeit* gegenüber den ehemaligen Feinden als wichtigen Faktor, um diese schwierigen Jahre unbeschadet zu überstehen. So berichtet die Autorin beispielsweise von Keith Barton, den seine Klassenkameraden in England hänselten, weil er der Sohn eines Kriegsdienstverweigerers war, und lässt ihn bezüglich seiner Einsichten bei der Begegnung mit deutschen Kriegsgefangenen in England zu Worte kommen (Werner 2001, S. 285): «*Ich glaube wirklich, dass die frühen Erfahrungen mit diesen jungen Männern in mir den Eindruck hinterließen, dass es freundliche, ganz normale Leute waren. Sicher, es heißt, es waren Kriegsgefangene, Feinde, aber sie waren nett zu mir, haben mir Spielzeug geschnitzt. Außerdem halfen sie Mom – wie Ersatzväter, denn sie hatten selber Kinder. Ich erinnere mich an die Fotos. Ich weiß, sie hatten Kinder. Dieses ganze Feindgetue ist lächerlich, denn selbst wenn man gegen ein bestimmtes Land Krieg führt, gibt es dort viele Leute, die gute Freunde werden könnten, wenn man ihnen einfach nur als Menschen begegnete. Daher ist der Krieg schlecht, der Krieg tut die schlimmen Dinge, nicht die Menschen.*»

Auch bei anderen führte der Krieg dazu, genauer hinzuschauen und die Menschen offener, freundlicher zu betrachten. Larry Lauerhass jr. wuchs in Südkalifornien auf. Seine japanisch-amerikanischen Nachbarn kamen während des Zweiten Weltkriegs in Internierungslager. Welche Folgerungen zog er daraus?

«*Ich fühlte den Schmerz, den der Krieg überall in der Welt den Menschen zufügte. Diese Erfahrung ließ mich die Situation im Fernen Osten und in Europa genauer betrachten. Für mich führte es letztlich zu dem positiven Ergebnis, dass ich Menschen aus diesen Ländern sehr viel offener und aufgeschlossener begegnete. An der Universität hatte ich einen sehr guten Freund, der Japaner war. Ich glaube, der Krieg schuf das Gegenteil von Ablehnung. Für mich bedeutete er Öffnung.*» (Werner 2001, S. 285).

Die beiden kurzen Beispiele zeigen exemplarisch, dass sogar Krieg nicht zwangsläufig und bei allen Betroffenen Hass und Feindschaft auslösen muss – wenn günstige Faktoren dieser Haltung entgegenwirken.

Auf eigene Kräfte bauen: Ray Charles (1930–2004)

Auch die Lebensgeschichte des berühmten Musikers erschließt wichtige Einsichten über hilfreiche Faktoren bei der Bewältigung von schwierigen Lebensbedingungen.

Ray Charles kommt in Albany, Georgia, zur Welt und wächst mit seiner Mutter und der ersten Frau seines Vaters in ärmlichen Verhältnissen in Greenville auf. Den Vater hat er nie gekannt. Beide Frauen kümmern sich um ihn und lieben ihn offenbar sehr. Die Mutter ist wenig gebildet, kränklich und muss sehr viel arbeiten, um sich und ihre beiden Söhne, Ray und den ein Jahr jüngeren George, durchzubringen.

Die Mutter erlaubt ihm früh umherzustreifen, lässt ihn eigene Fehler machen, gewährt ihm die Möglichkeit, die Welt zu erkunden und zu entdecken. Der vaterlose Ray findet in dem älteren Mr. Pit, der ein Klavier besitzt, eine Art Vater. Bei ihm lernt er Klavierspielen – und von ihm wird er dabei ermutigt; er ist geduldig, hilfsbereit und bereit, ihm immer wieder etwas Neues beizubringen.

Im Alter von etwa fünf Jahren macht Ray eine traumatische Erfahrung: Sein kleiner Bruder klettert in einen mit Wasser gefüllten Trog, taucht unter und strampelt. Ray versucht verzweifelt, aber erfolglos, den Bruder herauszuziehen. Er holt die Mutter, doch es ist schon zu spät: Alle Wiederbelebungsversuche ihrerseits misslingen, George ist tot. Nur wenige Monate später bahnt sich eine zweite Tragödie an: Rays Augen beginnen immer mehr zu tränen, und im Laufe von zwei Jahren verliert er sein Augenlicht allmählich, bis er im Alter von sieben Jahren vollständig erblindet. Seine Mutter besteht darauf, dass er etwas lernt, und meldet ihn in einer Blindenschule an – ein zu Zeiten der Rassentrennung ungewöhnlicher Schritt für einen armen schwarzen Jungen aus den Südstaaten. Bis er in die Blindenschule nach St. Augustine, ca. 160 Meilen von Greenville entfernt, gehen kann, muss Ray dieselben Hausarbeiten erledigen wie vor seiner Erblindung. So lernt er, zu Hause weiterhin den Boden zu schrubben, Holz zu hacken, Kleider zu waschen und draußen zu spielen wie andere Kinder, und seine Mutter achtet darauf, dass er sich selbst waschen und anziehen kann. Die Mutter hat ihm zwei wichtige Lektionen beigebracht: «*Ich werde nicht immer bei dir sein.*» Und: «*Es gibt zwei Seiten des Lebens*» (Charles/Ritz 2005, S. 70), d. h. es gibt Glück und Schmerz, Freude und Leid. Als er erblindet, sagt sie ihm, es gibt immer zwei Wege, etwas zu tun, und sie zeigt ihm, wie man eben auch als Blinder kochen oder Wasser aus dem Brunnen ziehen kann.

5. Lebenstüchtig und zufrieden trotz widriger Lebensumstände

Bald lernt er auch als Blinder, sich an seinem Wohnort sicher zu bewegen, den Weg allein zu finden. NachbarInnen, die das kritisch beurteilen, begegnet die Mutter mit dem Einwand, Ray sei zwar blind, aber kein Trottel, er habe zwar sein Augenlicht verloren, aber nicht seinen Verstand. Obwohl er nicht in die Blindenschule, d. h. weg von der Mutter gehen will, gibt es für ihn keine andere Möglichkeit: Die Mutter bleibt bei ihrem Entscheid. Zwar leidet Ray in der ersten Zeit verständlicherweise unter fürchterlichem Heimweh, aber mit der Zeit erkennt er die Unausweichlichkeit dieser Tatsache und stellt sich zunehmend darauf ein. Ray wird ein guter Schüler und entdeckt bzw. entwickelt u. a. weitere Fertigkeiten wie das Handwerken (Schnitzen, Flechten).

Obwohl Ray auch den üblichen Religionsunterricht erlebt hat, betet er nicht um Hilfe wegen seiner Blindheit. Er geht anders vor: «*Von früh an dachte ich mir, es sei besser, mich auf mich selbst statt auf übernatürliche Kräfte zu verlassen.*» (Charles/Ritz 2005, S. 35). Und als er in der Schule hört, wie andere blinde Kinder beten, meint er: «*Ich hörte sie nachts: ‹Süßer Jesus, lass mich wieder sehen.› Ich hab sie ausgelacht: ‹Zeitverschwendung›, sagte ich. ‹Ihr Dummköpfe solltet lieber das Beste aus dem machen, was ihr habt.› Und genau das habe ich gemacht.*» (Charles/Ritz 2005, S. 382). Ray hat die frühe Haltung seiner Mutter stark verinnerlicht und sie nun zu seiner eigenen gemacht.

Schließlich muss er wegen starker Schmerzen das rechte Auge entfernen lassen. Bei Ferienaufenthalten zu Hause erlaubt ihm die Mutter weiterhin, allein in der Gegend herumzulaufen, lässt ihn immer weiter herumstreunen, schickt ihn zum Einkauf in die einige Meilen entfernte Stadt. Sie behandelt ihn auch weiterhin wie einen normalen Menschen und lässt ihm nichts durchgehen, nur weil er blind ist. So lernt er mit zehn oder elf Jahren Fahrradfahren und kennt sich in Greenville schließlich bestens aus.

Mit der Zeit lernt er, sich auch vom Schulgelände in St. Augustine wegzubewegen und die Stadt in langen Spaziergängen zu erkunden, ähnlich wie er das zu Hause schon getan hat. Schon früh setzt er sich in den Kopf: Er will keinen Stock, keinen Hund und keine Gitarre (zum Betteln). Für ihn bedeuten sie Blindheit und Hilflosigkeit. *Er will von niemandem abhängig sein außer von sich selbst.* Das betont er während seines ganzen Lebens immer wieder: Er will kein Mitleid von anderen, glaubt nicht, dass er hilflos ist und will das Leben in die eigenen Hände nehmen.

Wenn er zum ersten Mal in einen fremden Stadtteil geht, lässt er sich jeweils von jemandem führen und achtet genau auf den Weg, prägt sich die Gebäude, die Stufen, die sich verändernden Geräusche ein und speichert so viel wie möglich davon. Der Rückweg dient dann der Überprüfung des angelegten inneren Bildes. Bald bewegt er sich selbständig. Diese Fähigkeit perfektioniert er so weit, dass er sich später sogar in Großstädten wie New York durchaus allein zurechtfindet.

In späteren Sommerferien zu Hause lernt er auch Motorradfahren, und Mr. Pit lässt ihn manchmal in seiner Begleitung Auto fahren. Welche Grundhaltung bewegt ihn? Er schreibt: «*Ich sage immer, dass ich fast alles ausprobieren will, vorausgesetzt, ich bin tief im Innersten überzeugt, dass ich mich dabei nicht verletzen werde. Wenn ich die Maschine im Griff habe [...], dann kann ich ziemlich sicher sein, dass ich es überleben werde. Ein Beweis dafür ist wohl, dass ich mich als Kind niemals verletzte und es nur ein paarmal ganz knapp war.*» (Charles/Ritz 2005, S. 61). Hier zeigen sich bei Ray ein *gutes Selbstwertgefühl* und außerordentlich *ausgeprägte Selbstwirksamkeits- und Kontrollüberzeugungen*.

Die frühen Musikstunden bei Mr. Pit lassen bei ihm nun in der Schule immer deutlicher den Wunsch reifen, Musiker zu werden, und so hört er wo immer möglich Musik und übt überall dort, wo ein Klavier steht und er spielen darf. Während der gesamten Schulzeit bleibt die *Musik* für Ray das Wichtigste in seinem Leben, und er ist bei SchülerInnen wie dem Lehrpersonal gleichermaßen beliebt. Er lernt zudem Schreibmaschineschreiben, das Handalphabet für Blinde sowie diverse Kartenspiele, indem er die Karten mit der Blindenschrift versieht.

1945 stirbt seine Mutter. Der Tod der Mutter ist die wohl kritischste Phase in seinem Leben, er ist erst verzweifelt, niedergeschlagen, dann wie in Trance, kann nicht mehr schlafen. Erst die Begegnung mit einer Frau, die in Greenville als Ma Beck bekannt ist, hilft ihm, wieder Tritt zu fassen. Sie spricht deutlich mit ihm, verweist auf die Aussagen der Mutter und fordert ihn unmissverständlich auf, er solle aufhören, sich zu bemitleiden. Das Leben gehe immer weiter und das sei schließlich genau das, was die Mutter ihm mitgegeben habe. Das Gespräch mit Ma Beck bedeutet einen Wendepunkt im Trauerprozess. Er rekapituliert die Aussagen der Mutter: «*Man bettelt nicht, und man stiehlt nicht. Du musst an dich selbst glauben. Sonst wirst du untergehen [...]. Ich wusste, dass ich an meine eigenen Fähigkeiten glauben musste. Ich musste anfangen, Verantwortung zu übernehmen.*» (Charles/Ritz 2005, S. 75). Ray findet nun allmählich wieder die Kraft zum Leben, erkennt aber deutlich, woher diese kommt: «*Was ich an Kraft auch finden konnte, sie kam von Menschen wie Mama oder Ma Beck oder [...].*» (Charles/Ritz 2005, S. 76).

5. Lebenstüchtig und zufrieden trotz widriger Lebensumstände   149

Schließlich trifft er allein eine wichtige Entscheidung: Er geht nicht mehr in die Schule zurück, wo er acht Jahre verbracht hat, sondern reist, mittlerweile 15 Jahre alt, alleine mit zwei Dollar in der Tasche, nach Jacksonville, in die größte Stadt Floridas, um sich dort irgendwie musikalisch durchzuschlagen. Zwar steht er zunächst Todesängste aus, aber es gibt für ihn kein Zurück. Wenn er Musik macht, geht es ihm gut – und er will nun Musik machen, beweisen, dass er das gut kann. Er kann in Jacksonville bei Bekannten wohnen. Auch hier lernt er rasch, sich selbständig zu bewegen, indem er auf Abwasserkanäle oder Ritzen achtet und sich alle Details einprägt.

Ray schlägt sich nun über Jahre an verschiedenen Orten mit unterschiedlichsten Musikern herum, in den ersten Jahren gibt es auch Zeiten, wo es wenig bis gar nichts zu essen gibt, weil ihm einfach das Geld fehlt, aber immer behält er die Aussagen der Mutter im Hinterkopf, so auch die folgende: «*Nutze, was du hast.*» (Charles/Ritz 2005, S. 89). Ein *ausgeprägter Ehrgeiz* und *klare Ziele* sind ein weiteres Charakteristikum von Rays Persönlichkeit: Sobald er ein Ziel erreicht hat, beginnt er sich neue zu setzen: neue Sounds, neue Arrangements, neue Zusammensetzungen seiner Bands usw. Schließlich weigert er sich auch, bei nach Rassen getrennten Konzerten aufzutreten – und setzt sich durch.

Selbständigkeit und Unabhängigkeit beweist er auch in weiteren alltäglichen Fertigkeiten: Er kann selbst mit einem Rasiermesser fachgerecht umgehen, repariert WC-Spülungen, Lichtschalter, ja sogar Radio- und Fernsehapparate.

Die weitere Entwicklung fasse ich nur noch knapp zusammen: *Der Glaube an sich selbst und an seine musikalischen Fähigkeiten* verschafft ihm mit der Zeit erste Anstellungen, die Erfolge nehmen allmählich und stetig zu, er entwickelt einen eigenen Stil, der auf großes Echo stößt, er lernt Frauen kennen, heiratet mehrmals, wird immer berühmter, verdient schließlich viel Geld und wird ein anerkannter, gefeierter, vielfach ausgezeichneter und weltberühmter Star, der im Alter von 74 Jahren an Krebs stirbt. Selbstverständlich lassen sich bei Ray Charles auch einige Schattenseiten wie etwa die jahrelange Heroin-Sucht – von der er sich zu befreien vermag – oder Bindungsprobleme in Liebesbeziehungen erkennen.

In seinem Lebensrückblick stellt Ray fest, dass die Musik ihm geholfen hat zu überleben, ihm die Möglichkeit gab, sich auszudrücken, und sein Lebensunterhalt war. Gegen Ende seines Lebens fasst Ray einige seiner tiefsten Überzeugungen nochmals zusammen: «*Leute brauchen Hoffnung, ein Ziel, das Gefühl, dass sie wichtig sind. Und da bin ich nicht anders [...]. Ich mache soviel aus eigener Kraft wie ich kann [...]. Alles hat seinen Anfang in einem selbst [...]. Bei mir hängt alles vom Gehör ab [...]. Ich sehe die Welt mit meinen Ohren [...]. Man kann Blindheit überwinden.»* (Charles/Ritz 2005, S. 339–345).

David Ritz beschreibt seinen Eindruck von Ray Charles' Persönlichkeit u. a. wie folgt: «Ich hatte nie zuvor jemanden getroffen, der so mutig war. Er hatte vor nichts Angst. Er schritt durch die Welt wie ein Löwe. Wenn überhaupt, machte ihn seine Behinderung noch überlegener.» (Charles/Ritz 2005, S. 368). Mit großer Wahrscheinlichkeit ist diese Beschreibung übertrieben oder geschönt, aber Ray Charles hat ohne Zweifel aus seiner Behinderung erstaunlich viel gemacht – und angesichts seiner Lebensvoraussetzungen Unglaubliches erreicht. Seine erworbenen Kompetenzen auf verschiedenen Ebenen lassen sich auch als erfolgreiches Beispiel für menschliche Kompensationsfähigkeiten und -leistungen verstehen (vgl. Kap. 4).

Viele Schutzfaktoren: Der körperbehinderte Journalist Christian Lohr (*1962)[45]

Christian Lohrs Geschichte enthält fast die ganze Palette der aufgeführten 19 protektiven Faktoren. Lohr kam 1962 mit einer schweren körperlichen Behinderung zur Welt. Verursacht wurde diese Behinderung durch Thalidomid, den – toxischen – Wirkstoff im damals zum Verkauf zugelassenen Medikament Contergan: Seine Mutter erhielt im Spätsommer 1961 vom Hausarzt gegen einen starken Husten ein Mittel aus der Contergan-Gruppe verschrieben, was sich dann in der Behinderung bei Lohr – er kam ohne Arme und mit missgebildeten Beinen auf die Welt – manifestierte. Trotz seiner körperlichen Behinderung besuchte Lohr die normalen Schulen, absolvierte die Matura (= Abitur), studierte Volkswirtschaftslehre und arbeitet seit 2001 als Redakteur bei einer Tageszeitung mit den Spezialgebieten Wirtschaft, Soziales und Sport. Lohr übt zudem verschiedene Funktionen als Präsident oder Mitglied in mehreren Vereinen und Organisationen aus, engagiert sich politisch als Gemeinde-

---

45 Die folgenden Ausführungen stützen sich auf zwei längere Interviews mit Christian Lohr und seinen Eltern am 6. August 2004 in Kreuzlingen sowie auf die Homepage von Christian Lohr (www.lohr.ch) und eine E-Mail vom 1. September 2005. C. Lohr hat diesen Text im Februar 2006 gegengelesen.

5. Lebenstüchtig und zufrieden trotz widriger Lebensumstände

und Kantonsrat in seinem Wohnort und betreibt in der Freizeit als Hobbys Schwimmen, Reisen, Lesen – und er begegnet gerne Menschen. Die schwere körperliche Behinderung ist für ihn von Geburt an zu einer speziellen Aufgabe geworden. Er hat dies nie als (s)ein Schicksal betrachtet, das ihn gelähmt hätte, im Gegenteil: «*Vielmehr hat sich in mir der Mut, die Freude und Zuversicht entwickelt, es im Leben erst recht anzupacken. Ja, ich verspüre viel Glück und innere Genugtuung, nicht trotz, sondern mit meiner Behinderung in dieser nicht immer so einfachen Welt mit beiden Beinen auf dem Boden zu stehen. Das Leben ‹nur› mit Füßen hat mich optimal trainiert, meinen Körper mit den vorhandenen Fähigkeiten optimal einzusetzen. Selber staune ich heute manchmal, was alles möglich ist. Mit dem Willen und der Beharrlichkeit, etwas auch – auf meine Art – tun zu können, sind mir viel weniger Grenzen gesetzt, als dies manch einer vermuten würde.*»[46] Zu dieser erstaunlichen Lebensgeschichte und Lebenshaltung hat eine ganze Reihe von Faktoren wesentlich beigetragen, auf die ich im Einzelnen etwas genauer eingehe.

Die Eltern akzeptierten Christians Behinderung nicht einfach als unabänderliches Schicksal, sondern unternahmen alles, um ihn optimal und von Beginn weg zu fördern: So leiteten sie unzählige medizinische Abklärungen ein und ermöglichten ihm eine intensive und jahrelange Physiotherapie bzw. Ergotherapie. Der Knabe wurde in den ersten sechs Lebensjahren elfmal operiert! Obwohl sie ihn von Beginn weg sehr liebten, behandelten sie Christian so normal wie das eben ging, statt ihm als armem Behinderten alles abzunehmen oder ihn zu verwöhnen. Dabei stand ihnen auch eine Mütterberatungsschwester zur Seite. Zudem trainierte er in der Klinik Balgrist von klein auf während mehrerer Jahre zwei- bis dreimal in der Woche mit einer Beschäftigungstherapeutin und lernte dort u. a. auch Schwimmen und Malen. Gleichzeitig fand ein jahrelanges intensives Training mit der Mutter statt, die die Aufgaben der Beschäftigungstherapeutin zu Hause mit Christian übte und vertiefte.

Christian Lohr spürte, dass die Eltern ihn sehr ernst nahmen und die gleichen Anforderungen an ihn stellten wie an den Bruder – er sich aber auch nicht mehr Freiheiten herausnehmen durfte als der Bruder. Zudem waren seine Eltern nicht ängstlich darauf bedacht, ihm möglichst alle Gefahren aus dem Weg zu räumen. Ihr Lebensmotto (oder ihre Grundhaltung) beinhaltete: eine positive Lebenseinstellung, Zuversicht und Hilfsbereitschaft sowie eine gewisse Gelassenheit im Sinne von «es

---

46 www.lohr.ch, Abschnitt «Meine Behinderung»

kommt meistens irgendwie schon gut heraus». Ein wichtiges Anliegen der Mutter bestand auch darin, ihm immer wieder Mut zu machen.

Durch seine Eltern lernte Christian schon früh, *sich nicht auf das zu konzentrieren, was er nicht hatte oder konnte, sondern auf das, was ihm möglich und was vorhanden war,* kurz: sich an dem zu freuen, was er hatte und nicht das zu begehren, was nicht möglich war. Beide Elternteile bestärkten diese positive Einstellung und förderten sie nach Kräften. So reiste der Vater sehr viel mit ihm, sie besuchten gemeinsam unzählige Veranstaltungen. Er nahm Christian überallhin mit, in Restaurants und Hotels, in die Berge, an Bäche, ans Meer, an Veranstaltungen usw. Christian sollte möglichst an einem normalen Leben teilhaben können. Heute traut sich Lohr im Leben vieles zu und hat die Erfahrung gemacht, dass er erstaunlich vieles selbst tun kann. Diese positive Grundhaltung gegenüber dem Leben und seinen eigenen Möglichkeiten, seine Offenheit und seine Aktivität vereinten sich später auch mit günstigen Umständen in der Schule.

Schon vor dem Schuleintritt brachte ihm eine mit der Familie befreundete Lehrerin im Kindergartenalter Lesen und Schreiben bei, damit er gleich gut in der Schule starten könne. Von Anfang an stand für den Präsidenten der Primarschule in seiner Wohngemeinde fest, dass Christian trotz seiner Behinderung die *normale Schule* besuchen konnte – ein damals noch ungewöhnlicher Schritt. Der Schulpräsident meinte, Christian würde in sozialer Hinsicht befruchtend für die anderen Schulkinder wirken. Ein Grundschullehrer wechselte extra für Christian das Klassenzimmer, damit dieser im Parterre leichter zur Schule gehen konnte. Zum erwähnten Schulpräsidenten pflegt Lohr heute noch den Kontakt. Christian wurde ein guter und sehr motivierter Schüler, war trotz seiner Behinderung immer integriert und geschätzt. Dazu verhalfen ihm auch *kognitive Voraussetzungen* wie Intelligenz, Flexibilität, Offenheit sowie Basisfunktionen wie Ausdauer und Motivation. Zudem galt Christian schon früh als ein fröhliches Kind, war sehr beliebt und sozial.

Jahrelanges, frühes und intensives Training mit seinem rechten Fuß führten ihn so weit, dass er diesen quasi wie eine rechte Hand benützen kann: Er schreibt damit Briefe, tippt auf dem Computer, telefoniert usw. (s. **Abb. 5-1**). Heute verfügt er mit dem rechten Fuß annähernd über Handfertigkeit. So spricht er bezeichnenderweise auch nicht vom rechten Fuß, sondern von der rechten Hand und gestikuliert auch mit dem rechten Fuß wie nicht behinderte Menschen mit der Hand!

Als wichtiger hilfreicher Faktor in der Schule erwiesen sich auch die *KlassenkameradInnen,* die ihn immer wieder unterstützten, sowie die

5. Lebenstüchtig und zufrieden trotz widriger Lebensumstände 153

Kinder und Bekannten seiner Wohnumgebung, die ihn überall mitnahmen und ihm – wo nötig – halfen. Christian war trotz seiner Behinderung in den Klassen immer integriert. Dazu trug auch seine *offene, freundliche und gewinnende Art im Umgang mit Menschen* wesentlich bei. Christian Lohr hat schon als Kind gelernt, offen auf die Mitmenschen zuzugehen. Es ist aufschlussreich, dass er als Beruf ausgerechnet eine journalistische Tätigkeit gewählt hat, bei der Flexibilität und Mobilität besonders gefragt sind.

Die *gute Beziehung zu seinem vier Jahre älteren Bruder* muss als weiterer wichtiger Schutzfaktor bezeichnet werden. Die beiden Brüder mögen sich sehr. Dabei waren die Rollen der beiden verschieden: Der ältere Bruder nahm ihn in Schutz (Rolle als stärkerer Bruder), war aber auch auf Christian stolz. Beide waren schon früh sportbegeistert; der Bruder führt heute ein Sportgeschäft. Christian zeigte ein ähnlich starkes Interesse für Sport, machte seinem Bruder alles nach, so gut er konnte, und beklagte sich nicht. Allerdings war es Christian leider nicht möglich, wie der Bruder am Fußballspiel aktiv teilzunehmen. Trotzdem nahm ihn der Bruder jeweils an die Spiele mit, und Christian verlegte sich darauf, von der Seitenlinie des Feldes den Match zu kommentieren – eine Fähig-

Abbildung 5-1: Christian Lohr (Foto: Eddy Risch)

keit, die ihm später u. a. als Medienchef der Swiss Paralympic Teams 1996 in Atlanta und 1998 in Nagano zum Vorteil gereichte. Die Körperbehinderung führte zu einer interessanten Rollenaufteilung: Der Bruder galt als guter Sportler, Christian als präziser Kommentator, Ansager und Berichterstatter von Sportveranstaltungen. Der Bruder hat ihn immer unterstützt, wo es nötig war, hat ihn aber nicht verwöhnt oder in ungesundem Maß verteidigt, sondern ihn gefördert und gefordert – und er nahm Christian überallhin mit. Jeder hat seinen eigenen Platz in der Familie gefunden. Der ältere Bruder bedeutet(e) eine wichtige *Ressource*: Er weiß, der Bruder ist jederzeit für ihn da, auch heute, auf ihn kann er sich immer verlassen.

Trotz oder gerade wegen seiner Behinderung hat sich Lohr zu einem außerordentlich aktiven und zufriedenen Menschen entwickelt, der in seinem Leben nicht nur viel empfangen hat (und empfängt), sondern es auch als eine Selbstverständlichkeit betrachtet, einiges zu geben, sich zu engagieren. Sein Wunsch, zum gesellschaftlichen Fortschritt – gerade auch von behinderten Menschen – beizutragen, äußert sich in vielen nationalen Aktivitäten besonders auch zugunsten von Behinderten. Trotz allem ist Lohr kein Fantast geworden, sein Alltag muss genau überlegt und geplant werden: Wann braucht er Assistenz? Wie kommt er zum Bahnhof? Wer fährt ihn zur nächsten Sitzung? Wer hilft ihm, wenn die Eltern – Lohr wohnt im selben Haus, aber in einer eigenen Wohnung – abwesend sind? Dabei kann er auf ein *Netz von Menschen* zählen, die ihm helfen, damit er seinen Beruf ausüben und seinen Alltag bewältigen kann. Seine Behinderung führte ihn immer wieder zu vielerlei Einschränkungen. Dafür – oder vielleicht gerade deswegen nimmt er die Umwelt, seien es die Mitmenschen oder die Natur, viel bewusster, breiter wahr. Das ist für ihn zu einer wichtigen Stärke geworden: *ein breites Interesse an dem, was in der weiten Welt, aber auch in der näheren Umgebung passiert. Statt Selbstmitleid eine gewisse Distanzierung von der eigenen Begrenztheit.* So wird verständlich, dass er nicht frustriert oder verbittert auf seine Behinderung zurückschaut.

Als weiterer wichtiger Faktor muss die schon angedeutete günstige Reaktion der Umwelt gewichtet werden: *Sein Umfeld im Kindesalter hat sich an seine Situation optimal angepasst.* Wenn er bei bestimmten Spielen nicht mitmachen konnte, erlebte er schon eine Genugtuung, trotzdem dabei sein zu können, empfand so nicht, er sei am Rand oder isoliert, nicht dabei, im Gegenteil – *er fühlte sich integriert.* Zudem hatte er das Glück, Lehrpersonen zu begegnen, die Wert darauf legten, dass er

5. Lebenstüchtig und zufrieden trotz widriger Lebensumstände

integriert war. So war beispielsweise seine Teilnahme an Schulreisen immer selbstverständlich – auch von Seiten der Lehrpersonen. An der Integration waren die Eltern maßgebend mit der Entscheidung beteiligt, dass Christian zu Hause – und nicht in einem Behindertenheim – aufwachsen durfte. Dabei erhielten seine Eltern immer viel Unterstützung und Solidarität von Nachbarn, Bekannten usw.

Die Eltern förderten seine *Ausrichtung auf die vorhandenen Möglichkeiten*, zum Beispiel beim Sport: Sie förderten seine Freude am Sport nach Kräften (z. B. Schwimmen), erfüllten ihm aber auch den Wunsch nach Besuchen von Skirennen als Zuschauer. So entwickelte sich schon früh ein Berufswunsch: Schreiben und Sportreporter werden. Heute schreibt er über Sport, Politik, Wirtschaft, Soziales. Technische Errungenschaften und Hilfsmittel wie Laptop, Mobiltelefon usw. helfen ihm dabei sehr. Er ist manchmal selbst fast etwas überrascht, was er alles macht, ist aber zugleich auch stolz, dass er trotz Behinderung sich voll einbringen und seine Leistungen vorweisen kann. Damit verbunden ist es Lohr aber auch gelungen, eine *realistische Sichtweise auf sein Leben* zu entwickeln: Er hat gelernt, die Realität wahrzunehmen, wie sie sich ihm nun einmal präsentiert: Er ist (und bleibt) körperbehindert und muss immer wieder neu damit umzugehen lernen, die Behinderung ist Teil von ihm. Seine Contergan-Schädigung wurde nie etwas zentral Negatives in seinem Leben. Vielmehr hat er gelernt, mit der Behinderung so optimal wie möglich zu leben – und ist zufrieden mit seinem Leben: «Doch ich sehe mein Leben positiv und lasse mich deshalb nicht durch vermeintliche Hindernisse aufhalten.»[47]

Die realistische Lebensanschauung zeigt sich auch im Umgang mit Unerfreulichem: So versucht er Niederlagen oder negativen Erfahrungen immer auch etwas *Positives abzugewinnen*, so etwa bei seiner knappen Nichtwahl 2003 – 16 Stimmen fehlten! – in den Schweizer Nationalrat: Durch den Wahlkampf hat er neue Menschen kennen gelernt. Negative Erfahrungen lähmen ihn nicht lange, seine Grundstimmung kippt rasch wieder ins Positive, ohne die negativen Aspekte zu verleugnen. Zugleich zeigt sich in seinem Leben auch ein durchaus kämpferisches Element, nämlich: Kämpfen statt aufgeben.

Lohr bleibt trotz allem realistisch, blendet nicht aus, dass er eine schwere Behinderung aufweist, körperlich anders ist, nimmt aber (viel-

---

[47] www.lohr.ch, Abschnitt «Mein Alltag»

leicht gerade deshalb) im Leben gewisse Dinge auch mit Gelassenheit oder Distanz wahr.

Ein weiterer günstiger Faktor kommt auch in einer ausgeprägten *Kontrollüberzeugung* zum Ausdruck: Für Lohr war (und ist) es außerordentlich wichtig, sich Situationen nicht einfach ausgeliefert zu fühlen. Dabei hilft ihm die schon erwähnte positive Lebenseinstellung, die es ihm ermöglicht hat, viel Lebenskraft und Beharrlichkeit zu entwickeln. Positive Rückmeldungen der Menschen, gute Erfahrungen – und natürlich eine Portion Glück sowie günstige Umstände in seiner Kindheit und Jugendzeit haben dazu wesentlich beigetragen. Dazu verhalf ihm auch seine *Fähigkeit zum Humor*. Ohne Humor und Witz kann er sich sein Leben nicht vorstellen, er war schon als Kind sehr humorvoll.

Wie schon erwähnt, kann die Lebensgeschichte von Christian Lohr auch als ein erstaunliches Beispiel für die vielgestaltigen Kompensationsmöglichkeiten und -leistungen des Menschen (vgl. Kap. 4) betrachtet werden. Kompensatorisch kann schließlich auch seine Freude an der Bewegung verstanden werden: So kann er sich ein Leben ohne Sport fast nicht mehr vorstellen.

Der unerschütterliche Glaube an den Menschen: Nelson Mandela (*1918)

Der Anti-Apartheid-Kämpfer und erste schwarze Präsident (1994–1999) Südafrikas, Nelson Mandela, wächst mit drei Brüdern und drei Schwestern in relativem Wohlstand in einer angesehenen Familie auf. Kurz nach dem Tod seines Vaters kommt der neunjährige Mandela unter die erzieherische Obhut eines Vormundes. Nach der Schulzeit absolviert er die Ausbildung zum Anwalt, beginnt aber schon früh, für die Anliegen der unterdrückten Schwarzen zu kämpfen. Bald erhält er Drohungen, es folgen erste Hochverratsprozesse (1956–1961) sowie Haftstrafen, und schließlich wird er zu einem Langzeitgefangenen (Urteil: Lebenslänglich) des rassistischen südafrikanischen Regimes: Der zunehmend berühmte schwarze Freiheitskämpfer ist von 1962/1964–1982 im unwirtlichen Gefängnis in Robben Island, anschließend bis zu seiner Freilassung im Jahre 1990 im Hochsicherheitsgefängnis von Pollsmoor bei Kapstadt inhaftiert. Insgesamt verbringt er mehr als 27 Jahre (!) seines Lebens im Gefängnis, zum Teil unter äußerst schwierigen klimatischen (Hitze, Kälte) und baulichen (Einzelhaft) Bedingungen und unmenschlichen Ver-

5. Lebenstüchtig und zufrieden trotz widriger Lebensumstände   157

hältnissen (Zwangsarbeit). Wie hat er diese schier unendlich lange Zeit unbeschadet überlebt? Was hat ihm dabei geholfen? Aus dem umfangreichen Material, das uns u. a. Mandela (1997; vgl. auch Hagemann 2003) selbst in seiner Autobiografie vorlegt, möchte ich kurz einige ausgewählte und zentrale Aspekte herausgreifen.

Mandela hat viele der erwähnten *Schutzfaktoren* erfahren, so u. a.: eine stabile Beziehung zu mehreren Bezugspersonen in der Kindheit, die elterliche Unterstützung zum Schulbesuch als Einziger einer vielköpfigen Familie (Bildungsprivileg), die Ausbildung für die Rolle eines Beraters seines Volkes durch einen Onkel, soziale Unterstützung auch außerhalb der Familie (von der Kindheit bis heute), überzeugende soziale Modelle (z. B. die Häuptlinge in der Stammesgesellschaft seiner Kindheit, später zeitweilig Gandhi), kognitive Kompetenzen und klare Ziele, ein frühes Verpflichtungsgefühl gegenüber seinem Volk, günstige Selbstwirksamkeitsüberzeugungen, ein gesundes Selbstvertrauen (das lässt sich in seinen Verteidigungsreden vor Gericht gut erkennen), günstige Temperaments-/Charaktereigenschaften (z. B. im Umgang mit Gefängniswärtern und den Anklägern), die Erfahrung von Sinn, Struktur und Bedeutung in der eigenen Entwicklung (sein unermüdlicher Einsatz für und der Glaube an ein nichtrassistisches Südafrika), ein aktives Bewältigungsmuster (Studium, Lektüre, körperliche Ertüchtigung sowie soziale Kontakte im Gefängnis), die Fantasie und die Hoffnung (er glaubt an eine bessere Zukunft), Lesen und Studieren (er absolvierte im Gefängnis ein zusätzliches Fernstudium), positive Selbstinstruktionen (vor allem im Gefängnis) sowie die Fähigkeit, sich zu distanzieren (auch hier besonders im Gefängnis). Besonders auffällig an der Lebensgeschichte Mandelas ist das *positive Menschenbild*, das er sich trotz widrigster Umstände bewahrt hat. Das kommt in den meisten der nachfolgend aufgeführten Zitate aus seiner Autobiografie zum Ausdruck. Ich werde einige Ausschnitte jeweils kurz kommentieren.

«*Im Menschen ist eine Neigung zur Güte, die vergraben oder verborgen sein kann, um dann unerwartet wieder hervorzutreten.*»   (Mandela 1997, S. 353)

Dieses Bekenntnis zum Menschen findet sich erstaunlicherweise in einem Prozess, in dem Mandela als Angeklagter drei Richtern gegenübersteht! In seiner Verteidigungsrede kritisiert er klar und unmissverständlich das ungerechte und rassistische Gesetz des südafrikanischen Staates und der herrschenden Klasse, macht aber mit seiner Äußerung deutlich, dass er auch hinter den Richtern Menschen – mit potenziell guten Anteilen –

sieht. Diese – nicht nur in diesem Fall zum Ausdruck kommende – fast unglaubliche Fairness gegenüber anderen Menschen, die ihn verurteilen, einkerkern, bewachen oder schikanieren, stellt ein besonders herausragendes persönliches Merkmal Mandelas dar und hat immer wieder auch seine erklärten Gegner stark beeindruckt und zum Nachdenken gezwungen.

> «Das, was wir aus dem, was wir haben, machen, nicht das, was uns mitgegeben ist, unterscheidet einen Menschen von einem anderen.» (Mandela 1997, S. 230)

Diese Aussage zeigt u. a., wie Mandela an die Eigenaktivität, die Möglichkeit des Menschen, sich zu entwickeln, glaubt. Es ist zugleich ein Aufruf – auch an sich selbst! –, tätig zu werden, aus jeder Situation das Beste zu machen. Und das hält Mandela für möglich.

> «Es ist das Beste, sich auf die freiwillige Unterstützung der Menschen zu verlassen, denn sonst ist diese Unterstützung schwach und flüchtig.» (Mandela 1997, S. 297)

Gewaltlosigkeit und Freiheit sind wichtige und hilfreiche Merkmale im Umgang mit Menschen – ein Rezept, dem Mandela selbst weitgehend verpflichtet geblieben ist: Sie bedeuten zentrale Grundhaltungen für eine humanistische Weltanschauung und Lebenspraxis.

> «Wir vom ANC [= Afrikanischer Nationalkongress, die Partei Mandelas – J. F.] haben uns immer für eine nichtrassische Demokratie eingesetzt und schreckten vor jeder Aktion zurück, welche die Rassen noch weiter auseinander treiben könnte, als sie es ohnehin schon sind.» (Mandela 1997, S. 490)

Diese Aussage aus einer weiteren Gerichtsverhandlung als Angeklagter zeigt sein freiheitliches, demokratisches und versöhnliches Politikverständnis als Ausdruck seines positiven Menschenbildes. Ein wesentliches Ziel muss die Annäherung, die Versöhnung von Menschen verschiedener Rassen und Überzeugungen sein, nicht die Abtrennung, der Kampf, die Feindschaft.

> «Das Zusammensein verstärkte unsere Entschlusskraft. Wir unterstützten einander und gewannen Kraft voneinander. Was immer wir lernten, was immer wir erfuhren, wir teilten es miteinander, und indem wir es miteinander teilten, vervielfachten wir, was immer wir an individuellem Mut besaßen [...]. Doch die Stärkeren richteten die Schwächeren auf, und dabei wurden beide stärker.» (Mandela 1997, S. 525).

Während des rund 20-jährigen Gefängnisaufenthaltes auf Robben Island findet Mandela u. a. durch die *gegenseitige Solidarität* und Hilfe seiner Mithäftlinge die Kraft, nicht aufzugeben.

5. Lebenstüchtig und zufrieden trotz widriger Lebensumstände

«*Niemals zweifelte ich ernsthaft daran, dass ich nicht doch eines Tages aus dem Gefängnis kommen würde. Ich glaubte nie daran, dass eine lebenslängliche Gefängnisstrafe tatsächlich lebenslänglich bedeuten und ich hinter Gitter sterben würde.*» (Mandela 1997, S. 526)
«*Dennoch* [auch nach langen Jahren der Haft – J. F.] *hatte ich keinen Zweifel, dass ich irgendwann ein freier Mann sein würde.*» (Mandela 1997, S. 672)

Die starke Überzeugung und der *Optimismus für eine bessere (auch persönliche) Zukunft* scheinen weitere wichtige Widerstandsressourcen gewesen zu sein. Das kommt auch im nächsten Satz treffend zum Ausdruck:

«*Starke Überzeugungen sind das Geheimnis des Überlebens von Deprivationen* [= Entbehrungen – J. F.].» (Mandela 1997, S. 560).

Diese Aussage belegt auch Mandelas *Glaube an die Macht des Denkens*: die Überzeugung, dass Denken Berge, wenn auch vielleicht nicht Gefängnismauern, zu versetzen, zu überwinden vermag. Bei Mandela ist ein Primat des von Optimismus getragenen rationalen Denkens vor der Verzweiflung oder Resignation erkennbar.

«*Wir glaubten, dass alle Menschen, selbst Gefängnisaufseher, fähig wären, sich zu ändern, und wir taten unser Bestes, um Einfluss auf sie zu nehmen [...]. Nicht alle unsere Aufseher waren Ungeheuer: Wir bemerkten gleich zu Anfang, dass unter ihnen einige waren, die an Fairness glaubten. Dennoch, freundlich zu Aufsehern zu sein, war keine leichte Sache, denn sie fanden im allgemeinen den Gedanken, einem schwarzen Mann gegenüber höflich zu sein, abstoßend.*» (Mandela 1997, S. 562 f.)

Mandela beweist hier schon fast unheimlich *starke Selbstwirksamkeits- und Kontrollüberzeugungen* sowie entsprechende Bewältigungsmuster. Auch hier wird sein positives Menschenbild – er sieht auch in den Gefängnisaufsehern noch das Menschliche – deutlich sichtbar.

«*Es war eine nützliche Erinnerung daran, dass alle Menschen, und seien sie auch scheinbar noch so kaltschnäuzig, einen anständigen Kern haben, und wenn ihr Herz angerührt wird, können sie sich ändern. Badenhorst* [Gefängnis-Oberst – J. F.] *war letztlich kein böser Mensch; die Unmenschlichkeit war ihm von einem unmenschlichen System aufgezwungen worden. Er benahm sich wie eine Bestie, weil er für bestialisches Verhalten belohnt wurde.*» (Mandela 1997, S. 620)

Mandela wankte offensichtlich auch in schwierigsten Situationen und Umständen nicht in seiner grundsätzlich positiven Einstellung zu den Menschen: Menschen handeln schlecht, weil sie beispielsweise dafür belohnt werden, nicht weil sie von Natur aus schlecht sind oder ihn (Mandela) gezielt und persönlich demütigen wollen. Die *Distanzierung und Differenzierung* gelingt ihm hier in einem außerordentlichen hohen und beeindruckenden Ausmaß: Er kann die Tat vom Menschen trennen und nimmt die Tat darum eben nicht persönlich – ein wichtiger Schutzmechanismus, um die psychische Integrität zu bewahren.

«*Wenn man im Gefängnis überleben will, muss man Wege finden, um sich im täglichen Leben Zufriedenheit zu verschaffen. Man kann sich ausgefüllt fühlen, wenn man seine Kleidung so wäscht, dass sie besonders sauber ist, wenn man den Korridor völlig vom Staub befreit oder indem man seine Zelle so einrichtet, dass sie möglichst viel Platz bietet. Den gleichen Stolz, den man außerhalb des Gefängnisses bei folgenreicheren Tätigkeiten empfindet, kann man sich drinnen auch verschaffen, indem man kleine Dinge tut.*» (Mandela 1997, S. 654)

Mandela gelingt es, den eintönigen und einschränkenden Gefängnisalltag zu strukturieren und ihm einen *persönlichen Sinn* zu verleihen, indem er – auch im eingegrenzten Rahmen des Gefängnisses – für sich angemessene, sinnvolle Zielsetzungen und Handlungen sucht, findet und sich an den Resultaten freut (engl.: *sense of coherence*).

«*Ich hatte immer versucht, offen für neue Vorstellungen zu bleiben und keinen Standpunkt nur deshalb abzulehnen, weil er neu oder anders war.*»
(Mandela 1997, S. 672)

Offenheit, Flexibilität und Lernfähigkeit – grundlegende anthropologische Konstanten – sind weitere besonders ausgeprägte Merkmale von Mandelas Persönlichkeit und erweisen sich hier als zusätzliche wichtige Schutzfaktoren. Resilienz könnte hier in einem erweiterten Verständnis auch als stammesgeschichtliches Element der menschlichen Gattung verstanden werden.

«*Man kann sich an alles gewöhnen, und ich hatte mich an Robben Island gewöhnt.*»
(Mandela 1997, S. 682)

Auch hier kommen Flexibilität, Anpassungsfähigkeit, eine besondere Variante von Optimismus und damit verbunden ein aktives Bewältigungsmuster sowie günstige Selbstwirksamkeits- und Kontrollüberzeugungen zum Vorschein.

«*Ich hatte den Behörden gesagt, ich wolle mich gerne von den Wachen und Wächtern verabschieden, die sich um mich gekümmert hatten, und bat darum, dass sie und ihre Familien am Eingangstor auf mich warten sollten, damit ich ihnen einzeln danken konnte.*» (Mandela 1997, S. 750 f.)

Mandela ist es über die ganze Inhaftierungszeit gelungen, im Gefängnispersonal trotz allem doch eben primär menschliche Wesen zu erkennen – und so stammt diese erstaunliche Aussage aus der Zeit kurz vor der end-

5. Lebenstüchtig und zufrieden trotz widriger Lebensumstände

gültigen Entlassung aus der jahrelangen Haft auf Robben Island: Mandela war es allmählich gelungen, mit einigen Wärtern ein Stück weit eine von gegenseitigem Respekt geprägte Beziehung aufzubauen. Dies wollte er nun durch diese Form der Verabschiedung auch zum Ausdruck bringen. Seine großmütige Haltung zeigt zudem, dass er keinen Hass oder Groll auf diese Menschen hegt.

«Im Gefängnis nahm mein Zorn auf die Weißen ab, aber mein Hass auf das System wuchs. Südafrika sollte sehen, dass ich sogar meine Feinde liebte, das System jedoch hasste, das uns gegeneinander aufbrachte.» (Mandela 1997, S. 759)

Mandela erkennt im Laufe der Jahre immer deutlicher, dass eigentlich auch die Weißen – und in seinem Lebensbereich besonders die Wärter – Gefangene und Opfer eines unmenschlichen und irrationalen Systems sind. Die fast übermenschlich großmütige oder weitherzige Sicht auf die Weißen, die in diesem Fall vermutlich *sinnvolle Umdeutung* (das System ist schlecht, nicht die darin verwobenen Menschen) der Situation: Beides sind wichtige psychische Voraussetzungen für das Überleben in der langen Haftzeit. Sicher wird Mandela bei erniedrigenden Erfahrungen gegenüber weißen Aufsehern auch Wut- und Hassgefühle empfunden haben – aber er ließ sich dadurch in seiner Grundhaltung nicht erschüttern. Im nächsten Absatz wird seine Einstellung in etwas anderen Worten nochmals deutlich:

«Ich erinnerte die Menschen immer wieder daran, dass der Freiheitskampf nicht ein Kampf gegen irgendeine Gruppe oder Hautfarbe war, sondern ein Kampf gegen ein Unterdrückungssystem.» (Mandela 1997, S. 829)

«Um mit einem Gegner Frieden zu schließen, muss man mit ihm zusammenarbeiten, und der Gegner wird dein Freund.» (Mandela 1997, S. 819)

Das zehnte Kapitel der Autobiografie ist mit dem für Mandela so charakteristischen Titel «Reden mit dem Feind» überschrieben. Auch diese Aussage belegt das außerordentlich positive und versöhnliche Menschenbild Mandelas.

Die beiden folgenden längeren Zitate stellen gleichsam die Zusammenfassung von Mandelas Denken dar und zeigen seine zutiefst menschenfreundliche und mehr als optimistische Sicht. Sie belegen zudem, wie entscheidend für das Gelingen oder Misslingen des eigenen Lebens eben weniger die eigentlichen Lebensumstände sind, sondern vielmehr die eigene Haltung, die persönliche Einstellung, das eigene Denken und das entsprechende Handeln daraus. In dieser Hinsicht bietet uns Mandela ein ebenso eindrückliches wie bedenkenswertes Beispiel, wie weit ein – zugegebenermaßen außerordentlicher – Mensch sein Leben auch unter widrigsten Umständen doch sinnvoll und in einem nicht unerheblichen Ausmaß befriedigend zu gestalten vermag.

In diesem Sinn kann Mandelas Weg auch als eine hohe Lebenskunst, fast ein Spiel mit dem Widerständigen (Schmid 2004) verstanden werden – es ist die Kunst, trotz ungünstigster Umstände die Balance im Fühlen, Denken und Handeln zu behalten, wie die beiden folgenden Zitate das nochmals variieren und belegen.

«Ich wusste immer, dass tief unten in jedem menschlichen Herzen Gnade und Großmut zu finden sind. Niemand wird geboren, um einen anderen Menschen wegen seiner Hautfarbe, seiner Lebensgeschichte oder seiner Religion zu hassen. Menschen müssen zu hassen lernen, und wenn sie zu hassen lernen können, dann kann ihnen auch gelehrt werden, zu lieben, denn Liebe empfindet das menschliche Herz viel natürlicher als ihr Gegenteil. Selbst in den schlimmsten Zeiten im Gefängnis, als meine Kameraden und ich an unsere Grenzen getrieben wurden, sah ich einen Schimmer von Humanität bei einem der Wärter, vielleicht nur für eine Sekunde, doch das war genug, um mich wieder sicher zu machen und mich weiterleben zu lassen. Die Güte des Menschen ist eine Flamme, die zwar versteckt, aber nicht ausgelöscht werden kann.» (Mandela 1997, S. 833)

«Ich wusste so gut, wie ich nur irgendetwas wusste, dass der Unterdrücker genauso befreit werden musste wie der Unterdrückte. Ein Mensch, der einem anderen die Freiheit raubt, ist ein Gefangener des Hasses, er ist eingesperrt hinter den Gittern von Vorurteil und Engstirnigkeit. Ich bin nicht wahrhaft frei, wenn ich einem anderen die Freiheit nehme, genauso wenig wie ich frei bin, wenn mir meine Freiheit genommen ist. Der Unterdrückte und der Unterdrücker sind gleichermaßen ihrer Menschlichkeit beraubt.» (Mandela 1997, S. 833)

Eine ähnlich beeindruckende Haltung gegenüber der israelischen Regierung und Politik vertritt seit vielen Jahren auch die weniger bekannte palästinensische Biologieprofessorin Sumaya Farhat-Naser, die in ihrem Engagement – und mit aller Klarheit in ihrer Position – ohne Hass immer wieder Wege sucht, um im Rahmen ihrer Möglichkeiten zu einer Friedenslösung zwischen den verfeindeten Völkern – oder treffender: Regierungen – Israels und Palästinas beizutragen. Auch sie sieht im Gegenüber, in diesem Fall in den Israelis, die ihr und ihrem Volk das Leben schwer machen, zuerst oder auch Menschen, die es nicht zu bekämpfen, sondern zu gewinnen gilt, allen Hindernissen zum Trotz. In ihrem beeindruckenden Bericht (1995) wird immer wieder Hoffnung spürbar, Hoffnung darauf, dass die Menschlichkeit noch nicht verloren ist, wenn man sie beharrlich genug verteidigt. Das wird auch im Portrait von Scheub (2004) über Farhat-Naser immer wieder spürbar.

5. Lebenstüchtig und zufrieden trotz widriger Lebensumstände 163

Förderliche Bindungen und ihre günstigen Folgen

Weil eine gute, zuverlässige Bindung wohl der zentrale Schutzfaktor für die psychische Entwicklung des Menschen dargestellt, beschreibe ich kurz einige wesentliche Erkenntnisse aus der Bindungspsychologie. Das Bindungsverhalten kann wie folgt definiert werden: Bindungsverhalten bedeutet das Aufsuchen und Beibehaltenwollen der Nähe eines Menschen (Bowlby 1986).

Als grundsätzliche Voraussetzung, dass eine erste frühe Bindung überhaupt entstehen kann, muss eine Person einigermaßen regelmäßig anwesend sein. Es entsteht sogar auch eine Bindung – allerdings eine ungünstige! –, wenn die Pflege- oder Bezugsperson das Kind schlecht behandelt oder gar misshandelt! Entscheidend bleibt die regelmäßige Kontaktnahme zum Kind, die regelmäßige Anwesenheit des Erwachsenen.

Sichere Bindungen zeigen sich primär durch Feinfühligkeit der Bezugsperson aus, unsichere durch Desinteresse oder mangelndes Einfühlungsvermögen für die Bedürfnisse des Kindes. Über die Auswirkungen von Bindungen in der frühen Kindheit und im Vorschulalter liegt heute gesichertes Wissen vor (Bowlby 1995; Spangler/Zimmermann 1999; Grossmann & Grossmann 2004); Kinder mit einer sicheren Bindung zeigen die folgenden Verhaltensweisen und Merkmale deutlich ausgeprägter als bei unsicheren Bindungsmustern. **Tabelle 5-2** bietet eine Zusammenfassung der Folgen einer sicheren Bindung.

Tabelle 5-2: Kindliche Verhaltenweisen bei sicherer Bindung

- Neugier, Interesse an der Umgebung
- auffallendes Erkundungsverhalten
- selbstsicheres, ausgeglicheneres Wesen
- eigenständigere Spielweise
- größere Flexibilität und Spontaneität
- kompetentere Konfliktlösungsmuster
- weniger Furcht vor Fremden
- deutlich erhöhtes Einfühlungsvermögen, Empathie[1]

---

[1] Empathie lässt sich als die Erfahrung definieren, unmittelbar der Gefühlslage bzw. der Intervention einer anderen Person teilhaftig zu werden und sie dadurch besser zu verstehen.

Diese Merkmale haben eine große Bedeutung für die weitere psychische Entwicklung von Heranwachsenden: Neugier, Selbstsicherheit oder Mut sind beispielsweise für das Lernen oder für soziale Beziehungen sehr günstige Voraussetzungen. Es zeichnen sich viele Übereinstimmungen zwischen sicher gebundenen und resilienten Kindern ab: *Ein sicheres Bindungsmuster gilt als zentraler Schutzfaktor für die weitere kindliche Entwicklung.* Diese Kinder reagieren mit einer größeren Widerstandskraft auf emotionale Belastungen wie etwa eine Trennung (Brisch 2003). Sogar über verschiedene Lebensalter hinweg erweisen sich sichere Bindungen als ein Schutzfaktor für die Persönlichkeitsentwicklung, unsichere hingegen als Risikofaktor. Zudem erhöhen gute Bindungserfahrungen auch die persönlichen Kontrollüberzeugungen, den so genannten *locus of control*. So vermögen selbstsichere, resilientere Kinder mit Fehlschlägen und Problemen besser umzugehen als unsicher gebundene. Wenn etwas schief läuft, kommen bei ihnen persönliche/innere Kontrollüberzeugungen deutlicher zum Einsatz: Sie glauben (im Vorschulalter noch weitgehend auf einer emotionalen, unbewussten Ebene), mit Motivation, Fähigkeit, Wille, Kompetenz die Ereignisse beeinflussen zu können (*positive Kontrollüberzeugung: stark abhängig vom Individuum und damit beeinflussbar*), gehen davon aus, dass Misserfolge auch einmal Zufall und/oder beeinflussbar/korrigierbar sind. Unsicher gebundene Kinder sind tendenziell stärker negativen Kontrollüberzeugungen unterworfen: Sie glauben, sie seien allein an Misserfolgen schuld, und diese seien von ihnen nicht/ kaum beeinflussbar oder das sei eben ihr Schicksal; Erfolge werden eher dem Zufall (ein Glückstag, eine leichte Prüfung, eine humane Lehrperson) als eigenem Können zugeschrieben (*negative Kontrollüberzeugung: weitgehend unabhängig vom Individuum, wenig/nicht beeinflussbar*).

Die *Kumulation mehrerer günstiger Faktoren* erhöht die Wahrscheinlichkeit für die Entwicklung psychischer Widerstandsfähigkeit bei Kindern deutlich – wie umgekehrt die Kumulation von Risiken Entwicklungsstörungen begünstigt. Die über Jahre verinnerlichten frühen Bindungserfahrungen werden von Kindern in Laufe der Zeit generalisiert und auf andere Menschen ihres Umfeldes übertragen (z. B. Lehrpersonen in der Schule). Kinder entwickeln so entsprechende Bilder der Umwelt (mit bestimmten Erwartungen an sie) wie auch ein entsprechendes Selbstbild. Bei Vertrauen in die Umwelt und Erwartung von Unterstützung ergibt sich tendenziell ein positives, bei Misstrauen gegenüber der Umwelt eher ein negatives Selbstbild. Schließlich entwickeln sich so – den Betroffenen meistens unbewusste – innere Arbeitsmodelle und Einschätzungen von

Beziehungen im Leben überhaupt. Im günstigen Fall werden so Bindungen mit Wertschätzung assoziiert.

Erwachsene als EntwicklungshelferInnen und -begleiterInnen

Eltern, Verwandte, Lehrpersonen usw., die Kindern auf ihrem Weg zur eigenen Person helfen möchten, müssen sich zuerst über ihre eigenen Erfahrungen, Stärken und Schwächen, klar werden. Sehr nützlich ist es, sich wiederholt – alleine oder mit dem Partner bzw. im Team – die beiden folgenden Fragen zu stellen, sowie daran bewusst zu arbeiten (s. **Fragebogen 5-1**):

Fragebogen 5-1: Protektive Faktoren

- *Wie sehen meine eigenen Erfahrungen mit protektiven Faktoren aus:*
   - Was (und wer) hat mir geholfen, mich gestützt, gestärkt, ermutigt?
   - Was hätte ich noch mehr gebraucht?

- *Wo kann ich konkret welche protektiven Faktoren bei Kindern/Jugendlichen meines Berufsfeldes oder Alltags erkennen?*

Die erste Frage verhilft zu einem vertieften Bewusstsein und initiiert im günstigen Fall eigene Entwicklungsprozesse, die zweite Frage schärft die Sicht auf vorhandene protektive Faktoren und hilft, diese in der eigenen Erziehungsarbeit oder im Alltag bewusst zu stärken. Kindern und Jugendlichen sollen auf allen Ebenen und allen Bereichen so weit wie möglich das Gefühl und die Erfahrung ermöglicht werden, einer Sache nicht hilflos ausgeliefert zu sein, akzeptiert zu sein, immer etwas aktiv tun zu können, auch wenn dies in einer bestimmten Situation wenig sein mag. Heranwachsende müssen sich gebraucht und geschätzt fühlen: So erfahren sie auch das Gefühl von Bedeutung, Sinn, Struktur. Dabei spielt wiederum die richtige Ermutigung eine zentrale Rolle: Kinder und Jugendliche sollten unterstützt, zu einer angemessenen Anstrengung und Ausdauer angeregt werden, und es sollte ihnen so viel Mut eingeflösst werden (vgl. besonders Kap. 2 und 7), dass sie sich selber ermutigen können und an sich glauben (Ermutigungskreislauf: Ermutigung → Erfolg → ermutigt → Selbstermutigung → Erfolg ...).

Resilienzförderung auf der individuellen Ebene

Die Ergebnisse aus der Resilienzforschung und entsprechende Erfahrungen in der Praxis bieten mittlerweile genügend Anhaltspunkte darüber, wo und wie Resilienzförderung und -stärkung im Sinne der Ermutigung auf der individuellen Ebene möglich und sinnvoll ist. Ansatzpunkte wären etwa die folgenden Bereiche (**Tab. 5-3**):

Tabelle 5-3: Resilienzförderung und -stärkung auf der individuellen Ebene (nach Wustmann 2004, S. 125, verändert und erweitert)

Förderung und Stärkung von:
• Problemlösefertigkeiten und Konfliktlösestrategien
• Eigenaktivität und persönlicher Verantwortungsübernahme (Schaffung von Möglichkeiten der Partizipation und des kooperativen Lernens)
• Selbstwirksamkeit und realistischen Kontrollüberzeugungen
• positiver Selbsteinschätzung von Kindern und Jugendlichen (Stärkung des Selbstwertgefühls)
• kindlichen Selbstregulationsfähigkeiten
• sozialen Kompetenzen, insbesondere Empathie und sozialer Perspektivenübernahme
• Stressbewältigungskompetenzen (effektiven Coping-Strategien)
• reflexiven und selbstreflexiven Fähigkeiten

Weitere konkrete Möglichkeiten, Kinder und Jugendliche zu stärken und ihre Kompetenzen zu erweitern, bestehen für Eltern und Lehrpersonen je nach Umständen und der individuellen Situation u. a. in folgenden Verhaltensweisen:

- Grundsätzlich: Kinder und Jugendliche als BeziehungspartnerInnen ernst nehmen, ihnen zuhören und als Individuen respektvoll begegnen, sie nach ihrer Meinung fragen sowie eine eigene Meinung entwickeln lassen.

- eine positive Grundstimmung in der Familie, Kindertagesstätte, Schule usw. schaffen.

5. Lebenstüchtig und zufrieden trotz widriger Lebensumstände

- jedes Kind in seinen individuellen Möglichkeiten stärken und seine Fähigkeiten – einzeln und in der Gruppe – spiegeln («*Mir gefällt, wie du ...*», «*Habt ihr gesehen, wie gut Petra ...*»).

- Kinder auf ihre Fortschritte aufmerksam machen – wiederum einzeln bzw. in der Gruppe («*Toll, wie du das gelernt hast – habt ihr das auch beobachtet? Wie hast du das geschafft?*»).

- den Aufbau sozialer Kontakte fördern; die gegenseitige Hilfe unter den Kindern unterstützen und hervorheben.

- eine realistische, dem Kind und seinem Entwicklungsstand angemessene Kontrollüberzeugung fördern: Die Kontrollüberzeugung beinhaltet die subjektive Einschätzung, ob man das eigene Leben selbst (mit-) gestalten kann oder gänzlich von anderen Personen abhängig ist. Wenn Kinder und Jugendliche vielfältige Erfahrungen sammeln, dass sie der Umwelt nicht ausgeliefert sind, sondern sie mitgestalten dürfen (und sollen!), entsteht das Gegenteil einer passiven, abwartenden oder resignativen Grundhaltung.

- helfen, Krisen nicht als unüberwindliches Problem zu betrachten: Vergangenes kann zwar in der Regel nicht rückgängig gemacht werden, aber man hat zumindest Einfluss darauf, wie man darüber denkt – und wie man darauf reagiert, auch bei zukünftigen ähnlichen Problemstellungen.

- bei Konflikten helfen, die Opferrolle zu verlassen und selbst aktiv zu werden

- nur problematisches Verhalten – nicht das Kind als ganze Person! – kritisieren (z. B.: «*Warum hast du eigentlich eine so große Wut bekommen?*»).

- Neugier und Interesse fördern.

- Rollenspiele bei Vorschulkindern ermöglichen die Verarbeitung von Alltagserlebnissen.

- Beispiele, Übungen und Spiele zur Empathie und Perspektivenübernahme («*Wie könnten wir den Schmerz von Sarah lindern?*»; «*Wie fühlt sich das Kaninchen jetzt wohl?*»; «*Warum möchte Petra wahrscheinlich nicht mit dir ausgehen?*») in den Alltag einbauen.

- Kinder und Jugendliche in angemessener Weise als HelferInnen, TutorInnen, BeraterInnen usw. einsetzen («*Ich bin mir nicht sicher, ob ...*

Was würdest du mir raten?» – «Ich überlege mir schon längere Zeit ... Was denkst du dazu?»), sie als PartnerInnen mittun lassen.

- Ausweichverhalten von Kindern und Jugendlichen als Entmutigung (statt als Bosheit oder Faulheit) erkennen und durch Anteilnahme, Anleitung und Unterstützung ermutigend-korrigierende Erfahrungen ermöglichen

- Unsicherheit und Schwächen von Kindern und Jugendlichen nicht übersehen, verharmlosen oder leugnen, sondern feinfühlig mit den Kindern schrittweise und aufbauend angehen

- partizipative Betätigungsmöglichkeiten anbieten (z. B. «Sammelrunde» zu Tagesbeginn: Jedes Kind kann Vorschläge, Wünsche oder Verbesserungsideen einbringen, an deren Umsetzung es dann nach Möglichkeit beteiligt ist; spezielle Helferprojekte: Zwei oder drei Kinder dürfen auf freiwilliger Basis der Erzieherin bei einer wiederkehrenden Aufgabe, die Mitverantwortung verlangt, behilflich sein.)

- Selbständigkeit und Selbstverantwortung ermöglichen und fördern (Aufgaben erledigen, sich ankleiden/umziehen); Verantwortung übernehmen im zwischenmenschlichen Bereich (Aufgabe für die Gemeinschaft) – also keine Verwöhnung!

- Sprache, Lesefähigkeit, Denken, Kreativität und Antizipation fördern (*«Was kann man tun, wenn man z. B. die Schlüssel verliert, momentan keinen Spielpartner für seine Pläne gewinnen kann, für einen Fehler getadelt wird, von größeren Kindern bedroht wird ...?»*)

Kindern und Jugendlichen wird so Gelegenheit geboten, ihre Beziehungsfähigkeit, ihre Kompetenzen, ihre Resilienz zu stärken und durch vertrauensvolle, sichere, berechenbare und freundliche Betreuungspersonen ihr Verhaltensspektrum zu erweitern, neue Erfahrungen zu machen und dabei – nicht nur körperlich! – zu wachsen.

Die Ergebnisse der Resilienzforschung machen den Blick frei für die stärkere *Beachtung der Potenziale und Ressourcen* in jungen Menschen in Kindertagesstätten, in der kinder- und jugendpsychologischen Arbeit, in der Beratung von Kindern und Eltern, in der Elternarbeit der Lehrpersonen und im Umgang mit Menschen ganz allgemein: Kinder, Jugendliche wie auch Erwachsene besitzen viele Fertigkeiten, die wir im Alltag häufig übersehen und deshalb auch nicht bewusst widerspiegeln können.

5. Lebenstüchtig und zufrieden trotz widriger Lebensumstände

An diese Ressourcen gilt es vermehrt anzuknüpfen und darauf aufzubauen. Statt ausschließlich das Augenmerk nur auf Problematisches und noch Mangelhaftes zu richten, entkrampft vielfach eine Perspektivenverlagerung den Blick auf die positiven Ansätze oder noch nicht erschlossenen Potenziale des Kindes/Jugendlichen/Erwachsenen und legt Wege frei zu neuen und gelegentlich überraschenden Entwicklungen. Die Zentriertheit auf Fehler, Nicht-Können und Beurteilungen verunmöglicht häufig diese nötige Perspektivenerweiterung. Die Befunde aus der Resilienzforschung zeigen aber auch die Wichtigkeit, *Kinder möglichst früh mit effektiven Bewältigungsformen von Belastungen vertraut zu machen* und sie dort zu unterstützen (vgl. Wustmann 2004). Für die Unterstützung von Kindern, Jugendlichen und Erwachsenen ist deshalb von zentraler Bedeutung, ihre Motivation, ihren Mut zur Bewältigung von Schwierigkeiten und Herausforderungen zu fördern und zu fordern: Sie sollen erkennen, dass sie selbst aktiv zur Bewältigung von Problemstellungen beitragen müssen und die eigene Passivität die Lage in der Regel nur verschlimmert.

Bei stark risikogefährdeten und entmutigten Kindern und Jugendlichen muss man allerdings häufig mit manchmal erheblichem Widerstand über längere Zeit rechnen, bis die Ermutigungssignale schließlich überhaupt als solche wahrgenommen werden und entsprechend ankommen: Entmutigte Heranwachsende brauchen Zeit, ihre inneren, häufig auch selbstschädigenden Modelle allmählich zu verändern und die negativen Erwartungen abzubauen. Das bedeutet für die Erwachsenen, sich dadurch nicht entmutigen zu lassen, sondern sich in Ausdauer und Standfestigkeit zu üben. Ein schönes Beispiel bietet uns Aichhorn (1977) in seinem Klassiker «Verwahrloste Jugend» aus den 1920er-Jahren – ein auch heute noch lesenswerter Bericht über die anspruchsvolle Arbeit mit schwierigen, zum Teil sehr entmutigten Jugendlichen in der Fürsorgeerziehung.

6 Die Rolle des Humors

«Die Fantasie tröstet die Menschen über das hinweg, was sie nicht sein können, und der Humor über das, was sie tatsächlich sind.» (Albert Camus)[48]

«Lachen ist gesund!» (Volksweisheit)

«Der Humor trägt über die Abgründe hinweg und lehrt sie [die Menschen – J. F.] *mit ihrem Leid zu spielen.*» (Anselm Feuerbach)[49]

«Humor ist auch entwaffnend, er ist ein Zeichen der Kraft.» (Gottlieb Duttweiler)[50]

«Wer über eine Sache lacht, hat keine Angst mehr vor ihr.» (Hubert Schleichert)[51]

«Der Humor sorgt dafür, dass die Bösartigkeit des Lebens uns nicht ganz und gar überwältigt.» (Charles Chaplin)[52]

«Wer lacht, lebt.» (Branko Bokun)[53]

«Es ist leicht, das Leben schwer zu nehmen. Und es ist schwer, das Leben leicht zu nehmen.» (Erich Kästner)[54]

Einleitung

Wenn ich im Folgenden einige Aspekte des Humors in seiner Bedeutung für die Ermutigung behandle, so möchte ich gleich hier vorausschicken, dass es mir um sozial verbindende Formen des Humors geht, um Humor also, der von allen Beteiligten als positiv erlebt wird und mit dem nicht Einzelne oder Gruppen beschämt, lächerlich gemacht und abgewertet

---

48 zitiert nach Holtbernd 2002, S. 53
49 zitiert nach Kirchberger 1979, S. 104
50 zitiert nach Fuchs 2000, S. 138. Duttweiler ist der Begründer der schweizerischen Verkaufsgenossenschaft *Migros*.
51 Schleichert 1997, S. 151
52 Chaplin 2003, S. 214
53 zitiert nach Gruntz-Stoll 2001, S. 31
54 zitiert nach: Kirchmayr 2007, S. 17

werden. Damit klassifiziere ich aggressive oder zynische Varianten als nicht erstrebenswerte Formen von Humor *(menschenfeindlicher Humor)*.

Ein positiver, ermutigender Humor kann nur gelebt, ja ausgelebt und genossen werden, wenn wir uns selbst und das Gegenüber, mit dem wir humorvoll sein möchten, mögen und bejahen *(menschenfreundlicher Humor)*. Auch hier spielt also die schon in Kapitel 2 ausführlich behandelte Grundhaltung, das persönliche Menschenbild, eine zentrale Rolle. Allerdings soll hier Humor auch nicht als eine naiv euphorische, alles verklärende Verhaltensweise verstanden werden, sondern als eine Haltung, die das menschliche Dasein – trotz aller Schwächen, Mängel und Widrigkeiten – als sinnvoll und positiv bejaht. Dies ermöglicht es Menschen, negativen Situationen und Erfahrungen wie Gefahren oder Bedrohungen *auch* – selbstverständlich nicht nur! – positive Seiten abzugewinnen, sich nicht so rasch aus der Ruhe bringen zu lassen und vielleicht auch ansatzweise mit Erheiterung reagieren zu können. Dieses Kapitel wird dazu noch konkrete Beispiele liefern.

Eine kurze Geschichte des Humors

Humor wird im deutschsprachigen Raum am ehesten etwa mit Wilhelm Busch, Heinrich Heine, Kurt Tucholsky, Erich Kästner, Eugen Roth, Helmut Qualtinger, Ernst Jandl, Robert Gernhardt, in England mit William Shakespeare oder Oscar Wilde, in Frankreich mit François Rabelais, Molière (Jean-Baptiste Poquelin) und Voltaire (François-Marie Arouet) oder in Italien mit Dario Fo assoziiert.

Wohl seit es Menschen gibt, tritt auch Humor auf; Humor kann durchaus als eine menschliche Wesensart, als anthropologische Kategorie (Gruntz-Stoll 2001) verstanden werden. Bremmer und Roodenburg (1999) weisen in ihrer «Geschichte des Humors» an einem frühen Beispiel darauf hin, wie Humor zum Menschsein gehört: So gab es beispielsweise in der zweiten Hälfte des 4. Jahrhunderts v. u. Z. in Athen einen Verein der Spaßmacher, genannt «Die Sechzig»! Überhaupt scheint die vorchristliche Zeit Formen des Humors eher zugelassen zu haben, als das während der Vorherrschaft des Christentums der Fall war – Demokrit (460–371 v. u. Z.) galt gar als der lachende Philosoph und der Begründer des philosophischen Begriffs der Heiterkeit.

Dass Humor vom Menschsein letztlich nicht getrennt werden kann, lässt sich aber sogar anhand doch eher ernster Bücher wie etwa der Bibel

6. Die Rolle des Humors 173

nachweisen, wo es zum Beispiel einmal treffend heißt: «*Ein fröhliches Herz tut dem Leib wohl, ein bedrücktes Gemüt lässt die Glieder verdorren.*» *(Das Buch der Sprichwörter 17, 22,* zitiert nach: Die Bibel, S. 706). Allerdings, das sei hier nur kurz und kritisch angemerkt, durchzieht eine ausgesprochene Humorlosigkeit die Geschichte der christlichen Kultur; jahrhundertelang galt Lachen – und vor allem auch lautes Lachen –, angefangen schon bei den ersten christlichen Kirchenvätern als unehrenhaft, ja sündhaft. Christliche Autoren wie Basilios und Johannes Chrysostomos gingen sogar soweit, das Lachen zu verurteilen – wie dies viele Kirchenväter taten, und Clemens von Alexandria wollte Spaßmacher aus der christlichen Gesellschaft gar verbannt sehen (vgl. Bremmer/Roodenburg 1999). In den so genannt heiligen Schriften und in der Theologie des Christentums fehlt der Humor – mit wenigen Ausnahmen wie der oben zitierten – fast durchgängig. In den Mönchsregeln des frühen Mittelalters wird das Lachen aus mehreren Gründen verurteilt und verdammt, u. a. weil es ein Weg sei, das vorgeschriebene Schweigen zu brechen und als das Gegenteil der Tugend der Bescheidenheit gilt (Le Goff 1999). Besonders die protestantischen Kirchen haben entsprechend hart auf schon harmlose Vergnügungen ihrer Untertanen reagiert. Erinnert sei nur beispielsweise etwa an die unzähligen Benimm-Vorschriften bzw. Verbote im 16. Jahrhundert im calvinistischen Genf oder im zwinglianischen Zürich (vgl. beispielsweise Ziegler 1978). Und im Pietismus gilt es, das Heiterkeitsverbot zu beachten! Furchtbare Zeiten für lebendige Menschen! Die Freude am Humor und am ausgelassenen Lachen steht offenkundig dem Bemühen entgegen, alles Leben unter Kontrolle zu halten. Bremmer und Roodenburg (1999, S. 31) meinen dazu lakonisch: «*Es sollte uns daher nicht überraschen, wenn eine gesellschaftliche Gruppe, die versuchte, alle Arten körperlichen Ausdrucks wie Essen, Schlafen und Sexualität unter Kontrolle zu halten, auch gegen das Lachen eingestellt war. Humor und Lachen frei zu genießen ist das Zeichen einer entspannten, offenen Gesellschaft.*» Kein Wunder, erließ Papst Pius V. (1504–1572) sogar ein Dekret gegen «unmäßiges Lachen» – was immer das auch heißen mag! – in der Kirche (Burke 1999), und Ignatius von Loyola (1491–1556), der Begründer des Jesuitenordens, mahnte fast zur selben Zeit: «*Lache nicht und sage nichts, was Lachen hervorruft.*»[55] Begründet wurden diese Gebote u. a. mit dem theologischen Argument, dass den Evangelien zufolge Christus nie gelacht habe. Auf Erden solle die Zeit

---

55 zitiert nach Verberckmoes 1999, S. 80

für das Weinen sein, im Himmel dann die Zeit für das Lachen. Zum Glück nehmen heute die meisten Zeitgenossen solche Vorschriften nicht mehr allzu ernst.

Der deutsche Kabarettist Matthias Richling schlug übrigens der Christenheit in der chrismon-Beilage der Süddeutschen Zeitung (Mai 2001) ein neues, 11. Gebot vor: Du sollst lachen! Der Humor als Forschungsgegenstand der Psychologie ist noch ziemlich neu: Die Gelotologie, d. h. die Wissenschaft vom Lachen (gr.: *gelos* = Lachen), existiert erst seit rund 20 Jahren. Freud beschäftigte sich in seinen Schriften «Der Witz und seine Beziehung zum Unbewussten» (1905) sowie «Der Humor» (1927) als einer der ersten Psychologen mit diesem Thema. So hat er etwa das Lachen als ideale Abwehrstrategie gegen Kränkungen, Beleidigungen oder zu große Belastungen interpretiert.

Erscheinungsbild und Wirkebenen

Was heißt Humor und wo bzw. wie zeigt er sich? Die humorige Alltagsdefinition lautet ja bekanntlich: Humor ist, wenn man trotzdem lacht. In dieser Definition steckt bei näherer Betrachtung durchaus ein Stück Wahrheit, denn jede Art von Humor braucht, wie wir später noch an verschiedenen Beispielen sehen werden, ein «trotzdem» (vgl. Hehl 2005): Um negative oder unangenehme Situationen besser ertragen oder bewältigen zu können, kann Humor außerordentlich hilfreich sein. Der Duden (2004, S. 482) umschreibt Humor mit «heitere[r] Gelassenheit, Wesenart und (gute[r]) Laune». Was Humor bedeutet, erweist sich zudem auch als zeitbedingt und kontextabhängig.

Humor kann in Anlehnung an Kirchmayr (2006, S. 31) als «*seelische Grundhaltung heiterer Gelassenheit, in welcher der Mensch die Gegebenheiten seines Lebens gleichsam beruhigt von einer höheren Warte aus betrachten kann*», verstanden werden. Echter, menschlicher Humor «*entsteht aus einer Mischung aus warmer Anteilnahme und heiterer Distanz und wird von Wohlwollen* (vgl. Kapitel 2 über das Menschenbild! – J. F.) *genährt.*»

Hehl (2005, S. 16–18; S. 52 ff.) unterscheidet zudem zwischen *aktivem* und *passivem Humor*. Beim aktiven Humor kreieren oder schaffen sich Menschen aktiv humorvolle Situationen, sie erzählen einen Witz oder eine lustige Geschichte, erfinden eine Aussage, zeigen eine entsprechende Mimik oder Gestik, die das Gegenüber zum Lachen oder Schmunzeln bringt. KomikerInnen und KabaretistInnen beispielsweise arbeiten vorwiegend mit aktivem Humor. Beim passiven Humor steht eher das Humor-Mögen im Vordergrund: Man ist empfänglich für lustige Geschichten oder Witze von anderen Menschen, man fühlt sich vom gelebten (aktiven) Humor anderer angesprochen, reagiert darauf mit Lächeln, Lachen oder innerem Schmunzeln. Wer weder die aktive noch die passive Form von Humor schätzt, gilt entsprechend eher als ernst, trocken, ihm oder ihr fehlt mehr oder weniger der Sinn für Humor.

Humor lässt sich auf verschiedenen Ebenen beobachten und beschreiben, d. h. er entfaltet seine Wirkung nach Holtbernd (2002, S. 18) auf mindestens drei Ebenen:

1. Auf der emotionalen Ebene löst er Hemmungen, reaktiviert verdrängte Gefühle und fördert einen spontanen Ausdruck von Gefühlen; zudem macht er uns offener, freier, zugänglicher, entspannter (Ernst 2006).

2. Auf der kognitiven Ebene regt er die Kreativität an, aktiviert Entscheidungsprozesse, ermöglicht einen Perspektivenwechsel, erweitert das Spektrum der Denk- und Handlungsalternativen.

3. Auf der kommunikativen Ebene festigt er (zumindest vorübergehend) die Beziehung, fördert ein Klima der Gleichwertigkeit – sofern es nicht auf Kosten anderer geht – und reduziert Widerstände, weil er tendenziell entspannt.

Es ist sehr wichtig, zwischen feindseligem (menschenfeindlichem) Humor und positivem (menschenfreundlichem) Humor zu unterscheiden, der eingesetzt wird, um Situationen zu entschärfen oder zu mildern (vgl. auch Schütz et al. 2004), denn nur die zweite Variante ist für beide Seiten hilfreich und entspannend. Verletzende und/oder entwertende Formen von Humor müssen wohl treffender als Sarkasmus oder Zynismus bezeichnet werden.

Die erstaunliche Wirkung von Humor

Generell weisen viele Untersuchungen darauf hin, dass Humor spannungsmindernde, stressmindernde und konfliktlösende Wirkungen zeitigt (Titze/Eschenröder 2003; Holtbernd 2002; Dumbs 2002). Lachen beispielsweise fördert einen besseren Schlaf, hilft bei der Verdauung, entspannt, baut Stress ab, verbessert bzw. stabilisiert die Wirkung des Immunsystems sowie des Kreislaufs und wirkt schließlich auch entzündungshemmend!

Bezüglich des Immunsystems sind schon seit längerem folgende günstige Wirkungen des Humors bekannt (nach Holtbernd 2002, S. 71):

1. ein Anstieg der Immunglobuline im Blut
2. eine Temperaturerhöhung der Haut und dadurch eine bessere Durchblutung
3. eine Erhöhung der T-Lymphozyten im Blut
4. das Ausschütten von Adrenalin
5. eine Erhöhung des Gasaustauschs in der Lunge um das Vierfache.

Herzhaftes Lachen bewirkt eine immunstärkende Reaktion und erhöht so die Widerstandskraft des Organismus gegen Krankheiten (Titze/ Eschenröder 2003) – sofern ein Mensch regelmäßig und häufig lacht. Humor kann so unter günstigen Umständen dazu beitragen, selbst schwere Krankheiten eher zu überwinden oder zumindest mit ihnen besser zurechtzukommen. Lachen fördert konkret die Vermehrung der Immunglobulin-A-Antikörper, die von großer Bedeutung für die körpereigene Immunabwehr sind (Lefkourt, Davidson-Katz und Kueneman 1990). Humor erhöht die Atmungsaktivität sowie den Sauerstoffaustausch im Blut und steigert die Produktion von Endorphinen im Gehirn (Endorphine sind körpereigene Substanzen, die schmerzstillend wirken). In Anlehnung an Steinberger (2003, S. 101–104) fasse ich die aktuellen Befunde im Hinblick auf die *Auswirkungen auf den menschlichen Organismus* in einer kleinen Auswahl nochmals zusammen:

1. Verdauung: Durch Zuckungen des Zwerchfells werden die inneren Organe gründlich massiert. Das wirkt sich u. a. positiv auf die Verdauungstätigkeit aus. Ferner regt die intensive Lachatmung zum Gasaustausch an, und dies wiederum führt zu einer Sauerstoffanreicherung im Blut. Damit werden günstige Effekte auf den Fettstoffwechsel und die Verdauung erzielt.

2. Leber, Galle, Cholesterinspiegel: Anregung der Gallenproduktion, positive Beeinflussung des Cholesterinstoffwechsels

3. Milz, Blutbildung: Lachen massiert die Milz, was sich positiv auf die Blutbildung auswirkt.

4. Herz: Lachen regt die Herztätigkeit an – ähnlich wie Sport. Somit gilt Lachen als gesundes Herz-Kreislauf-Training und kräftigt so das Herz.

5. Blutzirkulation, Blutdruck: Die verstärkte Blutzirkulation führt zu einer besseren Funktion aller Organe, der Blutdruck steigt. Durch die Weitung der Blutgefäße hilft Lachen auch gegen Kopfschmerzen und Migräne. Lachen hat einen offensichtlich positiven Einfluss auf die Schmerzwahrnehmung: Lachen ermöglicht es, Schmerzen länger zu ertragen (Hehl 2005).

6. Entspannung: Lachen fördert eine Entspannung der Muskeln.

7. Schlaf: Die entspannende Wirkung des Lachens stellt ein Mittel gegen Schlaflosigkeit dar.

8. Immunsystem: Lachen fördert die körpereigene Abwehr im Blut, die Zahl der Antikörperstoffe steigt, ebenso die Anzahl der T-Zellen, die eine Funktion als Killer-Zellen besitzen und Jagd auf Krankheitserreger machen.

9. Lungen, Sauerstoff: Lachen wirkt auf den Organismus wie eine Sauerstoffdusche, die Luft der Lungen wird vollständig entleert, der Gasaustausch der Lunge ist während des Lachens rund drei- bis viermal so hoch wie im Normalzustand. Es lassen sich auch gesundheitsfördernde Zusammenhänge von muskulären Veränderungen und Atmung feststellen: Durch das Lachen verringert sich der arterielle Druck, die Bronchien öffnen sich und die Durchlüftung der Lungen wird gefördert (Titze/Eschenröder 2003). Eine gute Sauerstoffversorgung der Lunge beim Lachen fördert zudem die Blutreinigung.

Wer an weiteren Ergebnissen und Zusammenhängen dazu interessiert ist, sei auf das informative Buch von Titze und Eschenröder (2003) verwiesen. Humor ist also gesund, tut dem ganzen Körper und Geist gut – das wusste natürlich die Volksweisheit schon immer, wenn sie das Lachen als die beste Medizin bezeichnete.

Humor gilt im noch ziemlich neuen Forschungsgebiet der Gelotologie auf der *psychologischen Ebene* mittlerweile auch als bewährtes Mittel bei physischen und psychischen Schmerzen (Stichwort: Lachen dämpft Schmerzen) wie auch bei Angstzuständen und baut vielfältige Spannungen ab (vgl. Holtbernd 2002; Rotton/Shats 1996). Humorvolle Menschen empfinden Stress weniger ausgeprägt und rasch als Belastung und bewältigen entsprechende Stresssituationen leichter. Das hat nicht zuletzt auch damit zu tun, dass humorvolle Menschen eine Situation neu definieren oder auch umformulieren können: Missglücktes wird beispielsweise weniger zu einer persönlichen Niederlage als zu einem Denkanstoß. Menschen, die über sich selbst lachen können – Hehl (2005) nennt das treffend *selbstbezogener Humor* –, verstehen es nach Vaillant (1997) auch besser, mit Misserfolgen umzugehen. Humor, hier besonders die selbstbezogene Form, stellt so eine wichtige, günstige und bedeutsame Coping-Strategie für den Lebensalltag dar. Die Fähigkeit zu selbstbezogenem Humor basiert allerdings in der Regel auf einem zumindest durchschnittlichen bis guten Selbstwertgefühl: Wer sich schlecht oder schwach fühlt, dem ist kaum noch zum Lachen über sich selbst zu Mute.

Seit den 1990er-Jahren lässt sich eine Verbreitung der so genannten Clinic-Clown-Bewegung in unzähligen pädiatrischen Stationen und Kinderkliniken beobachten, wo therapeutische Clowns mit (meistens) großem Erfolg die kleinen PatientInnen aufheitern und auf andere Gedanken bringen. Humor wird zunehmend auch als wichtiger Bestandteil einer erfolgreichen Psychotherapie betrachtet (vgl. Dumbs 2002; Hehl 2005).

Humor als soziales Bindemittel

Sozial bewirkt das freundliche Lachen eine Verbindung mit Gleichgesinnten, den Abbau von Aggressionen untereinander, zudem fallen Barrieren und Kontakte entstehen leichter (Holtbernd 2002), es stellt Brücken zu anderen her oder wie es Charles Dickens einmal formuliert hat: «*Nichts in der Welt wirkt so ansteckend, wie Lachen und gute Laune.*»[56] Freude, Lachen usw. stellen aus der Sicht von Evolutionspsychologen sogar einen frühen und maßgeblichen evolutionären Vorteil dar, denn diese Fähigkeiten ermöglichten Kooperation, Arbeitsteilung und führten dazu, dass nicht mehr einfach der Aggressivste, Misstrauischste oder Ängstlichste überlebte, sondern der neugierige, zur Freundschaft fähige, zu Humor und Bindung neigende Mensch (vgl. Ernst 2006). Humor und Lachen könnten deshalb auch als *soziale Schmiermittel* bezeichnet werden. Schon das Lächeln eines Säuglings wirkt als Auslöser von positiven Emotionen. Das soziale, interaktive Lächeln des kleinen Kindes beginnt schon ab etwa drei Monaten und stellt ein wichtiges Mittel dar, um die lebensnotwendige Bindung zu anderen Personen zu festigen (vgl. dazu aus der umfangreichen Bindungsforschung Grossmann/Grossmann 2004). Auch zwischen Erwachsenen wirkt ein echtes Lächeln in span-

---

56 zitiert nach Gruntz-Stoll 2001, S. 68

6. Die Rolle des Humors

nungsvollen oder unerwarteten Situationen entkrampfend, ansteckend: Eine angespannte Situation wird unter günstigen Umständen durch einen passenden Scherz, einen kleinen Spaß oder ein freundliches Lachen entschärft. Noch deutlicher und prägnant spricht dies der dänische Pianist und Komödiant Victor Borge aus (zitiert nach Holtbernd 2002, S. 20): «*Lachen ist die kürzeste Verbindung zwischen zwei Menschen.*»

Humorvolles Verhalten führt tendenziell zudem zu mehr Gelassenheit, Entspannung, wendet sich gegen Ungeduld und bewirkt – wenigstens vorübergehend – eine körperliche wie psychische Lockerung. Eine humorvolle Haltung nimmt das momentan oder dauerhaft Unabänderliche an, aber ohne sich davon bedrängen oder gar bedrücken zu lassen. Ein guter Kontakt bahnt sich vielfach am einfachsten durch ein freundliches Wort, einen netten Scherz, eine humorvolle Bemerkung oder Pointe an. Humor darf dabei allerdings nicht in Zynismus oder dauernden Sarkasmus abgleiten, d. h. Humor zeigt nur dann eine erfolgreiche Wirkung, wenn er von Freundlichkeit und Empathie getragen wird. Wenn Humor eine positive, entspannende oder ermutigende Wirkung auf andere erzielen soll, muss er die Schwächen und Verletzlichkeiten der Mitmenschen einfühlsam im Auge haben und deshalb auf eine individuelle und feinfühlige Art und Weise eingesetzt werden. Kein Wunder, wenn Schmid (2004, S. 287) den «*Humor als der Humus, auf dem Menschen besonders gut gedeihen*», bezeichnet.

Humor und Selbstbild

Es ist in der Psychologie seit langem anerkannt, dass Belastungen psychischer wie physischer Art mit einem positiven Selbstbild, einem positiven Selbstkonzept besser ertragen werden. Als direkte Folge einer positiven Stimmungslage hat Humor so einen vorteilhaften Einfluss auf das Selbstbild.

Im Weiteren vermag Humor im Umgang in unangenehmen oder bedrohlichen Situationen vielfach eine mildernde oder gar eine protektive Wirkung zu entfalten (vgl. auch Kap. 5): Humorvolle Personen haben tendenziell eher ein positives Selbstbild und eine tendenziell höhere Kontrollüberzeugung und vermögen damit ihre personalen Ressourcen besser zu aktivieren als humorlose, freudlose, sehr ernste oder strenge Menschen – Humor erweist sich so auch als eine nicht zu unterschätzende *Energie- und Copingressource*. Humorvolle Menschen kommen beispielsweise mit Kritik und Angriffen von Mitmenschen besser klar und vermögen mit Hilfe von humorvollen Interventionen ihre Probleme besser zu bearbeiten oder gar zu lösen. Zudem finden sie leichter Wege, sich selbst – immer wieder – in heitere Stimmung zu versetzen, statt zu grübeln und an sich herumzukritisieren. Insgesamt kann man Humor – auch vor dem Hintergrund des Salutogenese-Konzeptes von Antonovsky (1997) – also als ein wesentliches und wirkungsvolles Mittel gegen Stress, Demoralisierung, Resignation u. ä. betrachten. Mit Humor lassen sich – so führt es uns Epiktet (1984, S. 41) treffend vor – auch persönliche Angriffe neutralisieren: «*Sagt jemand zu dir: der oder jener hat dir Übles nachgeredet, so rechtfertige dich nicht erst lange, sondern antworte: Er kennt eben meine andern Fehler nicht, sonst hätte er wohl noch mehr gesagt.*»

Humor und Lebenskunst

«*Humorlosigkeit ist die Unfähigkeit, eine andere Wirklichkeit wahrzunehmen als die eigene.*»   (August Everding)[57]

Humor und Lachen ermöglichen Distanz zu sich und seinen Problemen (vgl. Ellis 1993; Ellis/Hoellen 2004) – oder den Problemen überhaupt. Je weniger Distanz ein Mensch zu sich selbst aufweist, desto weniger vermag er über sich zu lachen. Humor bietet so eine günstige Möglichkeit zur *Selbstdistanzierung*, zur *Relativierung*, zur Entspannung oder zur Lösung bei Belastungs- und Problemsituationen – er bietet eine Möglichkeit, sich selbst nicht ununterbrochen wichtig oder gar zu wichtig zu nehmen, eigene Unzulänglichkeiten nicht überzubewerten: Der Mensch ist eben bei genauer Betrachtung – ob es ihm gefällt oder nicht, ob ihm das bewusst ist oder eben nicht – nur ein Staubkorn im riesigen Universum, und in der Formulierung von Rübel (2005, S. 8) sind wir als Individuen «*nur Mikro-Episoden in der Entwicklung des Planeten*». Selbstironische – nicht sich selbst gegenüber zynische! – Menschen wissen um ihre Schwächen, Ecken und Kanten, akzeptieren sie und verfallen weder in depressive Stimmungen noch baden sie in Selbstmitleid. Als hilfreich erweisen sich deshalb auch humorvolle mentale Lebenskunstregeln. Holtbernd (2002, S. 100) gibt ein treffendes Beispiel, wie man innere Dialoge humorvoll steuern und damit umlenken kann. Als Fortsetzung der Behauptung: «*Ich kann das nicht!*», sagt man sich dann: «*Aha, da spricht (wieder) mein Bremser!*»

---

57 zitiert nach Holtbernd 2002, S. 21

Der Sinn für selbstbezogenen Humor stellt eine reife und zugegebenermaßen nicht so einfach zu erwerbende Grundhaltung dar. Kein Wunder, ist der (bequemere) Sinn für *fremdbezogenen Humor* viel weiter verbreitet: Hier macht man sich nicht über sich selbst, sondern über andere Menschen lustig. Sofern das nicht überhand nimmt und andere Menschen damit in ihrer Lebensqualität beeinträchtigt, kann das allerdings durchaus auch eine entspannende Wirkung erzielen und sollte nicht prinzipiell negativ beurteilt werden.

Immanuel Kant, ein sonst eher humorloser Philosoph, hat uns ein einprägsames und durchaus bedenkenswertes kleines Rezept zur Lebenskunst hinterlassen: «*Der Mensch hat gegenüber den Widrigkeiten des Lebens drei Dinge zum Schutz: die Hoffnung, den Schlaf und das Lachen.*»[58] Humor erlaubt so ein Abstandnehmen und Heraustreten, ein (wenn vielleicht auch nur zeitweiliges) Überwinden und Über-der-Sache-Stehen. Gerade für Menschen in Berufsfeldern mit hohen Idealisierungstendenzen (beispielsweise Pflegefachpersonen, Lehrpersonen, PsychotherapeutInnen) kann eine humorvollere Lebenseinstellung – und damit verbunden eine gewisse Selbstdistanzierung – von großem Nutzen sein.

Lachen lenkt unsere Aufmerksamkeit von fixen Gedanken ab und verändert Erwartungshaltungen und Einstellungen (Holtbernd 2002) – kurz: Humor führt ein *neues Bezugssystem* ein und *verändert den Handlungsspielraum*. Und schließlich zeigt sich, dass Humor und regelmäßiges Lachen (nicht Auslachen anderer Menschen!), insbesondere auch Lachen über sich selbst (selbstbezogener Humor), ein Stück Lebenskunst sind, ein Ausdruck einer gelasseneren Lebenseinstellung. Humor führt damit auch zu weniger Resignation und Rückzug. Denn: Lebenskunst besteht ja «*vor allem darin, Verbindungen zu stiften, Getrenntes auf irgendeine Weise zueinander zu bringen.*» (Holtbernd 2002, S. 96). Eine *heiter-gelassene Haltung* – auch gegenüber manchmal widrigen Lebensumständen – ist ungemein ermutigend und zudem außerordentlich hilfreich für die günstige Lebensgestaltung bzw. -bewältigung eines Menschen. Der deutsche Erzähler Wilhelm Raabe drückt das ebenso kurz wie treffend aus: «*Humor ist der Schwimmgürtel auf dem Strom des Lebens.*»[59] Humor verhilft zur Relativierung unlösbar oder schwierig erscheinender Situationen oder Problemstellungen des Lebens. Eine entspanntere Sichtweise lässt plötzlich (wieder) neue Entwicklungs- oder Lösungsperspektiven

---

58 Kant, zitiert nach Steinberger 2003, S. 105
59 Raabe, zitiert in Holtbernd 2002, S. 21

zu. Und die Kombination von Humor und Geduld erweist sich für einen entspannteren, gelasseneren und wahrscheinlich auch erfolgreicheren Alltag als besonders wirksam, wie schon Wilhelm Busch das unnachahmlich treffend beschrieben hat: «*Humor und Geduld ergeben eine unwiderstehliche Mischung.*»[60]
Wie lebenswichtig und selbstermutigend eine humorvolle Grundhaltung für das Leben sein kann, wird deutlich, wenn Kittel (2003, S. 138) Humor treffend wie folgt definiert: «*Humor ist die individuelle Fähigkeit, auch bei körperlichen und seelischen Belastungen oder Krankheiten den Leidensdruck durch Scherz lächelnd zu lindern – Er ist der lustvolle Trieb zu und an Späßen, selbst in der Not.*» Humor wird, in Anlehnung an Jean Paul, zum überwundenen Leiden an der Welt und wird so Teil einer überzeugenden Lebenskunst.

Humor kann auch eine ermutigende Wirkung zeigen, indem er hilft, sich zumindest zeitweise von quälenden oder selbstabwertenden Gedanken abzulenken, und dem Menschen auch die Fröhlichkeit, die Sonnenseiten und vielfältigen Möglichkeiten des Lebens vor Augen führt: Ein weiteres wichtiges Merkmal von Lebenskunst!

Zusammenhänge zwischen Lebenskunst (oder Lebensqualität) und Humor zeigen sich auch schon in Untersuchungen bei Schulkindern: Fröhliche, humorvolle Kinder haben häufigere soziale Kontakte sowie tendenziell mehr Freunde. Sie können zudem auch besser mit Kritik umgehen (Holtbernd 2002). Angemessener Humor verhilft so unter anderem zu besseren Freundschaften.

Humor trägt also abschließend ganz offensichtlich zu einer erhöhten Lebensqualität bei, denn wer etwas lockerer, weniger verbissen und streng mit sich selbst umgeht (Selbstermutigung!), lebt leichter, ist mit den Menschen versöhnter – denn wie ein abgewandeltes Sprichwort sagt: Wer nachtragend ist, hat viel zu schleppen!

Dessau und Kanitscheider (2000) weisen – zum Glück! – auch noch auf die *hedonistische Funktion des Humors* hin: Gesellschaftlich verpönte Gedanken und Gefühle dürfen im humorvollen Kontext eher ausgedrückt werden, gewisse Restriktionen sind – zumindest vorübergehend – aufgehoben oder gelockert. Humor erlaubt die Relativierung von sittlichen oder angeblich heiligen Prinzipien, die von sittenstrengen Kreisen mit verbissenem Ernst verteidigt werden und dem Lustgewinn im Wege stehen. Besonders der in der Philosophiegeschichte jahrhundertelang

---

60 zitiert nach Steinberger 2003, S. 277

6. Die Rolle des Humors

systematisch verunglimpfte «lachende» Philosoph und Materialist Julien Offray de La Mettrie (1709–1751) pflegte diese hedonistische Variante von Humor und Ironie in seinen Schriften meisterhaft. Der systematische Gewinn von Humor liegt unter anderem in der Verstärkung jener Einstellung, die letztlich Toleranz und Milde kennzeichnet. Die gedankliche, meistens ja spielerische Tabuverletzung antizipiert eine mögliche, tendenziell humanere Welt. Damit – und so schließt sich der Kreis wieder – charakterisiert die heitere Gelassenheit von jeher wichtige Merkmale des abgeklärten, heiteren Hedonismus.

Die Entfaltung einer humorvollen Einstellung fördert schließlich so trotz aller Misere in der großen Welt und in den kleinen Welten von uns ErdkrustenbewohnerInnen (Kirchmayr 2006) auch den Sinn für Lebensfreude und Genuss im Hier und Jetzt, die Liebe zum Kleinen und Unscheinbaren im Alltag.

Wichtig scheint mir aber hier nochmals die Feststellung, dass Humor nicht verwechselt wird mit simplifizierenden und letztlich lächerlichen Mottos wie: «Es gibt keine Probleme.», «Alles ist gut.», «Ich bin immer gut drauf.» u. ä. Echt gelebter Humor ist vielmehr eine Form der Lebenskunst und stellt damit die Fähigkeit dar, Ernsthaftigkeit und Fröhlichkeit in einer angemessenen Balance zu halten.

Die entkrampfende und ermutigende Wirkung humorvoller innerer Bilder

Für viele Menschen ist die Vorstellung, mit einer Autoritätsperson (z. B. ChefIn, RektorIn einer Schule usw.) über einen Wunsch (etwa eine Lohnerhöhung) verhandeln zu müssen, abschreckend. In solchen Situationen nehmen sie sich selber als klein und schwach, das Gegenüber als groß, stark, unnahbar usw. wahr. Eine hilfreiche Vorstellung mag vielleicht sein, sich das gefürchtete und/oder auch bewunderte Wesen in einer peinlichen Situation vorzustellen! Es geht hier nicht darum, andere Menschen zu entwerten, sondern die Furcht vor ihnen abzulegen oder wenigstens zu verringern. Auch Autoritätspersonen sind nur Menschen aus Fleisch und Blut, die im Übrigen mit denselben menschlichen Grundbedürfnissen und Schwächen ausgestattet sind wie alle anderen Lebewesen dieser Spezies. Solche inneren Bilder haben also eine adaptive Funktion und können insgesamt entspannend wirken – im wahrsten Sinne des Wortes: Die Angst vermindert sich, die körperliche Anspannung oder gar Verspannung lockert oder löst sich, die Denk- und/oder Sprechhemmung verschwindet: *Humor erweist sich so als Antagonist, als Gegenspieler zur Angst.* Humor und Lachen führen also zusammengefasst, zu einer physiologischen wie psychischen Reduktion von Angst, aber auch von Ärger, Sorge, Ungewissheit, Beklemmung.

Humor als Verarbeitungs- und Schutzfaktor: Charles Chaplin (1889–1977)[61]

Armut war für den englischen Schauspieler, Regisseur, Drehbuchautor, Komiker und Komponisten Charles Chaplin während seiner gesamten Kindheit der Normalfall. Er wuchs ohne Vater und unter bedrückenden materiellen wie sozialen Umständen in London auf, seine Familie gehörte einer sogenannten Hochrisikogruppe an: Die Mutter, Hannah, eine Vaudeville-Sängerin, erzog ihre beiden Söhne Sidney (geboren 1885) und Charles alleine. Der Vater, Charles sen., ebenfalls Varieté-Sänger, der jedoch schon mit 37 Jahren als Alkoholiker starb, schickte ihr nur selten Geld für den Unterhalt. Zwei weitere Söhne lebten beim Vater. Das Geld wurde immer knapper, weil die Mutter allmählich ihre Stimme verlor. Da sie es sich nicht leisten konnte, indisponiert zu sein und ihre Stimme zu schonen, musste sie auftreten – eine Überbeanspruchung und letztlich ein Missbrauch, der schließlich dazu führte, dass sie ihre Stimme vollständig verlor. Nach diversen Umzügen in immer schäbigere Unterkünfte musste sie sich schließlich mit ihren beiden Kindern für einige Zeit in ein Armenhaus einweisen. Charles und sein Halbbruder Sidney wurden in ein Internat für Waisen und mittellose Kinder geschickt. Dort erlebte Chaplin auch – anders als zu Hause – an sich selbst und anderen schwerste körperliche Misshandlungen: Prügelorgien bis zur Ohnmacht und inquisitorische Verhöre durch Aufseher. «*Wir lebten wie unter einer Wolke von Traurigkeit.*» (Chaplin 2003, S. 24). Aufschlussreich ist, wie Chaplin trotz aller Angst damit umging: «*Der Schmerz war so überwältigend, dass mir die Luft wegblieb; ich schrie aber nicht, und obwohl ich vor Schmerz gelähmt war und auf die Matte getragen wurde, um mich zu erholen, kam ich mir kühn und sieghaft vor.*» (Chaplin 2003, S. 29). Ein wichtiger Charakterzug, nämlich *nicht aufzugeben* und für

---

[61] Ich stütze mich in diesem Abschnitt vorwiegend auf Chaplins Autobiografie (2003) und die Monographie von Wolfram Tichy (2002).

sich zu kämpfen, Hartnäckigkeit zu zeigen, kommt hier deutlich zum Ausdruck. Diese Eigenschaft hat – nicht zufällig – besonders Kafka im letzten Teil der folgenden Aussage über Chaplin genau erkannt (vgl. auch Kap. 3): «*Das ist ein sehr energischer, arbeitsbesessener Mann. In seinen Augen qualmt die Glut der Verzweiflung über die Unveränderlichkeit des Niedrigen, doch er kapituliert nicht.*»[62] Chaplin ließ sich – anders als Kafka – auch durch Widrigkeiten nicht so leicht abschrecken. Eine weitere wichtige und frühe Charaktereigenschaft zeigte sich in seinem *Erfindungsreichtum*, seiner großen *Fantasie*. Seine zahlreichen Filme legen darüber ein eindrückliches Zeugnis ab!

Zudem entwickelte er schon früh – trotz seiner Schüchternheit und deshalb erstaunlich! – ein klares berufliches Ziel, nämlich Schauspieler zu werden, und für dieses Ziel setzte er sich unentwegt gegen alle Widerstände ein, auch als er beispielsweise einmal in früheren Jahren vom Publikum mit Apfelsinenschalen beworfen und heftig ausgebuht wurde. Einen weiteren beruflichen Fehlschlag (noch vor seinem 16. Lebensjahr) bewältigte er mit der Einsicht, «*dass solche Widerwärtigkeiten etwas Vorübergehendes sind [...] und früher oder später eine Abzweigung kommt.*» (Chaplin 2003, S. 97). *Ausdauer* und *Optimismus* als protektive Faktoren neben dem Humor lassen sich bei Chaplin immer wieder finden. Ausdauer zeigt er auch in seinem Umgang mit Ideen: «*Wie bekommt man Einfälle? Indem man bis an die Grenzen des Wahnsinns beharrlich bleibt. Man muss die Fähigkeit haben, über lange Zeit Seelenqualen zu ertragen und dann wieder den Enthusiasmus durchzuhalten.*» (Chaplin 2003, S. 213).

Für kurze Zeit gelang es der Mutter, als Näherin mit einem bescheidenen Einkommen die Familie wieder zu unterhalten. Aber schon bald kamen die Kinder wieder in eine – noch trostlosere – Armenschule. Während dieser Zeit erfuhren sie, dass die Mutter psychisch erkrankt war. Auf Anweisung der Vormundschaftsbehörde lebten die beiden Söhne einige Zeit beim Vater und dessen Freundin, die wie er trank und den beiden nur widerwillig Unterschlupf bot: Vernachlässigung, Ablehnung und alkoholisierte, streitende und tätliche Erwachsene sind die zentralen Stichworte zu diesem Zeitabschnitt. Schließlich wurde die Mutter aus der Anstalt entlassen, und Charles und Sidney konnten wieder zu ihr zurückkehren. Während Jahren musste die Familie aber immer wieder in andere Wohnungen umziehen.

---

62 Kafka 1951 zitiert nach Tichy 2002, S. 135

Von früher Kindheit an hatte Chaplins Mutter sein schauspielerisches Talent, das er schon mit fünf Jahren zum ersten Mal bei einem Bühnenauftritt beweisen konnte, gefördert, indem sie ihm Szenen vorspielte, Theaterpersönlichkeiten imitierte und ihm ihre Lieder beibrachte. Trotz all ihrer gesundheitlichen, finanziellen und beruflichen Schwierigkeiten legte die Mutter großen Wert darauf, dass die Kinder eine gepflegte Sprache lernten. Sie berichtigte grammatikalische Fehler und – vermutlich noch entscheidender: *«Sie vermittelte uns das Gefühl, etwas Besonderes zu sein.»* (Chaplin 2003, S. 21; S. 292) und: *«Sie gab mir das Gefühl, ich hätte ein gewisses Talent.»* (Chaplin 2003, S. 39) – für ein Kind, das im Elend aufwuchs, eine wichtige Stütze. Auch spürte er ihre starke Zuneigung und Liebe sowie ein *großes Wohlwollen*. Im Alter von nur acht Jahren begleitete er eine Truppe von Holzschuhtänzern während eineinhalb Jahren, dann fand sein Gastspiel dort ein jähes Ende, als eine Serie von heftigen Asthmaanfällen ihn ins Krankenhaus zwang. Als es der Mutter gesundheitlich immer schlechter ging, verdiente Charles in den verschiedensten Berufen seinen Lebensunterhalt selbst: als Zeitungsverkäufer, Drucker, Spielzeugmacher, Glasbläser, Schauspieler. Ab dem Alter von zwölf Jahren gelang es Chaplin dann, auf verschiedenen Bühnen Fuß zu fassen und immer bessere Angebote zu erhalten; er vermochte nun von seinem Geld die Mutter zu unterstützen und eine bessere Wohnung zu mieten. Ich lasse die weitere, immer erfolgreichere Berufs- und Lebensgeschichte von Chaplin nun weg, um auf einige wichtige ausgewählte Aspekte zum Thema zu kommen.

Humor als hilfreiches Bewältigungsmuster erlebte Chaplin schon in früheren Jahren bei den Besuchen im Krankenhaus, wo sein Großvater lag: Trotz seiner Schmerzen pflegte dieser jeweils Scherze mit den Pflegerinnen zu machen, war bei ihnen deshalb beliebt und behauptete Charles gegenüber, sein Rheumatismus sei zwar lästig, beeinträchtige aber keineswegs alle seine Funktionen! Charles ließ sich von ihm stark beeindrucken, der Großvater hatte für ihn eine gewisse Vorbildfunktion.

Die frühen Filme (vor 1915) zeigen Chaplin noch sehr deutlich in der Rolle des Einzelkämpfers, der sich vor allem durchsetzen wollte, und gerade dieser ausgeprägte Selbstbehauptungswille machte seinen großen Anfangserfolg aus: Der Tramp – so Chaplin – *«war ich selbst, ein komischer Geist, irgendetwas in mir, das sagte, ich muss das ausdrücken.»*[63]

---

63 Chaplin in Meryman, Richard: Ageless master's anatomy of comedy. *Life* vom 10. März 1967, S. 90; zitiert nach Tichy 2002, S. 42

Charlie geht in *Der Tramp* (1915) am Ende zwar enttäuscht und vertrieben – wie häufig in seiner Kindheit –, aber auch in souveräner Unabhängigkeit die Straße entlang in eine noch ungewisse, aber doch hoffnungsvolle Zukunft.

Über seinen Film *Der Vagabund* (1916) schreibt Chaplin (2003, S. 213): «*Mein Grundkonzept für eine Komödie war einfach und bestand darin, Menschen in Schwierigkeiten geraten und sich wieder herausfinden zu lassen.*» Exakter hätte er sein eigenes Leben – und hier vor allem seine Fähigkeiten, in schwierigen Lebenssituationen immer wieder einen Weg zu finden – nicht beschreiben können! Und die Rolle des Humors, bzw. seines Humors, fasst er wie folgt zusammen (2003, S. 214): «*Er stärkt auch unsere Fähigkeit zu überleben und bewahrt uns die klare Vernunft. Der Humor sorgt dafür, dass die Bösartigkeit des Lebens uns nicht ganz und gar überwältigt. Er regt unseren Sinn für Proportionen an und lehrt uns, dass in der Überbetonung des Ernstes das Absurde lauert.*» Exakt dies lehrt uns Charlie Chaplin in vielen seiner Filme in seiner unübertrefflichen Art und Weise.

«Chaplins Filme zeigen oft mit großer und beklemmender Eindringlichkeit die Lebensrealität der Armen und Unterdrückten wie auch ihre Not, den täglichen Bedarf an Brot und Liebe zu befriedigen. Aber gleichzeitig ist diesen eindrücklichen Bildern die *Vision* des Gegenteils beigegeben, sei es in Träumen, Idyllen, spontanen Transzendierungen [= Umwandlungen] der Realität, mit deren Bildern im Auge und Herzen der Zuschauer oft am Ende entlassen wird.» (Giesenfeld 1989, S. 16). Jeder seiner Filme entwirft eine – wenn auch nur vorübergehende – *Gegenwelt*, durchsetzt von witzigen, bissigen und humorvollen Einfällen. Hoffnung und – wenn auch bescheidenes – Liebesglück in der bäuerlichen Hütte finden sich beispielsweise in *Ein Hundeleben* (1918) oder in *Moderne Zeiten* (1936).

Auch in *The Kid* (1921) wird angedeutet, dass der Tramp und der kleine Junge am Ende im Schoß der bürgerlichen Gesellschaft aufgenommen werden, aber bis dahin ist es ein weiter Weg, und wie die Geschichte nach dem Ende des Filmes weitergeht, überlässt der Drehbuchautor Chaplin der Fantasie der Zuschauer. In diesem Stummfilm verkehrt Chaplin viele seiner schlimmsten Kindheitserfahrungen ins (Tragi-)Komische (z. B. materielle Entbehrungen, Eineltern-Familie, Trennung von der Mutter, Angst einflößende Autoritäten). Die ärmliche aber mit originellen Requisiten liebevoll gestaltete Einrichtung der Dachkammer, in der der Tramp den Findeljungen aufzieht, ist wohl ebenfalls die Verarbeitung einer Kindheitserinnerung: jener an die Dachkammer, in der Chaplin zeitweise mit seiner Mutter und seinem Halbbruder Sidney wohnte.[64] Allen materiellen Unzulänglichkeiten zum Trotz ist Charlie dem kleinen Jungen ein liebevoller Vater. Wie ein Löwe kämpft er um sein Sorgerecht: Als der Junge krank wird und auf Anordnung des Arztes in ein Waisenhaus gebracht werden soll, versetzt der Tramp nicht gerade Berge, aber er klettert über die Dächer des Slumviertels und stürmt den Wagen des Waisenhauses; mit dem Mut der Verzweiflung überwältigt er den arroganten Waisenhausbeamten und seinen Fahrer und schlägt sie in die Flucht. Es braucht nicht viel Fantasie, um auch in dieser Szene Chaplins Erinnerungen an seine eigene Verzweiflung und die Ohnmacht der Mutter wiederzuerkennen, als die beiden Brüder von der Mutter getrennt und in ein Waisenhaus gesteckt wurden. Der Beamte und der Fahrer des Waisenhauses kommen in Chaplins Verarbeitung seiner eigenen Erfahrungen mit Vertretern der «ordentlichen Pflege und Fürsorge»[65] schlecht weg: Sie behandeln den «Vater» Charlie von oben herab und den kleinen Jungen eher wie einen streunenden, räudigen Hund als wie ein menschliches Wesen. Dem Zuschauer wird beim Betrachten dieser dramatischen Szenen klar, dass die «ordentliche Pflege und Fürsorge» dieser lieblosen Institution nicht die Geborgenheit der kleinen Einelternfamilie ersetzen kann – genauso wenig wie die Armen- und Waisenhäuser, in denen Chaplin und Sidney zeitweise untergebracht waren, die Liebe ihrer Mutter Hannah ersetzen konnten.

Im 1925 gedrehten Film *Goldrausch* versucht der Protagonist sein Glück als Goldsucher in Alaska, wo ihn schon bald quälender Hunger heimsucht. Nachdem die Lage für ihn immer aussichtsloser geworden ist und alle Versuche, zu Nahrung zu kommen, scheitern, kocht er schließlich einen seiner Schuhe, wobei er die Sohle wie ein Kotelett und die Schnürsenkel wie Spaghetti verspeist – eine Szene, die man als Zuschauer wohl nicht so rasch vergisst und die eine humorvolle Variation (und Verarbeitung) einer realen Kindheitserfahrung Chaplins wiedergibt.

Die Darstellung des Elends seiner Kindheit und Jugendzeit wie auch der Not seiner Zeit (besonders für arme und arbeitslose Menschen) ist Chaplin in außerordentlich wirkungsvoller wie anschaulicher Weise in mehreren äußerst erfolgreichen Filmen wie etwa in *Moderne Zeiten* (1936) gelungen, was ihm entsprechend heftige Anfeindungen als Kom-

---

64 Robinson 1989, S. 302
65 Film-Zwischentitel

6. Die Rolle des Humors 189

munist bzw. Sozialrevolutionär eintrug: Die bissig-humorvolle Ablehnung moderner Ausbeutungsprozesse in verschiedenen Szenen von *Moderne Zeiten* führt bei ihm allerdings nicht in eine solidarische Tat, sondern zur Flucht in einen ausgeprägten Individualismus, in dem jeder mehr oder weniger nur für sich und ihm Nahestehende schaut – ein Verhalten, das ziemlich genau dasjenige von Chaplin selber in der ersten Hälfte seines Lebens wiedergibt. «Berichte über den Alltag bei Ford lesen sich, als wären sie ein Stück von Chaplin. Nur mit einem wesentlichen Unterschied: Bei Ford-Arbeitern war Lachen unerwünscht [...], Reden am Fließband wurde schlicht verboten.» (Greiner 1989, S. 68).

In *Der Große Diktator* von 1940 tritt neben der meisterhaften Demontage diktatorischen Machtmenschentums à la Hitler und Mussolini dann aber die solidarische Komponente an vielen Stellen deutlich hinzu; die Schlussansprache ist ein flammender und berührender Appell an die Solidarität und Menschlichkeit – und beschwört Werte wie Freiheit, Demokratie, Toleranz, Vernunft und Hoffnung. Diese eindrückliche Schlussrede zeugt auch von einem positiven Menschenbild, das sich Chaplin – trotz aller negativen Erfahrungen – bewahrt hat, und einer Zukunftsvision, wenn er unter anderem im Film festhält, dass *«wir alle den Wunsch haben, einander zu helfen. Das liegt in der Natur des Menschen. Wir wollen vom Glück des Nächsten leben – nicht von seinem Elend. Wir wollen nicht hassen und nicht gegenseitig verachten. In dieser Welt gibt es Raum für alle, und die gute Erde ist reich und vermag einem jeden von uns das Notwendige zu geben.»*[66]

Mit beißender Satire bekämpft Chaplin in seiner eigenen, ganz persönlichen Weise – sei es mit der lächerlichen Zeichensprache oder unverstehbaren bzw. halbverstehbaren Äußerungen wie «Wienerschnitzel» und «Sauerkraut» – den Diktator Hitler und gibt ihn in aller Öffentlichkeit der Lächerlichkeit preis.

Im Film *Monsieur Verdoux* (1947) finden sich Themen wie Tugend und Laster sowie das Alter. Die Geschichte enthält einen – in den Worten Chaplins – diabolischen Humor, bittere Satire und eine gehörige Portion Gesellschaftskritik. Besonders der letzte Aspekt zieht sich wie ein roter Faden durch fast alle Chaplin-Filme, und schließlich haben in den antikommunistischen 1950er-Jahren heftige Anfeindungen seitens der US-

---

66 zitiert nach: Chaplin, Charles (1993): Die Schlussrede aus dem Film «Der grosse Diktator», 1940. Hrsg.: Groenewald, Sabine. Hamburg: Europäische Verlagsanstalt, S. 11

Regierung gegen Chaplin zu absurden Vorwürfen geführt. Vor allem die christliche US-Presse hetzte das Publikum gegen Chaplin auf, Drohbriefe und mehrere gerichtliche Anklagen wegen angeblicher kommunistischer Umtriebe und Sympathien vertrieben schließlich den berühmten Komiker in die Schweiz ins Exil. Chaplin schrieb über diese für ihn äußerst schwierige Zeit (Chaplin 2003, S. 463): «*Wenn eine Welt von Enttäuschung und Sorgen über einen hereinbricht und man dabei nicht verzweifelt, dann wendet man sich entweder der Philosophie oder dem Humor zu.*» Chaplin entschied sich – wenig überraschend – für das Letztere.

Chaplins wohl persönlichster Film ist *Rampenlicht* (1952), eine Meditation über das Altern eines Clowns – und gleichzeitig ein Liebesgedicht auf seine vierte (und letzte) Frau Oona, mit der er am längsten und glücklichsten bis zu seinem Tod verheiratet war. Chaplin hatte ursprünglich nicht die Absicht, diesem Alterswerk noch weitere Filme folgen zu lassen, und so kann man in *Rampenlicht* durchaus das künstlerische Vermächtnis eines alten Clowns sehen.

Im Vordergrund steht die Geschichte des alten, arbeitslosen und alkoholkranken Clowns Calvero, der der jungen, lebensmüden Tänzerin Terry nach einem Selbsttötungsversuch wieder Mut zum Weiterleben macht. Nachdem die junge Frau mit Calveros Hilfe den Durchbruch geschafft hat, ermutigt sie ihrerseits den alten Mann, ein Comeback zu wagen. In einer Benefiz-Vorstellung zu seinen Ehren zeigt er dem handverlesenen Theaterpublikum vor ausverkauften Rängen nochmals, wozu er fähig ist: Die Vorstellung ist ein Triumph, und Calvero könnte an seine früheren Erfolge anknüpfen und noch eine ganze Weile so weiter machen; doch er erleidet auf der Bühne einen Herzinfarkt und stirbt in den Kulissen, während Terry auf der Bühne tanzt.

Auch in diesem Film finden sich zahlreiche Reminiszenzen an Chaplins Leben, angefangen von dem Bild des jungen Charles Chaplin, das in Calveros Zimmer über dem Kamin hängt, über den vollen Künstlernamen Calveros – *Tramp Comedian* –, seine selbstironischen Anspielungen auf seine mehrfachen Ehen und den Namen des Impresarios Mr. Postant (im wirklichen Leben William Postance, der Inspizient, der dem jungen Chaplin 1905 bei einem seiner ersten Bühnenauftritte am Duke of York's Theatre in London sehr wohlgesinnt war und dem der alte Chaplin in *Rampenlicht* ein Denkmal setzte[67]) bis hin zum praktisch identischen Altersunterschied zwischen Terry und Calvero resp. Oona

---

67 Robinson 1989, S. 836

und Chaplin und der auffallenden Ähnlichkeit der jungen Tänzerin mit Chaplins vierter Frau. Themen, die Chaplin sein ganzes (Künstler-) Leben lang beschäftigt haben, spielen eine zentrale Rolle: das Problem des Alkohols, der nicht nur Chaplins Vater, sondern auch die Filmfigur Calvero das Leben kostet, das Ringen um lustige Ideen, die sich auf der Bühne respektive im Film umsetzen lassen, Calveros/Chaplins Hassliebe zum Publikum und die Angst davor, dass dieses «Ungeheuer» ihn nicht (mehr) lustig findet und der Erfolg ausbleibt, der alltägliche Kampf um Arbeit, Wahrhaftigkeit und Menschenwürde und schließlich die Frage nach dem Sinn des Lebens.

Bei allen Hindernissen und Problemen, die sich Chaplin immer wieder in den Weg gestellt haben, siegten schließlich der Optimismus und der Glaube an das Gute im Menschen (vgl. auch Kap. 2.). So vertrat Chaplin in seinen Lebenserinnerungen (2003, S. 479) bezüglich der Menschheit und ihrer Zukunft angesichts ihrer – auch technischen – Möglichkeiten und Gefahren die Ansicht, «*dass am Ende der Altruismus stärker sein und sein guter Wille gegenüber der Menschheit triumphieren wird*».

Wie Chaplin seine eigenen Lebenserfahrungen immer wieder in Filmen be- und damit auch ein Stück weit verarbeitet, erkennt man auch in seinem zweitletzten Film *Ein König in New York* (1957), in dem sich seine zum Teil entwürdigenden und beleidigenden Erfahrungen mit den USA niederschlagen. Auch hier überwiegt am Schluss der *Optimismus*: König Shahdov (Chaplin) entflieht im Flugzeug allen Schwierigkeiten seiner amerikanischen Existenz – und es ist keine ungewisse Zukunft, die ihn am Flughafen erwartet, sondern hier geht schließlich einer, der es nicht nötig hat, zu bleiben.

Auch in vielen Szenen seiner frühen Stummfilme wird die Autorität sogenannt respektabler oder zumindest damals sogar Furcht einflößender Personen oder Obrigkeiten wie Polizist, Amtsvorsteher oder Bankier zum Vorteil des Protagonisten mit Komik, Satire und Humor untergraben und lächerlich gemacht. Wo immer auf der Welt Menschen über den Tramp lach(t)en, erkennen sie sich wieder: Er ist einer von uns, einer, der sich (auch) tagtäglich mit der Tücke des Objekts und mit «großen Tieren» – oder solchen, die sich dafür halten, – herumschlagen muss. Mutig und mit Humor stellt er sich den Widerwärtigkeiten des Lebens. Er zieht zwar häufig den Kürzeren, aber seine Würde und sein Selbstbewusstsein bleiben selbst dann intakt, wenn er – am Ende des Filmes – auf der Flucht vor der besagten Obrigkeit auf einem Bein rennend um die nächste Hausecke biegt.

Humor erweist sich am Beispiel von Chaplin als *wichtige personale Ressource*, als bedeutendes Bewältigungsverhalten. Wenn wir nochmals die wesentlichen Risikofaktoren zusammenfassen wie etwa Armut, Hunger, bedrückende, unsichere und häufig wechselnde Wohnverhältnisse, große Instabilität bezüglich der Betreuung und in der Beziehung zu Bezugspersonen, Aufenthalte in gewalttätigen Armenhäusern, Asthmaanfälle oder Schüchternheit, so erweisen sich als risikomindernde oder gar als Schutzfaktoren: Liebe, Zuneigung und Ermutigung durch die Mutter, Hartnäckigkeit, kämpferische Haltung, klare Ziele, Optimismus und besonders ein ausgeprägter Humor. Diese risikomindernden Faktoren verschafften Chaplin die nötige Distanz zur manchmal unerträglichen und belastenden Lebenswirklichkeit, und es gelang ihm schon als Kind, eine rettende Vision zu entwickeln und sich nach und nach eine Umwelt zu gestalten, die er benötigte, um seine Potenziale zur Entfaltung zu bringen.

Zeit seines Lebens bewältigte Chaplin seine persönlichen Ängste, Krisen, Verletzungen und Verluste, indem er sie künstlerisch verarbeitete. Humor bildete dabei die tragende Basis. So bestätigt Chaplins Leben auf treffliche Weise das berühmte Bonmot von Jean Paul: «*Humor ist überwundenes Leiden an der Welt.*» Oder in einem Sprichwort von Peter Altenberg ausgedrückt: «*Humor ist der Schwimmgürtel des Lebens.*» (beides zitiert nach Kirchmayr 2006, S. 177). Psychoanalytisch ausgedrückt erweist sich Humor – nicht nur bei Chaplin – im günstigen Fall als progressive und kreative Bewältigungsstrategie und nicht als regressive oder destruktive Abwehrstrategie!

Der Schriftsteller Hans Siemsen (1891–1969), ein früh bekennender Chaplin-Anhänger, schrieb schon 1922 über die Wirkung von Chaplin aus seiner persönlichen Sicht: «*Er zerstört Schranken. Er macht aus den Menschen das, was sie eigentlich immer sein sollten: Menschen. Er zertrümmert alles, was sie daran hindert, Menschen zu sein: die Schranken des Standes, der Bildung, der Erziehung, die Schranken der Würde, der Eitelkeit, der Macht, der Dummheit. Dieser komische kleine Clown ist das Größte, was ein Mensch sein kann: ein Weltverbesserer.*»[68] Mit seinem Humor kämpfte Chaplin, der sich selbst einmal als Friedenshetzer bezeichnet hat, Zeit seines Lebens gegen verkrustete Ideologien, gegen Vorurteile und gegen überholte Feindbilder.

---

68 Hans Siemsen (1924), zitiert nach Berkholz 1989, S. 97

7 Anwendungsfelder und Möglichkeiten I: Ermutigung in der Schule

«Man kann niemand beeinflussen, wenn nicht zuvor eine freundliche Beziehung hergestellt worden ist.» (Rudolf Dreikurs)[69]

«Die vorrangige Aufgabe des Lehrers [und der Lehrerin – J. F.] besteht darin, das Kind [und den Jugendlichen – J. F.] zu gewinnen und anschließend seinen Mut zu fördern und zu stärken.» (Alfred Adler)[70]

«Wir glauben und behaupten, dass die meisten Lehrer nicht wissen, welch ungeahnte Möglichkeiten in jedem Kind vorhanden sind.» (Dreikurs et al. 2003, S. 15)

«Wir sind der Meinung, dass der Lehrer einen entscheidenden Einfluss auf die Entwicklung des Kindes hat.» (Dreikurs et al. 2003, S. 219)

«Der Ermutigungsprozess steht bei der Entwicklung der kindlichen Lernfähigkeit und beim Lernprozess an erster Stelle.» (Dreikurs et al. 2003, S. 88)

Die Rolle der Lehrperson und die Bedeutung der Beziehung

Wer Möglichkeiten der Ermutigung in Schulen und Kindertagesstätten erkennen, ergründen und umsetzen möchte, bedarf aus meiner Perspektive zuerst des geschärften Blickes für die Rolle und den Stellenwert der Person der Erzieherin bzw. der Lehrperson. Deshalb zuerst ein kurzer und kritischer Blick auf einen interessanten blinden Flecken im Diskurs des pädagogischen Mainstreams seit etwa 1980.

---

69 Dreikurs 1980, S. 70
70 Adler 1976, S. 90

In der pädagogischen (und didaktischen) Diskussion der letzten Jahrzehnte und Jahre stand die Diskussion der reformpädagogischen Impulse und deren Weiterentwicklung für die praktische Umsetzung in zahlreichen Reformprojekten der Volksschule im Zentrum. Einige Stichworte dazu mögen genügen: Lernzielorientierter und exemplarischer Unterricht, individualisierender und gemeinschaftsbildender Unterricht, neue (erweiterte) Lehr- und Lernformen (Werkstattunterricht, Wochenplan, Gruppenarbeit usw.), vermehrte Orientierung am Kind (erfahrungsbezogenere Schule; Kinder/SchülerInnen dort abholen, wo sie stehen), ganzheitliche SchülerInnenbeurteilung (neben der Leistung beispielsweise auch Sozial- und Selbstkompetenz, zusätzliche Selbstbeurteilung durch die Schülerinnen und Schüler usw.), geleitete Schulen und so weiter – und schließlich die breite und noch nicht abgeschlossene Diskussion über die Ergebnisse und die Interpretation der PISA-Studien. Zudem sind Fragen der Hochbegabung, aber auch neue Möglichkeiten der Stoffvermittlung bzw. Erarbeitung über neue Medien bzw. Aneignungsformen wie E-Learning oder blended-learning stark ins Zentrum der pädagogischen und didaktischen Diskussion gerückt.

Interessanterweise beklagte Reinhard Tausch schon in den frühen 1970er-Jahren die übermäßige Gewichtung curricularer, organisatorischer oder struktureller Schwerpunkte mit folgenden Worten: «*In den Augen vieler stehen in der Schulerziehung Curricula, Lehrmittel, Verwaltungsfragen und äußere Einrichtungen im Vordergrund. Gewiss sind sie nicht unwichtig. Aber sie sind zweitrangig gegenüber der wichtigsten Bedingung, der zwischenmenschlichen Beziehung Lehrer-Schüler.*» Und zur Rolle und Bedeutung von Lehrpersonen fügt er an: «*Lehrer können durch ihr persönliches Verhalten die entscheidenden Bedingungen für selbstgesteuertes, selbstverantwortliches Verhalten der Schüler in einer Atmosphäre von Freiheit, Echtheit und Verständnis schaffen, sie können entscheidend die gefühlsmäßige und soziale Persönlichkeitsentwicklung ihrer Schüler fördern.*» (Reinhard Tausch im Klappentext zu: Rogers, C. (1974): Lernen in Freiheit. Zur Bildungsreform in Schule und Universität. München: Kösel.) Damit ist auch ausgesprochen, dass Lernen in wesentlichen Bereichen und Zeitabschnitten von Kindern und Jugendlichen über eine Person (Modell, Vorbild) stattfindet. Das Lernen an einer Sache, sei es nun Physik, Sprache oder Musik, ist meistens eng an die daran beteiligten Personen – selbstverständlich nicht nur die Lehrkräfte, sondern auch die MitschülerInnen – gebunden. Lehren und Lernen gestaltet sich so auch als *Beziehungsarbeit*.

Wer einen kurzen Blick zurück in die frühen 1980er-Jahre wirft, findet erstaunlich aktuelle und pointierte Aussagen, die heute in den meisten Kritikpunkten fast noch mehr gelten als damals: So beklagen Dieterich et al. (1983, S. 5, 13) etwa, dass in der Erziehungswissenschaft die Lehrerpersönlichkeit nicht gerade im Zentrum der Aufmerksamkeit stehe, und sie kritisieren, dass die zunehmende Formalisierung und Bürokratisierung schulischer Abläufe mit der Folge, die individuelle Lehrerpersönlichkeit (sie nennen es Erzieherpersönlichkeit) zu funktionellen und beliebig austauschbaren Lehrkörpern bzw. Lehrkräften zu degradieren. Dieterich et al. (1983) kritisieren im Weiteren ein Erziehungsverständnis, das schulische Bildung fast ausschließlich als Vermittlung von Wissen und Fertigkeiten begreift und umfassende Persönlichkeitsbildung weitgehend ausklammert. Einen damit zusammenhängenden Grund für die Vernachlässigung der Persönlichkeitsdimension in der Erziehung sehen sie in der Operationalisierung der Sozialwissenschaften. Ernst Rüesch (1983), ehemaliger Präsident der Schweizerischen Konferenz der kantonalen Erziehungsdirektoren (EDK), beklagte im gleichen Jahr in ähnlicher Weise die zu ausschließliche Fokussierung auf Strukturen: «*In den letzten 20 Jahren erhofften sich die Erziehungswissenschafter und die Bildungspolitiker viel zu viel von Veränderungen im Schulsystem. Die Rolle der Persönlichkeit des Lehrers wurde unterschätzt.*» Es ist aufschlussreich, dass gut 20 Jahre später Beck (2005) die heutige marktförmige und anonymere Modularisierung des Studiums in der Lehrerbildung beklagt und befürchtet, dass damit einhergehend eine Erhöhung der pädagogischen Defizite in der Schule eintreten wird.

Um allfällige Missverständnisse für das Folgende gleich ein für alle Mal auszuräumen: Es geht mir hier nicht darum, die einzelnen pädagogischen oder strukturellen Reformen oder Konzepte sowie deren praktische Umsetzung zu beurteilen, zu kritisieren oder sie in ihrer Bedeutung gegeneinander auszuspielen. Ich möchte einfach einen anderen Schwerpunkt setzen, denn in der Psychotherapieforschung (vgl. Grawe 1998, Hubble et al. 2001) ist schon länger bekannt, was sich in der Pädagogik wieder herumsprechen sollte: Es kommt weniger auf die Technik an, sondern darauf, ob der Therapeut/die Therapeutin und die hilfesuchende Person miteinander auf der Beziehungsebene klarkommen. Im psychotherapeutischen Kontext bedeutet das, so Asay et al. (2001, S. 67), Folgendes: «*Beziehungsfähigkeiten der TherapeutIn, wie zum Beispiel Annehmen, Wärme und Empathie sind absolute Vorbedingungen, um eine gute Beziehung zwischen Therapeut und Klientin herzustellen. Sie stehen in direktem Bezug zu positiven Ergebnissen.*» Auf die Schule übertragen, würde dieser Satz dann etwa wie folgt lauten: Die Beziehungsfähigkeit der Lehrperson, wie zum Beispiel das Annehmen, Bejahen der SchülerInnen und das Sich-in-sie-hineinfühlen-Können, sind wesentliche (aber natürlich nicht die einzigen!) Voraussetzungen für eine tragfähige SchülerInnen-LehrerInnen-Beziehung wie für eine gute Unterrichtsatmosphäre. Im Unterschied zum therapeutischen Setting geht es in der Schule vor allem um eine allgemeine Grundstimmung. Diese Stimmung beruht auf Interesse an den SchülerInnen, Engagement und Mitverantwortung für das emotionale und kognitive Fortkommen, auf Zutrauen, Zumuten und Unterstützen. Dies hat mit großer Wahrscheinlichkeit positivere Ergebnisse im Schulzimmer (Leistung, Verhalten, Beziehungen) zur Folge. Neuere Untersuchungen belegen nun gerade hier die Bedeutung der SchülerInnen-LehrerInnen-Beziehung: Die von den SchülerInnen wahrgenommene Unterstützung bestimmt die Schulzufriedenheit maßgebend – in weit höherem Umfang als beispielsweise die wahrgenommene schulische Unterstützung durch die Eltern (vgl. Lattmann und Rüedi 2003). Für den Schulerfolg von SchülerInnen ist die angepasste Unterstützung durch ihre Lehrkräfte also von großer Bedeutung. Auch Hascher (2004) weist in ihrer eigenen Untersuchung wie in einem umfassenden Überblick über die vorhandene Literatur zum Thema auf die wichtige Rolle der Lehrperson für das Wohlbefinden der SchülerInnen in der Schule hin; kurz zusammengefasst heißt das: Die Schulfreude beispielsweise steht in einem wichtigen Zusammenhang zum Verhalten der Lehrpersonen, *positive Interaktionen mit LehrerInnen und MitschülerInnen korrelieren mit der allgemeinen Zufriedenheit von Jugendlichen,* unterstützende Lehrpersonen fördern das Wohlbefinden ihrer SchülerInnen. Ermutigend wirken nach Hascher (2004) auch eine Fürsorglichkeit (nicht Bemutterung!) gegenüber SchülerInnen, ein Interesse an ihnen und ihren Problemen, ein offenes Ohr für ihre Anliegen, ihre Meinungen ernst nehmen, sie in ihrer Entwicklung zu fördern und eine angemessene schulische Unterstützung. Ebenso wird die positive (bzw. negative) Einstellung zur Schule in der Untersuchung von Hascher (2004) in erheblichem Ausmaß von der Klassenlehrperson hervorgerufen. Auch die Studie von Satow/Schwarzer (2003) an 921 SchülerInnen der 7.–10. Jahrgangsstufen weist in ihren Ergebnissen u. a. auf die Rolle der Lehrperson im Unterricht hin: Im Zusammenhang mit schulischen und sozialen *Selbstwirksamkeitserwartungen* spielt die erlebte individuelle Zuwendung und Unterstützung (Stichwort: LehrerInnenfürsorglichkeit) durch die Lehrpersonen eine bedeutende Rolle. Die SchülerInnen getrauen sich im Unterricht bei solchen Lehrpersonen eher, sich zu äußern, auch wenn die anderen SchülerInnen vielleicht eine andere Meinung haben (Durchsetzungsvermögen eigener Interessen und Meinungen); sie zeigen eine bessere sozial-verträgliche Regulation von Ärger und Stress, und die soziale Kommunikation und der Aufbau von sozialen Netzen sind größer. Schließlich erweist sich auch das *Klassenklima* bei ermutigenden Lehrpersonen als günstiger.

Über die Studie von Satow und Schwarzer hinaus kann allgemein festgehalten werden: Wieweit sich SchülerInnen von Lehrpersonen ernstgenommen und auch unterstützt fühlen, zeigt sich besonders in einem Konflikt, sei es zwischen SchülerInnen oder zwischen Lehrperson und SchülerInnen. Die Konfliktsituation wird sozusagen zum Testfall, zum Prüfstein für die LehrerInnen-SchülerInnen-Beziehung.

Trotz großer Fortschritte in den Bereichen Methodik und Didaktik und obwohl viele neue Lehrmittel nach lernpsychologischen und anderen Erkenntnissen konzipiert und eingesetzt werden, Schulen nun beispielsweise in der Schweiz von SchulleiterInnen geführt, von Coaches, SupervisorInnen oder SchulsozialarbeiterInnen unterstützt und begleitet werden, zeigen sowohl die Erfahrung wie mittlerweile unzählige empirische Untersuchungen und praktische Erfahrungen (vgl. Stichworte: Burn-out, Stress), dass die pädagogische Arbeit im Vorschul- und Schulbereich – häufig auch erklärbar aus gesellschaftlichen Veränderungen (Migration, Scheidungen, Arbeitslosigkeit usw.) – schwieriger geworden ist, und zwar gerade auch für die einzelne Lehrperson und die Teams, die täglich im Einsatz stehen. Die LehrerInnen-Persönlichkeit muss deshalb (wieder) als wichtiger Faktor der erzieherischen Interaktion im Unterricht vermehrt beachtet werden. Haim Ginott, Professor für Psychologie und Psychotherapie in den USA, meinte dazu schon 1980, S. 9 f.): *«Eine Funktion aber wird immer dem Lehrer vorbehalten sein: Ein Klima zu schaffen, das die Aufnahmefähigkeit fördert. Keine noch so hoch entwickelte Maschine kann und wird ihm diese Aufgabe abnehmen.»* Wir laufen aus meiner Sicht ob all der vielen wichtigen geplanten und laufenden Projekte und Konzepte Gefahr, *die Bedeutung der Persönlichkeit der Erziehungsperson* – in diesem Zusammenhang vor allem der ErzieherInnen in Kindertagesstätten und Lehrpersonen in der Schule – zu vernachlässigen und zunehmend aus dem Blickfeld zu verlieren, entgegen den Erkenntnissen aus unzähligen Burn-out-Untersuchungen der letzten Jahre. Mit der Vernachlässigung der LehrerInnenpersönlichkeit in der erziehungswissenschaftlichen Diskussion der vergangenen Jahre korrespondiert in der Ausbildung von Lehrkräften eine Vernachlässigung der pädagogischen Reflexion über die Funktion und Bedeutung des Vorbildes – schreibt Elbing schon 1983 (S. 201)! Leider gilt seine Bemerkung heute genauso oder noch mehr. Allerdings besteht hier auch die Gefahr, die erwähnten gesellschaftlichen Probleme, die noch mit vielen weiteren Aspekten ergänzt werden könnten, zu individualisieren, an den einzelnen Lehrpersonen festzumachen: Lehrpersonen sind schlichtweg als Einzelkämpfer überfordert, neben der Vermittlung des eigentlichen Unterrichtsstoffes auch noch Umwelt- und Sexualerziehung, Begabtenförderung, Sozial-, Konsum-, Gesundheits- und Verkehrserziehung usw. zu leisten.

Die Vernachlässigung der personalen Dimension lässt sich auch in der Schulforschung feststellen: Arbeiten und Publikationen, die sich hauptsächlich mit dem Thema Lehrerpersönlichkeit beschäftigen, finden sich noch bis in die 1970er (Beispiele: Rogers 1974; Brück 1978) und die frühen 1980er-Jahre (Beispiele: Gröschel 1980; Singer 1981; Dieterich et al. 1983) – kurz danach wurde es aber um dieses Thema recht still.[71] Das hat mehrere Gründe: Zum einen ist es außerordentlich schwierig, einen kausalen, direkten Wirkungspfad von einem isolierten Persönlichkeitsmerkmal oder einer «Gesamtpersönlichkeit» einer Lehrperson hin zu Lernprozessen individueller Kinder zu belegen. Zusätzlich waren mit dem «Persönlichkeitsparadigma» in der empirischen Unterrichtsforschung der 1950er- und 1960er-Jahre überhöhte Erwartungen, zum Teil auch zu normative Ansprüche an die «positive Lehrerpersönlichkeit» verknüpft – das alte Lehrerpersönlichkeitsparadigma mit idealtypischen Charaktermerkmalen galt wohl zu Recht als gescheitert. Deshalb wurde die LehrerInnenpersönlichkeit in der Forschung schließlich nicht mehr als ein Bündel von Persönlichkeitseigenschaften charakterisiert und untersucht, sondern es wurden nun eher Bedingungen herausgearbeitet, die einen erfolgreichen Lernexperten ausmachen. Erst eine verwandte Variante des «Expertenparadigmas» – die Lehrkraft als kompetente Fachperson für die Kunst des Unterrichtens – führte wieder zu einer Hinwendung zur LehrerInnen-Persönlichkeit in der Metapher vom Lehrer als «reflective practitioner». Allmählich zahlreicher werdende Forschungen zu «subjektiven Theorien von Lehrpersonen» (vgl. Weinert 1997) haben dazu geführt,

---

71 Gelegentlich stößt man in der Weiterbildung noch – oder wieder – auf Texte, die Aspekte der Persönlichkeitsbildung ins Zentrum stellen. Beispiel: Kühne-Kamm/Kamm (2003).

dass die Persönlichkeit der Lehrperson – mit weniger überhöhten Ansprüchen und dafür auf Teilbereiche wie etwa die kognitiven Aspekte fokussiert – erneut in Untersuchungen auftaucht. Das ist erfreulich so, denn: Alle guten und schlechten didaktisch-methodischen und pädagogischen Möglichkeiten stehen und fallen im Endeffekt eben doch mit den konkreten Menschen, mit persönlichen Aspekten der Erziehungsperson – auch wenn diese empirisch nicht so leicht in ihrer Wirkung nachzuweisen sind. Ein guter oder schlechter Schulunterricht, ein geglückter Kindergartentag – beides hängt neben der angemessenen Lehr- und Gestaltungsform und der fachlichen Kompetenz der Lehrperson zu einem wesentlichen Teil von der Art und Weise ab, *wie* diese Lehrperson die Arbeit oder das Spiel mit den Kindern versteht und gestaltet, welches Lernklima sie schafft (vgl. dazu auch Rüedi 2005): die menschliche Haltung der Lehrperson, ihr ganzes Auftreten und Verhalten, wie sie bewusst und unbewusst dem Kind begegnet. Der Volksmund nennt den wechselseitigen Prozess treffend: Wie man in den Wald hineinruft, so schallt es heraus. In der Lern- und Erziehungspsychologie sprechen Tausch und Tausch (1979) vom gleichen Phänomen, wenn von reziproken Affekten die Rede ist: «Reziprok» heißt so viel wie «wechselseitig erwidernd», «aufeinander bezogen». Gefühle und Affekte wirken gewissermaßen ansteckend. Die pädagogische und emotionale Haltung der Lehrperson, ihr ganzes Verhalten und Auftreten dem andern gegenüber sind wichtig: Wertschätzung, Freundlichkeit, Höflichkeit, Geduld, Achtung, Toleranz, Standfestigkeit, Grenzsetzung, Humor usw. bewirken manchmal sogar kleine «Wunder»; «schwierige» Kinder tauen auf, sich im Unterricht langweilende Schüler entwickeln allmählich wieder Interesse und verlieren ihre «Null-Bock-Stimmung»; ein Schulfach, vorher doof und ätzend, wird bei einer anderen Lehrperson allmählich oder gar plötzlich spannend. Hilfreiche und unabdingbare Voraussetzung dafür ist sicher, dass sich SchülerInnen und Lehrperson gegenseitig schätzen und mögen.

Mit *Persönlichkeit* meine ich – in Anlehnung an Ritscher (1983, S. 93) – nicht eine realitätsferne Summe von Tugenden oder Bruchstücke einer Ideologie: Der Begriff soll als Ausdruck einer Person stehen, die ihre – für den Schulunterricht und die Schülerschaft günstige – Eigenart und ihre entsprechend hilfreiche Handlungskompetenz in ihrer Umgebung zur Geltung bringen kann. Das sind zum Beispiel Lehrkräfte, die sich für ihre Aufgabe engagieren und begeistern, Optimismus ausstrahlen und eine vertrauensvolle Lernatmosphäre schaffen. Vertrauen, das zeigen etwa neueste Untersuchungen (Thies 2005), erhöht beispielsweise die Lernbereitschaft von Schülerinnen und Schülern. Eine Lehrerpersönlichkeit ist also eine Person, die in der Lage ist, ein lern- und gemeinschaftsförderndes Lernklima in der Schule zu schaffen. Dies bedarf einiger bestimmter Kompetenzen, die ich nachfolgend – ohne Anspruch auf Vollständigkeit – kurz aufführen möchte:

- *Sozialkompetenz:* Interesse für SchülerInnen, Engagement, Freude im Umgang mit Menschen, sich Zeit nehmen für den anderen, ihm das Gefühl vermitteln können, dass er/sie wichtig ist
- *Kommunikationskompetenz:* zuhören können, auf Probleme und Fragen anmessen eingehen, die richtigen Worte finden
- *Beziehungskompetenz:* aushalten von Nähe, Unruhe, eigene Bedürfnisse formulieren können, aber gegebenenfalls auch zurückstehen können
- *Selbstkompetenz:* in schwierigen Situationen Ruhe bewahren können, Übersicht bewahren, Schwächen eingestehen, sich für Fehler entschuldigen können, das eigene Handeln kritisch-konstruktiv überdenken.

Diese Kompetenzen bringen Lehrpersonen nicht einfach mit, sondern sie müssen und können sie in erheblichem Umfang erwerben. Besonders JunglehrerInnen dürfen nicht von sich erwarten, über alle diese Kompetenzen schon von Anfang an zu verfügen. Reinhold Miller (2005) bietet in seinem Buch vielfältige Hilfen und Anregungen auf diesem Weg. Wer mit Menschen zu tun hat, steht in einer dauernden Auseinandersetzung, in einem fortwährenden Lernprozess. Dies erfordert auch die Auseinandersetzung mit sich selber (Bewusstwerdung von eigenen Schwächen und Stärken). Eigene unbewusste Beschränkungen verhindern auch, dass man SchülerInnen in diesem Punkt ermutigen kann.

Aus den vielfältigen aktuellen Erkenntnissen der Lernpsychologie und Neurobiologie folgert in neuester Zeit Spitzer (2003, S. 411) diesbezüglich klar und unmissverständlich, «*dass der Lehrer (oder die Lehrerin) den mit weitem Abstand wichtigsten Faktor beim Lernen in der Schule darstellt*». Es sind also immer die Menschen, d. h. die Lehrpersonen und die SchülerInnen, die eine Lehr- und Lernform mit Leben – oder beziehungslos gestalten. Guter Unterricht lässt sich – außer an methodisch-didaktischen und fachlichen Kriterien – vor allem auch an der *Atmosphäre* beurteilen: Eifer, Freude, Interesse, Konzentration, Fertigkeiten usw. entstehen am ehesten in den individuellen Gegebenheiten angemessenen Lehr- und Lernformen *und* bei *menschlichen Lehrpersonen.*

Die Person des Lehrers in der Geschichte der Schulpädagogik

Die Einsicht in die Bedeutung der Persönlichkeit der Lehrperson für die pädagogische Arbeit ist im Übrigen gar nicht neu, wie ein kurzer Blick in die Geschichte der Pädagogik gleich zeigen wird, aber in den letzten Jahren aus verschiedenen Gründen – wie oben erwähnt – aus dem Blickfeld der erziehungswissenschaftlichen Forschung geraten.

So rückt die Person des Lehrers schon bei Erasmus von Rotterdam (ca. 1469–1536) in den Brennpunkt des Interesses. Erasmus schreibt (1963, S. 136): «*Alsdann wird eine gewisse gewinnende Lehrweise bewirken, dass das Lernen als eine Lust, nicht als eine Last erscheint [...]. Dies wird teils die Milde und Freundlichkeit des Lehrers zuwege bringen, teils sein Erfindungsgeist und sein Geschick, womit er allerhand Kunstgriffe ersinnt, durch die er dem Knaben das Lernen angenehm macht [...]. Der erste Schritt zum Lernen ist die Liebe zum Lehrer. Im Laufe der Zeit wird der Knabe, der zunächst die Wissenschaft um des Lehrers willen zu lieben angefangen hatte, den Lehrer um der Wissenschaft willen lieben. Denn gleichwie so manche Geschenke gerade deswegen so hoch gehalten werden, weil sie von solchen herrühren, die wir besonders liebhaben, so werden auch die Wissenschaften denen, welchen sie vermöge eigener Wertschätzung noch nicht gefallen können, durch die Zuneigung zum Lehrer angenehm gemacht [...]. Gerne aber lernen wir von denjenigen, die wir lieben.*» Was hier als Liebe bezeichnet wird, meint das Vertrauen, die Zuneigung zur Erziehungsperson und umgekehrt zum Kind. Dieser erste Schritt zum Lernen gelingt natürlich viel besser, wenn diese Lehrperson einige der oben genannten Eigenschaften aufweist; sonst verflacht die «Liebe» – besonders in den ersten Schulklassen – vielfach rasch, wenn sich das Kind ungeliebt oder gar abgestempelt fühlt. Sehr anschaulich kommt im Zitat von Erasmus die weiter oben schon erwähnte Wechselwirkung, die Verschränktheit zwischen der Haltung der Lehrperson und dem Verhalten des Kindes zum Ausdruck. Es ist bezeichnend, wie Erasmus an die erste Stelle die Grundhaltung zum Kind setzt: Erst die Früchte der gelebten Haltung dem Kind gegenüber ermöglichen die Aneignung und Umsetzung des Fachwissen bzw. die Anwendung einer Didaktik. Ich würde sogar die Behauptung aufstellen, dass die Grundhaltung, die psychologische Fähigkeit der Lehrperson wichtiger (oder präziser: primärer) ist als fachlich-didaktische Fähigkeiten, weil die letzteren ohne erstere vermutlich meistens wirkungslos oder doch in der Regel in ihrer Wirkung stark behindert bleiben. Aus seiner Grundhaltung der Liebe und Zuneigung zu den Schülern beobachtet Erasmus (1963, S. 137 ff.) mit Erschrecken, wie die Schulen mit Stock- und Rutenhieben eher Folterkammern als pädagogische Einrichtungen seien. Erasmus' Kritik lässt sich primär einmal auch als eine Auflistung und Verurteilung der damaligen pädagogischen Haltungen und Handlungen der Lehrer und der Schulleiter verstehen.

Alle bedeutenden pädagogischen Konzepte und Modelle sowie erfolgreiche Schulreformen sind immer von starken, charismatischen Persönlichkeiten ausgegangen und entsprechend geprägt worden: Pädagogen und Pädagoginnen wie beispielsweise Johann Amos Comenius (1592–1670), Johann Heinrich Pestalozzi (1746–1827), Friedrich Wilhelm August Fröbel (1782–1852), Janusz Korczak (1878 oder 1879–1942), Maria Montessori (1870–1952), Alexander Sutherland Neill (1883–1973), Bertrand Russell (1872–1970) oder Hartmut von Hentig (*1925) waren bzw. sind primär starke Persönlichkeiten und erst an zweiter Stelle – und hier sehr unterschiedlich – gute Methodiker oder Schulleiter. So war Pestalozzi ein eher schlechter Methodiker, Russell ein wenig erfolgreicher Schulleiter, aber beide galten in ihrer Zeit als überzeugende Lehrer. Von Lehrerpersönlichkeiten, mit denen man sich zumindest eine gewisse Zeit lang identifizieren konnte, von menschlichen Lehrpersonen und wichtigen Beziehungserfahrungen in der Schulzeit, erzählen Menschen oft ein Leben lang.

Der für die Schulpädagogik der 1920er-Jahre in Wien bedeutsame Tiefenpsychologe Alfred Adler (1973c/1973d) hat der ErzieherInnenpersönlichkeit ebenfalls eine große Bedeutung beigemessen: Adler initiierte in Wien ein für die damalige Zeit einmalig fortschrittliches Schul- und Beratungsmodell für Eltern und Lehrkräfte – neben der großen Aufgeschlossenheit gegenüber neuen Lehr- und Lernformen betonte er aber noch deutlicher die Bedeutung der Persönlichkeit. Auch hier wird der personale Ansatz deutlich: Das Kind nach Adler verstehen und erfassen gelingt am ehesten im Versuch, die Welt aus seiner Perspektive zu betrachten, mit seinen Ohren zu hören und mit seinem Herzen zu fühlen (in diesem anschaulichen Bild werden deutlich reformpädagogische Ansätze sichtbar). Der *Versuch*, die Anstrengung der Erziehungsperson dazu, ist das Entscheidende, denn erstens gelingt die Umsetzung dieses schönen Bildes sowieso nicht ganz, und zweitens wäre die völlige Aufhebung der eigenen Perspektive wenig sinnvoll.

Auch Martin Buber (1947/1979) legt in seinen pädagogischen Schriften das Gewicht auf die Begegnung zwischen dem Ich und dem Du, die nur in einer Atmosphäre der Vertrautheit und Geborgenheit gelingen kann. Otto Friedrich Bollnow (1964) schließlich charakterisiert die Grundhaltung des reifen Erziehers durch die drei Merkmale Heiterkeit, Humor und Güte.

Was bedeutet eine ermutigende Grundhaltung der Lehrperson?

Eng mit der Persönlichkeit der Lehrperson verbunden ist – wie schon erwähnt – deren Grundhaltung zum Kind oder Jugendlichen. Von Philip Bigler, der 1988 vom damaligen US-Präsidenten Bill Clinton im Weißen Haus als «Teacher of the Year» geehrt wurde, stammt der schöne Satz: «To be a teacher is to be forever an optimist.» (vgl. Bauer 2007). Wer in einem pädagogischen Beruf arbeitet, benötigt eine große Portion Stehvermögen, Kraft, Optimismus, Vertrauen – und auch den Glauben an das Gute im Kind bzw. die Überzeugung, dass in jedem Kind – vielleicht bisher übersehene oder unentdeckte – positive Ressourcen oder Ansätze stecken. Dazu gehört auch die Bereitschaft, Bemühungen und schon kleine Verbesserungen im Verhalten der Kinder zu erkennen und zu würdigen; ermutigen, die Stärke des Kindes unterstützen, kein Kind und keinen Jugendlichen für hoffnungslos deklarieren, sondern vielmehr das Bestärkenswerte suchen. Von dieser Grundeinstellung war auch Adler getragen, wenn er schreibt (1976, S. 101): «*Wir müssen das sichere Gefühl haben, dass sich stets eine Methode finden lässt, um einem Kind zu helfen. Selbst unter den schlimmsten Umständen steht immer ein bestimmter Zugang offen – den wir freilich entdecken müssen.*» Dieser hohe Anspruch an ErzieherInnen wie Lehrpersonen lässt sich selbstverständlich nicht leicht und schon gar nicht immer erfüllen, er könnte aber als ein Leitstern, eine Orientierungshilfe betrachtet werden. Neuere empirische Befunde zum Vertrauen zwischen Lehrpersonen und SchülerInnen verweisen deutlich auf die positiven Konsequenzen erlebten SchülerInnenvertrauens: Wo in der Schule Vertrauen überwiegt, zeigen sich die SchülerInnen zufriedener mit dem Unterricht, der Lehrperson und der Schule als Ganzem, sie sind motivierter, interessierter und weniger ängstlich (vgl. Schweer/Thies 2004). Aus der LehrerInnenperspektive bietet sich ein entsprechendes Bild: Zufriedenstellende Beziehungen zwischen

Lehrpersonen und Schülerinnen haben auch einen positiven Effekt auf die LehrerInnen selbst, die Arbeitszufriedenheit steigt deutlich (Rudow 1994), ein wichtiger Schutzfaktor gegen das Burn-out-Syndrom, denn umgekehrt gilt: Eine negative Beziehung zu den eigenen SchülerInnen gilt als der wichtigste Faktor bei der Entstehung dieses weitverbreiteten Syndroms bei Lehrpersonen (Barth 1997).

Eine alte Tatsache und Erkenntnis, die auch durch neuere Untersuchungen bestätigt werden konnte (vgl. Spitzer 2003) heißt kurz: Die emotionale Beteiligung verbessert das Lernen in erheblichem Ausmaß. Die emotionale Komponente wird aber vorrangig durch Menschen und Beziehungen ausgelöst und verstärkt, im Guten wie im Schlechten. Nachhaltiges Lernen findet vor allem in guten Beziehungen statt. Spitzer (2003, S. 160) formuliert das wie folgt: «Was den Menschen umtreibt, sind nicht Fakten und Daten, sondern Gefühle, Geschichten und vor allem andere Menschen.» Gute Lernbeziehungen fördern das Lernen und festi-

gen die Lerninhalte, schlechte hingegen trüben oder verfälschen sie. Angst hemmt zudem kreative Prozesse, Lernen funktioniert bei guter Laune am besten (Spitzer 2003, S. 167). Was motiviert für die Schule, das Lernen? Sicher spielen – besonders in der Oberstufe – die MitschülerInnen (*peers*), die Schulhauskultur sowie die Stoffinhalte, die Art der Stoffvermittlung und der Aneignung eine wichtige Rolle. Aber: Eine wichtige Rolle spielt immer auch die Lehrperson und ihre Art des Umgangs mit dem Stoff und den SchülerInnen: Wie die Lehrperson den Stoff vermittelt, «rüberbringt», welche Stimmung sie dabei schafft, wie sie auf Probleme des Schulalltags, auf Konflikte mit SchülerInnen eingeht, dies entscheidet wesentlich über Erfolg oder Misserfolg im Klassenzimmer mit. Spitzer (2003, S. 194) umschreibt dies in seinen Worten wie folgt: «*Die Person des Lehrers* (oder natürlich der Lehrerin! – J. F.) *ist [...] das stärkste Medium! Nicht der Overheadprojektor, die Tafel, die Kopien oder gar die PowerPoint-Präsentation. Nicht diese Medien, sondern ein* vom Fach begeisterter Lehrer, der gelegentlich lobt und vielleicht auch mal einen netten Blick für die Schüler (und Schülerinnen! – J. F.) übrig hat, bringt deren Belohnungssystem auf Trab.« Was immer eine Lehrperson im Einzelnen tut oder unterlässt – sie schafft damit eine bestimmte Atmosphäre, die das Lernen anregt oder eher hemmt. Wieweit es der Lehrperson gelingt, eine tragfähige, bejahende, lernfördernde, ermutigende, ernsthafte und auch humorvolle Atmosphäre zu schaffen und zu gestalten, entscheidet wesentlich über den Erfolg oder Misserfolg ihres Unterrichts. Erfolgreiche Lehrpersonen verfügen über Fertigkeiten, Interesse bei SchülerInnen zu wecken, Begeisterung für eine Sache hervorzurufen, zu ermutigen, Lernen anzuregen und das Selbstvertrauen zu stärken (Dreikurs 1980). Kinder werden vornehmlich dadurch pädagogisch beeinflusst, wenn für sie die Person der Lehrkraft als Ganze menschlich stimmt – oder eben nicht. Die pädagogische Wirksamkeit einer Lehrperson liegt in einem erheblichen Ausmaß in ihrer Gesamtpersönlichkeit begründet; Sachwissen und methodisch-didaktisches Geschick sind nötige, aber nicht genügend wirksame Voraussetzungen, wenn sie nicht durch eine – für die SchülerInnen günstige – Person eingesetzt werden.

Gute Schulen, erfolgreiche Ausbildungsstätten und vielseitig kompetente Schülerinnen und Schüler werden primär von den sie unterrichtenden und begleitenden Lehrpersonen und ihrem Team getragen. Schüler und Studierende lernen für viele – nicht alle – Fachgebiete, am effizientesten und am gründlichsten in persönlichen und überschaubaren Lerneinheiten, wo Lehrende auf ihre individuellen Fragen, Schwächen, Stärken, Befindlichkeiten und Gefühle eingehen können und – wenn nötig – Anregungen und Hilfestellungen einbringen. Im Zentrum einer guten Lehrer- und Lehrerinnen-Ausbildung steht neben dem fachlichen und handwerklichen Können (Fachkompetenzen) und der angemessenen Vermittlungsfähigkeit (Methodik/Didaktik) die *Beziehungskompetenz*: Wie gelingt es der Lehrperson, mit jeder einzelnen Schülerin und jedem einzelnen Schüler in eine lernfördernde Beziehung zu treten, gemeinsam mit der Klasse Hochs und Tiefs zu überstehen, Konflikte und Lernschwierigkeiten zu bewältigen und jede und jeden den Umständen entsprechend möglichst optimal zu fördern? Interesse an und Engagement für SchülerInnen, Verantwortung, Zutrauen und der Glaube an ihre Veränderungsmöglichkeiten stellen bedeutende Grundhaltungen einer ermutigenden Lehrperson dar. Relevantes Lernen und Lehren geschieht mehrheitlich in Beziehungen, *im Dialog und Austausch zwischen den beteiligten Menschen*; echte Bildung ist eng mit der Persönlichkeitsbildung verknüpft. Lehrpersonen müssen starke Persönlichkeiten sein, eine stabile Identität aufweisen, Zusammenhänge aufzeigen können, die unter dem medialen Schlagwortmüll begraben sind oder Gesichtspunkte ins Blickfeld rücken, die den von der Informationsflut manchmal verwirrten oder erschlagenen Medienkids schon längst entrückt sind. Lehrpersonen müssen noch mehr als bisher Fachpersonen für Unterricht *und Erziehung* sowie *Bezugspersonen* für Kinder und Jugendliche werden. Und schließlich macht die Anonymisierung der Gesellschaft und der menschlichen Beziehungen die Person der Lehrkraft nochmals wichtiger. Diese Person ermöglicht persönliche – nicht virtuelle! – Begegnungen, bietet Reibungsflächen auf der langen Reise der Identitätsentwicklung, lässt Raum und Zeit für Konflikte, ist teilnehmende und unterstützende Begleitung auf dem Weg der Sinnfindung und gibt Feedbacks u. v. a. m. Neben dem zugegeben vorrangigen Ziel der Wissensvermittlung steht in der Schule – ich kann es immer nur wiederholen! – die *Beziehungsarbeit* zu den SchülerInnen im Zentrum. Allerdings muss eine ermutigende Beziehungsarbeit angemessen sein: Ermutigung bedeutet auch, *klare Anforderungen* (Zutrauen!) zu stellen, von SchülerInnen etwas zu erwarten und zu verlangen – sie also damit auch ernst zu nehmen. Lehrpersonen sind heute zunehmend mit SchülerInnen konfrontiert, die sehr schnell mit ihrer eigenen Leistung zufrieden sind und Anforderungen rasch als Zumutungen auffassen (vgl. Frick 2011). Eine Ermutigungspädagogik darf deshalb nicht mit einer Kuschelpädagogik verwechselt werden; ermutigen beinhaltet neben dem Fördern immer auch Fordern. Auch hier wird erneut deutlich: Ermutigung ist nicht einfach ein einzelner Akt, sozusagen eine kleine Operation, sondern eine Grundhaltung im Umgang mit Menschen.

Umfragen bei Schülerinnen und Schülern über beliebte und verhasste Fächer, über erlebte Misserfolge und Erfolge, zeigen immer wieder den großen Einfluss der Beziehung zur Lehrperson: Der beliebte Musiklehrer kann nicht selten auch so genannt unmusikalischen Kostverächtern die Freude an einem Instrument näher bringen. Die Lehrerin, die in einer teilnehmenden, echten Beziehung zu ihren Schülerinnen und Schülern steht, vermag mit ihrer Persönlichkeit und ihrem fachlichen Wissen und Können unter günstigen Umständen mehr entmutigte Kinder oder «abgelöschte» Jugendliche wieder zum Lernen zu verlocken als mit allen neuen und neuesten methodischen Kniffs und technologischen Hilfen – und zwar, weil sie auf die individuelle persönliche Situation ihrer Kinder richtig einzugehen vermag und die Kinder das spüren. Sie fühlen sich als

Personen, als Menschen angesprochen, gespiegelt, verstanden und bejaht. Beziehung stärkt. *Kein Computer kann Persönlichkeiten bilden, Menschen stärken,* Entmutigte aufrichten, Probleme anhören, Gefühle ernstnehmen, zuhören, kindliche und jugendliche Sorgen und Nöte verstehen und darauf angemessen eingehen. Kein technisches Medium, kein noch so raffiniertes Computerprogramm löst auf der emotionalen und motivationspsychologischen Ebene das Problem des Herantastens an schwierige Sachverhalte oder der Überwindung von Lernschwierigkeiten. Gelegentlich wird der Computer fast wie ein neuer Heilsbringer gefeiert. Das erinnert an eine ähnliche Euphorie vor einigen Jahren bezüglich der neuen Lehr- und Lernformen: Ob programmiertes Lernen, individualisierender Unterricht, Wochenplan usw. Was diese bringen sollten und nicht im erhofften Ausmaß erreicht haben, nicht erreichen konnten, weil sie mit unrealistischen Hoffnungen verknüpft waren, soll jetzt E-Learning bzw. blended-learning zustandebringen. Ich bin nicht gegen die erwähnten Lernformen oder Methoden, aber sie sind im Vergleich zur Lehrperson zweitrangig. *Computer und Internet* sind fantastische *Hilfsmittel* wie früher die Schiefertafel oder Bleistift und Gummi; sie ersetzen aber keine konkreten und lebendigen Menschen.

Beziehungs- und Kommunikationskompetenz steht auch in den im Vergleich zu früher immer wichtiger werdenden Elterngesprächen bzw. in der Elternberatung im Zentrum. Wie thematisiert die Lehrperson gegenüber Eltern Lernschwierigkeiten oder Verhaltensprobleme ihres Kindes/ihres Jugendlichen oder Übertrittsfragen auf eine Weise, dass nicht gleich oder nur Abwehr, Angriff, Verweigerung oder Unverständnis beim Gegenüber entstehen? Auch hier hilft – leider! – kein Computer. Starke, empathische Persönlichkeiten mit einem breiten und fundierten Fachwissen und hohen kommunikativen Fähigkeiten sind hier gefragt. Und schließlich ist Beziehungs- und Kommunikationskompetenz auch im Schulteam (Kolleginnen und Kollegen), gegenüber weiteren schulischen Mitarbeiterinnen und Mitarbeitern, gegenüber Behörden und außerschulischen Kreisen unabdingbar.

Zum Abschluss soll allerdings nicht ausgeklammert bleiben, dass auch die Strukturen der Schule entmutigen können: Die Schule mit den zwei Funktionen von Fördern und Selektionieren verlangt von Lehrkräften eine Doppelrolle, die nicht leicht und widerspruchsfrei aus- und durchzuhalten ist. Diese Doppelrolle stellt für Lehrpersonen ein permanentes Problem dar und kann insbesondere die Beziehung zu schwächeren und wenig erfolgreichen SchülerInnen erheblich stören.

Ermutigung in einer guten Beziehung: Ein Beispiel aus der Schule

Der folgende Auszug aus einem Gespräch des ehemaligen Kleinklassen-Lehrers Jürg Jegge mit einem sehr entmutigten Schüler zeigt – hier sehr verkürzt – beispielhaft, wie in einer tragfähigen Beziehung und unter bestimmten Bedingungen Ermutigung stattfinden und wirken *kann*. Damit bei LeserInnen keine Missverständnisse entstehen: Das Beispiel ist kein Plädoyer für die heute leider massiv zunehmende Tendenz, unangepasste und unruhige Kinder und Jugendliche mit Psychopharmaka (Ritalin u. a.) zu behandeln.

«*Sag einmal, Fredi, möchtest du nicht ein Instrument spielen lernen?*»

«*Nein.*»

«*Warum nicht?*»

«*Es stinkt mir.*»

«*Sicher?*»

«*Das kann ich nicht.*»

«*Ich glaube, das kannst du.*»

«*Ich weiß, dass ich das nicht kann.*»

«*Warum?*»

«*Ich kann überhaupt nichts lernen. Ich bin nicht richtig im Kopf.*»

«*Erzähle.*»

«*Ich muss ja Pillen nehmen. Seit ich in den Kindergarten gehe. Das löscht mir ab.*»

«*Du hast Angst.*»

«*Nein. Aber es stinkt mir. Ich kann ja doch nichts lernen, auch später nicht.*»

«*Also doch Angst?*»

«*Ja. Was soll ich denn werden?*»

«*Weißt du, weshalb du die Pillen nehmen musst?*»

«Ja, weil ich krank im Kopf bin.»

«Nein, damit du nicht krank wirst. Das ist ein Unterschied.»

«Das ist kein Unterschied, das kommt auf dasselbe heraus.»

«Nein. Schau, es gibt Leute, die sich leicht erkälten. Die ziehen sich warm an, sobald es kalt wird. Und im Winter trinken sie Lebertran und solches Zeug. Damit sie nicht krank werden. Bei dir ist es ähnlich. Du nimmst diese Pillen auch, damit du keine Anfälle bekommst, damit du nicht krank wirst.»

Er sieht mich lange und ernst an.

«Glauben Sie?»

«Ich weiß.»

«Das muss ich mir überlegen.»

Lange Pause. Dann sagt er:

«Ich will Ihnen einmal etwas erzählen. Ich hatte einen Freund. Einen Erwachsenen, einen Italiener. Mit dem konnte man über alles reden. Aber dann ist er fortgezogen. – Aber mit Ihnen kann man auch gut reden. Sie sind kein böser Mensch.»

«Wie meinst du das?»

«Sie schimpfen nicht, wenn ich zu spät in die Schule komme, und wenn ich robotere.» [robotern: nervöse Bewegungen machen, herumfuchteln – J. F.]

«Und darum glaubst du ...»

«Ja, darum kann man mit Ihnen über alles reden, auch über meinen Kopf. Stimmt das mit den Pillen?»

«Ja.»

«Dann ist es gut.»

Er verabschiedet sich.

Am nächsten Tag, in der Schule:

> «*Kommen Sie, ich muss Ihnen etwas sagen. Ich möchte ein Instrument spielen lernen.*»
>
> «*Und der Kopf?*»
>
> «*Der lernt das schon.*»
>
> (Jegge 1976, S. 32 f.)

Das bedenkenswerte Beispiel von Jegge zeigt exemplarisch die zentrale Aufgabe einer Lehrperson, SchülerInnen bei der Überwindung der Entmutigung in schulischen Leistungen und Fertigkeiten behilflich zu sein – häufig eine ebenso schwierige wie auch dringend notwendige und wichtige Aufgabe. Die Kunst der Ermutigung besteht in solchen Fällen vielfach darin, die Benennung von Mängeln mit der Perspektive einer Entwicklung einer (realistischen) Vision zu kombinieren: Es existiert neben der momentanen, vielleicht unerfreulichen oder unbefriedigenden Realität noch etwas anderes, eben ein Entwicklungspotenzial, ein Entwicklungsfeld bei den SchülerInnen, das von der Lehrperson gesehen wird (vgl. auch Bauer 2007). Besonders in den 1970er- und 1980er-Jahren sind verschiedene Bücher von engagierten Lehrkräften erschienen, die sich von ihren entmutigten Schülerinnen und Schülern nicht ins Bockshorn jagen ließen, sondern mit Kraft und einer bewundernswerten hohen «Kunst der Ermutigung» erstaunliche Leistungen und Verhaltensweisen bei ihnen bewirkt haben (vgl. Jegge 1976, 1979; Hayden 1984, 1985, 1990; aus kindertherapeutischer Sicht in neuster Zeit: Westram 2003 sowie Pennac 2009). Adler (1976, S. 50) hat postuliert, es sei die wichtigste Aufgabe des Erziehers, Sorge zu tragen, dass kein Kind in der Schule entmutigt werde und dass ein Kind, das bereits entmutigt in die Schule eintrete, durch seine Schule und seine Lehrperson wieder Vertrauen in sich selbst gewinne. Dieser Anspruch an eine einzelne Lehrkraft scheint mir etwas zu hoch zu sein, als Orientierungshilfe, als Leitstern mag er aber durchaus nützlich sein, die Bemühungen auf ein Kind richtig zu bündeln, nicht zu rasch die Flinte ins Korn zu werfen und die SchülerInnen nicht zu rasch abzuschreiben.

Störendes Verhalten und Entmutigung

«Die Entmutigung eines Kindes zu überwinden, ist die häufigste und dringendste Aufgabe des Lehrers.» (Dreikurs et al. 2003, S. 46)

Viele Unterrichtsstörungen, unangemessenes Benehmen wie Aggressivität, Provokationen, Rückzug u. ä. lassen sich unter Umständen *auch* – selbstverständlich nicht ausschließlich! – als Ausdruck von Entmutigung der SchülerInnen verstehen. Diesen Erklärungsansatz verfolgt besonders deutlich die Individualpsychologie von Adler und Dreikurs. Solange Kinder und Jugendliche den Eindruck haben, einen Platz in der Gruppe und im Leben zu finden, versuchen sie in der Regel mit konstruktiven Mitteln, diesen Platz zu erreichen oder zu sichern. Menschen möchten gerne gut sein und verhalten sich vor allem dann problematisch, wenn sie keine Möglichkeit mehr sehen, auf andere Weise Erfolg und Beachtung zu finden. Selbstverständlich verlaufen solche komplexen Selbsteinschätzungsprozesse nicht auf einer bewussten Ebene, sie spielen sich unbewusst ab.

Um Kinder und Jugendliche wirklich in ihrem Verhalten verstehen zu können, ist es unabdingbar, zuerst die Situation mit ihren Augen zu sehen, ihr Wahrnehmungsmuster, ihren Bezugsrahmen und ihre Verarbeitungsmuster (vgl. dazu Kap. 2) zu erkennen – erst dann wird Verstehen und entwicklungsförderndes Einwirken überhaupt möglich.

Die Wertschätzung des Kindes und der Glaube an seine Möglichkeiten verhilft – wie wir am obigen Beispiel von Jegge (1976) gesehen haben – unter günstigen Umständen zu einer allmählichen Veränderung seiner bisher negativen Selbsteinschätzung. In **Tabelle 7-1** erkennt und entdeckt eine Lehrperson hinter den Erscheinungsformen von schwierigem und störendem Verhalten eine mögliche alternative Sichtweise, die einen günstigeren Zugang zum Verständnis und damit zum Vorgehen gegenüber dem Schüler/der SchülerIn schaffen kann. In systemischen Therapierichtungen nennt man diesen Vorgang der anderen Erklärungssuche auch Umdeutung oder Reframing (vgl. dazu auch Kap. 8).

LeserInnen, die Appetit auf ein weiteres und vor allem ausführliches Beispiel einer geglückten Ermutigung bei einem außerordentlich schwierigen Schüler bekommen haben, seien auf den Beitrag des individualpsychologisch orientierten Münchner Pädagogen Alfons Simon verwiesen, der in seinem leider seit langem vergriffenen Buch «Verstehen und Helfen» (1950) auf eindrückliche und bewegende Art den langen und mitunter schwierigen Weg mit einem «Störenfried» in seiner Klasse be-

Tabelle 7-1: Störendes Verhalten und möglicher Hintergrund (in Anlehnung an Veith 1997, S. 119, verändert und ergänzt)

Äußeres Erscheinungsbild, Beschreibung	Alternative Sichtweise: möglicher Hintergrund
der «faule», bequeme, verwöhnte Kerl	das durch eine ausgeprägt verwöhnende Erziehung entmutigte Kind, das mit unangemessenen Erwartungen und Einstellungen in die Schule kommt und damit nicht zurechtkommt
das «bösartige» Kind	das verzweifelte, hoffnungslose, entmutigte Kind
der «kriminelle» Jugendliche	der Jugendliche, der mit völlig ungeeigneten Mitteln seinen Platz und seinen Selbstwert finden will
«der undankbare Flegel»	der Knabe, der die Meinung verinnerlicht hat, die anderen Menschen wollen ihm nur Böses, seien seine Feinde, wollen ihm schaden
das hinterhältige, gemeine Mädchen	ein psychisch verletztes Mädchen, das sich nicht zutraut, auf angemessenere Art dazuzugehören
der fiese und unverschämte Kerl	ein Schüler, der auf diese Weise versucht, dem Druck, dem er sich nicht gewachsen fühlt, zu entrinnen

schreibt. Eine Wiedergabe dieses Textes findet sich im Band von Rüedi (1995, S. 105–135).

Ermutigung in der LehrerInnen-Ausbildung: Ein Beispiel

Ich habe in den 1990er-Jahren in der Schweiz u. a. in einer Ausbildungsstätte für Kindergärtnerinnen als Dozent für Psychologie und Pädagogik gearbeitet. In einer meiner Seminarklassen fiel mir bald eine außerordentlich aufgeweckte, interessierte und sorgfältige Studentin (ich nenne sie Mona) auf, die mich bald um ein Gespräch bat. Sie schilderte mir ihre Selbstzweifel, fragte, ob sie wohl für diesen Beruf geeignet sei, genügend Kraft und Begabung habe usw. Aufgrund ihrer Leistungen und ihrer offensichtlichen fachlichen und beziehungsmäßigen Fähigkeiten im Umgang mit Kindern widersprach ich ihr jeweils in weiteren Gesprächen und unterstützte sie in ihrem beruflichen Werdegang. Ihre Zweifel rührten – so erfuhr ich mit der Zeit – auch daher, dass ihre Mutter regelmäßig in die Ausbildungsstätte anrief und versuchte, den Schulleiter von der Unfähigkeit und der mangelnden Begabung ihrer Tochter für den angestrebten Beruf zu überzeugen. Es muss hier zum besseren Verständnis ergänzt werden, dass die Mutter unter schweren psychischen Problemen litt und die erwähnten Telefonate gar nicht mit der Tochter, sondern ausschließlich mit diesen Störungen zu tun hatten. Mona beendete schließlich ihre Ausbildung erfolgreich und schloss mit einem sehr guten Diplom ab – sie arbeitet übrigens seit vielen Jahren als außerordentlich erfolgreiche Kindergärtnerin und ist gleichzeitig auch Praxislehrerin für angehende Kindergärtnerinnen. Kurz vor dem Ausbildungsende stellte ich in dieser Klasse die Frage, was für sie im Unterricht bei mir am wichtigsten gewesen sei. Mona äußerte sich bei dieser Gelegenheit nur kurz und eher diffus, schrieb mir aber kurz darauf einen ausführlichen Brief, worin sie mir für den Unterricht und die erhaltene Unterstützung dankte und anfügte, der wichtigste Satz aus meinem Unterricht sei eine Aussage aus dem Themenbereich Individualpsychologie (Adler, Dreikurs, Schoenaker) gewesen: Es komme nicht darauf an, was jemand mitbringe, sondern was er (oder sie) daraus mache. Diese Aussage habe sie sehr stark auf sich bezogen, und sie habe ihr immer wieder Mut und Kraft gegeben, wenn die Mutter in die Schule telefoniert habe oder ihr auch zu Hause die Ausbildung ausreden wollte. Sie habe im Unterricht realisiert, dass sie – trotz der schwierigen Bedingungen zu Hause – etwas aus sich machen könne und von Lehrpersonen getragen und unterstützt werde. Besonders der Glaube an sie habe ihr geholfen – und dafür wolle sie sich an dieser Stelle bei mir bedanken.

Ich hätte nie gedacht, dass eine Aussage im Unterricht eine so große Wirkung entfalten könnte. Dieses Beispiel kann als Beleg dienen, um zu zeigen, wie wichtig Lehrpersonen für ihre SchülerInnen sein können, auch wenn diese schon in der Adoleszenz oder im Erwachsenenalter sind.

Ist Erziehung immer auch Ermutigung?

Zur Frage, was Erziehung ist und sein soll, sind schon unzählige Bücher geschrieben und veröffentlicht worden. Je nach persönlichem, zeitgeschichtlichem und fachlichem Hintergrund fällt die Antwort entsprechend unterschiedlich aus.

Andreas Flitner stellt in seinem sehr empfehlenswerten Buch *Konrad, sprach die Frau Mama…. Über Erziehung und Nicht-Erziehung* (1986) sein Konzept einer kindgemäßen Erziehung – in Abgrenzung zur «Schwarzen Pädagogik» und der Antipädagogik – unter dem Titel «Die unerlässlichen Aufgaben der Erziehung» vor. Seine drei Thesen sind hilfreich, anschaulich, übersichtlich und entwicklungspsychologisch sowie erziehungswissenschaftlich fundiert. Ich füge deshalb die wesentlichen Gedanken von Flitner kurz zusammengefasst und erläutert im Folgenden auf und möchte gleichzeitig darauf hinweisen, dass Flitner im dritten Punkt der Ermutigung eine wichtige Bedeutung zuweist.

1. *Behüten des Kindes. Auswahl seiner Lebenswelt, emotionale Sicherung, erfahrbares Milieu, abschirmen, behüten und freigeben.* Es gilt hier, klar zu unterscheiden zwischen Verwöhnung und situationsgemäßem Schutz und Zuwendung. Schutz und Zuwendung orientieren sich am individuellen Kind und seinen Entwicklungsschritten, seinen Erfahrungen und Möglichkeiten, seinen Grenzen und Bedürfnissen. Im Zentrum stehen das Vermitteln von Sicherheit, Geborgenheit, Vertrauen, Verlässlichkeit, aber auch das Zulassen wichtiger Erfahrungen von Freiheit, Exploration, Abgrenzung, Eigenständigkeit.

2. *Einflüssen von außen oder Neigungen von innen entgegenwirken, die dem weiteren Leben des Kindes schädlich sein können; Grenzziehung.* Eltern und Lehrpersonen müssen klar auch Grenzen setzen, um das Kind vor Gefahren zu schützen, die es selbst nicht erkennen oder abwenden kann oder die es überfordern. So sind nicht alle Fernsehsendungen für Kinder gleichermaßen geeignet, und viele Wünsche können nicht erfüllt werden. Ein Griff in den Giftschrank kann für ein Kind im Vorschulalter tödliche Folgen zeitigen.

3. *Unterstützen seiner individuellen und sozialen Entwicklung; verstehen, einfühlen in seine Lebenswelt, ermutigen.* Dazu gehört u. a. auch die Aufgabe der Erziehungspersonen, dem Kind und Jugendlichen das Gefühl zu vermitteln, etwas selbst erreichen zu können, etwas Wichtiges zu leisten. Sowohl entmutigte Kinder wie Erwachsene leiden an einem Mangel an Selbstvertrauen und Zuversicht. Eine wichtige Aufgabe von Erziehung und Begleitung liegt deshalb in der angemessenen Ermutigung (Näheres dazu vgl. die Ausführungen in den Kap. 2 und 3).

Unterstützung und Ermutigung

Krohne und Hock (1994, S. 56 f.) haben in einer interessanten Studie den Einfluss der elterlichen Erziehung auf die Angstentwicklung des Kindes untersucht und dargestellt. Eine ermutigende, unterstützende Haltung fördert tendenziell die Entwicklung des Kindes, eine stark einschränkende hemmt sie. Spannend dabei ist, wie weit einschränkendes Erzieherverhalten und Entmutigung übereinstimmen. Ihre Gegenüberstellung eines unterstützenden (ermutigenden) bzw. einschränkenden (entmutigenden) Erziehungsstils macht auf anschauliche Weise deutlich, wie wichtig ein ermutigendes Grundverständnis im Umgang mit Kindern ist. Selbstverständlich gehören zu jeder Erziehung auch Grenzen, Regeln, Beschränkungen.

Ermutigung und Selbst-, Sach- und Sozialkompetenzen

In der jetzigen und mit großer Wahrscheinlichkeit auch in einer zukünftigen Schule stehen – in der pädagogischen Diskussion ziemlich unbestritten – die drei obengenannten Primärkompetenzen im Zentrum. Für die Entwicklung und Konsolidierung dieser drei Kompetenzen spielen ermutigende Erfahrungen – nicht nur in der Schule, auch in der Familie, im Freizeitbereich, im ganzen Leben – eine wesentliche Rolle.

- Unter *Selbstkompetenz* werden u. a. das Einüben von selbständigem und selbstverantwortlichem Handeln und die Ausdauer, das Erweitern und das Akzeptieren der Grenzen des Ichs, das Vorhandensein eines gesunden Selbstwertgefühls, die Fähigkeit, Moral zu entwickeln und Versagen angemessen zu ertragen, verstanden.

- Mit *Sachkompetenz* werden u. a. die Aneignung von Kenntnissen und Fertigkeiten, das Wecken der Motivation für bestimmte Sachverhalte, der sprachliche Ausdruck und das Sprachverhalten, die verbale und die nonverbale Kommunikation subsummiert.

- *Sozialkompetenz* meint u. a. die Fähigkeit zur sozialen Interaktion, zur Kooperation, zur Hilfeleistung, zur Empathie.

Wie werden Schülerinnen und Schüler, Studentinnen und Studenten in diesen Fähigkeiten gefördert und geschult? Die Schule muss diese drei Kompetenzstränge in ausgewogener Weise fördern. Wird das Schwergewicht nur auf die Sachkompetenz gelegt, besteht die Gefahr, einseitig befähigte Menschen, denen es an Sozial- und Selbstkompetenzen mangelt, aus der Schule zu entlassen: Fachliche Bildung ohne mitmenschliche Verbundenheit führt zu eindimensionalen, sozial und emotional unterentwickelten Menschen. Es genügt nicht, fachlich hochspezialisierte und kompetente Menschen auszubilden, die später aber in ihrem Denken, Entscheiden und Handeln kaum mehr soziale, gesellschaftliche und persönliche Faktoren zu berücksichtigen vermögen. Einige Erscheinungsformen in der Wildbahn der «freien», globalisierten Marktwirtschaft wie Rücksichts- und Skrupellosigkeit, Korruption, grenzenlose Profitgier u. v. a. legen davon Zeugnis ab. Umgekehrt dürfen weder Volksschule noch Ausbildungsgänge für Lehrpersonen ausschließlich Persönlichkeitsbildung betreiben, da Schüler wie Lehrpersonen auch über ein breites Sachwissen und Können verfügen müssen, um in dieser komplexen Welt zu bestehen.

Abschreckende Beispiele aus der Schulgeschichte

Die personale Bedeutung in Erziehung und Bildung im Hinblick auf Entmutigungsfolgen zeigen uns auf anschauliche Weise – häufig in beklemmenden und teilweise in humorvollen Varianten – viele Schriftsteller. Am eindrücklichsten erweisen sich dabei die persönlichen Erinnerungen an Lehrer – Lehrerinnen gab es außer auf der Vorschulstufe noch kaum. Beschreibt Heinrich Mann in seinem berühmten *Professor Unrat* eher die humorvoll-tragische Seite der Lehrerpersönlichkeit, spüren auch heutige LeserInnen die beklemmende pädagogische Atmosphäre, verkörpert im Oberlehrer Ballerstedt und im Oberlehrer Doktor Mantelsack in Thomas Manns *Buddenbrooks* oder in Friedrich Torbergs *Schüler Gerber*, wo Angst und Gewalt die Schüler in ihrem Schulalltag gleichsam lähmen. Torberg nennt den Professor bezeichnenderweise «Gott Kupfer».

In Leonhard Franks stark autobiografisch geprägtem Roman *Links wo das Herz ist* (1976) wird der verhasste Lehrer Dürr zur identitätsbedrohenden Person, die den Protagonisten Michael seelisch fast umbringt. Die folgenden Auszüge (S. 6 f.) zeigen exemplarisch die mögliche – hier extrem negative – Wirkung des Lehrers auf einen Schüler: «*Die große Not, herabdrückend und die Seele verwundend, begann für Michael erst in der Schule. Der Schlag ins Gesicht, dem ein viele Sekunden währender Wut-*

blick des Lehrers in den Augen des hypnotisierten Schülers voranging [...] war nicht das Ärgste [...]. Das Ärgste war die Angst. Seine Erziehungsmethode war, die Knaben in Angstbesessene zu verwandeln. Das Schulzimmer war mit Angst geheizt. Angst war nachts der Trauminhalt seiner Schüler. Frühere Schüler von ihm fuhren seinetwegen noch als verheiratete Männer aus Angstträumen hoch und wichen auf der Straße erschreckt zur Seite, wenn er unverhofft ihres Weges kam [...]. Er benutzte seine überwältigende Autorität dazu, die Persönlichkeit des Schülers auszurotten, und beging den Seelenmord gründlich [...]. Als Michael nach sieben Jahren die Schule verließ, war er ein schwerverwundeter Junge.»

Gerade an diesem und anderen autobiografischen Beispielen wird eines besonders deutlich: Fast allen Schriftstellern bleibt die pädagogische Atmosphäre, das gesamte pädagogische Verhalten der Lehrperson – kurz die *Person* des Lehrers – in nachhaltiger Erinnerung. Neben dieser Wirkung der Persönlichkeit verschwinden interessanterweise fast alle didaktisch-methodischen Aspekte: In Erinnerung bleibt vor allem die pädagogische Atmosphäre, die – zugegeben – nicht nur von der Persönlichkeit der Lehrperson, sondern auch von anderen Faktoren (Lehrformen, kulturelle und gesellschaftliche Einflüsse usw.) bestimmt wird.

Besonders heute, wo Kinder und Jugendliche immer mehr durch anonyme und manchmal entpersönlichte Medien und Instanzen wie TV, Video, Magazine usw. sozialisiert (und häufig wohl auch «de-sozialisiert») werden und zunehmend isolierter und naturentfernter aufwachsen, sind vermehrte Begegnungen mit echten Menschen, die zuhören, Zeit haben, mitreden, helfen, zur Verfügung stehen usw., unabdingbar. Die moderne und schnelllebige Zeit, in der auch Beziehungen immer kurzlebiger, oberflächlicher und brüchiger werden, lässt den personalen Ansatz wieder aktuell und nötiger denn je werden. In den nächsten Abschnitten sollen nun einige konkrete Möglichkeiten der Ermutigung im Bereich der Schule behandelt werden.

Was kann ich (besonders) gut?

In einer Schulklasse, die sich einigermaßen gefunden und zusammengerauft hat, die also nicht mehr am Anfang ihres Klassen- und Rollenfindungsprozesses steht, kann die Lehrperson den einzelnen SchülerInnen die Aufgabe stellen, sich Gedanken und Notizen zu machen, wo die eigenen Stärken liegen und – ganz wichtig! – wie sie dazu gekommen sind.

Als Variante kann auch ein Bild oder Poster dazu erstellt werden. Anschließend findet eine kurze Präsentation vor der Klasse statt, wo auch die Möglichkeit besteht, dass Fragen an den/die präsentierende Schüler/in gestellt werden können.

Was können meine KameradInnen (besonders) gut?

Auch hier gilt die gleiche Vorbemerkung bezüglich der Klasse wie im vorherigen Abschnitt. Diesmal arbeiten die Kinder in Zweiergruppen an der Fragestellung: Wo liegen seine Stärken? Wie ist es dazu/soweit gekommen? Anschließend stellen die Kinder jeweils die Stärken – und wie sie diese erworben haben – ihrem Partner/ihrer Partnerin vor. Auch hier sind Fragen willkommen.

Die Rücken-Karton-Übung

Auf einem leeren A4-Karton wird oben links der Name des Inhabers/der Inhaberin angebracht. Mit Hilfe einer Schnur hängt dann jedes Kind seinen Karton so über den Kopf, dass der Karton etwa auf der Rückenmitte des Trägers/der Trägerin platziert ist. Die Kinder gehen nun im Schulzimmer herum und schreiben jeweils auf den Karton ihrer KollegInnen Stichworte oder Kurzsätze auf, die Positives des Trägers/der Trägerin wiedergeben (z. B.: hilfsbereit, humorvoll usw.). Bedingung ist, dass nur ehrlich Positives notiert wird und dass der Karton während des Aufschreibens von den «InhaberInnen» nicht betrachtet wird – das geschieht erst anschließend am Platz. Damit diese Übung eine Wirkung erzielt, sollte sich die Klasse oder Gruppe schon eine Weile kennen.

Ein Zettel nur …

Eines Tages bat eine Lehrerin ihre SchülerInnen, die Namen aller anderen in der Klasse auf ein Blatt Papier zu schreiben und ein wenig Platz neben den Namen zu lassen. Dann erteilte sie den Auftrag, dass sich alle überlegen sollen, was das Netteste ist, das sie über jeden und jede ihrer KlassenkameradInnen sagen können, und das sollten sie neben die jeweiligen Namen schreiben. Es dauerte eine ganze Stunde, bis alle fertig waren, und bevor die SchülerInnen den Klassenraum verließen, gaben sie ihre Blätter der Lehrerin ab. Am Wochenende schrieb die Lehrerin jeden Namen auf ein Blatt Papier und daneben alle netten Bemerkungen. Am Montag gab sie jedem Schüler und jeder Schülerin seine oder ihre Liste. Schon nach kurzer Zeit sah man auf den Gesichtern ein Lächeln.

«*Wirklich?*», hörte man flüstern. «*Ich wusste gar nicht, dass ich irgendjemandem was bedeute!*», und: «*Ich wusste nicht, dass mich andere wirklich mögen!*» Niemand erwähnte die Listen je wieder. Die Lehrerin wusste nicht, ob die SchülerInnen sie untereinander oder mit ihren Eltern diskutiert hatten.

Einige Jahre später erlitt Mark, einer der Schüler, einen tödlichen Unfall. Die Lehrerin ging zum Begräbnis. Die Kirche war überfüllt. Die meisten von Marks früheren Schulfreunden waren auch da. Einer nach dem anderen ging am Sarg vorbei und erwies ihm die letzte Ehre. Marks Eltern waren auch da und sie warteten offenbar sehnsüchtig darauf, mit der Lehrerin zu sprechen. «*Wir wollen Ihnen etwas zeigen*», sagte der Vater und zog eine Geldbörse aus seiner Tasche. «*Das haben wir bei Mark gefunden. Wir dachten, Sie würden es erkennen.*» Aus der Geldbörse zog er ein stark abgenutztes Blatt, das offensichtlich zusammengeklebt, viele Male gefaltet und auseinandergefaltet worden war. Die Lehrerin erkannte sogleich, dass dies eines der Blätter war, auf denen die netten Dinge standen, die seine KlassenkameradInnen über Mark geschrieben hatten. «*Wir möchten Ihnen so sehr dafür danken, dass Sie das gemacht haben*», sagte Marks Mutter. «*Wie Sie sehen können, hat Mark das sehr geschätzt.*»

Alle früheren SchülerInnen drängten sich um die Lehrerin. Jens lächelte ein wenig und sagte: «*Ich habe meine Liste auch noch. Sie ist in der obersten Schublade in meinem Schreibtisch*». Tims Frau sagte: «*Tim bat mich, die Liste in unser Hochzeitsalbum zu kleben.*» «*Ich habe meine auch noch*», sagte Maria. «*Sie ist in meinem Tagebuch.*» Dann griff Leonie, eine andere Mitschülerin, in ihren Taschenkalender und zeigte den anderen ihre abgegriffene und ausgefranste Liste. «*Ich trage sie immer bei mir*», sagte sie und meinte dann: «*Ich glaube, wir haben alle die Listen aufbewahrt.*»

Aus: Schweizerisches Netzwerk gesundheitsfördernder Schulen: NEWSLETTER Nr. 4, Dezember 2007; leicht verändert

Ermutigung durch Humor

Schon der polnische Pädagoge Janusz Korczak (1967) hat darauf aufmerksam gemacht, wie wichtig eine fröhliche Pädagogik für ein Gelingen von Erziehung und Unterricht ist. Humor rangiert in verschiedenen Untersuchungen über die von SchülerInnen geäußerten Forderungen und Wünsche an eine LehrerInnenpersönlichkeit häufig an erster Stelle – sogar vor weiteren Eigenschaften wie Gerechtigkeit, Geduld oder Anschaulichkeit des Unterrichts (Gröschel 1980). Das nachfolgende Beispiel soll als kleine persönliche Veranschaulichung dazu dienen und gleichzeitig zeigen, dass und wie Humor eine hilfreiche Quelle für Ermutigung darstellen kann.

Als Werkstudent habe ich – um Geld zu verdienen und gleichzeitig als Lehrer weitere Erfahrungen zu sammeln – an einem privaten Lerninstitut Nachhilfeunterricht für Kinder begüterter Schichten erteilt. Dabei betreute ich den Einzelschüler Thomas, der sich durch die Lehrperson in seiner Schule häufig überfordert fühlte und immer wieder lauthals über die Hausaufgaben schimpfte und jammerte. Geduldig versuchte ich ihm jeweils diese Hausaufgaben zu erklären. Mit der Zeit jammerte er schon beim Eintreten ins Zimmer, wie viele Aufgaben er schon wieder zu bewältigen habe. Anfangs versuchte ich, ihn mit sachlichem Vorgehen zu ermutigen: Wenn wir doch gleich beginnen, dann habe er es schließlich hinter sich, er könne es sicher besser, als er annehme (Thomas war ein guter Schüler). Diese und ähnliche gutgemeinten Interventionen meinerseits führten überhaupt nicht zum Erfolg, im Gegenteil. Thomas zeigte sich immer weniger an der Erledigung der Hausaufgaben interessiert, gähnte, klagte und beschwerte sich lauthals über die Lehrperson. Alle ermutigenden und beruhigenden Worte meinerseits prallten wirkungslos ab. Schließlich erkannte ich, dass sich Thomas durch mein Vorgehen nicht erfasst fühlte, und änderte das nächste Mal mein Verhalten auf paradoxe Weise: Als er wieder unser Zimmer betrat, nach langem Hin und Her schließlich das Rechenheft aufschlug und mit verdrehten Augen erläuterte, wie viele Rechnungen er bis zum nächsten Tag zu erledigen habe, schaute ich ihn kurz und ernst an und fragte dann, ob seine Lehrperson das wirklich ernst meine. Thomas nickte heftig. Nun begann ich, Thomas zu bedauern, meinte, diese Lehrperson sei ja nicht recht bei Trost, das sei schlicht wahnsinnig, was verlangt würde .... Thomas reagierte auf meine Äußerungen zunehmend verunsichert. Schließlich meinte er, so schlimm sei es doch auch wieder nicht. Ich doppelte nun nach und kam in Fahrt. Doch!, rief ich aus, diese vielen Rechnungen, das sei doch kriminell, die Lehrperson müsste von den Eltern und den Schulbehörden unter Druck gesetzt und entlassen, angeklagt werden, ob ich nicht dieser Lehrperson .... Thomas schaute mich immer verblüffter an, blieb einen Moment fassungslos, und meinte endlich nach einer längeren Pause, ich übertreibe doch, so schlimm seien die Lehrperson und die geforderten Hausaufgaben nun auch wieder nicht – und er wolle nun mit mir die Rechnungen lösen! Wir schauten uns kurz in die Augen, dann mussten wir beide lauthals minutenlang lachen. Thomas löste in der Folge ohne weitere Diskussionen die Aufgaben in Kürze, und wir hatten nie mehr Diskussionen über die Rechenaufgaben. Gelegentlich fragte ich zu Beginn einer neuen Stunde noch, ob die gemeine Lehrperson immer noch ... und dann lachten wir wieder gemeinsam, bis die Tränen flossen.

Ermutigung durch paradoxe Intervention

Die Arbeit mit so genannt schwierigen Kindern ist manchmal sehr nervenaufreibend und für Lehrkräfte mitunter gar entmutigend. Ein schönes Beispiel aus einer kunsttherapeutischen Sitzung mit einem einzelnen Kind schildert uns Christiane Hubert, Leiterin der Tagesklinik der Kinder- und Jugendpsychiatrie des Marienkrankenhauses Papenburg-Aschendorf (2003, S. 404). Grundgedanke und Grundhaltung der Therapeutin lassen sich adaptiert durchaus auch auf eine Gruppe oder gar Schulklasse übertragen:

> «Diese Patientin wollte keine Therapie, und Malen oder irgendetwas mit ihren Händen tun wollte sie schon gar nicht. Sie ist in die Therapie gekommen, hat tatsächlich ein Bild gemalt, das aber in 1000 Schnipsel zerrissen und sich dann auf den Tisch gesetzt, um sie herum diese ganzen Schnipsel. Daraufhin hat die Kunsttherapeutin gesagt: «Wahnsinn, das ist ja Kunst pur, wie du das gemacht hast, das könnte man ja ausstellen, wie bist du nur auf diese Idee gekommen?» Das Kind war schockiert («Wie kann diese blöde Kunsttherapeutin einen solchen Schwachsinn reden?») und fühlte sich erst einmal nicht ernst genommen. Als aber die Therapeutin damit begonnen hat, die Schnipsel zusammenzusuchen, entstand etwas Neues und das Kind ist neugierig

> *geworden und hat – wenn auch zögerlich – mitgemacht. Die Stunden sind später dann so abgelaufen, dass das Mädchen in die Kunsttherapie kam und etwas kaputt gemacht hat. Irgendwann überwogen dann nicht mehr der Frust und das Kaputtmachen, sondern es wurde Spaß daraus.»*

Hubert merkt allerdings zu Recht an, welchen Atem, welche Haltung und Ausdauer hier von der erwachsenen Person gefordert sind: Man muss schon vom Glauben an andere Möglichkeiten des Kindes durchdrungen sein, ihm Fähigkeiten zutrauen, die es zurzeit noch nicht zeigen kann (oder will). Das wichtigste dabei ist wohl, selbst daran zu glauben, sozusagen auf der gemeinsamen Schatzsuche – wenn auch mit Umwegen und Rückschlägen – schließlich doch noch fündig zu werden. Geduld und Ausdauer, wie weiter oben schon mehrmals erwähnt, sind hier wohl unabdingbare Voraussetzungen für Lehrpersonen wie Kinder-TherapeutInnen.

Selbstermutigung: Ein Beispiel

Eine junge Lehrerin schildert im folgenden Beispiel aus der Rückblende, wie sie sich als Schülerin – mit Hilfe des (vermeintlich angstfreien) Bruders – selber ermutigen konnte. Dabei wird deutlich, wie unterschiedlich sich Geschwister im Vergleich wahrnehmen können (vgl. auch Frick 2009).

> *Ich stand auf dem unteren Holm, am oberen hielt ich mich fest. Ich wusste, dass ich jetzt da drüber springen sollte, wenn möglich noch elegant. Das Ganze im Rahmen der Vorbereitung auf den Sporttag, wo ich diese Übung dann vorturnen sollte. Ich nerve mich über mich selbst. Warum musste ich bloß immer so vorausschauend, ängstlich sein, jedes nur erdenkliche Szenario berechnend?! Mein Bruder, der war ganz anders! Der lebte im Moment, war ein Draufgänger, der kannte keine Angst. Warum war ich nicht wie er? Ja, warum eigentlich nicht? Ich stellte mir einfach vor, ich wäre jetzt er, ohne Ängste, einfach drauf los. Die Vorstellung verlieh mir Flügel: Ich sprang. Und ich sprang nochmals.*

> Am Abend beim zu Bett gehen erzählte ich meiner Mutter von meinem Trick. Beim Zuhören verzog sie plötzlich ihr Gesicht und meinte lachend: «Das ist jetzt lustig. Vor ein paar Tagen hat mir Thomas (der Bruder) etwas Ähnliches erzählt.» Er bewundere meine ruhige, disziplinierte Art, die immer alles im Blickfeld habe. Und immer, wenn er in der Schule wieder kurz davor sei, die Beherrschung zu verlieren und auszurasten, denke er an mich, und stelle sich vor, er sei jetzt ich, mit meinen Qualitäten, was ihm helfe, sich zu beherrschen und zu konzentrieren.
> Die Art meines Bruders ermutigte mich, der wiederum wurde durch meine Art ermutigt, was wiederum mich in meiner Persönlichkeit bestätigte.

Indirekte Formen der Ermutigung

Wenn Kinder in der Schule Schwierigkeiten in bestimmten Fächern zeigen, versuchen Lehrpersonen oft mit direkten Verbesserungsideen wie «mach es doch so ...» o. ä. Lösungen anzustoßen. Vielfach misslingen diese gutgemeinten Hilfestellungen. Bei einem Kind, das Leseschwierigkeiten zeigt, könnte die Lehrperson versuchen herauszufinden, was dieses Kind besonders interessiert. Wenn es an Fußball oder an Velofahren besonderen Gefallen findet, wäre es einen Versuch wert, attraktive Bücher zu diesen Themen im Schulzimmer herumliegen zu lassen und darauf zu vertrauen, dass das Kind beginnt, die Bücher anzuschauen. Vielleicht bittet es dann die Lehrperson, ihm aus einem der Bücher vorzulesen – und die Lehrperson findet so einen Anknüpfungspunkt, um dem Kind das Lesen schmackhaft machen zu können. Vielleicht liest in einer Zweiersituation nach der Schule die Lehrperson einen Abschnitt, dann übernimmt das Kind den nächsten usw.

Kompetenzen und Selbstkonzept stärken

Ein am Konzept der Ermutigung orientierter Unterricht bedeutet immer auch die Förderung von Kompetenzen bei Kindern und Jugendlichen, denn die Wahrnehmung der eigenen Kompetenzen beeinflusst die Selbsteinschätzung, was sich auf das Selbstwertgefühl auswirkt. Die Förderung von Kompetenzen bezieht sich sowohl auf den fachlichen wie den überfachlichen Bereich (z. B. soziale Kompetenzen, Selbstkompetenz). Ferner geht es auch darum, die Kontrollüberzeugungen der SchülerInnen (*locus of control*) zu fördern: Sie sollen spüren und lernen, dass sie etwas bewirken, gestalten und erreichen können (Gefühl der Selbstwirksamkeit). Auch die positiv-kritische Selbstbeobachtung, die Selbstverstärkung und schließlich positive Selbstinstruktion (positiver innerer Dialog, vgl. Kap. 2 und 9) der SchülerInnen zu initiieren und zu stärken, gehört zu einem wirkungsvollen ermutigenden Unterricht. Wer zudem auch individuelle Bezugsnormen schafft sowie individuelle Rückmeldungen zu Leistung und Verhalten gibt, hilft den Kindern, ihre Fähigkeiten richtig einzuschätzen und allfällige Defizite aufzuarbeiten. Das Buch von Furmann (2005) bietet Lehrpersonen wie Eltern verschiedene Möglichkeiten, Defizite oder Probleme ihrer Kinder als Fähigkeiten, die sie noch nicht erlernt haben, zu verstehen – Ängste, Schuleschwänzen, störendes Verhalten usw. werden als noch nicht ausgebildete Fähigkeiten umgedeutet und im Sinne eines lösungsorientierten Ansatzes bearbeitet: Der Fokus wird auf das gelenkt, was das Kind lernen muss, etwa aufstrecken (sich durch Heben der Hand melden), Ordnung halten, mithelfen u. ä. Damit soll die häufig fehler- und defizitorientierte Sichtweise, die Kinder nur noch mehr entmutigt, durch eine für beide Seiten hilfreichere Grundhaltung ersetzt werden.

Weitere konkrete Möglichkeiten im pädagogischen Alltag

Ermutigung kann sich im pädagogischen Alltag auf verschiedene Gebiete beziehen, von denen ich einige aufzähle:

- Ermutigung, mehr Verantwortung für das Lernen zu übernehmen, seien es Hausaufgaben, die Prüfungsvorbereitung u. a. m.
- Ermutigung, sich an einen Lernstoff zu wagen, den man sich nicht zutraut, z. B. Musik oder Mathematik
- Ermutigung zur Bewältigung von sozialen Konflikten innerhalb der Klasse oder auf dem Pausenhof
- Ermutigung zur Einhaltung von sozialen Regeln
- Ermutigung, sich mit klaren Anforderungen zu befreunden, statt ihnen auszuweichen.

Zum Schluss möchte ich noch – im Sinne einer kleinen Auswahl – einige ganz konkrete Möglichkeiten und Anregungen für den pädagogischen Alltag auflisten, ohne allerdings einen Anspruch auf Vollständigkeit zu erheben. Sie sind als LeserIn aufgefordert, weitere (und bessere) Varianten zu entwickeln. Auch hier gilt: Ermutigung darf nicht zu einer Technik verkommen, sondern muss eingebettet sein in eine von gegenseitigem Respekt getragene Beziehung: Es geht also nicht um spezielle oder raffinierte Ermutigungstechniken, sondern um einen respektvollen gegenseitigen Umgang. Ein Lob etwa, ohne dass man mit SchülerInnen in einer Beziehung steht, ist wirkungslos und verpufft ins Leere. Die Grundhaltung (vgl. Kap. 2) ist also wichtiger als eine einzelne Handlung.

- Ermutigungsrunde am Anfang der Stunde, z. B. am Ende der Woche: Was lief diese Woche alles gut? Die SchülerInnen und später auch die Lehrperson berichten.

- Positives hervorheben: Worin sind die SchülerInnen gut? Was beherrschen sie ausgezeichnet? (Das soll knapp, echt, nicht künstlich beschrieben werden.)

- Kinder und Jugendliche sollen die Möglichkeit haben, etwas vorzuzeigen, das sie besonders gut können, z. B. im Turnen Kunststücke. Dreikurs (1980, S. 103) meint: «*Fehler werden durch ihre Betonung nicht ausgeschaltet. Man kann nicht auf Schwäche, sondern nur auf Stärke bauen. Vermehrtes Selbstvertrauen führt ganz allgemein zu einer Verbesserung und speziell auch in schwachen Fächern.*»

- Bei Lob soll genau formuliert werden, was man damit meint, z. B.: «*Toll, wie selbständig ihr arbeitet.*» und «*Toll, nur weiter so fortfahren mit schreiben.*». Präzises Lob wirkt mehr als diffuses oder generalisiertes.

- Etwas besonders gut Gelungenes können Vorschulkinder im Kreis zeigen. Ein passendes Lied dazu (Bravo, Bravo, Bravissimo) stärkt diese Erfahrung.

- Komplimentenrunde am Schluss eines Tages: Jedes Kind erhält ein Feedback, was an ihm/von ihm positiv aufgefallen ist. Auch hier ist Echtheit unabdingbare Voraussetzung!

- Jedes Kind, jede SchülerIn verfügt in irgendeinem Gebiet über spezielle Fähigkeiten oder Kompetenzen, das kann durchaus auch ein Hobby sein: Möglichkeit geben, das zu zeigen oder zu erzählen!

- Die Lehrkraft kann bei einer Arbeit/Aufgabe ein Kind zur Hilfe beiziehen: «*Hilf du mir bitte, du kannst das so gut!*»
- Helfen, damit die einzelnen Kinder konkrete Erfolgserlebnisse in der Schule selber erreichen können
- Anknüpfen an das, was Kinder gerne machen: zum Beispiel das Thema «Fußball» in eine Lektion packen
- Partnerarbeit (gegenseitiges Ausdenken, was das Kind gut kann)
- Selbst eine Ermutigungsgeschichte schreiben und den Kindern erzählen oder vorlesen. Vielleicht schreibt ein Kind eine Fortsetzung oder eine eigene Geschichte.

ErzieherInnen in Kindergärten oder Kindertagesstätten und Grundschullehrerinnen finden im Buch von Portmann (1996) viele weitere praxisbezogene Beispiele und Anregungen zur Ermutigung.

Für Lehrkräfte der Volksschule bieten Dreikurs et al. (2003) in ihrem Klassiker «Lehrer und Schüler lösen Disziplinprobleme» auf den Seiten 80–105 und 167–168 eine Fülle von praxisbezogenen und erprobten Vorschlägen.

8 Anwendungsfelder und Möglichkeiten II: Ermutigung in der Beratung

Einleitung

«*Die Menschen stärken, die Sachen klären.*» (Hartmut von Hentig)[72]

«*Adlers Optimismus war also nicht so sehr durch das begründet, was der Mensch ist, sondern was er werden, was er sein könnte.*» (Manès Sperber)[73]

«*Es ist ein gewaltiger Unterschied, ob ich einen Menschen von seinen Schwächen oder von seinen Stärken her begreife, von seinen Ausfällen her oder von seiner Substanz, ob ich von den Löchern rede oder vom Käse.*» (Jegge 2006, S. 87)

Wenn in diesem Kapitel vor allem von Beratung die Rede ist, heißt das nicht, dass viele der Ausführungen nicht auch auf therapeutische Prozesse und Aspekte zutreffen – und ebenso auf viele allgemein zwischenmenschliche Begegnungen und Situationen. Deshalb liest sich dieses Kapitel mit Gewinn ebenfalls für allgemein an Fragen des Lebens interessierte LeserInnen. Von Hentigs Zitat bezieht sich zwar auf den Bereich der Schule, passt aber genauso für den Umgang mit Erwachsenen wie für die Arbeit im Beratungs- und Therapiebereich.

Obwohl Psychotherapie und Beratung von vielen AutorInnen unterschieden werden, bestehen selbstverständlich größere Überlappungsbereiche zwischen beiden Disziplinen, denn Psychotherapie ist sicher mehr als Selbstklärung und Beziehungsklärung, Beratung mehr als nur Problemklärung, wie Sander (1999, S. 23; Sander diskutiert mögliche

---

72 Von Hentig 1985
73 Sperber 1971, S. 101

Abgrenzungen in einem hilfreichen Überblick [S. 22–26]) aus meiner Sicht treffend anmerkt. Beratung kann – sehr vereinfacht – als Prozess der Information, der Klärung und der Bewältigung verstanden werden (Sander 1999). Etwas ausführlicher: Beratung lässt sich zusammengefasst als ein zielgerichteter, problem- und lösungsorientierter Prozess verstehen, der sich an den Ressourcen der Hilfesuchenden ausrichtet und darauf abzielt, eine Problemlage zu beseitigen, eine Neuorientierung zu ermöglichen sowie die Selbststeuerung und Problemlösefähigkeit der Hilfesuchenden zu verbessern (vgl. Böckelmann 2002, S. 39). Ziel jeder ermutigenden Beratung ist es, die *Hilfesuchenden zu unterstützen, mit ihren Problemen (wieder) selber fertig zu werden* (Wolters 2000). Hehl (2005, S. 218) drückt es – im Zusammenhang mit depressiven Verstimmungen – in seinen Worten wie folgt aus: *«Es kommt wieder Hoffnung auf. Die Welt sieht anders aus. Die großen Probleme schrumpfen zusammen. Der Klient sieht in die Zukunft und wagt es, zu planen und neue Ideen zu entwickeln.»* Ähnlich stelle ich mir das für eine gelungene Beratung ganz allgemein so vor. Die Basis dazu bildet als konstituierendes Element die Beziehung zwischen der hilfesuchenden Person und dem/der BeraterIn. Beziehungsfähigkeit und Fachkompetenz der Beraterin, des Beraters bilden zwei wesentliche Grundpfeiler einer erfolgreichen Beratung.

Die gewinnende, positive Grundhaltung der beratenden Person

Wer andere Menschen in ihrer Entwicklung begleiten und unterstützen möchte, kommt nicht darum herum, sich über seine eigenen Voraussetzungen, sein Menschenbild, sein Selbst- und Fremdbild Gedanken zu machen (vgl. Nestmann et al. 2004b). Was ich dazu in Kapitel 2 dieses Buches schon ausführlicher dargelegt habe, gilt in besonderem Ausmaß ebenso für sämtliche Beratungsprozesse. Böckelmann (2002, S. 30) formuliert das kurz und prägnant: *«Es ist wichtig, dass Beraterinnen und Berater ihre Menschenbildannahmen reflektieren.»* Neben fachlichen Fähigkeiten, die eine psychologische Beraterin, ein psychologischer Berater in der Regel durch eine entsprechende Ausbildung erwerben und durch viele Erfahrungen vertiefen und erweitern kann, repräsentiert die Grundhaltung eine wesentliche Komponente, die über Erfolg oder Misserfolg einer Beratung wesentlich mitentscheidet. Das gilt übrigens auch für den medizinischen Bereich: Aus einer US-amerikanischen Metaanalyse von

25 Studien[74] bei PatientInnen mit chronischen Schmerzen und Bluthochdruck geht hervor, dass die Persönlichkeit des Arztes/der Ärztin einen deutlichen Einfluss auf das Resultat der Behandlung hatte, d. h. das sichere Auftreten sowie eindeutige Aussagen gepaart mit Wärme und Freundlichkeit verbesserten die Selbstheilungskräfte der PatientInnen.

Neben den entsprechenden fachlichen Kompetenzen ist die Person oder Persönlichkeit des Beraters, der Beraterin sowohl für den Verlauf wie auch für die Effektivität des Beratungsprozesses von erheblicher Bedeutung, wie ich das schon in Kapitel 2 etwas variiert und in Kapitel 7 bezüglich der Rolle der Lehrperson adaptiert beschrieben habe. Einer der wichtigsten primären Wirkfaktoren in einer Beratung und Therapie liegt in der Person (und den entsprechenden Eigenschaften dieser Person) – weit vor den angewandten Techniken oder Methoden der Behandlung: Wie schon früher angedeutet, kommt erst die Beziehung und dann die Technik. Die vertrauensvolle, tragende Arbeitsbeziehung zwischen Beratungsperson und Hilfesuchenden stellt das A und O, die Basis für jede erfolgreiche Zusammenarbeit dar: Wenn ich mein Gegenüber nicht mag, kann ich kaum von ihm lernen, ihm etwas abnehmen, Anregungen und andere Sichtweisen an mich herankommen lassen usw. Die meisten beraterischen Interventionen sind wahrscheinlich nur auf der Grundlage einer vertrauensvollen und stabilen Beziehung möglich und setzen natürlich ein echtes Interesse auf der Expertenseite voraus (vgl. Breitenbach/ Requardt 2005). Auch Wagner und Becker (1999) führen an erster Stelle ihrer Liste der wichtigsten therapeutischen Maxime den Satz auf: «*Widme der Pflege* [und vorher natürlich dem Aufbau – J. F.] *der therapeutischen Beziehung höchste Aufmerksamkeit!*» Man könnte deshalb ebenso von einer beziehungsorientierten Beratungsarbeit (Pearson 1997) sprechen. Dazu gehört auch, dass die beratende Person die Beziehung auch so zu gestalten vermag, dass sich Hilfesuchende ernstgenommen fühlen.

Die Beziehung ist darum so wichtig, weil sie eine korrigierende Erfahrung der Hilfesuchenden ermöglicht – die Beziehung stellt eine wesentliche Ressource dar, welche die Selbsthilfebemühungen der Hilfesuchenden sehr erleichtert, unterstützt und vermutlich erst ermöglicht (vgl. Tallmann/Bohart 2001). Aus der Psychotherapieforschung kommt deshalb – wenig überraschend – die Forderung, besonders bei Beginn einer Behandlung eine gute Beziehung zu etablieren: Erfolgreiche Therapien weisen, so Smith und Grawe (2003), schon in den ersten vier Sitzun-

---

74 zitiert nach Holtbernd 2002, S. 82

gen eine gelungenere Therapiebeziehung auf als weniger erfolgreiche Therapien.

Die Beratungsperson sollte von einem tendenziell positiven Menschenbild, von einer optimistischen Grundhaltung ausgehen. Was heißt das konkret? Ich versuche dazu einige grundsätzliche Aspekte und Grundannahmen für eine hilfreiche Beratung knapp zusammenfassend aufzuführen, wobei klar ist, dass es sich bei der nachfolgenden Aufzählung um ein ideales Bild vom Menschen handelt, welches als eine regulative Zielidee – und auf keinen Fall als Ist-Zustand! – zu betrachten ist.

Wichtige Grundhaltungen in der Beratung

Die folgende Beschreibung bzw. Zusammenfassung einiger Grundhaltungen stützt sich vor allem auf Konzepte und Annahmen von Psychologen und Philosophen – genannt seien hier namentlich Adler (1973b; 1982); Rogers (1973; 1977); Sullivan (1983); Bowlby (1982; 1986; 1995); Ellis (1993); Beck et al. (1999); Russell (1951; 1989); Helvétius (1973; 1976); Holbach (1960); Sander (1999); Antonovsky (1997); Opp et al. (1999); Schoenaker (1996); Mutzeck (2002); Rhode et al. (2003) sowie der Politiker Nelson Mandela (1997) – und bezieht zugleich eigene langjährige Erfahrungen mit ein. Damit wird klar, dass der Autor einen Standpunkt vertritt, der sich auf verschiedene Konzepte und Modelle abstützt und diese integriert: individualpsychologische, humanistische, verhaltenstherapeutische, interpersonale, bindungstheoretische, salutogenetische, systemische, lösungsorientierte u. a.

1. Menschen geben in vielen Fällen – im Rahmen ihrer momentanen Möglichkeiten – ihr Bestes, auch wenn das im vorliegenden Fall für andere Menschen alles andere als gut sein kann.

2. In vermutlich jedem Menschen steckt neben problematischen Anteilen ein guter Kern, oder er verfügt zumindest in Teilbereichen über positive Seiten, unterstützenswerte Potenziale usw. Rogers (1977) spricht – so lautet sogar einer seiner Buchtitel – von der Kraft des Guten.

3. Kein Mensch möchte grundlos, einfach so, «böse», gemein usw. sein oder ist es einfach so, quasi aus purer Freude oder von Natur aus: Dahinter steckt eine Geschichte, lassen sich Erfahrungen, Gründe (nicht Entschuldigungen oder bequeme Rechtfertigungen!) identifizieren.

4. Die meisten (nicht alle!) zwischenmenschlichen Probleme haben mit unangemessenen, «verzerrten», einseitigen Wahrnehmungen, Vorstellungen, Haltungen und Handlungsweisen zu tun.

5. Schwierigkeiten, die ihren Ursprung in früheren und aktuelleren Lebenserfahrungen haben, lassen sich unter günstigen Umständen in einer neuen, auf Vertrauen und gegenseitiger Achtung begründeten Beziehung verändern; d. h. Menschen sind unter bestimmten Voraussetzungen erstaunlich entwicklungsfähig. Man könnte diese Grundhaltung deshalb als entwicklungsorientiert bezeichnen im Sinne des Vertrauens in die Entwicklungspotenziale des Menschen. Die meisten tiefergreifenden Veränderungen benötigen allerdings zusätzlich Zeit.

6. Verfestigte Angst und «Entmutigung» (Adler 1973b), negative Affekte des Grolls, Ressentiments usw. sind Reaktionen auf Erfahrungen von Zwang, Gewalt und Demütigung und werden zu wesentlichen Kräften für destruktives, selbst- oder fremdschädigendes menschliches Verhalten.

7. Menschen sind in der Regel bereit, sich zu verändern, wenn sie Möglichkeiten dazu sehen, Unterstützung erhalten und genügend Mut entwickeln.

8. Menschen sind ganzheitliche Wesen, die von ihren generellen Möglichkeiten her potenziell die Fähigkeiten des Denkens, des Reflektierens, des Entscheidens, des Fühlens, des Sprechens und des Handelns besitzen. Sie sind erkenntnissuchende, mündige und aktive Wesen. Sie sind zudem sinnsuchend (Frankl 1985) und sinnschaffend und versuchen, ihr Leben selbst zu steuern und zu kontrollieren.

9. Wer Menschen mit einer positiven, zuversichtlichen Haltung begegnet und sich davon nicht so leicht abhalten oder einschüchtern lässt, kann mit der Zeit beim Gegenüber oft eine Veränderung auslösen. Allerdings hängt das auch von der eigenen Rolle (z. B. Untergebene) und der Rolle der anderen Person (autoritärer patriarchalischer Chef) sowie deren Bereitschaft ab.

10. Die «4-M-Regel oder -Formel»: M̲an m̲uss M̲enschen m̲ögen – eben mit ihren Macken und Eigenheiten! Rogers (1973, S. 47) schreibt dazu: «*Die Sicherheit, als Mensch gemocht und geschätzt zu werden, ist anscheinend ein höchst wirkungsvolles Element einer hilfreichen Beziehung.*» Es geht darum, eine warme, positive und akzeptierende Ein-

stellung zum Gegenüber einzunehmen – aber nicht zu all seinen Handlungsweisen! Die Muss-Formulierung sollte dabei nicht als imperative, moralische Forderung, sondern vielmehr als Zielorientierung, als Leitstern, verstanden werden! Und sie bedeutet überdies überhaupt nicht, dass die beratende Person alle Äußerungen und Verhaltensweisen von Hilfesuchenden gutheißen soll oder muss ... .

11. Die Aufgabe einer Beratungsperson besteht darin, Menschen zu unterstützen, ihre ungenützten Fähigkeiten, wenig entwickelte oder verschüttete Potenziale oder Ressourcen zu entdecken und zur Entfaltung zu bringen: Jeder Mensch bringt Ressourcen mit, und seien sie noch so verschüttet oder kaum erkennbar! Die Basis dazu bildet eine vertrauensvolle, gleichwertige Beziehung, in der sich beide Seiten – so wie sie sind – bejahen und akzeptieren. Beide GesprächsteilnehmerInnen tragen gemeinsam die Verantwortung für das Gespräch.

Viele AutorInnen (vgl. Rogers 1973; Wolters 2000) betonen aus meiner Sicht zu Recht, dass BeraterInnen an die Möglichkeit glauben, dass Menschen – zumindest einige ihrer – Probleme eigenständig lösen können. Dies wird unterstützt durch ein positives, vertrauensvolles Menschenbild der beratenden Person.

Menschen, die in eine Beratung kommen, haben in der Regel schon eine längere Leidensgeschichte hinter sich, die fast immer mit einer negativen Sichtweise von sich (und anderen Menschen) gekoppelt ist. Deshalb besteht eine wichtige Aufgabe der Beratungsperson darin, dem Gegenüber zu verstehen zu geben, dass sie eine andere Vorstellung von ihm oder ihr hat, ihn oder sie nicht nur als angstgetrieben oder depressiv, erfolglos oder unfähig betrachtet, sondern mit bisher verborgenen Fähigkeiten sowie der Möglichkeit, zu mehr Selbstsicherheit, Vertrauen, Kompetenz usw. gelangen zu können[75] – nicht von heute auf morgen und ebenso nicht ohne Einsatz.[76] Das gilt gleichfalls für Menschen, die – häufig am Anfang – mit Widerstreben und innerem Widerstand, sozusagen mit «angezogener Handbremse», misstrauisch, ängstlich und vorsichtig

---

75 Hilde Bruch (1977) hat diese Grundhaltung in ihrem Grundlagenwerk «Grundzüge der Psychotherapie» an verschiedenen Stellen (so z. B. S. 23, 27, 29, 35, 41, 43, 127, 188, 194) anschaulich und beispielhaft wiedergegeben. Was Bruch diesbezüglich für die Psychotherapie schreibt, gilt auch für psychologische Beratungen.
76 Ein eindrückliches Beispiel für eine ermutigende, konsequent unterstützende Grundhaltung in der Schizophrenie-Therapie einer jungen Frau bietet der Bericht von Hannah Green (1982): «Ich hab dir nie einen Rosengarten versprochen».

in die Beratung kommen. Auch sie erwarten, dass jemand ihre Nöte und Sorgen wahrnimmt, versteht und sie in der Beratungsperson vielleicht (endlich) zum ersten Mal jemanden finden, der zuhört, sie versteht, nicht gleich verurteilt, richtet, interpretiert usw. Kurz: Sie hoffen, auf eine Person zu stoßen, auf die sie sich verlassen können und die ein echtes Interesse für sie aufbringt. Diese Person muss die Fähigkeit besitzen, Brücken zu bauen, Brücken der Wertschätzung, des Vertrauens, der Ermutigung.

Widerstände, auch offene kritische oder gar abwertende Äußerungen gegenüber der Beratungsperson sind in vielen Fällen nicht persönlich aufzufassen, sondern Folgen tiefer Verletzungen der Betreffenden. Widerstände sind aber wichtig, berechtigt und für die hilfesuchende Person meist angemessen: Was BeraterInnen meinen, soll durchaus auch kritisch hinterfragt oder überprüft werden. Zudem können derartige Äußerungen auch Reaktionen darauf sein, dass die Beratungsperson die hilfesuchende Person nicht versteht oder nicht ernst nimmt. Oft stellen kritische oder abwertende Äußerungen außerdem unbewusste Tests für die Beratungsperson dar, die man etwa so übersetzen könnte: Kann ich mich auf die Beratungsperson verlassen, auch wenn ich Fehler mache, Schwächen zeige, versage, immer noch ängstlich bin oder ausweiche usw.? Nur eine ruhige, gelassene, stabile Persönlichkeit des Beraters, der Beraterin ist in der Lage, solche Situationen richtig aufzufangen und die Kritik der hilfesuchenden Person konstruktiv umzuleiten. Dick (2003) schlägt zu Recht vor, unangenehme oder unschöne Seiten von Hilfesuchenden eher als Ausdruck des Unvermögens zu verstehen: Die Hilfesuchenden können noch nicht anders. Gelassenheit, Geduld und Hoffnung sind hier wichtige Fähigkeiten von Beratenden! Echte, nicht gekünstelte Warmherzigkeit und Liebenswürdigkeit auch gegenüber schwierigen, ungemütlichen oder ungeduldigen Hilfesuchenden fördern eher als eine harte Konfrontation einen allmählichen Abbau von Widerständen, hinter denen ja häufig Unsicherheit, Angst u. ä. stecken. Freundliche, aber klare Konfrontationen können je nach Situation durchaus auch sinnvolle und wichtige Methoden sein. Beraten erweist sich als *Beziehungsarbeit*.

Zur Grundhaltung der beratenden Person hat vor allem die humanistische Psychologie (Carl Rogers) wesentliche Beiträge geleistet. Rogers hat in seinen Werken immer wieder auf die grundlegenden und unabdingbaren so genannten Beratervariablen aufmerksam gemacht: Akzeptanz, Echtheit (Kongruenz) sowie Empathie sind wesentliche Grundlagen jedes erfolgreichen beraterischen Prozesses. Mitmenschliche Zuwendung und Anteilnahme sind wesentliche Quellen einer Hilfeleistung und vielleicht sogar wirksamer als fachliches Wissen und ein reiches Methodenrepertoire (vgl. Sander 1999). In der personenzentrierten Beratung gilt schon seit langem die Priorität der Beziehungsgestaltung – vor den Verhandlungs- und Beratungsinhalten (vgl. Sander 1999). Erst diese gelebte Grundhaltung in einer Beziehung ermöglicht es Hilfesuchenden mit der Zeit, ihre Selbsteinschätzungen, ihre Meinung von den anderen und ihre Anschauungen über die Umwelt zu überprüfen.

Wirkfaktoren in einer psychologischen Beratung und Therapie

In jeder psychologischen Beratung (und in jeder Psychotherapie) sind immer verschiedene Faktoren für einen Erfolg oder Misserfolg verantwortlich bzw. daran beteiligt. So tragen die hilfesuchende Person mit ihren individuellen Voraussetzungen und Bereitschaften, ihren Hoffnungen und Erwartungen sowie das Umfeld, in dem diese Person eingebettet ist, die vorliegende Problemstellung (z. B. der Schweregrad einer Depression), der Berater bzw. die Therapeutin und dessen oder deren Beziehungsgestaltung sowie Modell- und Behandlungstechniken zum günstigen oder eben ungünstigen Verlauf einer Behandlung bei. Aus den Forschungsergebnissen weltweiter Untersuchungen über die Wirkfaktoren in psychotherapeutischen Behandlungen lassen sich im Wesentlichen vier Wirkfaktoren oder Einflussbereiche zusammenfassen, sozusagen die «großen Vier» (vgl. Hubble et al. 2001), die mit großer Wahrscheinlichkeit auch für den Beratungskontext gelten und natürlich stark miteinander in Verbindung stehen. Die Gewichtung dieser Faktoren wird bei Hubble et al. (2001) mit 40 % (1.), 30 % (2.), 15 % (3.) sowie 15 % (4.) angegeben. Ob sich diesen so exakte Prozentanteile eindeutig zuordnen lassen, soll an dieser Stelle nicht diskutiert werden; die Bedeutung der Faktoren ist aber unbestritten.

Es sind dies:

1. Die so genannten extratherapeutischen Faktoren

Hierzu zählen PatientInnen- oder KlientInnen-Merkmale wie persönliche Stärken (z. B. ein günstiges Selbstwertgefühl, realistischer Optimismus, Offenheit, reflexive und aktive Bewältigungsmuster) oder Schwächen; Schwere und Art der Störung oder Problemstellung; Motivation; die Fähigkeit, sich auf Beziehungen einzulassen; Ich-Stärke, unterstützende oder hemmende Elemente ihres Beziehungsumfeldes (PartnerIn, Freunde, weitere Familienmitglieder, Lehrpersonen). Die Fähigkeiten und Ressourcen einer hilfesuchenden Person zur Veränderung und Selbstheilung stellen *den wirksamsten Faktor* der Psychotherapie (und wohl auch in einer psychologischen Beratung) dar (vgl. Tallmann/Bohart 2001), d. h. eine Behandlung fördert normalerweise im Leben von Hilfesuchenden vorhandene, heilende Aspekte oder Ressourcen. Kurz: Die Fähigkeit der Hilfesuchenden zu aktiver Selbstheilung bildet die Hauptantriebskraft, den Motor einer effektiven Therapie oder Beratung. TherapeutInnen und Beratende fungieren so als Unterstützungssysteme und RessourcenlieferantInnen und sind deshalb (zum Glück!) keine HeilerInnen oder ErzeugerInnen von Lösungen. Im Gegenteil: Genau genommen muss ein wesentlicher Teil der Arbeit von den Hilfesuchenden geleistet werden; BeraterInnen eröffnen im günstigen Fall einen oder mehrere «Lösungskorridore» (Breitenbach/Requardt 2005). So nutzen Hilfesuchende das, was die Fachpersonen ihnen mit ihren Fähigkeiten und Methoden im Prozess bieten, und passen es individuell auf ihre persönliche Situation an. Allerdings – darauf weist Willutzki (2003) eindringlich hin – lassen sich Ressourcen von Ratsuchenden nicht einfach als Merkmale verstehen, die sozusagen personen- und/oder situationsübergreifend zum Tragen kommen: Hier nimmt die beratende Person eine wichtige Rolle ein, indem sie hilft, die Problemstellung zu klären und das Gegenüber ermutigt, die Ressource angemessen einzusetzen. Als günstige personale oder interne Ressourcen gelten nach Willutzki (2003, S. 102; für eine ausführlichere Darstellung von Ressourcen s. Trösken und Grawe 2003): ein hohes Selbstwertgefühl, Optimismus (konkret: Bewältigungsoptimismus), das Gefühl, Kontrolle über die Umwelt ausüben zu können, Problemlösekompetenz, geringe negative Affektivität, Offenheit für Rückmeldungen, Veränderungsmotivation sowie flexible Reaktionsmöglichkeiten. Da eigentlich jede Veränderung eine Selbstveränderung bedeutet, lässt sich eine Therapie (oder Beratung) als eine professionell gecoachte Selbstveränderung auffassen (vgl. Tallman/Bohart 2001). Das bedeutet aber zugleich auch, dass Einsicht kein von der Fachperson sozusagen erzeugtes Ereignis darstellt, sondern einen Prozess, der *in* der hilfesuchenden Person abläuft. Eine gute Beziehung – der nächste Punkt – erleichtert und unterstützt natürlich die Selbsthilfebemühungen und den Prozess der Problemklärung und -bewältigung in erheblichem Ausmaß: ein Beispiel für die erwähnte enge Verflochtenheit der vier Faktoren. Schließlich soll hier nicht ausgeklammert werden, dass die erwähnten personalen Ressourcen genau besehen nicht einfach völlig unabhängig von spezifischen realen gesellschaftlichen Lebensbedingungen existieren: Sozial und materiell privilegierte Menschen werden eher die Chance haben, solche Bewältigungspotenziale auszubilden und sie in einer helfenden Beziehung (Beratung, Psychotherapie) zu aktivieren (Keupp 2003). Das zeigt sich beispielsweise darin, dass Hilfesuchende aus höheren sozioökonomischen Milieus häufiger Beratungs- und/oder Therapieangebote nutzen (können).

2. Die Beziehungsfaktoren

Hier stehen Aspekte wie Empathie, Wärme, Akzeptanz, Wertschätzung, gegenseitige Bestätigung und Ermutigung im Vordergrund. Die so genannte «Chemie» zwischen den beiden Seiten ist dabei ebenfalls von wesentlicher Bedeutung. Die Beziehung – genauer: die von der hilfesuchenden Person persönlich wahrgenommene Beziehung – zwischen ihr und der/dem TherapeutIn (oder BeraterIn) ist (vgl. Asay/Lambert 2001) entscheidend. Welch zentrale Bedeutung diese wahrgenommene Beziehung für einen günstigen Therapie- oder Beratungsverlauf einnimmt, belegen zahlreiche Befunde aus der Forschung, die sich wie folgt zusammenfassen lassen: «*Gleichgültig, wie chronisch, widerspenstig oder ‹unmöglich› ein Fall erscheinen mag, wenn die Sicht der Beziehung durch die KlientInnen günstig ausfällt, wird die* [positive – J. F.] *Veränderung mit größerer Wahrscheinlichkeit zustande kommen.*» (Hubble et al. 2001, S. 297). Der Beziehungsfaktor ist also wesentlicher als die Art und Schwere des vorliegenden Problems der hilfesuchenden Person! Die Qualität der therapeutischen oder beraterischen Beziehung stellt über verschiedenste Therapieansätze hinweg eine bedeutsame Determinante zur Erreichung günstiger Ergebnisse dar: Das gilt mittlerweile als gesicherte Erkenntnis aus der umfangreichen Therapieforschung (vgl. Bachelor/Horvath 2001). Verschiedene Untersuchungen (vgl. Bachelor/Horvath 2001) weisen darauf hin, dass die Entwicklung einer guten Beziehung zwischen ratsuchender und hilfeleistender Person vom Beginn der Behandlung an entscheidend ist. Asay und Lambert (2001) merken kritisch an, dass in den Ausbildungsgängen für Psychotherapie die Entwicklung von Beziehungsfähigkeiten der Fachpersonen mehr Gewicht erhalten müsste.

3. Die Hoffnungs-, Erwartungs- und Placebofaktoren

Allein die Erwartung von Hilfe bewirkt häufig schon erste Veränderungen. In erfolgreichen Beratungen/Therapien glauben sowohl Hilfesuchende wie BeraterInnen/TherapeutInnen an die helfende oder heilende Kraft der Behandlungsformen. Diesen Faktor verstärken natürlich Fachpersonen, die überzeugt sind, dass einige oder gar viele der vorliegenden Probleme überwunden oder zumindest teilweise bewältigt werden können. Hier spielt das Menschenbild der Beratungsperson, ihr Glaube an die Lernfähigkeit der Hilfesuchenden, wiederum eine wichtige Rolle. Welch prominenten Beitrag die Beratungsperson dabei leisten kann, betonen ferner Grawe-Gerber und Grawe (1999): Die Bedeutung des Erweckens einer positiven Erwartungshaltung als entscheidende Ressource für erste Therapieerfolge sei eine zentrale Aufgabe für Hilfeleistende. Es geht also hier darum, in Hilfesuchenden *die Hoffnung zu wecken* oder zu verstärken, dass die Angebote und Möglichkeiten, die eine beratende Person in den gemeinsamen Prozess einbringt, ihnen helfen wird (oder kann), Veränderungen in ihrem Leben herbeizuführen. TherapeutInnen wie Beratende sollten deshalb die Hoffnung hegen bzw. davon ausgehen, dass sich Hilfesuchende ändern möchten und können. Besonders in den Anfangsphasen wie in Stagnationszeiten kommt es sehr darauf an, Hilfesuchenden zu vermitteln, dass man an ihre Fähigkeit zur Selbstveränderung glaubt und davon ausgeht, es werde tatsächlich zu einer Veränderung kommen. Diese grundsätzlich positive, hoffnungsvolle Haltung der beratenden Person ist auch deshalb von Bedeutung, weil Hilfesuchende zumindest teilweise – und besonders in einer guten Beziehung – die Denkmuster dieser Person im Sinne des Modelllernens zunehmend nachahmen.

4. Die eigentlichen Techniken des Therapeuten/der Therapeutin bzw. der beratenden Person

Damit sind die Annahmen, die Erklärungsansätze und Modelle für die Probleme der Hilfesuchenden und die entsprechenden Strategien, Interventionen und Vorgehensweisen gemeint, wie sie in unzähligen Varianten und Spielarten in psychotherapeutischen Schulen gelehrt und gelernt werden.

Schritte im Beratungsprozess

Allen Behandlungsansätzen, so unterschiedlich sie auch sein mögen, sind einige allgemeine Schritte gemeinsam, die ich hier in Anlehnung an Dick (2003) und Hubble et al. (2001) kurz zusammenfasse. Die Schritte laufen in der Praxis nicht in einer strengen Reihenfolge ab, sondern überschneiden sich.

1. Ein primärer Schritt ist der *Aufbau einer emotional bedeutsamen Beziehung* zwischen der hilfesuchenden und der hilfeleistenden Person: Hubble et al. (2001) bezeichnen die therapeutische Beziehung als das Herzstück der Psychotherapie. Das lässt sich ohne weiteres auf den Beratungskontext übertragen. Auf diesen zentralen Aspekt bin ich in diesem Kapitel ja schon mehrfach näher eingegangen.

2. Ferner geht es um die *Mobilisierung von Zuversicht* und *Veränderungsbereitschaft* der hilfesuchenden Person.

3. Die *Interpretation der Problemstellung* oder des Leidens sowie die Behandlung erfolgen nach einem plausiblen, der Situation entsprechenden Konzept.

4. Zentral ist das *Aufweichen verfestigter Denk-, Erlebens- und Verhaltensmuster* in bestimmten Bereichen (z. B. Sturheit, einseitige Wahrnehmungs- und Reaktionsmuster).

5. Für eine Veränderung der Ausgangslage sind *korrigierende emotionale Erfahrungen* und die Umstrukturierung zentraler gedanklicher Konzepte von großer Bedeutung.

In allen fünf Schritten spielen die bereits erwähnten vier Wirkfaktoren natürlich wiederum die wesentliche Rolle; sie sind schließlich dafür entscheidend, ob eine günstige Entwicklung stattfinden kann. Ermutigung spielt in allen fünf Schritten, die ja miteinander in einer engen Wechselwirkung stehen, eine bedeutende Rolle. In einem ersten Schritt geht es darum, einen Menschen für eine neue Beziehung, ein Arbeitsbündnis zu gewinnen; die Mobilisierung von Zuversicht (Tallmann/Bohart 2001) sowie der Veränderungsbereitschaft entspricht schon einer ersten «Muteinflößung», die Interpretation hilft nur, wenn die Hilfesuchenden dabei nicht (z. B. durch Überforderung) entmutigt werden – und das Aufweichen ungünstiger Muster gelingt ebenfalls am ehesten in einer ermutigenden Atmosphäre zwischen den beiden Seiten.

Ermutigung erweist sich also als zentrale Basis und Voraussetzung für günstige Veränderungen bei Hilfesuchenden, besonders bei der Veränderung von unangemessenen oder dysfunktionalen (Beck 1999) Grundannahmen. Ermutigung bewirkt, dass Hilfesuchende beginnen, neue Denkmuster und Verhaltensmuster zu erproben – und lässt sie so allmählich mutiger werden, sich in Bereichen zu konfrontieren, zu üben, die sie bis anhin belastet haben und denen sie häufig ausgewichen sind. Effektivere TherapeutInnen (und BeraterInnen – J. F.) zeigen laut Asay und Lambert (2001) mehr positive Verhaltensweisen (Wärme, Bestätigung, Verständnis) als negative (Geringschätzung, Beschuldigung, Angriff, Verneinung) und können so eher Hilfesuchende ermutigen.

Welchen zentralen Stellenwert die Ermutigung in Beratungen oder Therapien einnimmt, lässt sich indirekt auch aus dem Ansatz der gemeinsamen Bereiche von Grawe (1998) ableiten, denn in allen vier Bereichen spielt die Ermutigung eine wesentliche Rolle: 1. bei der (therapeutischen) Klärung, 2. bei der aktiven Hilfe zur Problembewältigung, 3. bei der Problemaktualisierung, d. h. das Problem wird in der Behandlung aktiviert, um bearbeitet zu werden und 4. bei der Ressourcenaktivierung. In allen vier Bereichen vollziehen sich kaum positive Entwicklungen und Veränderungen, wenn es nicht gelingt, die Hilfesuchenden bei dieser manchmal zugleich schwierigen und schmerzhaften Arbeit immer wieder zu ermutigen.

Was heißt Ermutigung in der Beratung?

Wie schon in den vorherigen Abschnitten angedeutet, gilt ferner in jedem Beratungs- und Therapieprozess: Ein Fortschritt, eine Hilfeleistung, eine Veränderung – all dies ist immer nur als Eigenleistung möglich. Keine Beratungsperson kann das Gegenüber – mit welchen Kräften auch immer – einfach «heilen», verändern, unterstützen usw. Wer sich nicht von einer beratenden Person ermutigen, anregen lässt, vermag sich innerhalb dieser Beziehung kaum zu entwickeln. Die Aufgabe der beratenden Person besteht deshalb darin, so Barthelmess (2001, S. 115), «*das Kommunikationsgeschehen zwischen Berater- und Klientensystem so zu gestalten, dass dadurch die Weiterentwicklung der Problembearbeitungskapazität* [oder Problemlösefähigkeit – J. F.] *des Klientensystems angestoßen und befördert wird*». Ermutigende Beratung heißt, in der gemeinsamen Arbeit mit der hilfesuchenden Person positive Erwartungen, neue Sichtweisen, neue Kommunikationsmuster zu ermöglichen sowie eine neue oder angemessenere Wirklichkeitskonstruktion zu fördern – und auf positive Veränderungen hinzuweisen – kurz: das Gegenüber aus einer *entwicklungsorientierten Perspektive* zu betrachten und zu begleiten. Entmutigte Menschen leiden ja im Grunde genommen an einer einengenden Wirklichkeitskonstruktion: Sie sehen sich und die anderen in einem verzerrten Bild. Heinz von Foerster (1988, S. 33) hat eine wesentliche Aufgabe der beratenden Person sehr treffend wie folgt formuliert: «*Handle stets so, dass du die Anzahl der Möglichkeiten* [der hilfesuchenden Person – J. F.] *vergrößerst.*» Dazu gehört – und damit sind wir einmal mehr bei der Grundhaltung der beratenden Person – die «Einstimmung auf Zuversicht», wie es Bamberger (2001) formuliert hat. Selbstverständlich ist damit nicht eine naive, unrealistische Zentrierung auf falsch verstandenes positives Denken, wie es die Esoterik-Szene in unzähligen Varianten vorführt, gemeint. Eine zuversichtliche Grundhaltung beinhaltet die Überzeugung, dass eine Veränderung – wie groß oder klein sie im individuellen Fall auch ausfallen mag – immer möglich ist. Ermutigend wirkt hier eine Grundhaltung der Zuversicht, der Sicherheit, der Hoffnung, des Optimismus, die im Rahmen der Realität und des Möglichen bleibt. Optimismus meint hier nicht eine naive Stimmungsmache, krampfhafte Heiterkeit oder gar realitätsfremde Träumerei (Dick 2003), sondern beinhaltet den Glauben an die Möglichkeiten einer positiven Veränderung oder Entwicklung der Ausgangslage.

Ermutigung in der Beratung bedeutet aber überdies, mit der hilfesuchenden Person neue Denk- und Verhaltensweisen zu erarbeiten, ihre Reflexionsfähigkeit über das eigene Verhalten und seine Folgen anzuregen, an vorhandene Kompetenzen und Ressourcen anzuknüpfen, ihr diese bewusst zu machen und zu stärken, sie zu Veränderungsprozessen anzuregen oder – wie es von Hentig (1985) in einem pädagogischen Zusammenhang genannt hat: «Die Menschen stärken, die Sachen klären.» In einer hilfreichen Beratung geht es um die Bearbeitung und Klärung konkreter Lebensfragen und Entwicklungsaufgaben sowie um die Erarbeitung einer realistischen Weltsicht. In Anlehnung an Butler (2002, S. 212 f.), Klemenz (2003, S. 143 f.) und Böckelmann (2002) heißt das – zusammengefasst und von mir verändert – ungefähr Folgendes:

- *Die Erweiterung von Perspektiven sowie die Veränderung von Denkmustern*
  Hilfesuchende kommen nicht darum herum, ihre Wahrnehmung, ihr Denken, ihre Annahmen über sich und die anderen zu überprüfen und in bestimmten Bereichen zu verändern. Ermutigung bedeutet so immer auch, Hilfesuchende anzuregen, ihre Welt zusätzlich aus einer anderen, neuen Perspektive als der bisher gewohnten zu betrachten.

- *Die Veränderung von Verhaltensweisen*
  Als Folge der korrigierten Denkmuster, der Entfernung der «Trübung in der Linse», der Veränderung des Wahrnehmungsfilters, der *«Minimierung des irrationalen Denkens zugunsten einer Maximierung des rationalen Denkens»* (Ellis 1993, S. 35) gehören bewusst neue Verhaltensweisen zu einer nachhaltigen Veränderung. Für den Begriff «irrational» kann man ebenso Wörter wie «unangemessen», «unangebracht», «unrealistisch», «selbstschädigend», «pessimistisch» usw. gebrauchen. Diese Änderung in der Perspektive und schließlich auch im Verhalten ist kein von der Beratungsperson erzeugtes Ergebnis, sondern ein Prozess, der im hilfesuchenden Menschen stattfindet (Tallmann/Bohart 2001). Oder anders ausgedrückt: Jede Veränderung ist schließlich Selbstveränderung – und bedeutet damit eine Entwicklung im Sinne einer erweiterten Sichtweise.

- *Die Selbstzentrierung abbauen*
  Statt sich hauptsächlich auf die eigenen Unzulänglichkeiten, unangenehme Empfindungen wie Unterlegenheitsgefühle usw. zu konzentrieren – und damit in der Entmutigung zu verharren! – geht es

darum, die Aufmerksamkeit und das Interesse gezielt auf Menschen und Dinge der Umgebung zu richten. Fragen wie: Wo kann ich bei anderen Positives beitragen? Wie kann ich ihnen behilflich sein? u. a. sind Folgen dieser Dezentrierung auf sich selbst. Auf diesen Aspekt hat Adler (1973a) schon in den 1930er-Jahren hingewiesen.

- *Das Vertrauen in sich selbst aufbauen*
  Mit den vorhergehenden Punkten in engem Zusammenhang steht die Steigerung des Selbstvertrauens, der Aufbau bzw. die Stärkung des Gefühls der Selbstwirksamkeit – und als Resultat die Freude über Gelungenes, Erreichtes.

- *Die Identifizierung und Förderung von Ressourcen*
  Viele Menschen erkennen nicht oder zu wenig, über welche Ressourcen sie (schon) verfügen und wie sie diese bewusster und gezielter einsetzen können. Beratung bewirkt im günstigen Fall, dass Hilfesuchende anfangen, ihre eigenen Ressourcen zu mobilisieren und schließlich bewusst einzusetzen. Es geht u. a. darum, Hilfesuchende zu ermutigen, *sich selbst als Quelle von wirksamen und wichtigen Einflüssen zu betrachten*. Damit werden die Souveränität und die Kraft gefördert und gleichzeitig erreicht, dass die hilfesuchenden Personen sich selbst optimaler vertreten (*empowerment*). Hilfreiche Ressourcen können sein (ich zähle nur einige auf):
  a) *Umweltressourcen*
    - positive inner- und außerfamiliäre Beziehungen
    - wichtige Bezugspersonen
    - ein funktionierendes soziales Netzwerk
    - guter sozioökonomischer Status und gesichertes Einkommen
  b) *psychische Ressourcen der Person*
    - intellektuelle Ressourcen
    - kreative Fähigkeiten
    - soziale Kompetenz
    - praktische Intelligenz
    - emotionale Intelligenz
    - künstlerische Fähigkeiten
    - Musikalität
    - schulische bzw. berufliche Leistungsstärken
    - motivationale Ressourcen
    - Arbeits- und Lernverhaltensressourcen

- Kontrollüberzeugungen, Zuversicht, grundlegender Optimismus und Bewältigungsoptimismus
- hohes Selbstwertgefühl.

Dazu möchte ich kurz ein konkretes Beispiel aus meiner Beratungspraxis wiedergeben:

Fallbeispiel

Eine Lehrperson mit 25 Jahren Schulpraxis kommt wegen «Angriffen» von zwei Elternpaaren in unsere Beratungsstelle. Die Eltern beklagen sich über Langeweile und mangelnde Förderung ihrer Kinder. Die Lehrerin fühlt sich ausgelaugt, schlecht behandelt, von den Schulbehörden mangelhaft unterstützt, ja im Stich gelassen, müde, missverstanden. Nach der genauen Aufnahme der aktuellen Problematik und der schulischen Anamnese über die 25 Jahre äußere ich den Eindruck, dass – neben der momentan tatsächlich unangenehmen Situation – mir gegenüber eine sonst durchaus erfolgreiche Lehrperson sitze, die zudem über eine beachtliche Ausdauer und Kraft in einem anspruchsvollen Beruf verfüge. Ich frage sie u. a., wie sie es geschafft habe, so lange im Beruf zu bleiben und sich nicht unterkriegen zu lassen. Die Lehrerin blickt erstaunt auf, und ihr Blickfeld beginnt sich – in Mimik und Gestik deutlich erkennbar – aufzuhellen. Die Besprechung der akuten Problemlage findet im zweiten Teil des Gespräches unter deutlich anderen Voraussetzungen als am Anfang statt, die Lehrerin hat Vertrauen gefasst und begonnen, auch sich selbst wieder als durchaus kompetente Person zu sehen.

Selbstverständlich vermögen Menschen in einer Beratungssituation ihre Kräfte nicht einfach nur aus sich selbst zu mobilisieren. Besonders im ersten Teil geht es – vor allem bei stark entmutigten Hilfesuchenden – auch darum, ihnen (immer wieder) die Botschaft zu vermitteln, dass wir *gemeinsam, miteinander* und *zusammen* an der Problemstellung arbeiten: Die hilfesuchende Person steht nicht allein da, sondern wird mit der Hilfe des Therapeuten oder Beraters versuchen, die Problemlage zu ihren Gunsten zu verbessern. Für viele Menschen kann eine solche Orientierung ungemein beruhigend wirken, endlich jemanden gefunden zu haben, der sie versteht, ihnen zuhört, an sie glaubt – und sie können eben dadurch die so ermutigende Einsicht gewinnen, dass sie nicht allein sind, sondern eine/n

EntwicklungsbegleiterIn haben: Wir werden es gemeinsam tun, genauer: Ich (die hilfesuchende Person) werde es mit Unterstützung anpacken.

Eine Veränderungsbereitschaft bei einem hilfesuchenden Menschen kann also – wie hier mehrfach betont wurde – am ehesten gefördert oder unterstützt werden, wenn man diesen Menschen versteht, ihm zu einem vertieften Selbstverständnis, zu höherer Selbstakzeptanz verhilft. Dann wird es eher möglich sein, mit ihm gezielt an seinen Einstellungen, Überzeugungen, Haltungen sowie Verhaltensweisen zu arbeiten und ihm behilflich zu sein, diese – wo nötig – zu verändern. Besonders individualpsychologische (Adler 1973a; Schoenaker 1996) und kognitiv-verhaltenstherapeutisch orientierte PsychologInnen (z. B. Beck 1999; Ellis 1993; Ellis/Hoellen 2004; Seligman 1999a und b) haben sich ausführlich mit der Veränderung vor allem problematischer, die Hilfesuchenden hemmender Überzeugungen, Meinungen und Grundannahmen beschäftigt. Selbstverständlich muss aus diesem «Mut-Einflößen» durch die Beratungsperson mit der Zeit ein entsprechender innerer Dialog des Hilfesuchenden in Gang kommen, d. h. der Hilfesuchende muss beginnen, sich selbst immer wieder zu ermutigen. (Zum Thema Selbstermutigung vgl. auch die Kap. 2 und 9.)

Das Positive erkennen

Viele Menschen, die sich in eine Beratung oder Therapie begeben, fühlen sich als VersagerInnen und finden unter Umständen wenig Positives über sich zu sagen – wie das im vorherigen Beispiel ersichtlich wurde. Hier spielt eine ermutigende Gesprächsführung eine zentrale Rolle.

Eine Methode, von der erwähnten Geringschätzung mit der Zeit etwas wegzukommen, kann darin bestehen, dass man die Hilfesuchenden bittet, sechs bis acht positive Dinge über sich aufzuschreiben. Den meisten Menschen fällt das schwer, sie zögern oder brauchen lange, um überhaupt nur drei oder vier Punkte aufzuschreiben. Wenn sie dann fragen, ob das nicht genug sei, signalisiert die Beratungsperson mit der Forderung nach einer Ergänzung, dass sie an mehr Stärken und Kompetenzen der Hilfesuchenden glaubt – und macht gleichzeitig bewusst, dass das Gegenüber die Aufmerksamkeit mehr auf das Negative als auf das Positive richtet. Als Variante können die geforderten sechs bis acht Punkte auch Gelungenes der vergangenen Woche/n wiedergeben (vgl. Mosak/Maniacci 1999).

Hilfreich kann es auch sein, sich regelmäßig, zum Beispiel am Abend, 15 Minuten Zeit zu nehmen und Dinge zu notieren, die uns gelungen sind oder uns Freude bereitet haben. Wer an jedem Abend nur schon drei positive Ereignisse notiert, kann nach zehn Tagen schon auf 30 erfreuliche und somit ermutigende Einträge kommen!

Manchmal muss Hilfesuchenden obendrein anschaulich gemacht werden, wo sie sich selbst im Wege stehen, wie das folgende kurze Beispiel zeigt.

Sich schlecht verkaufen

Herr Meier, ein Grundschullehrer (5. Klasse) wurde von der Schulbehörde aufgefordert, sich bei unserer Beratungsstelle zu melden, weil sich einige Eltern über den Unterrichtsstil zunehmend unzufrieden zeigten. Herr Meier, ein sehr erfahrener Lehrer, fühlte sich durch private Belastungen sowie durch verschiedene zusätzliche Aufgaben im Schulhaus überfordert und «hängte» immer mehr beim Unterrichten ab, d. h. er ließ es zu, dass sich die SchülerInnen nach den gelösten Aufgaben mit verschiedenen Computerspielen, darunter auch durchaus problematischen, im Nebenraum beschäftigten. Das führte natürlich wieder zu neuen Beanstandungen seitens der Eltern und auch der Behörden. Statt Herrn Meier quasi auf der negativen Seite seines Verhaltens anzusprechen, meinte ich, er verkaufe sich deutlich unter seinem Wert gegenüber den Eltern (und den Behörden): Als langjähriger, erfahrener (und bisher auch allseits akzeptierter) Lehrer vermittle er von sich ein negatives Bild einer bequemen, gleichgültigen Lehrperson, die er ja nicht sei! Dies scheine ihm aber nicht bewusst zu sein. Diese Konfrontation, weitere Gesprächsaspekte sowie eine günstige Wendung im Privatleben führten schließlich zu einer raschen Verbesserung der Unterrichtsführung, d. h. Herr Meier übernahm wieder das Szepter als Führungsperson im Schulzimmer.

Das Positive suchen und sich darauf konzentrieren

Jeder Mensch entwickelt in seinem Leben positive und negative Gedanken über sich. Nur: Wer mehrheitlich negative Gedanken, Überzeugungen und Gefühle – z. B. infolge unglücklicher und entmutigender Erfahrungen – entwickelt, sieht sich und mit der Zeit die weitere Umgebung oder gar die ganze Welt pessimistisch. Es geht deshalb in einer erfolgreichen Beratung (das gilt im Übrigen ebenso für eine Therapie) darum, sich auch auf die positiven, gelungenen, bewältigten Lebensaspekte zu konzentrieren. Selbst wenn wir unsere Fehlschläge, Mängel und Fehler nicht einfach verdrängen oder beiseite schieben sollten, ist es günstiger, das Positive nicht aus dem Blickfeld zu verlieren. Selbstverständlich gibt es Hilfesuchende, die sich nicht leicht dafür gewinnen lassen. Wer als BeraterIn *zusätzlich* betont, dass trotz all dieser vorhandenen Schwierigkeiten der/die Hilfesuchende viel Ausdauer, großen Einsatz oder großes Verantwortungsgefühl zeigt, verhilft dem Gegenüber u. U. dazu, sich mit anderen Augen, eben nicht nur als Problemfall oder unfähig, sondern *auch* als kompetent usw. zu verstehen. Die Schwarz-Weiß-Optik der Hilfesuchenden wird so mit Farben, Tönungen, Schattierungen erweitert, differenziert. Diese «Vergrößerung des Positiven» (Bamberger 2001) soll und will selbstverständlich keine unrealistische oder gar illusionäre Sichtweise bei Hilfesuchenden fördern, sondern eben vielmehr zu einer weniger verzerrten und damit zugleich vollständigeren Wahrnehmung verhelfen.

Eine weitere interessante Variante stellt der Fähigkeiten-Teppich zur Visualisierung von Ressourcen und schon vorhandenen positiven Fähigkeiten von Bamberger (2001) dar (im Beispiel von mir etwas verändert). Hier geht es im Wesentlichen darum, im Gespräch mit der hilfesuchenden Person deren vorhandene positive Fähigkeiten sichtbar werden zu lassen. Dazu ein kurzes Beispiel aus meiner Beratungspraxis:

Fallbeispiel

Frau A., eine 50-jährige Lehrerin, sehr pflichtbewusst, streng mit sich selbst, steht schon über 20 Jahre im Beruf, davon mehr als zehn Jahre in der gleichen Gemeinde. Die Behörden schätzen sie als sehr zuverlässige Lehrkraft, die es versteht, auch schwierige Kinder geschickt zu integrieren. Frau A. weist zusätzlich eine heilpädagogische Ausbildung und ein Französischdiplom auf. Im Kollegium wird sie geschätzt, auch wenn nicht alle mit ihrer etwas strengeren Unterrichtsführung und Einstellung gegenüber den Kindern immer ganz einverstanden und in fachlichen Fragen manchmal anderer Meinung sind. Einige Elternreaktionen an einem Elternabend geraten ihr schließlich in den falschen Hals: Sie fühlt sich kritisiert, als zwei Elternpaare im Laufe des

Abends die Meinung äußern, sie lobe die Kinder zu wenig, sei mit ihnen zu streng und habe vielleicht zu hohe Ansprüche an die Fünftklässlerinnen. Seit diesem Abend fühlt sich Frau A. verunsichert, stellt sich als ganze Person in all ihrem Verhalten in Frage – und ist gleichzeitig gekränkt, ja beleidigt, dass ihr überdurchschnittlich hoher Einsatz für die Schule so schlecht honoriert wird. Mehrere Beratungsgespräche mit ihr kreisen um die Frage der eigenen Wahrnehmung (Verallgemeinerung der Kritik, biografische Entwicklungsgeschichte dieser selektiven Wahrnehmung) und um die Veränderung dieser subjektiven Wahrnehmung sowie um konkrete Möglichkeiten, den Schulunterricht etwas lockerer zu gestalten. In einem der Gespräche setze ich eine Variante des Fähigkeiten-Teppichs ein: Ich lasse sie in kleinen Bildern meine Spiegelung ihrer unbestreitbar vorhandenen Kompetenzen visualisieren: Die Sonne bedeutet den Glauben an die Fähigkeiten der Kinder, der Wegweiser zeigt ihre Zielorientierung, die Faust die Beharrlichkeit und Klarheit der Unterrichtsführung, das Smiley die Begeisterung im Zeichenunterricht und der nach oben gerichtete Daumen die langjährige Ausdauer im Lehrberuf. Nun werden optisch, schwarz auf weiß bzw. farbig, plötzlich auch Stärken, Ressourcen, die bisher ausgeblendet, vergessen, selber als gering eingeschätzt oder gar übersehen wurden, sichtbar und bilden einen weiteren Anlass, neben notwendigen Veränderungsprozessen in der Schulführung wie im Selbstkonzept sich über positive Seiten klar zu werden – und sich darüber auch zu freuen.

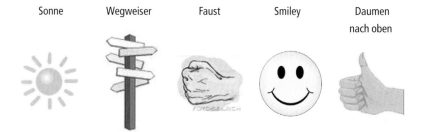

Sonne　　Wegweiser　　Faust　　Smiley　　Daumen nach oben

Wertschätzung

Die schon angesprochene positive Grundhaltung der beratenden Person im Beratungsprozess kommt auch durch die Wertschätzung zum Ausdruck: Es geht hier um die Wertschätzung der hilfesuchenden Person als Mensch und um die Wertschätzung ihrer grundlegenden Bedürfnisse und Ressourcen. Wertschätzung bedeutet im Beratungsprozess aber zugleich, gerade angesichts ungelöster Probleme und des Leidens daran positive Eindrücke und Beobachtungen, die Hilfesuchende häufig gänzlich übersehen oder ausblenden, in Erinnerung zu rufen. Ein Beispiel: Eine Lehrperson, die schon 25 Jahre im Beruf steht und sich (immer noch) engagiert, erhält von den Schulbehörden in vielen Fällen selten oder gar nie eine Anerkennung über den langjährigen Einsatz, die Beharrlichkeit in dieser anspruchsvollen Arbeit. Ein echt gemeintes Kompliment, eine ernst gemeinte Anerkennung kann u. U. viel bedeuten. Beispiel: Der Berater äußert seine Anerkennung und Wertschätzung darüber, dass die Lehrperson immer wieder die Kraft aufgebracht hat, trotz manchmal schwieriger Situationen in der Schulklasse und eines belastenden Mobbing-Falles im Schulhausteam so lange durchzuhalten und die Arbeit dabei *trotzdem* seriös auszuüben!

Empathisches Verstehen

> «Die beste Brücke zu anderen wäre dann: sich vorzustellen, wie die Welt aus ihrer Perspektive aussieht.» (Schmid 2005 a, S. 26)

BeraterInnen vermögen nur auf andere einen Einfluss zu nehmen, wenn es ihnen gelingt, sich sowohl gedanklich (Perspektivenübernahme) wie gefühlsmäßig in die Lage des Gegenübers zu versetzen und sich die Frage zu stellen: Wie würde ich an seiner Stelle fühlen, denken, handeln? Es geht darum, sich in den inneren Bezugsrahmen des hilfesuchenden Menschen zu versetzen, die Dinge in *seinem* Bezugsrahmen zu betrachten, ohne sich mit der anderen Person zu identifizieren, d. h. die beiden Rollen (Beratungsperson-hilfesuchende Person) bleiben getrennt; die Als-ob-Situation, also die Trennung der beteiligten Personen bleibt erhalten. Adler (1982) hat dies einmal sehr schön mit dem anschaulichen Bild des von ihm so bezeichneten Gemeinschaftsgefühls beschrieben: Mit den Augen eines anderen sehen, mit den Ohren eines anderen hören, mit dem Herzen eines anderen fühlen. Die Trennung der beiden Personen bleibt dabei selbstverständlich aufrechterhalten, wie Bischof-Köhlers Definition von Empathie dies ebenfalls zeigt: «*Erfahrung, unmittelbar der Gefühlslage bzw. der Intention einer anderen Person teilhaftig zu werden und sie dadurch zu verstehen. Trotz der Teilhabe bleibt das Gefühl auf den anderen bezogen.*» (Bischof-Köhler 1999, S. 349). Ich halte die Fähigkeit zur Empathie für eine der wesentlichsten Fähigkeiten und Voraussetzungen für das Gelingen jedes Beratungsprozesses. Denn nur durch dieses Mitschwingen kann sich die hilfesuchende Person von der Beratungsperson angenommen und verstanden fühlen und beginnen, sich für neue, andere Erfahrungen zu öffnen. Verschiedene Studien belegen mittlerweile Empathie als die Variable, mit der am besten vorausgesagt werden kann, ob eine Therapeutin, ein Therapeut (oder eine Beraterin, ein Berater) erfolgreich, d. h. effektiv bzw. ineffektiv sein wird (vgl. Bachelor/Horvath 2001). Weil mir die Empathie so wichtig erscheint, lege ich noch eine weitere Definition vor, die nahe legt, wie zutiefst menschlich diese Reaktion ist. Petermann et al. (2004, S. 212) schreiben: «*Empathie kann definiert werden als emotionale Reaktion, die hervorgerufen wird durch den affektiven Zustand oder die (Not-)Lage eines Menschen und entweder einen ähnlichen oder denselben emotionalen Zustand darstellt, im Sinne von ‹Einfühlen›, das ‹Teilen› der emotionalen Erfahrungen anderer oder die Fähigkeit, zu fühlen, was ein anderer fühlt.*»

Bedeuten Misserfolge ein Versagen?

Viele Menschen generalisieren ihre (tatsächlichen oder vermeintlichen) Misserfolge und beurteilen sich schließlich einfach als Versager. Die zwei kurzen Geschichten von Mosak und Maniacci (1999, S. 107) können Hilfesuchende vielleicht zum Nachdenken bringen:

> «*Man kann Klienten darauf hinweisen, dass es jemand gab, der zweimal bankrott gemacht hatte, der in 22 Jahren acht größere Wahlen verloren hatte, dem seine Herzallerliebste starb und der bei alldem einen nervösen Zusammenbruch erlitt. Der Klient mag erstaunt sein, dass der Therapeut hiermit Abraham Lincoln beschrieben hatte.*
>
> *Dr. Paul Ehrlich, dem für die Entdeckung eines Medikamentes gegen Syphilis der Nobelpreis verliehen wurde, nannte dieses Medikament einfach 606. Warum? Weil die ersten 605 Medikamente wirkungslos geblieben waren.*»

Ähnliche Beispiele lassen sich ohne Weiteres finden: von Bestseller-AutorInnen, die bei Dutzenden von Verlegern anklopfen mussten, bis sie endlich unterkamen usw.

Übersehene Lektionen aus der eigenen Vergangenheit

Hilfesuchende Menschen fühlen sich entmutigt, klagen über sich selbst und sehen sich als Versager, als schwach oder fürchten ein Risiko, wollen aufgeben oder gar nicht erst anfangen, etwas Neues auszuprobieren, eine andere Sichtweise oder Handlung zuzulassen. Mosak und Maniacci (1999, S. 106) erzählen manchmal solchen Hilfesuchenden folgende Geschichte:

> «Als Sie zu gehen lernten, steckte darin ein Risiko. Langsam gewannen Sie Mut. Zuerst richteten Sie sich an einem Stuhl- oder Tischbein auf oder am Bein einer Person. Dabei fühlten Sie sich nicht nur ausgezeichnet, sondern Sie bekamen auch den Zuspruch anderer. Als Sie das geleistet hatten, entschieden Sie sich eines Tages, mehr Mut zu zeigen und ein größeres Risiko einzugehen. Sie bewegten sich von einem Stuhl zum anderen, ohne allerdings den ersten loszulassen, ehe Sie nicht den anderen fest im Griff hatten. Wie fühlten Sie sich da toll! Eines Tages beschlossen Sie, alles daran zu setzen. Sie ließen den Stuhl los und zottelten ab. Es war ein herrliches Erlebnis – bis Sie hinfielen. Das tat weh, wahrscheinlich haben Sie sogar geschrieen. Aber ich habe noch nie ein Kind gesehen, das hinfiel und dann sagte: ‹Ich tue es nie wieder.› Nach einer gewissen Zeit stehen Kinder auf und versuchen es immer wieder, bis sie gehen können. Also, sind Sie heute bereit, den gleichen Mut zu zeigen, den Sie als Einjähriger zeigten?»

Lösungs-, Ressourcen- und Veränderungsorientierung

Die Ressourcenorientierung hat in der Geschichte von Beratungs- und Therapieansätzen eine lange Tradition (vgl. Übersicht bei Klemenz 2003b). Ressourcenorientierung ist eines der wesentlichsten Behandlungsprinzipien in jedem beraterischen wie therapeutischen Prozess und stellt eine zentrale Voraussetzung für Entwicklung, Wachstum und Veränderung des betreffenden Menschen dar. Eine wichtige Aufgabe besteht auch darin, das Augenmerk auf nichtgenutzte oder geringgeschätzte Potenziale oder Ressourcen zu lenken. Wenn der Blick mehr auf vorhandene Fähigkeiten oder zumindest Ansätze gerichtet wird, gewinnt die Orientierung an Stärken zunehmend mehr Gewicht als die Analyse der Schwächen (vgl. Barthelmess 2001). Die zu ausführliche Besprechung und Exploration von Schwächen kann die hilfesuchende Person sogar tendenziell eher noch in ein verstärktes Minderwertigkeits- oder Abhängigkeitsgefühl treiben und so den Blick auf Positives verstellen. Hilfesuchende sollten sich mit Hilfe des Beraters als Personen sehen, die – trotz der zurzeit vorliegenden Probleme und Schwierigkeiten – durchaus in der Lage sind, den großen Teil ihres Lebens kompetent zu gestalten, und dabei eigene Fähigkeiten und Stärken in die Beratung einbringen. Auf diese Weise bietet der Berater in seinem wertschätzenden und wohlwollenden Umgang mit dem Hilfesuchenden *ein Modell, wie der Hilfesuchende mit sich selbst umgehen könnte* (Bamberger 2001). So kann schließlich die Beziehung zwischen Hilfesuchenden und Beratenden selbst zu einer wichtigen positiven Ressource für Veränderungen in der Lebensgestaltung werden.

Außerordentlich wichtig scheint es mir, obendrein kleine oder kleinste positive Veränderungen oder Verbesserungen des Hilfesuchenden positiv zu spiegeln und zu bestärken, denn bewusst wahrgenommene und der eigenen Person zugeordnete positive Veränderungen wirken im Sinne von Rückkoppelungen selbstverstärkend und können sich vielfach – wie in früheren Kapiteln dieses Buches beschrieben – auch auf andere Ebenen oder Lebensbereiche des Betreffenden auswirken: Die couragierte Haltung im Geschäft wird u. U. spontan auch in der Öffentlichkeit «ausprobiert». Um veränderungsorientiert zu arbeiten, können beratende Personen auf alle – ebenfalls kleine! – Veränderungen und Entwicklungen zum Guten achten und diese bestätigen; damit konzentrieren sie zugleich die Aufmerksamkeit auf die vorhandenen Kräfte der hilfesuchenden Person. Das bedeutet gleichzeitig auch, Ratsuchende darauf zu sensibilisieren, was schon jetzt (oder immer noch) gut geht. Besonders eher negativ eingestellte Hilfesuchende selektionieren unbewusst nur Negatives aus ihren Erfahrungen und schildern dann nur das von ihnen so sehr subjektiv (und so mehrheitlich willkürlich) Gefilterte in der Beratungsstunde. Es erweist sich deshalb als wichtig, sogar auf kleinste positive Zeichen und Veränderungen zu achten und die Hilfesuchenden darauf hinzuweisen. Eine wesentliche Arbeit in jeder Beratung besteht ja gerade darin, diesen «fehlerhaften» Wahrnehmungsfilter zu erkennen, mit der Zeit zu korrigieren und dem Gegenüber die Fortschritte bewusst zu machen. Positive Bewältigungserfahrungen von Hilfesuchenden sollen deshalb stets zum Anlass genommen werden, das Bewusstsein für die eigenen Ressourcen zu schärfen, so dass mit der Zeit die Hilfesuchenden selbst immer mehr daran glauben oder überzeugt sind, dass sie in der Mehrzahl der Fälle über die notwendigen Stärken und Möglichkeiten verfügen, um das Problem zumindest ein Stück weit zu lösen. So fühlen sich Hilfesuchende Situationen und Problemstellungen schließlich zunehmend gewachsen, denen sie sich bisher ausgeliefert gefühlt haben und denen sie mit unangemessenen Methoden begegnet – etwa ausgewichen – sind. Ressourcenorientierte Beratung basiert also immer auf einer ermutigenden Grundhaltung der helfenden Person und geht davon aus, dass jeder Mensch über Möglichkeiten verfügt, um mit belastenden Lebensumständen und persönlichen Schwierigkeiten umzugehen – selbst oder gerade wenn er diese Ressourcen selbst nicht wahrnimmt. Die ständige Ermutigung, die Welt und sich auch anders zu sehen, wird mit der Zeit neue Fähigkeiten und Möglichkeiten ans Licht bringen. Was Bruch (1977, S. 189) als zentrales Problem sieht, das allen psychotherapeutischen Patienten gemeinsam sei, nämlich, *«dass ihnen die Überzeugung abgeht, ein Individuum zu sein, dass ihr Gravitationszentrum nicht in ihrem Innern liegt, sondern irgendwie auf andere Menschen verschoben ist»*, ist exakt eine Grundproblematik seelischen Leidens, das heute mit dem Begriff «mangelnder *locus of control*» bezeichnet wird. Erfolgreiche Beratung (wie Therapie) bedeutet auf diesem Hintergrund, dem Individuum behilflich zu sein, *sich (wieder) als wesentlichen Verursacher und Gestalter seiner Lebensmöglichkeiten zu verstehen*, das Vertrauen in die eigenen Stärken und den Glauben an die Veränderbarkeit seiner Situation zu fördern. Dafür scheint es mir unabdingbar zu sein, dass die beratende Person eine ressourcenorientierte Grundhaltung im Wahrnehmen, Denken und Handeln einnimmt und entsprechend auf das Gegenüber einwirkt. Wer nicht von einer starken Überzeugung durchdrungen ist, dass der Mensch sich ein Leben lang entwickeln kann, wird schwerlich Hilfesuchenden die notwendigen Impulse für persönliches Wachstum und Veränderungsprozesse vermitteln können. Ermutigung in diesem Verständnis bedeutet also u. a. außerdem, an ein persönliches Entwicklungspotenzial eines Menschen zu glauben und dieses zu fördern.

Eine erfolgreiche Ermutigung bewirkt deshalb bei der hilfesuchenden Person eine Veränderung ihrer Wirklichkeitskonstruktion, wie ich sie vereinfacht in der nachfolgenden **Tabelle 8-1** dargestellt habe: Es geht

Tabelle 8-1: Veränderte Wirklichkeitskonstruktion: von der entmutigten zur mutige(re)n Haltung

Entmutigte Haltung	Mutige Haltung
Ich kann nicht!	Ich kann (zumindest teilweise, in Teilbereichen).
Ich probiere es lieber nicht!	Ich probiere es, soviel kann auch nicht passieren.
Wenn ich nichts tue, mache ich auch keine Fehler.	Ich versuche es, allfällige Fehler gehören eben dazu, daran kann ich wachsen, mich weiterentwickeln.
Ich darf ja keinen Fehler (mehr) machen.	Lernen heißt auch Fehler machen.
Es hat doch keinen Sinn, sich anzustrengen.	Ich gebe mein Bestes!
Das ist wieder einmal typisch für mich!	Heute ist es mir gar nicht gelungen, aber vielleicht gelingt es morgen (übermorgen usw.) besser.
Dieser Erfolg war eine Ausnahme.	Super! Da mache ich gleich weiter!

darum, sich selbst, die anderen, die Welt und die eigenen Möglichkeiten anders, erweitert, offener, positiver zu betrachten. Eine neue Einstellung führt zu anderen, für das Individuum günstigeren Gefühlen und ermöglicht dann entsprechend optimalere, d. h. für den betreffenden Menschen angemessenere Handlungen. Oder in der Sprache der kognitiv-emotionalen Verhaltenstherapie formuliert: Emotionen lassen sich beeinflussen, indem man die Gedanken beeinflusst; wenn man verinnerlichte Sätze oder Selbstgespräche verändert, verändern sich ebenso die entsprechenden Emotionen (Ellis 1993). Menschen können so lernen, bewusst andere Selbstverbalisierungen zu verwenden.

Kurz formuliert geht es also darum, Menschen wieder Mut einzuflößen zur Bewältigung ihres Lebens:

- zu ihrer Person
- im Umgang mit der Umwelt
- für ihre Zukunft.

Berichten Hilfesuchende schließlich in einer Beratung von einer positiven Veränderung (auch wenn sie nur klein oder unbedeutend erscheinen mag), so ist die Reaktion der ermutigenden Beratungsperson von entscheidender Bedeutung. Hilfreiche, d.h. das Individuum stärkende Reaktionen können dann etwa in Fragen bestehen wie (vgl. Barthelmess 2001):

- *Was genau haben Sie dieses Mal anders gemacht?*
- *Was hat Ihnen dabei geholfen?*

Dazu gehört ebenso, sich mit der zu beratenden Person gemeinsam am positiven Schritt oder Erfolg zu freuen, denn es ist diese bewusste Fokussierung auf das, was mir gelingt, was ich kann, die stärkt. Das zu ausgiebige Verharren bei und «Bearbeiten» der defizitären Strukturen des Individuums kann rasch einmal regressiv, lähmend, entmutigend wirken – und das kann wohl nicht der Sinn einer Beratung oder Therapie sein. Die Rolle der Beratungsperson muss vor allem die eines «Entwicklungshelfers» sein, weniger die eines brillanten Analytikers der Schwierigkeiten der zu beratenden Person.

Kognitive Verzerrungen und Fehlinterpretationen

Eine wichtige seelische Funktion, die uns Menschen erst die Umwelt erschließt, besteht in der Fähigkeit, von einem Ereignis auf weitere Ereignisse zu schließen und sich dann in entsprechenden Situationen gleich oder ähnlich zu verhalten. Lernen und eine erfolgreiche Umweltbewältigung setzen die Fähigkeit zu generalisieren voraus. Ohne Generalisierung würden unsere einzelnen Wahrnehmungen und Erlebnisse in eine Unzahl von zusammenhangslosen Ereignissen zerfallen (Peseschkian 2004). Erst die Generalisierung ermöglicht es, Wahrnehmungen zusammenzufassen, Oberbegriffe zu bilden und schließlich abstrakt zu denken. Nur: Es ist genau diese Fähigkeit, die zu einem Grundtypus von Missverständnissen und Fehlleistungen führen kann: Der Rückschluss von einem Ereignis auf ein anderes beinhaltet ebenso die Möglichkeit falscher Einschätzung. Wenn sich ein Kind am heißen Ofen verbrennt, wird es den Ofen eine Zeit lang meiden – eine klassische Schutzfunktion. Nur: Wenn das Kind den Ofen dauerhaft meidet, engt es seinen Spielraum ein und urteilt pauschal: Ofen gleich heiß gleich unangenehm. Ähnlich geht es uns in vielen anderen Bereichen: Undifferenzierte, pauschale Generalisierungen schaden den Menschen schließlich über kurz oder lang. Verschiedene psychologische Schulen und Therapierichtungen haben sich mit diesem Thema

8. Anwendungsfelder und Möglichkeiten II **257**

beschäftigt, speziell die kognitive Psychologie im Rahmen der Depressionsbehandlung (besonders: Beck 1999; Ellis 1993). Verschiedene Autoren bezeichnen Generalisierungen, verzerrte Denkschemata, falsche Bewertungen, irrationale Ansichten, fehlerhafte Annahmen, irrtümliche Leitsätze, willkürliche Schlussfolgerungen, Übergeneralisierungen usw. als kognitive Verzerrungen oder Fehlinterpretationen.

In der folgenden Übersicht (**Tab. 8-2**) fasse ich in Anlehnung an Butler (2002, S. 121 f.), Wolters (2000, S. 39 f.) Beck (1999), Lattmann und Rüedi (2003) und Comer (2001) – stark verändert und ergänzt – eine Auswahl von häufigen und zentralen verzerrten Denkmustern zusammen, die sich bei entmutigten Menschen häufig finden.

Tabelle 8-2: Beispiele von verzerrten negativen Denkmustern

- *Personalisierung*
  Man bezieht die Handlungen anderer Menschen sowie andere Ereignisse der Umwelt ungerechtfertigt und einseitig auf die eigene Person. Beispiel: Herr A. bezieht die Kritik des Chefs – obwohl er keine Namen nennt – automatisch auf sich.

- *Das Positive abwerten*
  Positive Erfahrungen und Ereignisse werden entweder zurückgewiesen oder negativ umgedeutet. Beispiel: *«Sie hat das sicher nicht so gemeint, sie war nur höflich.»* *«Er hat das nur gesagt, damit ich mich besser fühle.»*

- *Katastrophieren (Katastrophen-Denken)*
  Die Annahme, dass es fast zwangsläufig schlecht herauskommen wird. Beispiel: *«Wenn das schief geht, werde ich mich bei denen nie mehr blicken lassen können.»* *«Es wird sicher ganz schrecklich sein, wenn ...»* *«Es wird sicher schief herauskommen, und dann ...»* Der zugrundeliegende Mechanismus könnte etwa folgendermaßen lauten: Denke immer an das Schlimmste; es wird dann wahrscheinlich eintreffen.

- *Polarisiertes (dichotomes) Denken*
  Solchen Menschen fehlen Differenzierungsfähigkeiten in ihrer Wahrnehmung: Sie denken überwiegend bis ausschließlich in Extremen wie gut/böse, alles oder nichts, immer/nie, unfähig/fähig, dumm/gescheit, schwarz/weiß usw. (vgl. dazu ebenso Tabelle 8-6, S. 271).

- *Verallgemeinern/Übergeneralisieren*
  Einzelne Ereignisse oder sogar nur Details werden ungerechtfertigt (d. h. unangemessen) zu allgemeinen Aussagen generalisiert; so nimmt man z. B. an, dass ein einmaliges Ereignis immer wieder eintreffen wird. Weiteres Beispiel: Meine ungeschickte Äußerung bei der letzten Einladung wird die Beziehung auch in Zukunft negativ beeinflussen (vgl. dazu auch Tabelle 8-7, S. 273).

- *Maximierung und Minimierung*
  Das Gewicht von positiven Ereignissen wird unterschätzt (minimiert), oder die Bedeutung von negativen Erfahrungen wird stark übertrieben (maximiert). Beispiele: Eine Studentin erhält für ihre anspruchsvolle Arbeit eine gute Bewertung, folgert jedoch daraus, dass sich darin eher die Großzügigkeit des Professors niederschlägt (Minimierung). Ein Mitarbeiter begeht einen – harmlosen und korrigierbaren – Fehler in der Registrierung und glaubt nun, dass er deswegen hart gerügt oder gar entlassen werden könnte (Maximierung).

- *Selektive Abstraktion*
  Menschen greifen bestimmte Aspekte (Einzelheiten oder Fragmente) von Ereignissen oder Situationen heraus, die dann für ihr Befinden und die daraus folgenden Handlungen bestimmend sind bzw. werden.

- *«Gedankenlesen», Projektionen*
  Man glaubt zu wissen, was die anderen über einen denken. Beispiele: *«Der findet mich lächerlich.»* *«Sie mag nicht so verklemmte Leute wie mich.»* *«Der Lehrer hält mich für dumm.»*

Tabelle 8-2: Fortsetzung

- *Die Schuld unangemessen, voreilig auf sich nehmen*
  Verantwortung übernehmen für Dinge, für die man gar nicht verantwortlich oder zuständig ist. Beispiele: *«Das kann nur mein Fehler sein!»* Oder: *Die Mutter ist traurig und schweigt – sie hat die Geldbörse verloren. Das von der Schule nach Hause kommende Kind denkt sofort: «Was habe ich falsch gemacht?»*

- *Die Zukunft vorhersagen*
  Beispiele: *«Ich werde immer ohne Partner/ohne Partnerin bleiben.» «Leute wie mich lädt man doch nicht ein.» «Ich werde auch die nächste Prüfung nicht schaffen!»*

- *Selbst- und Fremdbeschimpfungen bzw. Entwertungen*
  Beispiele für Selbstbeschimpfungen: *«Ich bin wertlos (unfähig, dumm, langsam, hässlich, komisch).», «Bin ich ein Idiot!»* usw.
  Beispiele für Selbstentwertungen anlässlich der Einladung einer Berufskollegin zu einem Drink: *«Sie lädt mich sicher nur ein, weil sie halt eine Begleitung braucht.» «... mit mir Mitleid hat.» «... sonst niemand da ist.»* usw.
  Beispiele für Fremdbeschimpfungen: *«Die anderen/andere sind gemein, feindselig, parteiisch, überheblich, blöd.»* usw.

- *Wunschdenken*
  Anzunehmen, alles wäre besser, wenn die Situation, die Umstände usw. anders wären.
  Beispiele: *«Wenn ich nur mehr Geld hätte, würde es mir besser gehen.» «Wenn ich älter wäre, würden mich die Eltern meiner Schulkinder ernst nehmen.» «Alle Menschen müssen mit meinen Handlungen einverstanden sein.» «Ich muss in allen Bereichen kompetent, intelligent, erfolgreich, sicher usw. sein.» «Ich muss alles unter Kontrolle haben.» «Alle Menschen müssen mich sympathisch finden, mich mögen.»*

Einige Beispiele für solche Generalisierungen und entsprechende Reaktionsmöglichkeiten der beratenden Person habe ich in **Tabelle 8-3**[77] (S. 260 f.) zur Veranschaulichung aufgeführt. Wenn Sie die Aussagen in der Tabelle links lesen und darüber nachdenken, werden Sie merken, dass die meisten Generalisierungen eigentlich immer zugleich Verzerrungen der eigenen Wahrnehmung darstellen: Es ist, um beim ersten Beispiel zu bleiben, kaum möglich, dass Kinder tatsächlich immer, zu jeder Tages- und Nachtzeit, in jeder Minute, streiten!

Beck (1999) spricht im Zusammenhang mit den dargestellten kognitiven Denkmustern sogar vom «primitiven» (das wären die linken Spalten der Tab. 8-1 und 8-3) im Gegensatz zum «reifen» Denken (abgebildet entsprechend in den rechten Spalten der beiden Tabellen): Das primitive Denken sei durch Eindimensionalität, Invariabilität, Verabsolutierung

---

77 Vier Beispiele habe ich dem Buch von Barthelmess (2001), S. 167 entnommen und verändert.

Tabelle 8-3: Generalisierungen und ihre Hinterfragung

Generalisierung der hilfesuchenden Person	Hinterfragung durch Beratungsperson
Unsere beiden Kinder streiten permanent.	*Was heißt für Sie genau streiten? Was tun Ihre Kinder dann? Wann haben die Kinder zuletzt nicht gestritten? Warum?*
Das war bei uns schon immer so.	*Was ist so? Wie ist es? Warum muss es so bleiben? Was haben Sie unternommen, um das zu ändern?*
Mein Mann versteht mich sowieso nicht!	*Woran merken Sie, dass er Sie nicht versteht? Gilt das immer und in allen Bereichen? Was könnten Sie daran ändern?*
Mit meiner Schulklasse ist nichts anzufangen.	*Was heißt das für Sie genau? In welchen Bereichen ist das aus Ihrer Sicht so?*
Mein Partner ist immer unpünktlich.	*Immer? Gibt es Ausnahmen? Was muss er tun, damit Sie sagen, er sei unpünktlich? Was denken Sie dann dabei? Wie reagieren Sie?*
Ich bin eben so (unfähig, dumm, kompliziert, ängstlich usw.).	*Woher wissen Sie das? Wer sagt das (hat das gesagt)? In welchen Bereichen oder Beispielen trifft das nicht zu? Warum? Möchten Sie das ändern? Was tragen Sie zur Veränderung bei?*
Die Nachbarin/Die Schulklasse/ Die Welt usw. ist schlecht.	*Immer? Warum ist das so? Wie gehen Sie damit um? Möchten Sie Ihren Handlungsspielraum dabei verändern?*
Dieser Schüler ist einfach nicht tragbar in der Klasse.	*Zurzeit – oder bis jetzt! – ist für Sie (erscheint für Sie) dieser Schüler nicht tragbar. Gab es Zeiten, wo er für Sie tragbar war? Wann? Warum? Was könnten Sie in diese Richtung tun? Was wurde noch nicht ausprobiert? Wer könnte weiterhelfen?*
Ich bin halt ein Versager, eine Versagerin!?	*Wer hat Ihnen das gesagt? Wo versagen Sie konkret? Wo versagen Sie nicht?*
Es ist immer dasselbe!	*Was heißt das? Wo gibt es Ausnahmen? Was könnten Sie ändern?*
Ich mache nie etwas richtig, es misslingt mir immer … .	*Geben Sie ein konkretes Beispiel! Es ist unmöglich, dass Ihnen immer alles misslingt … .*

Tabelle 8-3: Fortsetzung

Generalisierung der hilfesuchenden Person	Hinterfragung durch Beratungsperson
Alle Menschen müssen mich sympathisch finden, mich mögen.	Warum muss das so sein? Warum ist Ihnen das so wichtig? Kennen Sie jemanden, für den das wirklich so zutrifft? (Es geht darum, die Unerreichbarkeit und Sinnlosigkeit dieses Ziels deutlich werden zu lassen.)
Ich muss diese Aufgabe perfekt lösen können.	Was heißt «perfekt»? Warum müssen Sie das «perfekt» lösen? Kann man diese Aufgabe überhaupt «perfekt» lösen? Was wäre, wenn Sie das nicht «perfekt» lösen würden?

und Moralisierung, Irreversibilität (Unumkehrbarkeit) gekennzeichnet, während das reife Denken mit Multidimensionalität, Variabilität, Relativierung, Nicht-Bewertung, Reversibilität (Umkehrbarkeit) und einer positiven Verhaltensdiagnose umschrieben werden könne.

Menschen werden – zum Glück! – nicht mit vorgefassten Meinungen und Überzeugungen über sich, die anderen Menschen und die Welt geboren: Solche Denkmuster und Grundanschauungen entstehen über viele Jahre im Laufe der Kindheit- und Jugendzeit. Menschen unter schwierigeren Lebensumständen entwickeln tendenziell eher drastischere und negativere Grundannahmen mit entsprechend ungünstigen Folgen. Ein wichtiger Punkt dabei ist, dass solche Grundannahmen unter den damaligen Lebensumständen häufig sinnvoll und die daraus abgeleiteten Verhaltensmuster verständlich und häufig nützlich waren: Die Vorsicht vor dem betrunkenen und prügelnden Vater war in der Kindheit für ein Kind unter Umständen lebensrettend, die generalisierte Vorsicht im Umgang mit allen Menschen selbst im Erwachsenenalter, sogar in der Liebesbeziehung, hingegen eher hinderlich. Das Verständnis für den individuell erworbenen Wahrnehmungsfilter, für die individuell gefärbte Brille, dafür, warum man die Welt und sich selbst so sieht, ist der Ausgangspunkt für Veränderungen.

Ausnahmen identifizieren und bestärken

Eine Variante von Ermutigung in der Beratungsarbeit besteht darin, positive Ausnahmen im Erleben und/oder Verhalten der hilfesuchenden Person zu identifizieren und diese Ausnahmen positiv zu bestärken

(Bamberger 2001). Das kann beispielsweise heißen, einer Lehrerin positiv zu spiegeln, dass es sehr beeindruckend anzuhören sei, wie sie sich trotz der schwierigen und unangenehmen Situation mit einem Berufskollegen manchmal doch wieder aufraffe und es ihr gelegentlich sogar gelinge, ruhig zu bleiben und sich nicht provozieren zu lassen. Das gelinge nicht allen Menschen und müsse erkannt, gewürdigt – und bestärkt werden.

Selbstverständlich sind solche Äußerungen der beratenden Person immer in einem individuellen Gesprächs- und Beziehungskontext zu sehen und lassen sich deshalb nicht einfach so eins zu eins übernehmen. Im obigen Beispiel soll die Lehrperson in ihrem Befinden und ihrer Äußerung einerseits ernstgenommen werden, aber zukünftige positive Entwicklungen als Option – und damit schon als kleine, aber nicht unbedeutende Einschätzungsverschiebung – dürfen angedeutet werden.

Reframing (Umdeuten)

Ein wichtiges Element in der systemischen Beratung und Therapie bedeutet die Technik des Reframing. Reframing lässt sich in etwa mit Umdeuten oder Uminterpretieren übersetzen. Wenn beispielsweise ein Paar von seiner schlechten Beziehung berichtet, in der nichts mehr gehe und nur noch Streit, Unverständnis und Schweigen herrsche, kann u. U. die Frage in den Raum gestellt werden, was denn diese Beziehung trotzdem zusammenhalte, da andere Paare schon längst ihre Beziehung aufgelöst hätten (vgl. Barthelmess 2001). Die Umdeutung kann so – natürlich im Kontext weiterer Erörterungen der tatsächlich vorliegenden Schwierigkeiten des Paares – unter günstigen Umständen zugleich zu einer Neuorientierung führen. Umdeuten ins Positive könnte in der Beratungsstunde mit einer genervten Lehrperson bei einem guten Rapport zwischen BeraterIn und LehrerIn auch bedeuten, das störende Verhalten eines Mädchens als «Klassenclown» in der Schulstunde dahingehend zu verstehen, dass hier jemand aktiv versucht, gute Laune, eine entspannte Atmosphäre in die Klasse zu bringen (Lattmann/Rüedi 2003). Umdeuten oder Reframing ist überdies deshalb häufig sehr wirksam und für Hilfesuchende überraschend, weil sie durch ihren engen und starren Blickwinkel manchmal selbst naheliegendste Aspekte oder positive Seiten einer Situation nicht mehr erkennen können: Sie bleiben im wahrsten Sinne des Wortes befangen, elektrisiert, weisen einen Tunnelblick auf. Reframing vermag so unter günstigen Bedingungen im Kontext einer guten Beziehung – nicht einfach als Technik oder Trick! – einer Situation eine neue Bedeutung zu verleihen, indem zum Beispiel die hilfesuchende Person (nach Barthelmes 2001, verändert und ergänzt):

- das vorliegende Problem als blödes Pech interpretiert, das schließlich ja jede Person hätte treffen können. Beispiel: wegen Stau auf der Autobahn oder Eisenbahnerstreik Flugzeug verpasst (= entlastende externale Attribution statt selbstzerfleischende internale Attribution)

- oder das ganze Problem als eine persönliche Herausforderung oder Chance verstehen lernt, um das bisherige Lebenskonzept zu erweitern und persönlich zu wachsen. Beispiel: Das erste Mal in einer schulischen Ausbildung bei Aufgabenstellungen nicht mehr alleine weitergekommen, musste Hilfe von außen beanspruchen

- starke psychosomatische Reaktionen als hilfreichen und sinnvollen Hinweis des Körpers auf eine zu lange berufliche Überlastung versteht; diese Reaktionen helfen, Schritte zur Wiedergewinnung der Gesundheit einzuleiten (Beispiel: weniger arbeiten, Pensum reduzieren oder Arbeiten teilweise delegieren usw.).

Als eine weitere Form von Reframing kann überdies das Umdeuten von negativen Selbstzuschreibungen (Attributionen) verstanden werden: Sprachliche Umformulierungen verhelfen zu einer manchmal für die hilfesuchende Person überraschenden positiven Sicht bisher negativ beurteilter Persönlichkeitseigenschaften. Bamberger (2001) spricht bei dieser Technik von einem *lösungsorientierten Thesaurus*. Diese Formulierung gefällt mir, weil sie sachlich und positiv, d. h. eben lösungsorientiert formuliert, was Hilfesuchende bei sich häufig ablehnen, kritisieren oder von anderen Menschen als negative Eigenschaft gespiegelt erhalten. Lösungsorientiert sollte deshalb jede Form von Beratung sein (vgl. Wolters 2000; Böckelmann 2002). Nachfolgend einige Aussagen, die ich teilweise von Bamberger (2001) übernommen, verändert und mit weiteren Beispielen ergänzt habe (**Tab. 8-4**):

Tabelle 8-4: Ein lösungsorientierter Thesaurus

Alte, negative (ungünstige, krank machende) Formulierung	Lösungsorientierte, positive Neuformulierung
ängstlich	vorsichtig, sorgfältig, behutsam, verantwortungsbewusst
aggressiv	aktiv, zupackend, expressiv, offen
depressiv	still, sich über vieles Gedanken machen, sensibel
empfindlich	sensibel, feine Antennen aufweisen, empfindsam
nachgiebig	verständnisvoll, flexibel, andere gewinnen lassen, nicht stur
ungeduldig	begeisterungsfähig, engagiert, aktiv, nicht gleichgültig, interessiert
stur	geradlinig, wissen worauf es ankommt, nicht wankelmütig
verschlossen	zurückhaltend, anderen Raum lassen, nicht auftrumpfen/dominieren wollen
langsam	sorgfältig abwägend, bedacht, nicht voreilig

Umdeuten im Sinne des positiven Denkens kann also darin bestehen, erlebten Situationen und Ereignissen eine andere Erklärung, eine neue Bedeutung zu geben. Es bedeutet aber nicht, nur noch positive Aspekte einer Situation zu sehen oder gar den Realitätsbezug zu verlieren!

Konstruktives Fragen

Auch die Variante des konstruktiven Fragens richtet den Schwerpunkt auf die positiven Seiten eines Menschen oder einer Beziehung, die angesichts anderer Themen in den Hintergrund getreten sind. Konstruktive Fragen (vgl. dazu ausführlicher Barthelmess 2001) in einer Beratungssituation können beispielsweise folgende sein:

- Wenn wir einmal vom geschilderten Problem absehen: Was läuft bei Ihnen am besten? (oder zufriedenstellend?)
- Was hat Ihnen auf Ihrem Weg bzw. in diesem Bereich bisher am ehesten geholfen?
- Wer oder was hilft Ihnen am ehesten, den Schritt zu tun?

Konstruktives Fragen und Reflektieren ermöglicht erweiternde Ideen, lässt Fantasien und gänzlich andere, neue oder bisher tabuisierte Sichtweisen zu, hinterfragt lähmende Gewissheiten, wägt aktuelle Alternativen ab und ermöglicht zudem, sich günstige Entwicklungsmöglichkeiten – zuerst einmal ganz ungefährlich, rein gedanklich! – auszumalen (Barthelmess 2001).

Die Rolle des Humors

Humor bzw. die Fähigkeit zu humorvollem Verhalten ist aus meiner Sicht für eine beratende Person eine ebenso unentbehrliche Voraussetzung wie etwa die drei Rogers-Variablen (Empathie, Echtheit, Akzeptanz). Solche Eigenschaften oder Fähigkeiten können zwar nicht verordnet oder vorgeschrieben werden, aber sie lassen sich durchaus bewusst machen und entwickeln (Gruntz-Stoll 2001). Humor kann – feinfühlig und taktvoll eingesetzt – die Beziehung zwischen beratender und hilfesuchender Person entspannen, lockern und wichtige Erkenntnisse auf eine spielerische Art darstellen. Auch Interpretationen sind, in Humor verpackt, oft weniger bedrohlich (vgl. Mosak/Maniacci 1999) und bleiben zudem meistens besser im Gedächtnis haften. Der Humor und das gemeinsame Lachen in einer Beratungsstunde schaffen zur richtigen Zeit in der passenden Situation Distanz zu den Problemen und ermöglichen im optimalen Fall eine größere Gelassenheit (Dick 2003) und eine lockerere Sichtweise auf die vorliegende Problemstellung: Humor als zentraler Bestandteil unzähliger Clown-Nummern im Zirkus und komödiantischer Einlagen im Theater dient ja auch zur *Distanzierung und Lockerung* in schwierigen Situationen. Besonders in schwierigen und angespannten Beratungssituationen gibt es wahrscheinlich kaum etwas Erfrischenderes oder Hilfreicheres als ein befreiendes Lachen, das zugleich entspannt und verbindet. Die Rolle des Humors wird in Kapitel 6 ausführlicher behandelt.

Alternative Erklärungen

In Beratungen geht es immer wieder darum, den Hilfesuchenden deutlich zu machen, dass für die meisten Ereignisse andere, d. h. alternative Erklärungen möglich sind. Der Grundgedanke ist ähnlich wie bei der Technik der Hinterfragung gegenüber der Generalisierung, bezieht sich

Tabelle 8-5: Erklärung und alternative Erklärung

Erklärung des/der Hilfesuchenden	Alternative Erklärung durch Beratungsperson
Die hat mich extra nicht gegrüßt! Die hat etwas gegen mich.	*Sie hat mich vermutlich übersehen.* *Sie war gerade in Gedanken versunken.* *Sie war vermutlich noch müde am frühen Morgen.* *Das ist anderen sicher auch schon passiert!*
Meine Freundin hat mir das vor einer Woche geliehene Geld immer noch nicht zurückgegeben.	*Vielleicht hat sie es ganz einfach in der Hektik der letzten Zeit vergessen.*
Mein Freund küsst mich nie vor seinen Eltern!	*Möglicherweise ist er befangen, verlegen.*

aber auf ein Ereignis, eine Situation und auf die Suche nach einer alternativen, angemesseneren Erklärung dafür (vgl. **Tab. 8-5**).

Kippbild

Aus der Wahrnehmungspsychologie sind verschiedene Bilder bekannt, die sich – je nach Fixierung des Beobachters – unterschiedlich interpretieren lassen: Je nachdem, auf welche Linien, Punkte oder Flächen man sich fixiert, sieht man in **Abbildung 8-1**[78] entweder das Bild einer alten Frau mit einem langen Kinn oder das Bild einer jungen Frau, die leicht abgewandt nach hinten blickt. Es ist kaum möglich, die beiden unterschiedlichen Bilder (alte oder junge Frau) gleichzeitig zu sehen. Das Bild veranschaulicht treffend die Situation im Alltag: In unserem Kopf entstehen Bilder über die «Realität», z. B. das schwierige Kind, die unlösbare Situation usw. Diese persönliche Konstruktion verfestigt sich dann in der Regel und lässt häufig keine andere Sichtweise mehr zu. Am Beispiel der Frau kann anschaulich und leicht verständlich diese Tendenz in der Wahrnehmung der Menschen gezeigt – und hinterfragt! – werden.

---

78 Dieses Bild stammt ursprünglich von W.E. Hill (1905) und wird seither in unzähligen Büchern zur Wahrnehmungspsychologie verwendet. Ich habe es entnommen aus: Antons, K. (1976): Praxis der Gruppendynamik. Göttingen: Hogrefe, S. 50.

Abbildung 8-1: Alte oder junge Frau?

Illustrierende Gleichnisse und Fabeln

Manchmal verdeutlichen im Beratungsprozess Geschichten, Gleichnisse oder Fabeln wichtige Erkenntnisse und Gesprächsinhalte am anschaulichsten und helfen so mehr als lange theoretische Ausführungen, ein Problem auf den Punkt zu bringen. Menschen, die allen gefallen wollen, es anderen immer recht machen möchten und negative oder dissonante

Beurteilungen ihrer Person kaum ertragen, werden vielleicht durch die folgende Geschichte zum Nachdenken angeregt.

Wer allen gefallen will, zahlt einen hohen Preis

Ein Müller und sein Sohn brachten ihren Esel zum Markt, um ihn dort zu verkaufen. Unterwegs trafen sie auf eine Gruppe kichernder junger Mädchen, die riefen: «Hat man denn je solche Dummköpfe gesehen? Sie gehen zu Fuß, obwohl sie doch bequem reiten könnten!» Der Müller hielt kurz inne und dachte, das wäre eigentlich ganz vernünftig, setzte schließlich seinen Sohn auf den Esel und ging nebenher. Schon kurz darauf stießen sie auf einige Bekannte, die sie grüßten und meinten: «Warum verwöhnst du deinen Sohn und lässt ihn reiten, während du zu Fuß gehst? Lass ihn doch gehen, das ist gesund für ihn, er ist auch noch jung!» Der Müller stimmte diesem gescheiten Rat zu, schwang sich auf den Esel und ließ den Sohn gehen. Sie waren aber nicht viel weiter gekommen, als sie auf eine Gruppe von Frauen und Kindern trafen, die recht empört waren: «Was ist das für ein egoistischer und gefühlloser Mann. Ein richtiger Kinderfeind! Er reitet bequem und lässt den armen Jungen mühsam neben dem Esel hergehen!» Die Kritik leuchtete dem Müller ein und so nahm er seinen Sohn zu sich auf den Esel. Nach einer halben Stunde trafen sie auf einen Kaufmann, der ihn fragte, ob das sein Esel oder nur ein gemieteter sei. Der Müller bekräftigte, das sei sein Esel und er gedenke ihn auf dem Markt zu einem guten Preis zu verkaufen. Da meinte der Kaufmann: «Mit einer solch schweren Last wird der Esel so müde beim Markt ankommen, dass ihn niemand dort kaufen wird. Es ist deshalb besser, ihr beide tragt den Esel.» Der Mann hat Recht, meinte der Müller, und stieg mit dem Sohn ab. Dann banden sie die Beine des Esels zusammen, steckten einen dicken Stock hindurch und trugen ihn zum Markt. Der Weg wurde nun zunehmend belebter und verschiedene Menschen kamen schließlich gelaufen und lachten über den komischen Anblick. Sie neckten den Müller und lachten ihn und den Sohn aus. Einige riefen ihm gar zu, er sei wohl völlig verrückt oder fragten ihn ironisch, ob ihm etwas fehle. Kurz vor einer Brücke brüllten zwei Jugendliche beim Anblick des komischen Trios: «Dieser Trottel, dieser Vollidiot!!» Der Esel war völlig verschreckt, riss sich vom Seil los, stolperte, fiel unglücklich in den reißenden Fluss und ertrank. Der arme

> und verzweifelte Müller kehrte schließlich mit seinem Sohn traurig nach Hause zurück.[79]

Der Mann hatte die bittere Lektion lernen müssen: Wer allen gefallen will, gefällt schließlich niemandem und verliert obendrein noch seinen Esel. Es immer allen Menschen recht machen zu wollen, heißt so, selbst im Leben völlig zu kurz zu kommen. Statt für die unentwegte Anstrengung belohnt zu werden, gibt man sich nur der Lächerlichkeit preis und verliert die Würde und/oder – hier – den Besitz.

Die zwei Frösche im Fass

(Aesop, um 600 v. u. Z.)

Frosch Pessimist fällt in ein Fass mit flüssiger Sahne. Ängstlich blickt er die hohen Wände hinauf und denkt voller Verzweiflung: Der Rand ist viel zu hoch, unendlich hoch, das schaffe ich nie und nimmer. Und die Wand ist so glatt, da gibt es keinerlei Chance, hinaufzuklettern. Ich kann nichts machen! Ich habe es ja schon immer gewusst, dass ich ein Pechvogel bin und früh enden werde, in dieser misslichen Lage gibt es für mich absolut keine Möglichkeit mehr, irgendetwas zu tun! Tief resigniert verlässt ihn der letzte Lebensmut, und er ertrinkt in der flüssigen Sahne.

Dem Frosch Optimist passiert zwei Tage später exakt das gleiche Missgeschick. Auch er sieht die Entfernung zum Rand, versucht aber – erfolglos – hinaufzuklettern. Wie konnte das nur passieren? Ich möchte noch leben, habe noch vieles in meinem Leben vor, das Leben hat ja erst so richtig begonnen! Wütend strampelt er mit seinen Füßen. Nach einiger Zeit bemerkt er, wie die flüssige Sahne allmählich zu Butter wird. Mit schwindenden Kräften strampelt er nun unentwegt weiter, redet vor sich hin: Ich möchte leben, ich muss es schaffen, ich werde es schaffen .... Er strampelt bis am andern Morgen – und sitzt schließlich müde auf einem Klumpen Butter. Mit letzter Anstrengung gelingt es ihm, von der Butterspitze über den Rand zu springen.

---

79 aus: Mosak und Maniacci 1999, S. 208 f., für das vorliegende Buch verändert und ergänzt

Die Froschgeschichte zeigt auf eine humorvolle Weise, wie entscheidend die subjektive persönliche Meinung, die Grundannahme über sich und die Problemstellung das Verhalten beeinflussen kann. Die gleiche Ausgangssituation, aber zwei gänzlich verschiedene Problembewältigungsstrategien führen schließlich zu zwei entsprechend unterschiedlichen Resultaten.

Sich nicht unterkriegen lassen: Günstigere Selbstinstruktionen

Strategien zur Handlungsunterbrechung bei eingefahrenen Verhaltensweisen und Gefühlsreaktionen sind manchmal recht hilfreich, besonders wenn es den Betroffenen gelingt, sie wiederholt bis zur allmählichen Routine einzuüben, um sie dann quasi «aus der Hosentasche» ziehen zu können! Hilfreiche Strategien beim Auftreten von Problemsituationen sind bei verschiedensten Anlässen einsetzbar, so etwa wenn:

- eine Schülerin regelmäßig grinst, während die Lehrerin vorne etwas erklärt

- der Partner am Handy herumdrückt, während das Gegenüber ihm eine Frage stellt

- ein Mitarbeiter in zwei Minuten mit einem Vortrag vor dem Team beginnen muss und hochgradig angespannt ist usw.

Letztlich geht es in den verschiedenen Abschnitten und Tabellen in diesem Kapitel immer um dasselbe, nämlich um eine Dekonstruktion von irrationalen, verzerrten, einseitigen, unlogischen oder unvernünftigen Annahmen und Überzeugungen. Diese wirken in der Regel wie eine Art Filter im Sinne von Vereinfachung und Akzentuierung (Bamberger 2001). Verhindert wird dabei aber – indem die betreffenden Menschen die ganze Vielfalt von Interpretations- und Verhaltensmöglichkeiten ausblenden – ein angemessenerer und befriedigenderer Umgang mit der komplexen Realität. Die Komplexitätsreduktion geht schließlich ungewollt zu Lasten des betreffenden Menschen. In der Behandlung von Depressionen setzt beispielsweise die kognitiv orientierte Verhaltenstherapie (Ellis 1993, 2004) stark auf die Hinterfragung dieses Bildes oder Modells von der Welt. Die Zwei-Spalten-Technik (Tab. 8-6) veranschaulicht dies: Links ste-

Tabelle 8-6: Die Zwei-Spalten-Technik

Alles-oder-nichts-Denken	Realistischere und günstigere Alternative
Heute ist schon wieder ein schrecklicher Tag.	*Es sind heute zwar einige unangenehme Dinge passiert, aber es hat keine Katastrophe stattgefunden.*
Ich habe das Essen total versaut.	*Es ist wahrscheinlich nicht das beste Essen, doch man kann es durchaus essen.*
Niemand liebt mich.	*Unsinn! Ich habe einige gute Freunde und Bekannte, die mich mögen.*
Ich bin in der Schule ein Versager!	*In verschiedenen Fächern habe ich gute Noten erzielt, in einigen hat es noch nicht geklappt – genau wie bei anderen Menschen auch.*
Alle Menschen sind schlecht.	*Es gibt neben schwierigen, problematischen und komischen auch tolle, liebenswerte und nette Menschen.*
Alle Mitarbeiter lehnen mich ab!	*Einige werden mich vielleicht weniger mögen, eine andere Wellenlänge haben, einige finden mich aber durchaus o. k.; mit zwei Mitarbeitern kann ich gut sprechen.*

hen Beispiele für einseitig-polarisiertes Denken, rechts angemessenere Alternativerklärungen. Die Aussagen auf beiden Seiten manifestieren sich in der Regel in Form von inneren Selbstgesprächen oder inneren Dialogen. Menschen können lernen, solche inneren Gespräche bewusst wahrzunehmen und sie mit der Zeit auch zu ändern. In Kapitel 9 werde ich darauf nochmals zurückkommen.

Fehlerhafte, einseitige, verzerrte und zudem irrationale Annahmen und Überzeugungen sind weit verbreitet – und häufig für Außenstehende oder Bekannte dieser Menschen schwer nachvollziehbar. Butler (2002, S. 53) zählt eine ganze Sammlung von solchen Beispielen auf, von denen ich eine Auswahl – verändert und ergänzt – hier wiedergebe:

- «*Ich bin seltsam ... komisch ... langweilig ... dumm ... unattraktiv.*»

- «*Ich bin unfähig ... nicht liebenswert.*»

- «*Ich kann mich nicht verändern. Ich bin eben so. Für mich gibt es keine Hoffnung.*» (*Variante:* «*Ich bin ein hoffnungsloser Fall.*»)

- «*Niemand, den ich mag, kommt auf mich zu.*»

- «*Andere Menschen bewerten mich dauernd, kritisieren mich und schauen nur, was ich alles wieder falsch mache.*»
- «*Nur wenn ich interessant und amüsant bin, mögen mich andere Menschen.*»
- «*Wenn es Probleme mit meinem Partner gibt, bin ich allein Schuld.*»

In diesen und ähnlichen Beispielen (vgl. auch die Tab. 8-1 bis 8-4) kommt das Alles-oder-nichts-Denken, das Schwarz-Weiß-Denken anschaulich zum Ausdruck. Allein schon die Aussage «*Ich bin seltsam*» schließt weitere Eigenschaften dieser Person von vornherein aus: Ein Mensch ist nie nur seltsam, immer langweilig usw. und die Auffassung, dass andere Menschen dauernd damit beschäftigt sind, mich zu bewerten und zu kritisieren, stellt eine krasse kognitive Verzerrung dar. Wieso sollen die anderen Menschen sich so ausschließlich mit mir und meinen negativen Seiten beschäftigen? Vieles im Leben ist in Tat und Wahrheit weder schwarz noch weiß, sondern grau, relativ: weder ganz gut noch ganz schlecht, es tritt weder immer oder nie, sondern manchmal auf, es ist nicht nie oder immer, sondern mehr oder weniger ausgeprägt vorhanden und es betrifft mehrere oder sogar viele Personen, aber niemals alle oder niemanden usw.

Weitere Beispiele für solche meist automatisch ablaufenden negativen Gedanken – wiederum meistens in Form innerer Selbstgespräche –, die nun mit realistischeren Einschätzungen ergänzt werden, finden sich in **Tabelle 8-7.**

In einer ähnlichen Weise sprechen Lazarus et al. (2001) auch von «giftigen Gedanken» oder Regeln, die das Leben zur Hölle machen können. Viele Menschen sind sich nicht bewusst, dass ihr Denken ihre Gefühle maßgebend bestimmt: Das ist im Übrigen zugleich die Auffassung der Adlerschen Individualpsychologie sowie der kognitiven Verhaltenstherapie. Nach Butler (2002, S. 57) lassen sich drei Aspekte des ungünstigen Denkens unterscheiden:

1. *Eine spezifische Form der Selbstaufmerksamkeit*
Worauf richten wir unsere Aufmerksamkeit und was nehmen wir wahr? Ängstliche Menschen achten beispielsweise vermehrt auf Ereignisse und Situationen, die ihnen Angst einflößen und die ihren Ängsten entsprechen. Beispiele: «*Und wenn ich den Zug verpasse?*» «*Wieso schaut diese Person so komisch?*» «*Was bedeutet dieses Geräusch wohl?*»

Tabelle 8-7: Kognitive Verzerrungen

Automatische negative Gedanken	Verzerrungen	Realistischere hilfreiche Gedanken	Fazit
Mir gelingt nichts!	übertriebene Verallgemeinerung	Einige Dinge sind mir schon gut gelungen!	Ich bin auf dem Weg.
Ich mache nie etwas richtig.	übertriebene Verallgemeinerung	X und Y ist mir doch schon gelungen.	Ich bin auf dem Weg.
Ich bin ein Idiot.	Etikettierung	Manchmal mache ich dumme Dinge – wie andere auch.	Ich bin nicht dümmer als andere.
Es ist schrecklich, wenn ich nicht von allen akzeptiert werde.	Katastrophieren	Die meisten meiner Bekannten mögen mich.	Ich entspanne mich.
Nur wenn ich immer «funktioniere», werde ich akzeptiert.	polarisiertes Denken	Als tüchtiger Mensch darf ich auch einmal pausieren.	Ich nehme es etwas ruhiger.
Lieber abwarten und so keinen Fehler begehen.	übertriebene Vorsicht	Ich beginne einmal mit dem ersten Schritt.	Ich bin schon etwas weiter gekommen.

2. *Negative automatische Gedanken*
   Diese Gedanken entsprechen dem inneren Gespräch, das jemand mit sich selbst (oder mit anderen) führt, und beinhalten beispielsweise Selbstabwertungen wie in den Tabellen 8-6 und 8-7.

3. *Negative Grundüberzeugungen und Annahmen*
   Diese beinhalten die in der Kindheit und Jugendzeit tief verinnerlichten und später verfestigten Meinungen über sich selbst, die anderen Menschen, die Umwelt, die Zukunft. Beispiele: *«Ich war schon immer langsam im Denken!» «Ich bin halt so ...! (... unfähig, ängstlich, langweilig usw.)» «Mich mag niemand! Leute wie mich kann man nicht gerne haben.»*

Tabelle 8-8 zeigt einige Beispiele, wie sich solche negativen Gedanken und Beschreibungen manifestieren können.

Tabelle 8-8: Negativbeschreibung transformieren

Negativbeschreibung	Positive Beschreibung
Alles ist in die Hosen gegangen.	**Heute** sind für mich **zwei** Dinge schief gelaufen.
Ich bin eine unfähige Mitarbeiterin.	Der **heutige** Tag ist bei der Arbeit gänzlich misslungen.
Mit mir wollen Frauen offenkundig nichts zu tun haben.	Meine Versuche, mit Frauen ins Gespräch zu kommen, sind **an diesem Abend** gescheitert – morgen ist wieder ein anderer Tag.

Beobachtungsaufgabe

Im Beratungsprozess stellen sorgfältig ausgewählte und gezielte Hausaufgaben in bestimmten Fällen durchaus sinnvolle Hilfsmittel für Veränderungsprozesse dar. In einer Beobachtungsaufgabe[80] geht es z. B. darum, die Aufmerksamkeit der hilfesuchenden Person weg vom Problem und hin auf vorhandene bzw. zu entwickelnde Ressourcen zu lenken, d. h. die Fixierung vom Nicht-Können, der Niederlage, des Misserfolgs auf das Positive zu richten. Beispiele solcher Aufgaben können etwa sein:

- *Was läuft in Ihrer Partnerschaft (oder bei der Arbeit mit MitarbeiterInnen und/oder Vorgesetzten) gut? Was tragen Sie persönlich dazu bei? Woher nehmen Sie diese Fähigkeit?*

- *Beobachten Sie sich zwei Wochen lang genau und schreiben Sie auf, was Sie alles tun, um die Situation zu verbessern (z. B. bei der Vorbereitung auf eine schwierige Abschlussarbeit, auf ein anspruchsvolles Referat usw.) Richten Sie Ihre Aufmerksamkeit vor allem darauf, was zur Verbesserung alles beigetragen hat.*

Die bewusstere Zentrierung der Aufmerksamkeit 1. auf das eigene Handeln sowie 2. auf die dabei zugrunde liegenden eigenen positiven Fähigkeiten und Kräfte können die innere Kontrollüberzeugung verstärken und bewirken manchmal schon während der Hausaufgabe oder aber

---

80 Bamberger (2001) nennt solche Aufgaben auch «Standardinterventionen der ersten Stunde» und versteht sie als Lösungsinterventionen.

dann in der Beratungssitzung häufig eine positive Veränderung der bisher eher negativen oder einseitigen Wahrnehmung.

Wer verändert?

Neben der Konfrontation der Ratsuchenden mit ihren Irrtümern, Projektionen, unangemessenen Reaktionsweisen und deren Folgen gehört es zur Aufgabe der beratenden Person, Unterstützung zu geben, zu ermutigen sowie neue Sichtweisen und Denkmuster aufzuzeigen, wie ich das schon an verschiedenen Stellen ausgeführt habe. Damit sich bei Hilfesuchenden wirklich etwas nachhaltig ändert und wir als beratende Personen überflüssig werden, ist es notwendig, Veränderungen richtig einzuordnen. Es geht konkret darum, Hilfesuchenden immer wieder nahe zu bringen, dass *sie* diese Veränderungen aus ihren Kräften und aufgrund ihrer Bemühungen erreicht haben. *Die Beratungsperson ist und war sozusagen in der Rolle der Geburtshelferin*, sie hat die hilfesuchende Person dabei unterstützt. Eine solche Interpretation stärkt das Selbstwertgefühl und das Gefühl der Selbstwirksamkeit, den *locus of control*, der Hilfesuchenden – und das ist unabdingbar notwendig: Wenn wir positive Veränderungen mehrheitlich oder gar ausschließlich äußeren Faktoren, d. h. Eltern, Lehrpersonen, BeraterInnen, dem Zufall oder dem Glück usw. zuschreiben, dann entwickeln wir zu wenig Kräfte und Einsatzbereitschaft, das nächste anstehende Problem aktiv, tatkräftig und angemessen anzupacken. Ermutigung bedeutet so deshalb zugleich, Respekt vor den Möglichkeiten, Fähigkeiten und Ressourcen des anderen Menschen zu haben. Das heißt aber nicht, dass in vielen Fällen nicht aufgrund der Komplexität der Problemstellung sowie des Veränderungsprozesses eine längere Beratung und Begleitung notwendig sind, wo auch Verzweiflung und Not der Hilfesuchenden Platz haben müssen.

Misserfolgsprophylaxe

Eine Beratung bleibt unseriös, wenn sie nicht ebenso klar die *Gefahren und Rückfälle* thematisiert. Bamberger (2001) schlägt eine Misserfolgsprophylaxe in Form einer Immunisierung gegen Misserfolge vor. Dazu gehört beispielsweise, den Hilfesuchenden mit auf den Weg zu geben, dass wirkliche Veränderungen nicht linear, sondern nach dem Motto verlaufen: *zwei Schritte vorwärts, ein Schritt zurück.* Stagnationen und Rückfälle werden dann als natürliche Bestandteile eines Entwicklungsprozesses erkannt und entsprechend interpretiert – und nicht als Niederlagen oder Bestätigungen, dass alles sowieso doch keinen Sinn hat oder ein eigener Einsatz für Veränderungen überflüssig oder aussichtslos sei. Misserfolge und Rückfälle lähmen unter dieser Perspektive weniger und werden dann auch nicht als Beleg für die eigene Unfähigkeit oder Unmöglichkeit missverstanden, Veränderungen anzupacken. Dazu gehört auch, hilfesuchenden Menschen klaren Wein einzuschenken und sie an die Strategie der kleinen Schritte zu erinnern: Veränderungen geschehen im psychologischen Bereich in der Regel nicht in Siebenmeilenstiefeln, sondern in kleinen, zuerst tastenden und ungelenken Schritten, die mit der Zeit größer und sicherer werden. Hilfreich dabei ist ebenso, ich habe es schon erwähnt, als Beratungsperson eine Haltung der Geduld und Gelassenheit einzunehmen und auszustrahlen.

9 Wege zur Selbst- und Fremdermutigung: Sich selbst und andere ermutigen

«Die Aufmerksamkeit für andere ist nicht nur ein ethischer Imperativ, sie ist Voraussetzung für unser Überleben und der Schlüssel zu unseren Freuden.»
(Albert Memmi)[81]

«Nichts kann den Menschen mehr stärken als das Vertrauen, das man ihm entgegenbringt.» (Friedrich Nietzsche)[82]

«Wir halten nichts davon, das Dunkel lediglich zu verfluchen: Es ist immer besser, ein Licht anzuzünden.» (Winefreda Estanero-Geonzon)[83]

«Das Augenmerk auf das richten, das funktioniert.» (Mark A. Hubble et al.)[84]

«Die Menschen sind, was die Umstände aus ihnen machen, doch werden sie, was sie aus den Umständen machen.» (Manès Sperber)[85]

«Übung macht den Meister.» (Volksmund)

---

81 Memmi 1999, S. 28
82 zitiert nach Potreck-Rose/Jacob 2003, S. 229
83 Winefreda Estanero-Geonzon in ihrer Dankesrede zur Verleihung des Right Livelihood Award (Alternativer Nobelpreis) im Jahre 1984; zitiert in: Streich 2005, S. 336
84 Hubble et al. 2001, S. 289
85 Sperber 1987, S. 161

Erstrebenswerte Grundhaltungen und Verhaltensweisen

Ich möchte in diesem Kapitel einige grundsätzliche Möglichkeiten darstellen, wie es gelingen kann, sich selbst wie auch andere Menschen zu ermutigen, zu stärken, oder anders ausgedrückt: sich selbst oder andere einen Schritt weiterzubringen. Ermutigung und Persönlichkeitsentwicklung stehen in einem engen Zusammenhang, wie das schon in anderen Kapiteln an Beispielen deutlich geworden ist. Voraussetzung dafür sind einige Grundhaltungen und Verhaltensweisen, von denen ich im zweiten Kapitel vor allem das positive Menschenbild sowie im sechsten Kapitel Humor ausführlicher behandelt habe. Darauf aufbauend und als Ergänzung dazu werde ich im Folgenden einige weitere Voraussetzungen im Sinne von Anregungen aufzählen. Ich nenne sie in Anlehnung an Theo Schoenaker (1996) «erstrebenswerte Grundhaltungen und Verhaltensweisen»[86]. Diese Grundorientierungen und Handlungsweisen sind nicht absolut zu setzen, keinesfalls als kategorischer oder moralischer Imperativ zu verstehen, sondern dienen als anzustrebende, aber nie vollumfänglich zu erreichende Ideale, ähnlich wie Sterne: Wenn man nach ihnen greift, kann man sie nicht fassen. Aber ebenso wie die Sterne bieten sie uns Orientierung und bleiben als Ziele in unserem Blickfeld. Ich setze und vertraue auf die dem Menschen ureigene Befähigung zur (Gedanken-) Aufklärung, die zum Dialog und zur Selbsterkenntnis führen kann, wie das ähnlich auch Ellis/Hoellen (2004) ausdrücken. In diesem Sinn enthält das vorliegende Kapitel auch Fragmente einer Theorie der Lebenskunst.

Interesse für andere

«Tiefinnerliches Glück hängt in erster Linie von freundschaftlicher Anteilnahme an Menschen und Dingen ab. Freundschaftliche Anteilnahme an Menschen ist eine ganz bestimmte Art der Zuneigung – nicht die fordernde, besitzergreifende Form, die immer auf deutliche Gegenäußerungen bedacht ist und im Gegenteil oft zur Quelle des Unglücks wird. Glück vermitteln kann nur jene andere Art, die die Menschen liebevoll beobachtet. [...] Der Mensch, der eine solche freundschaftliche Stellung zur Mitwelt einnimmt,

---

[86] Ich verdanke hier verschiedene Anregungen und Ansätze Theo Schoenaker, die er in seinem empfehlenswerten Buch (1996) ausführlicher beschrieben hat.

wird Glück verbreiten und zu einem lebendigen Austausch freundlicher Stimmung beitragen.» (Russell 1951, S. 133 f.).

Der Autor dieser Aussage, der britische Mathematiker und Philosoph Bertrand Russell (1872–1970), betont in seinem Buch zugleich auch, dass ein solches Verhalten nicht aus einem Pflichtgefühl oder einem Aufopferungswillen entstehen und wachsen kann. Wer sich aber für andere Menschen interessieren kann, erlebt mit der Zeit mehr Verbundenheit mit ihnen. Zugleich vermag dieses Interesse für andere Menschen, aber auch für sich selbst, eine günstige psychohygienische Wirkung zu entfalten, weil man sich so nicht allzu häufig mit den eigenen kleinen Alltagssorgen beschäftigt. Wer echtes Interesse für andere Menschen aufbringt, an ihrem Leben, ihren Freuden und Sorgen Anteil nimmt, bekommt dabei vieles zurück: Die Konditorin schenkt dann unerwartet ein zusätzliches Stück Torte, die Mutter mit dem Kinderwagen schenkt einem beim Einladen in den Bus ein charmantes Lächeln, das noch länger nachwirkt und die gute Laune aufrechterhält.

Selbstrelativierung und der Blick nach außen

Es sei eine Tatsache, so drückt es Bertrand Russell in seinem berühmten Buch über die Eroberung des Glücks (1951, S. 63 f.) aus, *«dass unser Ich nur ein verschwindend kleiner Teil des Weltganzen ist. Wer seine Gedanken und Hoffnungen auf etwas richten kann, das jenseits des Ichs liegt, wird einen gewissen Frieden inmitten der unvermeidlichen Lebenssorgen erringen. Das ist dem reinen Egoisten unmöglich».* Wer den Blick nur auf sich selbst richtet, sich mit seinen kleinen und größeren Sorgen allein ins Zentrum des Lebens stellt (Ich-Zentrierung), verliert die Dimensionen und Möglichkeiten des Lebens, der Welt aus dem Blickfeld und wird kaum zufrieden sein. Er muss vielmehr lernen, so Russell (1951), über sich selbst hinauszukommen, hinauszuwachsen, den Blick über die eigene Nasenspitze zu wagen, den Fokus nach außen zu richten. Schmid (2005 a, S. 70) nennt diese Dezentrierung auch treffend *«eine Einübung des Blicks von außen auf uns selbst».* Übung ist dafür wohl tatsächlich regelmäßig nötig. Es gilt, *«egozentrische Neigungen zu vermeiden und solche Gefühle und Interessen zu pflegen, die unsere Gedanken von der steten Beschäftigung mit uns selbst abziehen»* (Russell 1951, S. 211). Um Zufriedenheit – und vielleicht auch Glück! – zu erlangen, *«darf man sich nicht nur als Einzelwesen fühlen [...], sondern muss sich als ein Teil des Lebensstromes emp-*

finden», schreibt Russell (1951, S. 171). Nichts sei so trostlos, so Russell, wie das In-sich-selbst-Vergrabensein – eine Erkenntnis, die auch in der klinischen Psychologie (z. B. in der Depressionsforschung) seit längerem bekannt ist. Selbstverständlich geht es dabei nicht um die Selbstverleugnung oder um eine Aufopferung der eigenen Person, wie das in bestimmten – christlich-religiösen – Tugendauffassungen lange Zeit propagiert wurde und teilweise immer noch wird. Aber die ausschließliche Konzentration auf sich selbst birgt immerhin die Gefahr einer Vereinsamung des Selbst in sich (Schmid 2004). Wer sich hingegen erlaubt, von sehr weit außen auf die menschlichen Dinge – und sich selbst – zu blicken, erkennt, dass er nur ein geringer Teil des Alls ist, wie schon Seneca (um 4 v. u. Z. bis 65 n. u. Z.) erkannt hat und etwas später auch Epiktet (1992b, S. 112) mit folgenden Worten bestätigt: «*Weißt du nicht, welch winziger Teil du im Vergleich um Weltganzen bist?*» Vielleicht doch ein ganz tröstlicher Gedanke, sich nicht immer allzu ernst zu nehmen, nicht jedes persönliche Missgeschick gleich auf die Goldwaage zu legen.

Zusammengefasst: Selbstrelativierung, Gelassenheit und der Blick von außen auf die Dinge, die Verhältnisse und sich selbst stehen also in einem engen Zusammenhang.

Ein positives Menschenbild entwickeln und pflegen

Ein positives Menschenbild basiert auf der festen Überzeugung, dass es sich lohnt, Zeit und Energie in andere Menschen und Beziehungen zu investieren. Auf die Bedeutung und den Inhalt des positiven Menschenbildes bin ich im zweiten Kapitel schon näher eingegangen. Die Voraussetzung für ein positives Menschenbild ist u. a. die Bereitschaft, das Gute im anderen Menschen zu erkennen: ein zentraler Punkt, auf den ich noch zurückkommen werde.

Empathie

Empathie meint die Fähigkeit, sich in andere Menschen einzufühlen ohne zu urteilen. Dieses nicht urteilende Sich-Einfühlen setzt neben dem persönlichen Empfinden auch die Fähigkeit zur Perspektivenübernahme voraus (Mutzeck 2002). Ein Indianersprichwort lautet: «Großer Geist, bewahre mich davor, über einen Menschen zu urteilen, ehe ich nicht eine Meile in seinen Mokassins gegangen bin.»

Hilfsbereitschaft und Großzügigkeit

Wer anderen Menschen hilft, hilft sich häufig selbst. Einige gesundheitspsychologische Überlegungen dazu habe ich in Kapitel 2 dargelegt. Wer anderen Menschen sinnvoll helfen möchte – sinnvoll auch im Hinblick auf eigene Ressourcen, Möglichkeiten und Kräfte – sei auf einige Vorsichtsmaßnahmen[87] hingewiesen.

1. Finden Sie Ihr eigenes gesundes Maß.

Es ist für beide Seiten wenig hilfreich und für die helfende Person auch ungesund, ständig mehr zu tun, als man mag und kann. Das übertrieben ausgeprägte Gefühl der Pflichterfüllung führt mit der Zeit zum Verlust des Gefühls, sein Leben selbst bestimmten zu können, und zu gesundheitsschädlichem Sich-Überarbeiten.

2. Sorgen Sie dafür, dass Sie selbst genügend Unterstützung, Ermutigung und Begleitung erhalten.

Hilfe kann im Rahmen einer Organisation, wo Teamwork und Freundschaft erfahren werden, vielfach leichter geleistet werden.

3. Helfen heißt nicht, die ganze Welt retten. Als helfende Person ist man zudem nicht einmal für einen einzigen Menschen vollständig verantwortlich.

Echte Hilfeleistung bedeutet keinen missionarischen Auftrag, denn: Überhöhte Erwartungen an die Wirkung eigenen Helfens bzw. enttäuschte Reaktionen auf zu geringes oder gar kein Feedback vom anderen Menschen, dem man geholfen hat, führen meistens mittel- bis langfristig zu einem Burn-out. Überhöhte Erwartungen in sozialen Berufen hat auch Schmidbauer in seinem erfolgreichen Buch *Die hilflosen Helfer* (1977) treffend beschrieben.

---

87 Die ursprüngliche Auflistung stammt von Luks/Payne (1998) und wurde von mir verändert und ergänzt.

4. Beginnen Sie mit Dingen, die Ihnen eher leicht fallen.

Aller Anfang ist schwer, Übung macht den Meister!

5. Fühlen Sie sich frei, eine bestimmte Hilfeleistung aufzugeben, wenn Sie in eine Situation geraten, die für Sie misslich und bedrohlich wird.

Hier geht es darum, sich eben nicht für eine Sache oder eine Person – gegen die eigenen Interessen oder die eigene Gesundheit – aufzugeben, sondern frei zu bleiben, helfen zu wollen. Hilfe muss freiwillig geleistet werden, sonst verkommt sie zur Pflichtübung, zur Absolvierung einer guten Tat. Die Sorge für einen anderen Menschen soll Helfende in der Regel nicht in die Erschöpfung treiben. Aber auch hier gibt es Ausnahmen: Ein ausgeprägtes Verantwortungsgefühl kann einen Menschen dazu veranlassen, sich über einen längeren Zeitraum bis an seine Grenzen einzusetzen: so die Mutter, die ihr behindertes Kind sehr liebt und mit großem Einsatz pflegt, oder der Chirurg, der im Krieg schwer verwundete Soldaten operiert.

6. Helfen soll in aller Freiwilligkeit und Freiheit geschehen.

Die Voraussetzung und Basis dazu sind meistens ein positives Menschenbild sowie ein intaktes Selbstwertgefühl: Wer sich anderen Menschen innerlich verbunden fühlt, wird wie selbstverständlich eher für andere eine Hilfe und Unterstützung sein wollen. Allein intellektuelle oder moralische Überzeugungen, dass Helfen das Richtige oder die Pflicht jedes guten Menschen o. ä sei, bieten keinen genügend starken und überzeugenden Antrieb.

Die Psychologin Sonja Lyubomirski empfiehlt spontane wie auch regelmäßige sogenannte *Akte der Freundlichkeit*[88]: So kann man etwa einer eiligen Person an der Supermarktkasse den Vortritt lassen, jungen Müttern als Einstiegshilfe in die Straßenbahn oder den Bus bei sperrigen Kinderwagen beistehen usw. Sich altruistisch zu verhalten, so argumentiert sie, löst eine Kaskade positiver Wirkungen in der helfenden Person

---

88 vgl. Ernst 2006, S. 23

aus: Man fühlt sich gut, erntet Dankbarkeit, ein freundliches Lächeln und Respekt.

Bertrand Russell hat schon in den 1930er-Jahren die Bedeutung der Großzügigkeit für die persönliche Lebensfreude und Lebensqualität erkannt: *«Eine herzliche, gebefreudige Haltung andern gegenüber macht nicht nur diese glücklich, sondern ist auch für den Spender ein unerschöpflicher Glücksquell, da sie ihm die allgemeine Sympathie einträgt.»*[89]

Geduld

Geduld scheint gerade in unserer hektischen und schnelllebigen Zeit eine Tugend zu sein, die immer mehr abhanden kommt. Im Umgang mit sich selbst wie mit anderen Menschen bedeutet Geduld vor allem, Zeit zu haben, sich Zeit zu lassen und sich nicht mit negativen Gedanken und Äußerungen aufzuhalten. Geduld erlaubt auch, sich an kleinen Fortschritten bei sich wie bei anderen Menschen zu freuen, statt eben das Schwergewicht auf das noch nicht Erreichte oder die «nur» kleinen oder langsamen Schritte zu legen.

Der freundliche Blick

Das Auge ist wohl das wichtigste Kontaktorgan zur Außenwelt, zu den Mitmenschen. Einem freundlich lächelnden Menschen unterstellen wir in der Regel weniger schlechte, unlautere Absichten als einem Menschen mit einem «Pokergesicht» oder einer düsteren, grimmigen Miene. So banal oder rezepthaft es klingen mag: Wer versucht, den Menschen, denen er begegnet, ein (echtes, nicht aufgesetztes!) Lächeln zu schenken, wird es in vielen (nicht allen!) Fällen bald oder mit der Zeit zurückerhalten. Der freundliche Blick signalisiert Interesse und wirkt einladend, Lächeln wirkt ansteckend. Wer versucht, anderen Menschen freundlich zu begegnen, bringt sich gleichzeitig in eine günstige, freundlichere Stimmung, was auf das Gegenüber manchmal erstaunlich rasch positiv wirken kann. Selbstverständlich geht es nicht darum, mechanisch und künstlich jeden Menschen einfach anzulächeln, ihm mit einem freundlichen Blick zu begegnen. Wahrscheinlich möchte man auch nicht jedem

---

89 Russell 1951, S. 92

Menschen so entgegentreten. Es geht vielmehr um die grundsätzliche Haltung, die wir zu anderen Menschen einnehmen: Ist diese tendenziell freundlich, bejahend oder eben abweisend, kritisch? Ein freundlicher, offener Blick kann in einer schwierigen oder gar peinlichen Situation entspannend wirken, Offenheit signalisieren: Vielleicht öffnet sich so plötzlich eine Tür zur Begegnung mit dem anderen. Ähnliches lässt sich zur freundlichen Stimme sagen: Sie signalisiert Offenheit, Bereitschaft, Annahme und kann ebenfalls entspannend wirken.

Das Gute erkennen, wertschätzen und würdigen

Den Menschen verstehen heißt ferner, ihn nicht nur in seinen Schwierigkeiten und Eigenheiten, sondern auch in seinen Stärken zu sehen, eben auch positiv zu betrachten. Die Grundhaltung, die Meinung, die wir anderen Menschen gegenüber einnehmen, entscheidet weitgehend über den Erfolg oder Misserfolg in zwischenmenschlichen Begegnungen. In den Worten von Manès Sperber (1981a, S. 97): «*Der Wohlwollende erkennt den anderen an und sucht, ihn in seinem Bezugssystem zu sehen. Und es gibt keinen Menschen, der innerhalb seines Bezugssystems unsympathisch, unlogisch und ungerecht wäre. Da erscheint jeder gerecht und alles Unrecht, das er begeht, als Abwehr eines viel größeren Unrechts, das ihm widerfahren ist.*»

Das positive Konzept vom Leben und den Menschen, d.h. das Gute im anderen Menschen (auch) sehen zu wollen bzw. zu können, stellt eine grundsätzliche Haltung und Einstellung dar, die ich in Kapitel 2 anhand des positiven Menschenbildes näher besprochen habe; es bedeutet u.a. auch, in der Partnerin, im Partner, den SchülerInnen, den NachbarInnen usw. immer auch gute und liebenswerte Seiten zu erkennen. Die Schriftstellerin Daphne du Maurier (1907–1989) meinte einmal (zitiert nach Fuchs 2000, S. 243): «*Ein freundliches Wort kostet nichts und ist doch das Schönste aller Geschenke.*» Seine Wirkung kann unter Umständen frappant sein; Schoenaker (1996, S. 186) drückt dies mit einem schönen Bild aus: «*Wenn du das Gute in anderen siehst und erwähnst, machst du Türen auf, wo bisher Mauern waren.*»

Zudem: Wer das Gute erkennt, blickt eher mit Vertrauen in die Zukunft. Wer sich diese Grundhaltung zu Eigen gemacht hat, wird die Welt freundlicher, heller, sonniger, reichhaltiger wahrnehmen – ohne selbstverständlich das Problematische naiv auszublenden. Aber der Schwerpunkt liegt nicht auf dem Negativen, das rasch in Groll, Wut, Unzufriedenheit und Ärger ausarten kann. Das Gute erkennen und wertschätzen bedeutet auch, sich immer wieder die Frage zu stellen, was gut an dieser Situation, an jener Person ist. *So lässt sich schließlich fast jeder Sache und jeder Begegnung mit Menschen (auch) etwas Gutes abgewinnen,* auch wenn Negatives dabei überwiegen kann. Montaignes (2000, S. 243) Einsicht, man könne von allem und allen und aus jeder Situation – also auch negativen Erfahrungen – etwas Wichtiges lernen, drückt dies treffend aus. So wird es möglich, auch aus negativen Begegnungen und Ereignissen wichtige Einsichten zu gewinnen sowie entsprechende Schlüsse zu ziehen – und wenn es dabei nur wichtige Erkenntnisse und persönliche Folgerungen darüber sind, wie man etwas im Leben *nicht* haben möchte (Montaigne nennt als Beispiele Manieren, Dummheit und Unzulänglichkeit).

Versuche und Fortschritte anerkennen

Auch die Fähigkeit, Versuche und (auch kleine) Fortschritte bei sich und anderen anzuerkennen, ist Ausdruck einer grundsätzlich positiven Grundhaltung zu sich selbst, zu den Mitmenschen und der Welt. Je mehr Menschen auf ihre Fortschritte und Stärken achten, umso mehr wächst mit der Zeit der Glaube an die eigenen Fähigkeiten bzw. Möglichkeiten. Wer Versuche und Fortschritte bei sich und anderen Menschen anerkennt und zum Ausdruck bringt, kommt schließlich auch weg von der Fehlerbezogenheit, sucht immer weniger das berühmte Haar in der Suppe, konzentriert sich immer häufiger auf das Positive, das Gelungene.

Wenn kleine Kinder beginnen, ihre ersten Schritte zu machen und immer wieder hinfallen, finden es die meisten Eltern zu Recht angemessen, diese Versuche zu loben und sie anzuerkennen als die ersten und wichtigen Gehversuche auf dem Weg zu einer ganz neuen Fähigkeit, die Welt um sich herum zu erkunden. Ähnlich könnte man andere erste Versuche als Entwicklungsschritte im Leben betrachten.

Die Fragen in **Tabelle 9-1** können dabei eine Hilfe sein, den Fokus im eigenen Leben auf das Positive bei sich zu lenken und zu verstärken. Sie können und sollen nicht Punkt für Punkt durchgearbeitet und abgehakt werden, sondern vielmehr in Einzeletappen und zu verschiedenen Zeitpunkten wiederholt bearbeitet und überdacht werden. Die Leerstelle soll Sie anregen, gleich selbst mit Einträgen zu beginnen.

Tabelle 9-1: Eigene Fortschritte erkennen

Ausgangslage	Konkrete Beispiele
Womit kann ich mit mir zufrieden sein?	*Ich führe eine gute Partnerschaft.*
Was hat durch mein Zutun, meinen Einsatz geklappt?	*Die Reise verlief äußerst zufriedenstellend, alles klappte dank meiner guten Vorbereitung.*
Wo habe ich mich verbessert?	*Ich bin mit mir und anderen Menschen ein wenig geduldiger geworden.*
Was ist mir zum ersten Mal gelungen?	*Bei der letzten Auseinandersetzung mit meiner Partnerin musste ich mich nicht sofort verteidigen und konnte ihr erst einmal zuhören.*
Welche positiven Unterschiede zeigen sich im Vergleich zu vorher?	*Seit ich mit mir etwas milder geworden bin, fühle ich mich auch körperlich besser, entspannter.*
Wie viele bzw. welche Stufen habe ich schon erklommen? Wie habe ich das gemacht?	*Die ersten Semesterprüfungen habe ich bestanden! Ich habe nicht aufgegeben!*
Was habe ich schon alles dafür getan? (Hier geht es darum, auch die eigenen *Bemühungen* zu bemerken, nicht nur allfällige *Erfolge*!)	*Ich habe mich trotz meiner Angst dem Gespräch mit dem Chef gestellt, bin also nicht ausgewichen. Leider ist mein Anliegen bei ihm (noch) nicht angekommen.*
Was habe ich schon alles geschafft? Welche meiner Fähigkeiten und Eigenschaften haben mir dabei geholfen (z. B. Fleiß, Ausdauer und Zähigkeit, Wissen, Erfahrung, Teamgeist, Offenheit, aktiv Unterstützung holen)? (vgl. Potreck-Rose/Jacob 2003, S. 137)	
Was hat mir geholfen, trotz Schwierigkeiten durchzuhalten und schwierige Strecken zu meistern?	*meine guten Beziehungen und Freunde, mein Humor, der Glaube an mich*

Die eigenen Fortschritte und Fähigkeiten zu erkennen und wertzuschätzen, hat viel mit Selbstachtung zu tun: Becker (1995, zitiert nach Lorenz 2004, S. 120) spricht in seinem Modell des selbstbezogenen Verhaltens von acht gegensätzlichen Dimensionen, von denen ich in unserem Zusammenhang die drei relevanten stark gekürzt (und leicht verändert) nachstehend aufführe:

1. **Selbstanleitung** (im Gegensatz zu Selbstvernachlässigung)
   Das bedeutet z. B.: sich fördern, sich engagieren, sich belohnen.
2. **Selbstachtung** (im Gegensatz zu Selbstabwertung)
   Das bedeutet z. B.: sich annehmen, sich lieben, sich mögen, für sich Verständnis aufbringen, sich vertrauen und pflegen, sich ernst nehmen.
3. **Selbstbestätigung** (im Gegensatz zu Selbstunterdrückung)
   Das bedeutet z. B.: sich bestätigen, sich ermutigen, sich verzeihen, sich selbst behaupten, zu sich großzügig sein, sich etwas erlauben, sich über sich freuen.

Diese drei Dimensionen sind wie Gegenstücke: Ermutigend wirken Selbstanleitung, Selbstachtung und Selbstbestätigung – entmutigend hingegen Selbstvernachlässigung (z. B. sich übersehen, sich übergehen), Selbstabwertung (z. B. sich ablehnen, sich hassen, sich verachten, sich herabwürdigen, sich verletzen) sowie Selbstunterdrückung (z. B. sehr streng mit sich sein, sich kritisieren, sich bestrafen, sich bekämpfen).

Die Sprache der Ermutigung

«Worte und Sätze wirken wie Türöffner – oder eben Mauern!» (Jürg Frick)

Von den oben dargestellten Punkten ausgehend kann nun entsprechend eine ähnliche Haltung bezüglich der Entwicklungen und Fortschritte anderer Menschen eingenommen werden. Einige Beispiele sollen dies verdeutlichen (s. **Tab. 9-2**):

Tabelle 9-2: Fortschritte und Merkmale anderer Menschen anerkennen (Beispiele)

- «Ich freue mich, wie du dein Bestes gegeben hast und nun deinen Erfolg genießen kannst.»
- «Ich vertraue deinem Urteil.»
- «Mir gefällt deine Art von Humor.»
- «Du wirst sicher einen Weg finden.»
- «Deine Unterstützung bedeutet mir sehr viel.»
- «Wie ich dich kenne, wirst du es schon gut machen.»
- «Deine feinfühlige Unterstützung hat mir sehr gut getan, vielen Dank.»
- «Ich bin froh, mich auf dich verlassen zu können.»
- «Das habe ich sehr geschätzt von dir.»
- «Mich beeindruckt, welchen Weg du zurückgelegt hast.»
- «Es ist toll, einen so guten Freund/eine so gute Freundin wie dich zu haben.»

Die Fokussierung auf die positiven Seiten bei sich und anderen Menschen ruft tendenziell freundlichere Gefühle hervor und hilft im günstigsten Fall mit der Zeit, die Selbst- und Fremdwahrnehmung in eine positive Richtung zu entwickeln. Die Würdigung von Versuchen und Fortschritten bei anderen Menschen wirkt zudem auf diese bejahend, unterstützend und ermutigend. Allerdings wirken übertriebene, naive oder gar unechte Äußerungen – etwa im Sinne des Ausblendens problematischer Haltungen und Verhaltensweisen der anderen – kontraproduktiv und sind auch nicht sinnvoll.

Eine weitere Variante, mit anderen Menschen in einen ermutigenden Kontakt zu kommen und diese Beziehung zu stärken, möchte ich in **Tabelle 9-3** aufzeigen. In dieser Darstellung sind beispielhaft einige Formulierungen und Sätze aufgeführt, die selbstverständlich nur in einer stimmigen Beziehung sowie echt gemeint ihre potenzielle Wirkung zu entfalten vermögen: Die Beziehung und der Ton der Formulierung entscheiden wesentlich über die Wirkung. Inhalte, Ausdrucksweisen und die Wortwahl sind dabei auf die individuellen EmpfängerInnen und ihr

Tabelle 9-3: Die Sprache der Ermutigung (nach Dinkmeyer et al. 2004b, S. 128 f. und Dinkmeyer et al. 2005, S. 144 f. übernommen, verändert und ergänzt)

Das Gegenüber annehmen/ bestärken	Zuversicht vermitteln	Schritte als Fortschritte anerkennen	Wertschätzung
Worte die sagen: «*Ich nehme dich wie du bist.*»	Worte die sagen: «*Ich weiß, dass du es kannst.*»	Worte die sagen: «*Ich sehe, dass du daran arbeitest und Fortschritte machst.*»	Worte die sagen: «*Ich weiß dich zu schätzen.*»
«Du scheinst Musik sehr zu mögen.» «Du spielst gerne Fußball.»	«Du kannst es schaffen, du bist ja schon fast fertig (am Ende angelangt).»	«Du hast hart daran gearbeitet.» «Du hast einen großen Einsatz geleistet.»	«Ich habe deine Hilfe gebraucht, und du warst für mich da. Vielen Dank.»
«Was empfindest du?» «Wie geht es dir dabei?»	«Du bist auf dem richtigen Weg, bleib' nur dran.»	«Du wirst immer besser im Kopfrechnen/im Hochsprung/am Computer....»	«Danke, das war eine große Hilfe.»

Tabelle 9-3: Fortsetzung

«Ich sehe, dass du dich darüber freust!»	«Du machst Fortschritte.» (nicht gönnerhaft!)	«Schau dir den Fortschritt an, den du da gemacht hast.»	«Es war sehr freundlich/rücksichtsvoll/aufmerksam/taktvoll usw. von dir, das zu tun.»
«Ich kann sehen, dass du nicht zufrieden bist. Was könntest du deiner Meinung nach tun, damit du glücklicher bist?»	«Wie ich dich kenne, wirst du es gut machen.»	«Es sieht so aus, als hättest du dir eine Menge Gedanken darüber gemacht. Magst du mir davon etwas erzählen?»	«Ich weiß deine Hilfe sehr zu schätzen.»
«Es sieht ganz so aus, als hättest du großen Spaß daran gehabt.»	«Das ist zwar nicht leicht, aber ich denke, du wirst eine Lösung finden.»	«Ich sehe, dass du dich darin (Beispiel) weiterentwickelst.»	«Ich mag deine witzige Art. Da kann/möchte ich etwas lernen von dir.»
«Du hast dein Bestes gegeben – das ist alles, was möglich war.»	«Wie ich dich kenne, wirst du einen Weg finden.»	«Es sieht zwar so aus, als ob du dein Ziel noch nicht erreicht hast – aber schau dir doch an, wie weit du schon gekommen bist.»	«Ich mag deinen Sinn für Humor! Das lockert unser Team jedes Mal richtig auf.»
«Ich finde es toll, dass dir dieses Instrument so viel Freude bereitet.»	«Ich vertraue deinem Urteil.» «Ich vertraue deinen Fähigkeiten.»	«Deine bewundernswerte Ausdauer hat dich einen großen Schritt weitergebracht! Toll!»	«Du warst/bist mir eine zuverlässige Hilfe.» «Ohne deine Unterstützung hätte ich wahrscheinlich kapituliert.»

entsprechendes Alter anzupassen: Es macht einen erheblichen Unterschied aus, ob man ein Kleinkind oder eine erwachsene Person mit einer bestimmten ermutigenden Äußerung beglücken möchte ... .

Nochmals: Diese Worte zu anderen Menschen, die sprachlichen ebenso wie die nichtsprachlichen Ausdrucksformen der Ermutigung müssen echt gemeint sein und nicht im Sinne einer gelernten «Psychotechnik» oder als permanente Anrede eingesetzt werden – sie bewirken sonst leicht das Gegenteil.

Den inneren Dialog bewusst gestalten: Positive Selbstgespräche

Im Zusammenhang mit Ermutigung und Entmutigung habe ich in Kapitel 2 verschiedene Kreisläufe und Entwicklungswege dargestellt, die letzten Endes immer mit inneren Dialogen oder Selbstgesprächen verbunden sind. Ein freundlicher – besonders auch fehlerfreundlicher! – innerer Dialog fördert tendenziell das Wohlbefinden und die Möglichkeiten im Alltag auf positive Weise. Allerdings gestalten Menschen ihren inneren Dialog in der Regel nicht so bewusst, bzw. sind sich dessen sogar manchmal gar nicht bewusst, besonders beim negativen inneren Dialog. Die meisten Menschen gehen mehrheitlich so mit sich um, wie die Eltern es mit ihnen getan haben oder wie sie es in ihren Primärbeziehungen erfahren und verinnerlicht haben. Erstaunlich viele Menschen reden als Erwachsene ähnlich oder manchmal fast genau so, wie die Eltern, Elternteile, Geschwister oder Lehrpersonen mit ihnen gesprochen haben – und merken es häufig nicht (mehr), weil es mittlerweile völlig automatisiert worden ist. Der innere Dialog ist sozusagen zu ihrer zweiten, unbewussten Natur geworden und verläuft un- oder halbbewusst, ähnlich wie man ohne viel Nachdenken das Gas- und Bremspedal beim Autofahren bedient. Die inneren Dialoge oder Selbstgespräche sind quasi wie Programmierungen, die tief im Inneren gespeichert und abrufbar sind.

Fruchtbare innere Dialoge müssen deshalb häufig gelernt und ganz bewusst – besonders in schwierigen Situationen! – eingesetzt bzw. negative umgelernt werden. Warum Letzteres so wichtig ist, belegt Fennell (2005, S. 107–110; hier leicht verändert) u. a. mit folgenden Erkenntnissen aus ihrer langjähriger therapeutischer Arbeit:

- *Unangemessene Selbstkritik schadet viel mehr als sie nützt.*
- *Unangemessene Selbstkritik lähmt und drückt auf die Stimmung.*
- *Unangemessene Selbstkritik ist unfair, weil sie das Positive ausblendet, verdrängt, vergessen macht.*
- *Unangemessene Selbstkritik blockiert Lernprozesse und untergräbt das Selbstvertrauen.*

Selbstverständlich finden sich auch viele Menschen, denen es gerade an der nötigen Fähigkeit zur Selbstkritik fehlt!

Mögliche Beispiele für positive Dialoge oder Selbstgespräche können **Tabelle 9-4** entnommen werden:

Tabelle 9-4: Positive innere Dialoge und Selbstgespräche (Beispiele)

- «Ich mache meine Sache schon recht.»
- «Es ist mir gelungen, im Streit zwischen den beiden SchülerInnen bzw. den beiden Kindern ruhig zu bleiben.»
- «Das ist mir schon besser als letztes Mal gelungen!»
- «Das ging zwar in die Hosen – aber was soll's, das nächste Mal habe ich vielleicht mehr Erfolg damit.»
- «Ich probiere es.»
- «Ich packe das an!»
- «Wenn ich nicht weiterkommen sollte, kann ich ja jemanden um Hilfe bitten.»
- «Wer nichts wagt, kann auch nicht gewinnen.»
- «Es wird schon recht herauskommen.»

Voraussetzung zu einem konstruktiven Schritt ist eine entsprechend positive Einstellung – oder zumindest die Bereitschaft, sich diese Haltung aneignen zu wollen. Man kann lernen, auf seine eigenen inneren Dialoge zu achten, und versuchen, sie zu beeinflussen, allerdings nicht von heute auf morgen – und mit Rückschlägen ist (immer) wieder zu rechnen. Schließlich möchte ich vor realitätsverzerrenden Selbstsuggestionen, wie sie von Heilsbringern, Psychogurus und Esoterikern und Scharlatanen verschiedenster Couleur propagiert werden, eindringlich warnen. Hohle, lächerliche und unhaltbare Behauptungen wie «ich kann alles, wenn ich es nur will» oder «mein Glaube an mich versetzt Berge» oder «alles ist möglich» u. ä. bedeuten nicht nur krasse Fehleinschätzungen der eigenen Möglichkeiten und Grenzen, sie führen auch zu fatalen Selbstüberschätzungen mit entsprechenden Gefahren. Statt von naivem Optimismus, wie Lorenz (2004) zu Recht warnt, müsste man wohl eher von verdummendem oder von selbst- bzw. fremdgefährdendem Optimismus sprechen.

In einem nächsten Schritt geht es darum, die bisherigen, fast automatisch ablaufenden negativen Dialoge zu identifizieren und umzuwandeln, also das innere Geschehen neu und konstruktiver zu interpretieren (vgl. **Tab. 9-5**).

Tabelle 9-5: Änderung des inneren Dialogs I: Beispiele

Negativer innerer Dialog	Positiver innerer Dialog
Dieser freche Mopedrowdy will mich nur schikanieren!	Der junge Mann hat es offensichtlich eilig zum Geburtstag seiner Freundin ....
Ich schaffe diese Prüfung wohl kaum!	Ich habe mich vorbereitet und gebe nun mein Bestes.
Die Ferien fangen ja schon gut an (es regnet am Ankunftstag ununterbrochen)!	Es kann nur noch besser werden!
Ich bin zu nichts mehr zu gebrauchen!	Das kann nicht sein. Ich probiere an einem Punkt das Gegenteil zu beweisen.
Wie konnte ich das Buch zu Hause liegen lassen!?	Wem ist das noch nie passiert? Wenn mir kein schlimmerer Fehler unterlaufen ist ....

Bei häufigen negativen Selbstgesprächen könnte als erster Schritt vielleicht die Besinnung auf die und die Beantwortung der folgenden Fragen hilfreich sein:

- Was würdest du tun, wenn Du dein/e eigene/r ideale/r, d. h. wohlwollende/r und freundliche/r Erzieher/in, Ratgeber/in sein könntest?
- Was würdest du zu dir sagen? Was würde dir gut tun?

Auch die bewusste Beachtung der eigenen Stärken kann nützlich sein, denn unsere Selbsteinschätzung bestimmt wesentlich unsere Zukunft, unsere Möglichkeiten – und unsere Begrenzungen (vgl. Schoenaker 1996):

- Welche meiner Fähigkeiten und Verhaltensweisen kann ich als sehr gut, gut oder genügend anerkennen? (statt: Ich kann das oder jenes nicht gut.)
- Was kann ich heute schon etwas besser als früher? (statt: Das kann ich immer noch nicht.)

9. Wege zur Selbst- und Fremdermutigung

- Welche richtigen Entscheidungen habe ich in meiner Arbeit, in meinem Leben schon getroffen? (statt: Hätte ich mich doch damals anders entschieden!)
- Was habe ich heute richtig oder zufriedenstellend gemacht? (statt: Was ist heute wieder alles schief gegangen?)

Wichtig im inneren Selbstgespräch ist es auch, sich immer wieder Mut zu machen und Hoffnung zuzusprechen, Möglichkeiten mit neuem, positivem Ausgang gedanklich durchzuspielen oder sich auf frühere positive Erfahrungen zu besinnen (vgl. Lattmann/Rüedi 2003). Daraus erwächst mit der Zeit eine freundlichere Haltung und Einstellung zu sich selbst, die sich zum Beispiel in folgenden Äußerungen, Gedanken und Haltungen spiegeln kann:

- Ich mag mich und gehe mit mir freundlich, liebevoll um.
- Ich bestrafe mich nicht durch Selbstvorwürfe, Selbstzweifel und Selbsterniedrigung.
- Ich nehme mich so an, wie ich bin, mit all meinen Stärken und Schwächen.
- Für XY ist es positiv, dass es mich gibt!

Im Selbstbeobachtungsbogen (**Tab. 9-6**) finden sich Anregungen und Leerstellen, um eigene innere Selbstgespräche bewusster zu beobachten, zu klassifizieren (A bis C) und zu modifizieren (D und E). Die Leerstellen sollen Sie anregen, eigene Einträge zu formulieren.

Humor

Humor erleichtert das Leben ganz ungemein und stellt eine so außerordentlich wichtige und hilfreiche Ressource dar, dass ich ihn in Kapitel 6 ausführlicher erläutert habe.

Positives Selbstmanagement I: Mit sich selber freundlich umgehen

«Die alten Gewohnheiten sollte man nicht auf einmal aus dem Fenster werfen, sondern wie einen netten Gast höflich bis zur Haustür begleiten.» (Peseschkian 2004, S. 64). Der Philosoph Wilhelm Schmid (2004) bringt diese Haltung in seinem Buchtitel auf den Punkt: «*Mit sich selbst befreundet sein.*» Es geht, wie er im Untertitel und im verschiedenen Kapiteln seines Buches mehrmals darlegt, um eine zu erlernende Lebenskunst im Umgang mit sich selbst. Nur wem es gelingt, den Umgang mit sich selbst freundlich zu gestalten und zu pflegen, der erreicht (auch) einen befriedigenderen Umgang mit anderen. Erst die freundliche Selbstbeziehung schafft die Grundlage für die Beziehung zu den anderen Menschen. Das hat im Übrigen schon Adolph Freiherr von Knigge vor über 200 Jahren

Tabelle 9-6: Selbstbeobachtungsbogen zum inneren Selbstgespräch

A Auslösendes Ereignis, Erfahrung	B Bewertung des Erlebten, negatives inneres Selbstgespräch, negative Leitsätze	C Negative Gefühle (z. B. Angst) und ungünstiges Verhalten (z. B. Rückzug)	D Hinterfragung der negativen Leitsätze, überprüfen der negativen Selbstgespräche	E Neuer Leitsatz, angemesseneres und ermutigenderes Selbstgespräch
Absage bei der Stellenbewerbung	Typisch für mich! Ich bin einfach zu schlecht im Vergleich mit anderen BewerberInnen! Mich will man nicht.	Angst, Verzweiflung (womit bezahle ich meinen Lebensunterhalt?), weitere Bemühungen um Stellen sind sinnlos.	Ich habe eigentlich eine solide Ausbildung und gute Referenzen. Im Vergleich mit anderen schneide ich eigentlich nicht schlecht ab.	Ich gebe nicht so schnell auf, der Arbeitsmarkt ist zurzeit für alle schwierig und hat nichts mit meiner Person oder Qualifikation zu tun. Ich werde schon einen Weg finden!
	Ich sollte perfekt sein!			
	Ich sollte der/die Beste sein!			
	Alle müssen mich mögen, mit mir zufrieden sein.			
	Ich muss Recht haben.			
	Ich muss einen guten Eindruck machen.			
	Nach dieser Schmach kann ich mich dort nicht mehr blicken lassen!			

Tabelle 9-7: Änderung des inneren Dialogs II: Von inneren AntreiberInnen zu inneren UnterstützerInnen

Negative innere AntreiberInnen	Positive innere UnterstützerInnen
«Sei perfekt!»	«Sei du selbst.»
«Mach schnell ... sofort ....»	«Nimm dir Zeit.»
«Streng dich an!»	«Tu es gelassener.»
«Mach es allen recht!»	«Bejahe dich selbst. Es müssen nicht alle mit dir immer zufrieden sein.»
«Sei stark!»	«Respektiere dich und deine Grenzen!»

in seinem berühmten Buch *Über den Umgang mit Menschen* (1991; EA 1788) in einem Kapitel ähnlich dargelegt: Auch er erwähnt die Wichtigkeit der Selbstfreundschaft. Wer sich selbst nicht mag, nicht akzeptieren kann, der kann auch schwerlich andere mögen, er ist dann «mit sich selbst nicht im Reinen». Die Bibel hat dies sogar in verschiedenen Variationen in ein Gebot gefasst – «Liebe deinen Nächsten wie dich selbst!» –, das an mindestens vier Stellen auftaucht: (3. Mose 19, 18; Matthäus 19, 19 und 22, 39; Lukas 10, 27).

Im Umgang mit sich selbst sprechen einige Autoren wie etwa Schulz von Thun (2005) auch von inneren «Antreibern» und «Erlaubern» – ich spreche beim Letzteren lieber von UnterstützerInnen. In **Tabelle 9-7** gebe ich dazu – mit Veränderungen – einige Beispiele wieder: Ein freundlicher Umgang mit sich selbst bedeutet tendenziell eher Denk- und Verhaltensweisen der rechten Spalte, wobei in der Realität natürlich fließende Übergänge, in schlechteren Zeiten wieder «Rückfälle» stattfinden. Zudem gelingt es dem Einzelnen in einem bestimmten Lebensbereich (z. B. Partnerschaft) vielleicht eher, sich selbst freundlich zu behandeln als in einem anderen Kontext (z. B. Berufsleben). Tabelle 9-7 sollte deshalb wohl eher im Sinne von Tendenzen mit vielen Übergängen oder Schattierungen von eher negativ hin zu eher positiv verstanden werden.

Angemessene Ideale pflegen

Die kapitalistische Leistungsgesellschaft und ihre unzähligen Werbequellen und Verheißungsbotschaften suggerieren den Menschen teilweise völlig irreale und unsinnige Idealvorstellungen, die es angeblich zu erreichen gilt, um glücklich zu werden: Sei es die perfekte Mutter, der erfolgreiche Geschäftsmann, das sexy Model, der von allen schönen Frauen begehrte Muskelprotz usw.

Am Beispiel der grenzenlos aufopfernden Mutter lässt sich das etwas näher zeigen. Ich setze in **Tabelle 9-8** dem fiktiven, d. h. nie zu erreichenden und genau betrachtet unsinnigen Ideal eine angemessene und realistische Variante entgegen – wobei ich keineswegs die Berechtigung oder Sinnhaftigkeit guter Ideale bestreiten möchte.

Dazu gehört auch, übertriebenen Glücksverheißungen und überhöhten Ansprüchen an andere und an sich selbst in einem gesellschaftlichen Klima, das ganz auf Leistung, Wettbewerb, Erfolg und Markt ausgerichtet ist, entgegenzutreten: Es kann sonst leicht auch zu einer «*Tyrannei des Leistenmüssens, des Gelingens*» werden, wie das Schernus (2007, S. 13) treffend formuliert hat. Psychisch kranke oder körperlich behinderte Menschen, die beispielsweise an Depressionen oder einer Teilinvalidität leiden, sind keine «Scheinneurotiker» beziehungsweise «Scheininvalide», die nur «wollen müssen», damit sie wieder gesund oder voll funktions-

Tabelle 9-8: Unangemessenes Idealbild und realistisches Bild einer «guten» Mutter (verändert und ergänzt nach Veith 1997, S. 166)

Unangemessenes Idealbild einer guten Mutter: Beispiele	Realistischeres Bild einer guten Mutter: Beispiele
stets ansprechbar, hilfsbereit	*meistens ansprechbar, meistens hilfsbereit*
für alles zuständig, was das Kind betrifft, auch wenn es schon älter ist: Wecken, Kleidung, Frühstück, Bett machen, Zimmer aufräumen, zur Schule fahren, Freizeitgestaltung, Probleme des Kindes lösen Das Kind steht ausschließlich im Zentrum.	*nützliche Begleitperson durch den Alltag sein; Initiatorin für Selbstverantwortung des Kindes, Arbeitsteilung mit Kind absprechen; sich für sich selbst auch Zeit einräumen, auch eigene Hobbys und Interessen pflegen* *Das Kind ist ein wichtiger, aber nicht der einzige Teil im Leben.*
kämpft für ihr Kind bei Problemen in der Schule, steht immer *auf* der Seite des Kindes	*Die Schule ist letztlich die Aufgabe des Kindes; Hilfe zur Selbsthilfe; steht an der Seite des Kindes.*
keine Fehler machen dürfen im Umgang mit dem Kind	*Auch einige Fehler gehören zum Leben.*
immer gut gelaunt	*häufig gut gelaunt*
macht alles für das Kind	*macht so viel für das Kind, wie es sinnvoll und auch möglich/realistisch ist*

tüchtig sind. Das Leiden hat einen oder mehrere Gründe und Hintergründe und häufig auch einen Sinn, den es zu erfassen und verstehen gilt. Hilfe und Förderung stehen deshalb vor der Forderung, die darüber hinaus angemessen und schrittweise erfolgen soll! Wer über Erfahrung mit depressiven Menschen verfügt, weiß, was das heißt: Statt billige Sprüche – «du musst nur wollen!» – bedeutet echte Ermutigung zuerst einmal, Anteil zu nehmen, zuzuhören, zu akzeptieren, zu verstehen, Zeit zu haben. Erst dann sind Entwicklungsschritte möglich.

Von allem lernen und Nutzen ziehen

Dass der Mensch von allem äußeren Geschehen, seien es Missgeschicke, Fehler, Niederlagen, Verfehlungen, aber auch vom positiven wie negativen Verhalten von anderen Menschen lernen kann, erkannte lange vor Michel de Montaigne schon Epiktet (ca. 60 bis ca. 140 n. u. Z.). Ein Mensch, der sich diese Vorstellung zu einem wichtigen Lebensmotto gemacht hat, beginnt mit der Zeit, die Welt, die Dinge um sich herum anders wahrzunehmen. Als Beispiel führt Epiktet (1992b, S. 131 ff.) u. a. die Lüge an: Selbst aus der Lüge kann etwas Gutes entstehen, nämlich die Erkenntnis, dass sie eben eine Lüge, etwas Unerwünschtes ist. Man kann, so Epiktet, aus allen Dingen und Erfahrungen Nutzen ziehen. Auch wer dem in dieser absoluten Aussage nicht zustimmen möchte, erkennt zumindest teilweise Vorteile einer solchen Sichtweise. Ein unangenehmer Nachbar hilft einem, sich in Tugenden wie Gelassenheit und Nachgiebigkeit, ein lärmendes Kind in Geduld oder Humor zu üben usw.

Michel de Montaigne, an Epiktet und Seneca offenkundig und ausgiebig geschult, verfolgt diese Gedankengänge im Zusammenhang mit der Erziehung noch etwas ausführlicher: Was er – ein Kind seiner Zeit – auf die Knabenerziehung bezieht, lässt sich durchaus ins Allgemeinmenschliche übertragen: «*Man muss den Zögling dazu anhalten, in Gesellschaft seine Augen überall zu haben*», und er soll «*sondieren, was in jedem steckt: in einem Ochsentreiber, einem Maurer, einem Reisenden. Dazu muss er jede Möglichkeit nutzen und jeden nach Maßgabe dessen, was er zu bieten hat, in Anspruch nehmen, denn für den Haushalt der Erkenntnis ist alles zu gebrauchen; selbst die Dummheit und die Unzulänglichkeit andrer werden ihn klüger machen. Wenn er so aller Leute Manieren und Verhaltensweisen betrachtet, wird er Lust auf die guten bekommen und die schlechten verschmähen. Man flöße seinem Geist eine tüchtige Neugierde ein: Allem gehe er nach; auf alles, was um ihn herum ist, merke er: auf ein Gebäude, einen Springbrunnen, einen Menschen [...].»* (Montaigne 2000, Bd. 1, S. 243). Kurz: Von allem und allen vermag der Mensch etwas für sich zu lernen. So betrachtet, erweist sich diese ganze Welt als «*Spiegel, in den wir schauen müssen, um uns aus dem rechten Blickwinkel zu sehn*». (Montaigne 2000, Bd. 1, S. 246). Montaigne regt uns an, überall eine offene Lernhaltung zu pflegen, denn: «*Ob Zimmer oder Garten, ob Tisch oder Bett, ob Einsamkeit oder gesellige Runde, ob Morgen oder Abend – zum Studium soll unser Zögling jede Stunde gleichermaßen dienlich, jeden Ort gleichermaßen tauglich finden.*» (Montaigne 2000, Bd. 1, S. 257).

So bietet sich die Möglichkeit, aus einer negativen Erfahrung oder einer Entbehrung zumindest das Beste für sich zu machen, statt in Ärger oder Leid zu versinken.

Kooperation und Freundschaft

> «*In der Begegnung mit dem anderen kann ich Potenziale freisetzen, die mir allein nicht bewusst sind und die ich allein nicht erschließen kann.*» (Burow 1999, S. 17).

Der Mensch ist das wohl am höchsten entwickelte Lebewesen im Bereich der kooperativen Fähigkeiten. Der englische Soziobiologe Matt Ridley (1997) spricht folgerichtig von einer instinktiven Kooperationsbereitschaft und betont, diese sei «*das wesentliche Merkmal der Menschheit, das sie von allen anderen Gattungen unterscheidet*» (Ridley 1997, S. 340). Ohne Kooperation wären schlichtweg keine Gesellschaft, keine Sprache, keine Arbeit, keine Kultur, keine Arbeitsteilung und -spezialisierung – kurz: kein Leben und Überleben möglich. Sogar Krieg setzt ein bestimmtes Maß von Kooperation im negativen Sinn voraus! Kooperation ist der Normalfall, nicht die Ausnahme.

Schon Aristoteles (384–322 v. u. Z.) nannte den Menschen ein *zoon politikon*, ein Gemeinschaftswesen, und schätzte die Bedeutung von Freundschaft sehr hoch ein. Die Grundlage dafür, so Schmid (2005 b), Freundschaft mit anderen Menschen überhaupt schließen (und genießen!) zu können, ist jedoch die Freundschaft mit sich selbst, also die Selbstfreundschaft, die Selbstakzeptanz (vgl. auch im vorliegenden Buch S. 95). In seiner «Nikomachischen Ethik» schreibt Aristoteles dazu Folgendes: Die Freundschaft ist *«in Hinsicht auf das Leben [in der Gemeinschaft] höchst notwendig. Denn ohne Freunde möchte niemand leben, auch wenn er die übrigen Güter alle zusammen besäße*» (Aristoteles, zitiert nach Mietzel 2002, S. 312). Auch Epikur (342–271 v. u. Z.) betrachtete die *Freundschaft als zentrales Gut für das Lebensgefühl* und ein befriedigendes Leben. Und der römische Staatsmann Cicero (106–43 v. u. Z.) meinte völlig zu Recht: «Wer die Freundschaft aus dem Leben entfernt, nimmt die Sonne aus der Welt.»

Menschen sind und waren über die ganze Geschichte betrachtet immer Gemeinschaftswesen – und werden es auch bleiben, weil sie schlichtweg nicht anders können. Wir sind auch organisch (Augen, Ohren, Sprache, Gefühle usw.) unabdingbar mit anderen Menschen verbunden. Leider wird in unserer Gesellschaft der überall und weit verbreiteten, vielfach auch indirekten oder unerkannten Freundschaft und Kooperation unter Menschen kaum Beachtung geschenkt, im Gegenteil: In den Medien wird überwiegend das Negative des Menschen, die Brutalität, der Kampf, die Rücksichtslosigkeit gezeigt – und teilweise leider auch lautstark propagiert. Der Neoliberalismus präsentiert uns den Menschen als Raubtier, der rücksichtslos nur für sich selbst schauen soll, und vertritt ein Menschenbild des isolierten einzelnen Menschen, dessen Vorteil in der Teilnahme am sogenannten freien Markt liegen soll. Die Börsen belohnen Taten einzelner Akteure wie Massenentlassungen, Lohnkürzungen oder Arbeitszeiterhöhungen, die sie euphemistisch Synergien, notwendige Anpassungen oder gar – besonders zynisch – Erhaltung von Arbeitsplätzen u. ä. nennen. Statt von sozialer Unterstützung, angemessenen Löhnen und Sozialleistungen wird von vermehrter Selbstverantwortung, von «Scheininvaliden» und dem angeblich nötigen Ende des Wohlfahrts- oder Sozialstaats geredet, ohne dass sich großer Widerstand regt. Zumindest in den engeren Lebensbereichen der Menschen zeigt sich allerdings glücklicherweise mehrheitlich eine andere Mentalität. Deshalb beschreibe ich im Folgenden einige weniger bekannte Erkenntnisse und Beobachtungen aus der Kooperationsforschung und der Verhaltensbiologie[90], die helfen, den Fokus bewusster auf schon vorhandenes kooperatives Verhalten zu richten. Gleichzeitig bieten diese Punkte Denkanstöße und initiieren vielleicht sogar eigene kooperative Handlungen.

- Kooperatives Verhalten ist – wie etwa das Sprechen – beim Menschen zwar biologisch angelegt, zugleich ist es jedoch eine hohe kulturelle

---

90 siehe dazu u. a.: Ridley 1997; Axelrod 2005; Spitzer 2003; Kohn 1989; Leakey/Lewin 1978; Leakey 1981; Schmidt-Denter 2005; Petermann 2004; Kropotkin 1975; Lackner 1982; Zusammenfassung in Schmidt-Salomon 2005

Leistung, die erlernt, geübt, trainiert und verfeinert werden muss. Kooperatives Verhalten lässt sich schon früh bei kleinen Kindern beobachten, und Unterschiede sind in erheblichem Maße von den Verhaltensweisen der Eltern und weiterer Bezugspersonen abhängig.

- Es existieren offensichtliche Evolutionsmechanismen für Kooperativität. Dazu zählt beispielsweise der reziproke Altruismus: In einer Gruppe von Menschen setzt sich Hilfsbereitschaft durch, wenn jedes Individuum der Gruppe dieses Verhalten an den Tag legt und dadurch profitiert.

- Ferner zeigt sich, dass sich der Aufbau eines guten Rufes für das in einer Gruppe lebende Individuum mittel- und langfristig fast immer lohnt: Dieser Mensch entwickelt beispielsweise ein höheres Ansehen, ist beliebt – und erhält so ein günstiges, emotional stimulierendes und das Selbstwertgefühl verstärkendes Echo. Das Gefühl, von Menschen im persönlichen sozialen Netz geschätzt, getragen und unterstützt zu werden, wirkt gesundheitsfördernd, Ich-bestärkend und -stabilisierend und wirkt Einsamkeits- sowie Angstgefühlen entgegen. Ein großzügiger Mensch profitiert längerfristig, weil die anderen ihn in der Regel auch großzügig behandeln, quasi nach dem Motto: Wie du mir, so ich dir. Umgekehrt machen sich Geizhälse oder asoziale Menschen rasch und dauerhaft unbeliebt – mit entsprechenden Folgen. Soziales Verhalten basiert also genau genommen auf einem gesunden Eigennutz!

- Die Erfahrung der Kooperation fördert kooperatives Verhalten und umgekehrt. Diese fast banal anmutende Aussage birgt aber erhebliche Konsequenzen: Wer kooperiert, wird eher mit kooperativen Verhaltensweisen der anderen belohnt, was sich u. a. günstig auf das persönliche Wohlbefinden auswirkt.

- Kooperatives Verhalten ist gesund: Eine (auch für andere) hilfreiche Kooperation fördert das Selbstwertgefühl der Einzelnen. Das hat unter anderem auch damit zu tun, dass die Meinung, die andere Menschen von uns haben, für unser Wohlergehen und unsere Gesundheit ebenso wichtig ist wie die Meinung, die wir von uns selbst haben – eine Erkenntnis, die der scharfsinnige französische Philosoph La Mettrie (1985) schon 1748 ganz ähnlich formuliert hat.

- Kooperative Lernsituationen führen im Vergleich zu Konkurrenz zu höherer Selbstachtung und einer vernünftigeren Selbsteinschätzung, die Angst ist geringer, die Konzentration auf die Sache größer.

- Wer sich der ausgeprägten Konkurrenz zumindest teilweise erfolgreich entziehen kann, lebt letztlich besser und gesünder. So hat Kohn (1989, S. 169) Folgendes festgestellt: «*Kinder, die als ausgeprägt konkurrent eingestuft worden waren, zeigten in Untersuchungen geringere Empathiewerte als jene, die als relativ wenig konkurrent galten.*» Kooperationsfähigkeit und Empathie stehen in einem engen positiven Zusammenhang.

- Kooperation nimmt im menschlichen Leben mindestens einen genauso wichtigen Platz ein wie Wettbewerb oder Aggressivität: Wir profitieren von früh bis spät davon, dass Menschen zusammenarbeiten, ohne dass wir uns darüber bewusst Rechenschaft ablegen. Bis ein Lebensmittelgeschäft beispielsweise sein vielfältiges Angebot anbieten und verkaufen kann, sind zahlreiche Kooperationsleistungen nötig! Wir können kaum einen Schritt aus dem Haus gehen, ohne dass wir nicht von unzähligen menschlichen Errungenschaften, Beiträgen anderer Menschen und Generationen, also von Kooperationsleistungen profitieren. Einige Stichworte sollen dies beispielhaft veranschaulichen: Straße, Bus/Straßenbahn/Auto, Licht/Heizung/Klimaanlage, Signale, Verkehrszeichen usw. Ja, schon bevor wir auf die Straße treten, sind uns unzählige kooperative Leistungen entgangen: Der Wecker wurde von Menschen als Idee entwickelt, hergestellt und verkauft, das Frühstück ... usw. Kurz: Unsere Lebensverhältnisse sind so komplex, dass ein Mensch – nur auf sich allein gestellt – bald und hoffnungslos zugrunde gehen würde. Oder stellen Sie sich Ihre bevorzugte Freizeitaktivität vor: Wer hat wie dazu beigetragen, dass Sie einen Roman lesen, Klavier spielen, im Meer tauchen oder in den Fitnessklub gehen können? Die soziale Verflochtenheit und Dimension zeigt sich auch in jedem Beruf, so interessant oder eintönig er auch sein mag ... .

Bertold Brecht (1975) hat den sozialen Aspekt in einem berühmten Gedicht treffend dargestellt, aus dem ich einen Auszug hier wiedergebe (Brecht 1975, S. 656):

Fragen eines lesenden Arbeiters

«*Wer baute das siebentorige Theben?*
In den Büchern stehen die Namen von Königen.
Haben die Könige die Felsbrocken herbeigeschleppt?

Und das mehrmals zerstörte Babylon –
wer baute es so viele Male auf?
[...]
Das große Rom ist voll von Triumphbögen. Wer errichtete sie?
[...]
Der junge Alexander eroberte Indien. Er allein?
Cäsar schlug die Gallier. Hatte er nicht wenigstens einen Koch bei sich?
Friedrich der Zweite siegte im Siebenjährigen Krieg. Wer siegte außer ihm?
[...]
Alle zehn Jahre ein großer Mann. Wer bezahlte die Spesen?

- Wir unterschätzen regelmäßig die Rolle der Kooperation im menschlichen Leben. Stattdessen richten wir – meistens unbewusst und beeinflusst durch die Medien – unsere Aufmerksamkeit auf die viel sichtbareren Fälle von Kampf und Aggression. Dadurch bringen sich Menschen vermehrt in eine negative Stimmung und verstärken häufig – ebenfalls unbewusst – diesen Kreislauf der negativen Einschätzung der Welt und anderer Menschen: Sie trainieren emotional und mental ein negatives Menschenbild. Mögliche Folgen zeigen sich in Rückzug, Vorsicht, Distanzierung, Angst, Gleichgültigkeit, Egozentrismus, Egoismus.

- Ohne Kooperation ihrer Mitglieder kann keine Gesellschaft überleben, und das Überleben der menschlichen Gesellschaft ist nur durch die Kooperationsbereitschaft und -fähigkeit ihrer Mitglieder möglich. Wir sind, wie es Spitzer (2003, S. 293) treffend formuliert, «*auf Gedeih und Verderb auf die Gemeinschaft angewiesen*», und eine menschliche Gesellschaft oder Gruppe ist ohne ein Mindestmaß an Kooperation undenkbar, nicht möglich. Es ist letztlich für den einzelnen Menschen auf längere Sicht gewinnbringender, sich kooperativ nach dem Fairnessprinzip («wie du mir, so ich dir») zu verhalten, d. h. also gewisse Ressourcen mit anderen zu teilen, als KooperationspartnerInnen rücksichtslos zu übervorteilen (vgl. Axelrod 2005). Individuen, die sich stets unkooperativ verhalten und nur auf kurzfristigen Gewinn aus sind, werden rasch isoliert und stehen am Ende schlechter da als ihre kooperationsbereiten Artgenossen, wie Schmidt-Salomon (2005) treffend festhält. Hier zeigt sich ein wichtiger Selektionsvorteil des kooperativen Verhaltens.

- Kooperation hat einen höheren Überlebenswert als Wettkampf. Die Menschheit wäre ohne ausgeprägte Kooperationsfähigkeiten schon lange ausgestorben. Lackner (1982, S. 23) stellt das sogar für die gesamte Natur fest, wenn er schreibt: «*Kooperation ist nicht die Ausnahme, sondern die Regel in der Natur.*»

- Kooperation, insbesondere in ihrer unsichtbaren und undirekten Form, ist (leider!) für das nackte Auge nicht immer so leicht zu erkennen und wohl auch unspektakulär, während ein Wettkampf oder Aggression sich leichter beobachten lassen und vor allem spektakulär sind.

Positives Selbstmanagement II: Wohlwollende Beobachter und Begleiter

Von Viktor Frankl stammt die berühmte Regel: «*Man darf sich auch von sich selber nicht alles gefallen lassen!*» (zitiert nach Kirchmayr 2006, S. 36).

Wie ich im zweiten Kapitel unter dem Aspekt der Selbstentmutigung dargelegt habe, neigen wir Menschen dazu, unser Tun und Lassen bewusst und/oder unbewusst zu kommentieren und zu bewerten: Diese Ermutigung oder Entmutigung im Selbstgespräch hat längerfristig günstige (Ermutigung) oder eben leider auch fatale (Entmutigung) Folgen. Nicht nur in jeder psychologischen Beratung und Therapie, sondern auch im Umgang mit sich selbst geht es in jedem Wachstumsprozess u. a. auch darum, *sich selbst mit wohlwollendem Blick zu betrachten*. Kein leichtes Unterfangen! In Anlehnung an Potreck-Rose/Jacob (2003) können wir auch von einem/einer liebevollen inneren Beobachter/in und Begleiter/in sprechen: Statt sich – wie bisher – für das eigene Tun oder Lassen zu kritisieren oder beschimpfen, steht hier im Vordergrund, sich mehr mit den positiven persönlichen Seiten zu befreunden bzw. sie überhaupt auch zu erkennen: Dazu gehört, sich selbst mit einer freundlichen positiven Grundhaltung zu begleiten, was sich u. a. darin niederschlägt, dass man sich selbst lobt und ermutigt (Eigenlob stinkt nicht!) und Ansprüche an sich selbst angemessen stellt. Drei kurze Beispiele:

- *Wie würde mein bester Freund/meine beste Freundin meine vergangene Woche kommentieren?*
- *Was würde er/sie an mir positiv bestärken?*
- *Wo und wie würde er/sie freundlich-konstruktive Verbesserungsideen anbringen?*

Es ist manchmal erstaunlich, wie streng und unnachgiebig, rau und hart Menschen mit sich zu Gericht sitzen – und sich so selbst immer mehr entmutigen und in ihrem Selbstwert herabsetzen. Es geht hier auch um die *Selbstachtsamkeit*: sich selbst so achten, wie man ist, sich auch nicht mit unangemessenen Ansprüchen und Anforderungen zu überhäufen und damit zu überfordern. Was kann ich? Was möchte ich? Was tut mir gut? Diese Fragen können dazu beitragen, zu ausgeprägte Helfersyndrome oder verfehlte Aufopferungsbereitschaften aufzuweichen.

Der/die wohlwollende Beobachter/in und Begleiter/in soll – und dies ist die zentrale und gleichzeitig schwierig umzusetzende Voraussetzung – den vergangenen Tag, die letzte Woche, die Ereignisse, Erfolge wie Misserfolge aus einer freundlichen Perspektive begleiten, Fehler sachlich und ermutigend festhalten, Positives deutlich spiegeln. Beispiele für solche Hinweise sind in **Tabelle 9-9** zu finden (vgl. auch Potreck-Rose/Jacob 2003, S. 121 ff.).

Eine weitere Möglichkeit besteht darin, dem oder der – leider! – noch meistens lange oder immer wieder vorhandenen negativen inneren Kritiker/in mit einer positiven Gegenstimme Paroli zu bieten, wie dies in **Tabelle 9-10** beispielhaft dargestellt wird. Rückschläge können so u. U. auch zu wertvollen Rückmeldungen werden.

Die obigen Beispiele zeigen auch, wie wichtig es ist, die freundlichen inneren Stimmen zu pflegen, zu unterstützen.

In einer etwas anderen Form schlagen Bach/Torbet (1985, S. 153, 172) vor, den eigenen inneren «Quälgeist» direkt anzusprechen und ihn direkt zu kontern. Als Beispiele führen sie (von mir verändert) an:

- «Du brauchst zu viel Zeit!»
- «Du bist nicht der einzige, der etwas zu sagen hat.»
- «Nicht während ich mitten in der Arbeit stecke!»
- «Ich rede mit dir dann, wenn es mir passt.»
- «Ich spreche später mit dir.»

Tabelle 9-9: Wohlwollende/r Beobachter/in und Begleiter/in

- *Was ist mir heute gut gelungen? Was habe ich gut gemacht?*
- *Was ist mir in den letzten Tagen/in der vergangenen Woche besonders gut gelungen?*
- *Wo habe ich mich eingesetzt und es ist trotzdem nicht wie gewünscht herausgekommen? (Hier geht es um die Würdigung des eigenen Einsatzes, der persönlichen Bemühung und Anstrengung.)*
- *Was ist mir Positives widerfahren, entgegengebracht worden?*
- *Hilfreich kann auch sein, aus den wohlwollenden Sätzen den wichtigsten oder schönsten (oder die zwei wichtigsten) aufzuschreiben und auf einer kleinen Kartei immer dabeizuhaben.*
- *Eine weitere Möglichkeit besteht darin, im Laufe des Tages gelegentlich einmal innezuhalten und sich kurz zu fragen, was mein/e innere/r Begleiter/in und Beobachter/in momentan zu mir sagen würde.*

Tabelle 9-10: Innere/r Kritiker/in und alternativer Kommentar *

Negativer Kommentar des/der inneren KritikerIn	Alternativer, ermutigender Kommentar
Ich wurde schon wieder rot beim Vortrag!	Der Vortrag stieß insgesamt auf ein gutes Echo – die roten Ohren gehören einfach dazu!
Wieso bin ich so blöd und habe das vergessen?	Deswegen geht die Welt nicht unter! Die Vergessensquote ist deutlich besser geworden. Daran muss ich offensichtlich noch arbeiten.
Ich werde wieder alleine dumm dastehen.	Dann frage ich jemanden, den ich kenne, ob meine Annahme zutrifft oder nicht!
Die denken sich, ich sei ... ... blöd ... langweilig ... langsam ... nichts wert.	Das ist meine alte Sichtweise von früher: Die anderen sehen mich anders – zumindest einige sicher.
Alle schauen mich an!	Und wenn schon? So schrecklich sehe ich doch nicht aus.
Die anderen sehen sicher, wie nervös ich wieder bei der Einladung bin!	Anderen geht es auch so! Und wenn schon: Was zählt ist, dass ich gekommen bin und mich mitteile, mitspreche.

Tabelle 9-10: Fortsetzung

Negativer Kommentar des/der inneren KritikerIn	Alternativer, ermutigender Kommentar
Ich kann mich schon wieder nicht konzentrieren oder klar denken!	Das passiert jedem/jeder einmal. Ich entspanne mich einen Moment, dann geht es sicher wieder besser.
Alles was ich sage ist doch nur Unsinn!	«Ist der Ruf erst ruiniert, lebt es sich ganz ungeniert.» (Wilhelm Busch zugeschrieben**)
Sie mögen mich nicht.	Das ist eine meiner alten Annahmen aus meiner Kindheit/Jugendzeit. Ich gehe trotzdem auf die anderen zu – wer weiß ...
Ich mache es sowieso wieder/immer falsch!	Das ist die verinnerlichte Stimme meiner Mutter und stimmt einfach nicht!
Ich gehöre doch sowieso nicht dazu!	Das werde ich überprüfen und mich zu der Gruppe hinzugesellen.
Ich darf niemanden enttäuschen!	Ich werde das schon recht machen. (Oder: Ich habe das gut genug gemacht.)
Schon wieder ein Rückschlag trotz meiner Bemühungen!	Das bedeutet für mich eine wichtige Rückmeldung: Muss ich das in Zukunft vielleicht anders anpacken?
Ich werde das doch nie schaffen!	Ich beginne mit einem ersten Schritt und schaue einmal, wie weit ich komme.

* Einige Aussagen habe ich Butler 2002, S. 51 entnommen und teilweise verändert. Butler bezeichnet diese Aussagen als negative automatische Gedanken der sozialen Angst.
** Autorschaft unsicher: Nach www.wilhelm-busch-seiten.de/suche ist nicht gesichert, ob Wilhelm Busch oder Bert Brecht oder ein anderer Autor diesen Spruch geprägt hat.

Letztlich geht es in all diesen Versuchen zum Selbstmanagement darum, sich den inneren Stimmen und negativen Stimmungen nicht auszusetzen, sich ihnen gar auszuliefern oder sie weiter zu pflegen, sondern diesen Hindernissen etwas anderes, Eigenes, Positives entgegenzusetzen. Das ist der erste – wenn manchmal vielleicht auch nur kleine – Schritt zu einer positiven Veränderung. Bach/Torbet (1985, S. 154 f.) schlagen sogar ganze Dialoge mit diesen inneren KritikerInnen vor. Nachstehend gebe ich zur Veranschaulichung ein gekürztes und verändertes Beispiel wieder:

Kritiker:	Dieses Tennisspiel kannst du nie gewinnen!
Ich:	Ich bin doch am Gewinnen, oder?
Kritiker:	Das bleibt aber nicht lange so!
Ich:	Das ist schon der letzte Satz – und ich bin voraus!
Kritiker:	Das ist doch immer so bei dir. Am Schluss verlierst du doch.
Ich:	Aber heute nicht. Übrigens: Schon letzte Woche habe ich gewonnen.
Kritiker:	Gleich wirst du deinen Anschlag verpassen.
Ich:	Hör doch auf mit Schwarzmalen.
Kritiker:	Du wirst wieder verlieren, dir fehlt die Ausdauer.
Ich:	Ich kann noch lange spielen, jetzt reicht es mir, verschwinde. Such dir ein anderes Opfer, ich stehe nicht mehr zur Verfügung!

Eine ermutigende Person von früher

Eine weitere Möglichkeit der Selbstermutigung schlagen Potreck-Rose/Jacob (2003, S. 137) in der folgenden Übung vor: Man kann in die Erinnerung zurückgehen und sich eine Person vergegenwärtigen, die einen in der Kindheit und/oder Jugendzeit besonders liebevoll und geduldig ermutigt hat. Vielleicht war das eine Lehrperson, ein Elternteil, eine Nachbarin usw. Was hat diese Person gesagt? Wie war ihre Haltung, dass ich nicht aufgegeben habe oder nochmals einen weiteren Versuch unternommen habe, bis ich die schwierige Hürde doch noch geschafft habe?

Mit ermutigenden Personen Kontakte pflegen

Das Wissen darum, dass und wie stark Umwelteinflüsse auf die bio-psycho-soziale Entwicklung jedes Menschen wirken, gehört zunehmend zum Allgemeinwissen. Neben den in diesem Kapitel beschriebenen vielfältigen und hilfreichen Möglichkeiten der Selbst- und Fremdermutigung soll nicht unter den Tisch fallen, wie wichtig die *aktive Suche und Pflege ermu-*

tigender Menschen und Erfahrungen ist. Wer sich ganz bewusst ein grundsätzlich positives, realistisch-optimistisches persönliches Beziehungsnetz aufgebaut hat und weiter pflegt, profitiert in hohem Maße davon für eine höhere Lebensqualität, empfindet mehr Lebensgenuss. Wer immer (wieder) von anderen Menschen hört, er/sie sei eben dumm, unfähig, langsam, schwach, genüge nicht usw. wird mit der Zeit fast unweigerlich entmutigt und glaubt schließlich selbst daran. Regelmäßige Kontakte und Erfahrungen mit ermutigenden Menschen hinterlassen hingegen in der Regel mit der Zeit eine Spur von Zutrauen, Freude, Bestätigung, Hoffnung und Optimismus, stärken das Selbstvertrauen und fördern ein positiveres Selbst- und Fremdkonzept. Um dieses Ziel zu erreichen, ist in vielen Fällen eine längere psychotherapeutische Behandlung angezeigt: Besonders eine tragfähige Beziehung zu einer Psychotherapeutin bzw. zu einem Psychotherapeuten kann sehr viel dazu beitragen.

Aus einer 2008 veröffentlichten Langzeitstudie mit 10 000 Personen von Fowler und Christakis, die seit 1948 läuft, lassen sich zu unserem Thema folgende zusammenfassende Aussagen machen: Wenn Menschen zusammen sind, stecken sie sich an – nicht nur mit Keimen, sondern auch mit Stimmungen, Haltungen und Gefühlen, positiven wie negativen. Es lohnt sich deshalb, seine Zeit mit gutgelaunten Menschen zu verbringen! (Fowler und Christakis 2008).

Ermutigende Lebensgebote oder Mottos[91]

Eine weitere Variante der Selbstermutigung bietet die **Tabelle 9-11** an: Hier geht es im Wesentlichen darum, zentrale negative, d. h. entmutigende Lebensgebote, Lebensregeln[92] oder Mottos zu identifizieren und sie durch positivere, d. h. ermutigendere zu ersetzen. Viele der entmutigenden Sätze stammen aus der Kindheit und/oder Jugendzeit, sind meistens erlebte, variierte und verinnerlichte Aussagen von Eltern, Geschwistern, Lehrpersonen usw. und immer auch ein Stück weit ein Ausdruck einer bestimmten Kultur, in der dieses Individuum aufwächst und/oder lebt. Fleiß, Pflichterfüllung und Gehorsam sind beispielsweise besonders in der protestantischen Kultur ausgeprägt; Aussagen zum Schlankheitsideal (oder

---

[91] nach einer Anregung von Potreck-Rose/Jacob 2003, S. 171, von mir verändert und ergänzt
[92] Eine ganze Liste von Lebensregeln findet sich bei Fennell 2005, S. 55.

Tabelle 9-11: Entmutigende vs. ermutigende Lebensgebote/Mottos (Beispiele)

Entmutigende Lebensgebote/ Botschaften/Mottos	Ermutigende Lebensgebote/ Botschaften/Mottos
1. Wenn du nicht fleißig, ruhig und brav bist, dann bin ich von dir sehr enttäuscht/dann habe ich dich nicht mehr gerne.	*Der Vortrag stieß auf ein gutes Echo, die roten Ohren gehören dazu!*
2. (Aussage des älteren Bruders zur jüngeren Schwester:) Du hast eben eine lange Leitung.	*Ich überlege mir gewisse Dinge lieber genauer, bevor ich voreilig handle. Das hat sich für mich sehr bewährt.*
3. Du bist zu dick.	*Ich wiege einige Kilos zu viel, bin aber deswegen nicht dick, sondern leicht mollig.*
4. Du bist unmöglich!	*Ich bin in bestimmten Situationen manchmal etwas gehemmt, aber deswegen nicht gleich unmöglich!*
5. Ich bin einfach komisch.	*Ich bin manchmal originell, manchmal etwas kurz angebunden, aber meistens in Ordnung.*
6. Die Menschen sind gemein und rücksichtslos.	*Es gibt überall und immer zumindest einige Menschen, die rücksichtsvoll und freundlich sind.*
7. Man kann sich auf niemanden verlassen.	*Ich habe einige Menschen, auf die ich zählen kann und die mich unterstützen.*

besser Schlankheitswahn) stammen hingegen aus der spätkapitalistisch-postmodernen, westlichen Gesellschaft. Sich solcher Aussagen bewusst zu werden und gezielt Alternativen ins Auge zu fassen, vermag u. U. wichtige Selbsterkenntnisse zu fördern, und mit der Zeit einen anderen Umgang mit sich selbst entstehen zu lassen; denn viele der entmutigenden Gebote und Mottos haben vielleicht früher wichtige Wachstumsprozesse verhindert und die betroffenen Menschen gelähmt, sich selbst und andere genauer zu betrachten. Die sogenannte «lange Leitung» erweist sich so bei sorgfältiger Analyse als etwas anderes (s. Tab. 9-11), nämlich als sorgsames Nachdenken – und das bisher angenommene Motiv beispielsweise des Geschwisters erschließt sich vielleicht nun ganz neu als Eifersucht oder Angst vor der geschwisterlichen Konkurrenz!

Die Suche nach solchen Lebensgeboten oder Mottos hat sich in der therapeutischen Arbeit von Fennell (2005, S. 185–189) bewährt. Fennell spricht von Lebensregeln. Ich verwende lieber die Begriffe Lebensgebote oder Mottos. Als Lebensgebote oder Mottos habe ich in Tabelle 9-11 zu direkten Aussagen die Beispiele 1 bis 4, zu Urteilen über sich das Beispiel 5, zu Urteilen über andere das Beispiel 6 sowie zu Erinnerungen und Redensarten aus der Kindheit das Beispiel 7 aufgeführt.

Übung «Positive Qualitäten»

Eine andere Möglichkeit, sich positive Eigenschaften bewusst zu machen, besteht in der folgenden Übung: Überlegen Sie sich in Ruhe fünf Eigenschaften, die Sie an sich schätzen/die Sie gut finden, und beschreiben Sie diese Eigenschaften kurz. Und wie sind Sie zu diesen Eigenschaften gekommen? Was haben Sie dazu beigetragen? Wer hat Sie dabei unterstützt?

Beispiele: Großzügigkeit, Ehrlichkeit, Freundlichkeit, Entscheidungsfreudigkeit, Sinn für Humor, Gelassenheit usw.

Ein ABC des Lebens?

In Anlehnung an Ellis/Hoellen (2004, S. 26) folgt eine Aufstellung verschiedener Stichworte aus diesem Kapitel (**Tab. 9-12**). Das Fragezeichen soll die offene, undogmatische und zu hinterfragende Sichtweise dieser

Tabelle 9-12: Ein ABC des Lebens?

A	Akzeptanz und Selbst-Akzeptanz; Widerstände aushalten; Ausdauer, sich nicht so stark auf Autoritäten und deren Meinungen abstützen, Aufmerksamkeit auf das Positive, das Funktionierende im Leben richten; Antidogmatismus
B	Bejahung des eigenen Lebens; gute Beziehungen und Bindungen pflegen («Brüderlichkeit»); bewusst das Gute genießen; Besonnenheit. Und zusätzlich: Balance von Geben und Nehmen, Arbeiten und Freizeit, Aktivität und Passivität
C	Charakter haben und zur eigenen Meinung stehen
D	durchhalten; Durchhaltevermögen; Durchblick behalten; Denken statt glauben; Duldsamkeit statt Sturheit
E	Ermutigung; Engagement; Empathie statt Ellbogenmentalität
F	Flexibilität; Freude; Frustrationstoleranz; eigene Fehler zulassen; Freundschaften pflegen; Freiheiten genießen; Freundlichkeit; Fortschritte anerkennen
G	Glück; Genießen; Gelassenheit; Geduld; Gewalt friedlich bekämpfen; das Gute erkennen und würdigen; Großzügigkeit und Großherzigkeit; Gleichwertigkeit leben im Umgang mit Menschen

Tabelle 9-12: Fortsetzung

H	Humanität; Hoffnung; Humor; Hilfsbereitschaft; Hobbys pflegen
I	Interesse; den inneren Dialog bewusst positiv gestalten; angemessene Ideale pflegen; Integrität
J	sich am Positiven im Jetzt freuen, das Leben nicht auf irgendein Jenseits oder auf Jahre bzw. Jahrzehnte später aufschieben
K	gegen veraltete bzw. unsinnige Konventionen rebellieren; Kreativität; Konfliktfähigkeit; Kooperation pflegen; auf eigene Kompetenzen vertrauen
L	das Leben genießen; die Liebe pflegen; Lebensklugheit; Lustgefühl; angemessene Lebensziele setzen; Lernbereitschaft lebenslänglich aufrechterhalten; Lachen; Langmut
M	Mitgefühl; Mut, aus vorgegebenen Bahnen auszubrechen; ermutigende Mottos pflegen, Muße
N	Nähe erlauben; nein sagen können; Neugier; Niederlagen gehören zum Leben; negative innere Leitsätze und Dialoge hinterfragen
O	Offenheit; realistischer, von Skepsis gemilderter Optimismus; eine eventuelle Opferrolle verlassen und aktiv werden
P	die Perspektive anderer Menschen einnehmen können; Misserfolge und Niederlagen nicht so persönlich nehmen
Q	sich querstellen, wo es nötig und sinnvoll ist
R	redlich sein; angepasste Risikobereitschaft; Fähigkeit zu relativieren; nicht zu viel Respekt vor Autoritäten und deren Meinungen aufbringen; Ruhepunkte im Leben pflegen
S	Selbstermutigung; Selbstvertrauen; Sensibilität; Solidarität; sich selbst treu sein; Sympathie; Sorge für andere («Schwesterlichkeit»); Selbstdistanzierung und Selbstrelativierung; sich nicht immer so wichtig nehmen; gesunde Skepsis
T	tolerant mit sich und anderen Menschen sein
U	undogmatisch bleiben; vor Unbekanntem nicht ausweichen; üben!
V	Vertrauen; anderen Menschen ihre Unzulänglichkeiten nicht verübeln
W	Wertschätzung; Wohlwollen gegenüber sich selbst und anderen Menschen; Wünsche formulieren; wo angemessen auch Widerstand leisten; Wahrhaftigkeit; Weitblick statt Tunnelblick
X	sich kein X für ein U vormachen lassen!
Y	nicht buchstabengetreu sein
Z	Zutrauen zu eigenen Kräften; Zivilcourage; Zufriedenheit; Zärtlichkeit, realistische Ziele setzen

Mehrere der hier aufgeführten Punkte lassen sich durchaus auch als resilienzfördernde Merkmale verstehen (vgl. dazu auch Kap. 5 sowie: www.apahelpcenter.org).

Aufstellung wiedergeben. Die ABC- oder exakter A-bis-Z-Darstellung gibt mit ihren 26 «Geboten» vielleicht sozusagen die wichtigsten Hinweise zur Lebenskunst wieder (vgl. auch Rothschild, 2005).

Ermutigung in der Partnerschaft

> «*Sie wollen, dass man Sie liebt? Da gibt es eine Zauberformel: Fangen Sie an zu lieben! Fordern Sie nicht, geben Sie, es wird Ihnen reichlich vergolten werden. Und wenn nicht, so bleibt Ihnen doch die Seligkeit des Gebens [...].
> Die Menschen zu lieben, das heißt, sie so zu nehmen, wie sie sind, nicht so, wie wir sie uns ausmalen und einbilden.*» (Albert Memmi)[93]
>
> «*Welch ein Glück, dass es die Frauen gibt! Wie der Gläubige, der den Sonnenaufgang preist, sollten wir jeden Morgen der Natur für die Frauen danken. Ich spreche als Mann und hoffe, dass die Frauen sich über uns genauso freuen.*» (Albert Memmi)[94]

Eine geglückte, befriedigende Beziehung in einer Partnerschaft ist an bestimmte Bedingungen geknüpft. Wiederum geht es, wie in vorherigen Kapiteln schon in anderen Zusammenhängen mehrfach erläutert, um Grundhaltungen und Grundeinstellungen im Kontakt mit anderen Menschen. Eine davon ist die Gleichwertigkeit – nicht gleichzusetzen mit «Gleichheit». Menschen sind gleichwertig, aber aufgrund ihrer äußeren und inneren Eigenschaften verschieden, eben nicht gleich. Dreikurs (1987, S. 14) beschreibt die unabdingbare Bedeutung der Gleichwertigkeit wie folgt: «*Ein Mann und eine Frau können heute nicht friedlich in einer Ehe* [oder: Beziehung – J. F.] *leben, wenn sie sich nicht als gleichwertige Menschen betrachten*» – und behandeln, würde ich hinzufügen. Wer den Partner/die Partnerin nicht als gleichwertig empfindet und behandelt, wird – wenn überhaupt – nur von oben herab ermutigen können.

Eng verbunden mit dem Gefühl der Gleichwertigkeit ist das echte Interesse für das Gegenüber: Interesse an seinen Meinungen, Auffassungen und Gedanken, seiner Geschichte, seinen Zukunftsideen. In einer tragenden Liebesbeziehung kennen sich die beiden Partner recht gut, in ihren Stärken wie Schwächen. Zudem sollten beide Partner bestrebt sein, das Leben des anderen zu erleichtern und zu bereichern. Im Zentrum steht weniger die Frage: «*Was bekomme ich vom anderen?*», sondern vielmehr die Frage: «*Wie kann ich meinen Partner/meine Partnerin unterstützen, fördern, groß werden lassen usw.?*» Geben ist auch in diesem Kontext

---

93 Memmi 1996, S. 70
94 Memmi 1996, S. 73, leicht verändert

seliger als Nehmen, wobei ich hier keineswegs die Ansicht vertrete, dass man sich in einer Beziehung für den anderen aufopfern soll: Dies würde nämlich die Gleichwertigkeitsregel krass verletzen. Beziehungen, in denen sich einer aufopfert, unterwirft, klein macht oder gar unterdrücken lässt, führen über kurz oder lang zu unbefriedigenden Situationen und Beziehungskonstellationen.

Zur Ermutigung in der Partnerschaft gehört auch, den anderen anzunehmen, so wie er eben ist, ihm zu vertrauen, an ihn zu glauben – allerdings auch nicht blindlings. Idealerweise entsteht in einer gleichwertigen und tragenden Beziehung das Gefühl, so wie man ist, gut genug (nicht perfekt!) zu sein (vgl. Schoenaker 2003), so wie man ist, recht und geliebt zu sein.

Rasch schleicht sich in einer Liebesbeziehung der Alltag ein, und man lebt eben einfach miteinander, mit der Zeit schließlich u. U. auch nebeneinander. Eine Partnerschaft muss – ähnlich wie eine Pflanze – gepflegt werden. Dazu gehört, den Partner zu bestätigen, ihm weiterhin Komplimente zu machen, Gelungenes zu bestärken und Misslungenem mit Verständnis zu begegnen. Wieso sollen Komplimente über die schönen Haare, das herzliche Lachen, den entwaffnenden Humor etc. dem anderen nicht wiederholt gemacht werden? Eine der größten Fallen in einer Partnerschaft besteht in der zunehmenden Orientierung auf Fehler: Die Wahrnehmung von der Verliebtheit am Anfang einer Beziehung, wo der Liebespartner, die Liebespartnerin noch mehrheitlich positiv – oder auch rosa verklärt! – erlebt wird, verschiebt sich zunehmend ins Negative, bis man schließlich im anderen vorwiegend die Schwächen, Unzulänglichkeiten und Fehler erkennt. Ermutigen heißt aber auch, die Fehler oder Schwächen des Partners/der Partnerin eher zu verkleinern, ein Stück weit auch zu akzeptieren – so wie er/sie ja auch mit meinen Schwächen und Unzulänglichkeiten umzugehen gelernt hat. Wer die Aufmerksamkeit tendenziell mehr auf Zuneigung, auf Verzeihen, auf Ermutigen, auf Fehler übersehen ausrichtet und sich bemüht, den anderen (besser) zu verstehen, wird längerfristig mehr positives Echo erhalten. Auch hier gilt die Volksweisheit: Wie man in den Wald hineinruft, so schallt es heraus.

Schoenaker (1993) weist zu Recht darauf hin, dass Entmutigung (oder auch Verletzung) in einer Partnerschaft oft durchaus unabsichtlich stattfinden kann: durch ungebetene oder unpassende Ratschläge, Hilfestellungen, guten Rat usw. Dem Partner wird so signalisiert, dass er unfähig ist, selber Lösungen zu finden, nachzudenken oder aus Erfahrungen zu lernen.

Zu einer wichtigen Grundhaltung in einer Partnerschaft gehört schließlich auch die Einstellung, dass der Mensch in einer Situation meistens (aber nicht immer!) versucht, sein Bestes zu geben – und damit zu einem anderen Zeitpunkt möglicherweise vernünftiger, angemessener oder hilfreicher reagiert hätte. Groll, Wut, Angst u. a. sind dabei wichtige Bremsklötze.

Ein Beispiel, wie Missverständnisse, Groll und eine unterschiedliche Wahrnehmung aus einem banalen Anlass einen Streit entstehen lassen, bietet uns Watzlawick (1988, S. 86 f.) in seinem berühmt gewordenen Dialog eines aufeinander eingespielten Paares (hier leicht verändert):

Der Dialog eines Paares

Frau: *Ich fürchte, aus diesem Kuchen wird nichts; der Teig geht nicht auf.*

Mann: Vielleicht hat's nicht genug Backpulver – was steht denn im Rezept?

Frau: *Das schaut dir wieder einmal ähnlich.*

Mann: Was schaut mir ähnlich?

Frau: *Das mit dem Backpulver!*

Mann: Was mit dem Backpulver?

Frau: *Du weißt ganz genau, was ich meine. Immer tust du das, und du weißt ganz genau, dass es mir auf die Nerven geht!*

Mann: Verdammt noch mal! Wovon redest du eigentlich? Du sagst, dass der Kuchen nicht aufgeht; ich sage nur, das einzige, was daran schuld sein könnte, wäre zuwenig Backpulver; und plötzlich hat das nichts mehr mit dem Backpulver zu tun, sondern ist ein Defekt meines Charakters oder was weiß ich ...

Frau: *Natürlich! Das Backpulver ist dir wichtiger als ich! Dass es das Backpulver sein könnte, kann ich mir selbst denken; dir aber scheint es gleichgültig zu sein, dass ich dir mit dem Kuchen eine Freude machen will.*

Mann:	Das bestreite ich auch gar nicht, und es freut mich. Ich redete ja auch nur vom Backpulver, nicht von dir.
Frau:	*Wie ihr Männer das nur so fertig bringt, alles so schön sachlich auseinander zu halten, dass es eine Frau dabei zu frösteln beginnt!*
Mann:	Nein, das Problem ist vielmehr, wie ihr Frauen es fertig bringt, Backpulver zum Gradmesser der Liebe zu machen!

[Und so weiter]

Zum Schluss: Tun, üben und experimentieren!

Wer sich selbst wie anderen Menschen anders, besser, neu begegnen möchte, kommt nicht darum herum, neue Denkgewohnheiten, Gefühle und Verhaltensweisen unentwegt zu üben. Die vier folgenden Zitate aus unterschiedlichen Zeiten fangen die Notwendigkeit des Selbst-Tuns präzise ein:

«Es ist nicht genug zu wissen, man muss auch anwenden. Es ist nicht genug zu wollen, man muss auch tun.» (Johann Wolfgang von Goethe)[95]

«Der erste und notwendigste Teil in der Philosophie ist die Anwendung ihrer Lehren im Leben.» (Epiktet)[96]

«Jeder Zustand und jede Fähigkeit (einer Person oder Sache) werden durch die ihnen entsprechende Betätigung erhalten und gefördert: die Fähigkeit zu gehen durch Gehen, die zu laufen durch Laufen.» (Epiktet)[97]

*Es gibt nichts Gutes
außer: Man tut es.»* (Erich Kästner)[98]

In diesem Kapitel (wie auch in verschiedenen anderen Teilen des vorliegenden Buches) wurden vielfältige Vorschläge und Ideen dargestellt, die nun die Möglichkeit bieten, selbst – am besten in kleinen Schritten – Anregungen in die eigene Lebensrealität umzusetzen. Hier gilt das

---

95 zitiert nach Peseschkian 2004, S. 97
96 Epiktet 1992b, S. 39
97 Epiktet 1992b, S. 116
98 Kästner 2004, Bd. 1, S. 277 (Erstdruck: 1936)

Sprichwort aus der Einleitung im ersten Kapitel: Eine Reise über tausend Kilometer beginnt mit nur einem einzigen Schritt. Wer sich und anderen Menschen mit einer ermutigenden, bejahenden Haltung begegnen möchte, braucht viel Geduld und Übung: wie ein kleines Kind, das unentwegt versucht, seine ersten Schritte zu machen und unzählige Male erneut hinfällt! Es ist immer wieder staunens- und bewundernswert, mit welch fast unerschütterlichem Einsatz Kinder dann von neuem aufstehen, probieren, hinfallen, aufstehen, einige Schritte gehen, hinfallen, weinen, wieder probieren … . Diese Ausdauer sollten wir uns zu Eigen machen. Dasselbe ist allen «großen Kindern» auch bezüglich der Entwicklung einer ermutigenden Grundhaltung zum Leben zu wünschen: Üben, Üben, Üben – und eine gehörige Portion Geduld mit sich selbst und den anderen Menschen! Wie der Volksmund so treffend sagt: Übung macht den Meister! Dazu hilft auch, sich gerade angesichts des unendlichen Elends in der Welt und zwischen den Menschen, das tagtäglich unübersehbar via Medien in die eigene Wohnstube eindringt, immer wieder auch die vielen vorhandenen positiven Gegenbeispiele und Zeugnisse von Menschen, die einen anderen, positiven, hilfreichen und ermutigenden Weg gegangen sind, zur Kenntnis zu nehmen. Diese Menschen finden leider kaum einen angemessenen Platz in der täglichen (und kläglichen) negativen Katastrophen-Nachrichtenflut. Erwähnt seien neben den im Buch schon erwähnten Personen wie etwa Nelson Mandela, Alfred Adler, Alexandre Jollien, Nooria Haqnegar, Ray Charles, Christian Lohr nur als Beispiele die unzähligen LebensretterInnen in der Nazi-Zeit (vgl. Gutman/Bender 2005, Fogelmann 1995) oder die PreisträgerInnen des alternativen Nobelpreises (vgl. Streich 2005). Man kann – durchaus mit guten Gründen – die Menschheitsgeschichte als Geschichte des unendlichen Leids betrachten, sich beispielsweise im *Schwarzbuch der Weltgeschichte* (Dollinger 2004) von der Fülle der menschlichen Grausamkeiten überwältigen lassen. Nur: Die Lähmung, die daraus erwächst, verhindert auch kleinste Schritte der Veränderung des Denkens, Fühlens und Handelns zum Humaneren, die jeder bei sich selbst vollziehen kann. Die Welt und das eigene persönliche Leben kann nur verändern, wer selbst etwas dazu beiträgt. Auch im dichtesten Nebel kann man ein paar kleine Schritte weitergehen!

10 Kleine Sammlung anregender Aphorismen, Sprüche, Gedanken – und eine Geschichte

Einleitung

Gespräche mit guten Freunden, eine psychologische Beratung (vgl. Kap. 8), Humor (vgl. Kap. 6) – aber auch Aphorismen, Sprüche, Gedanken oder Geschichten können Menschen zu einem geistigen Standortwechsel verhelfen und ihnen ermöglichen, den eigenen Bezugsrahmen zu hinterfragen, und ihnen so behilflich sein, eigene eingeschliffene Wahrnehmungs- und Denkmuster, einseitige oder getrübte Wahrnehmungsfilter oder -brillen sowie daraus hervorgehende ungünstige Reaktionen zu verändern. Die kleine Auswahl der nachfolgenden Beispiele soll auch anregen, über sich und die manchmal vielleicht etwas verbohrten persönlichen Muster und Schemata zu schmunzeln. Zugleich bieten solche Kurztexte aber manchmal auch einen Weg, um vorhandene Ressourcen zu mobilisieren. Viele Aphorismen und Sprüche bringen eine Problematik anschaulich und prägnant auf den Punkt und erleichtern den gedanklichen und emotionalen Vollzug eines Standortwechsels. Peseschkian (2004, S. 120 ff.) verweist auf verschiedene Funktionen von Aphorismen, Sprüchen und Geschichten:

- Sie offerieren einen Spiegel eigenen Verhaltens *(Spiegelfunktion)*.
- Sie bieten ein Modell in Konfliktsituationen *(Modellfunktion)*.

- Sie legen alternative Lösungsmöglichkeiten nahe (*Alternativfunktion*) und

- sie haben angesichts der Eingängigkeit und Einfachheit auch eine nicht zu unterschätzende nachhaltige Wirkung (*Depotfunktion*), d. h. durch ihre Bildhaftigkeit lassen sich Aphorismen, Sprüche und Geschichten gut behalten und können dadurch in anderen Situationen wieder leichter abgerufen werden.

Schließlich liefern sie auch überraschende, unerwartete *Gegenkonzepte der Wirklichkeitskonstruktion* sowie *Aha-Erlebnisse*, dass die Welt auch anders wahrgenommen werden kann und darf: Sie bieten – im Idealfall! – eine kleine Quelle für Hoffnung, Optimismus und vielleicht auch Motivation zu einer veränderten Sichtweise und Handlung (vgl. Kaimer 2003). Aphorismen, Sprüche, Zitate und Geschichten öffnen so manchmal auch das Tor zur Fantasie und erlauben einen Blickfeldwechsel, der bisherige Probleme in einem manchmal ganz anderen Bezugsrahmen aufleuchten lässt. Meine Erfahrung im – vorsichtigen und sparsamen – Umgang in der Beratung zeigt, dass allein das Nachdenken darüber schon erste kleine Veränderungsprozesse beim betreffenden Menschen auszulösen vermag und im günstigen Fall gar zum vertieften Denken und Hinterfragen anregen kann.

In den folgenden Aussagen finden sich aus meiner Sicht u. a. wichtige hilfreiche Überzeugungen, Einstellungen und Fähigkeiten wie undogmatisches Denken, Flexibilität, Gelassenheit und Distanz, aber auch die (erleichternde) Erkenntnis der Begrenztheit der menschlichen Existenz, der Einsicht, dass Fehler in der Natur des Menschen liegen u. v. a. m.

55 ausgewählte Beispiele

1. «*Ist der Ruf erst ruiniert, lebt es sich ganz ungeniert.*»
(Wilhelm Busch zugeschrieben)[99]

2. «*Der Kopf ist rund, damit das Denken die Richtung ändern kann.*»
(Francis Picabia, zitiert nach Trenkle 2005, S. 91)

---

99 Autorschaft unsicher: Nach www.wilhelm-busch-seiten.de/suche ist nicht gesichert, ob Wilhelm Busch oder Bert Brecht oder ein anderer Autor diesen Spruch geprägt hat.

3. «Fürchte dich nicht davor, exzentrische Meinungen zu vertreten; jede heute gängige Meinung war einmal exzentrisch.»
(Bertrand Russell 1976, S. 18 f.)

4. «Tote Fische schwimmen mit dem Strom, lebendige dagegen!»
(Chinesisch)

5. «Habe keinen Respekt vor der Autorität anderer, denn es gibt in jedem Fall auch Autoritäten, die gegenteiliger Meinung sind.»
(Bertrand Russell 1976, S. 18 f.)

6. «Man kann sich nicht oft genug bedanken: bei der Gefährtin, die uns auserwählt hat, bei unseren Freunden, die es geworden sind, bei unseren Kindern, die uns geboren wurden, und nicht zuletzt bei der Telefonistin, die unseren Tag mit einem fröhlichen ‹Guten Morgen!› verschönert.»
(leicht verändert nach Albert Memmi 1996, S. 32)

7. «Erwarten Sie Ihr Heil nicht von den anderen, nehmen Sie Ihr Glück selbst in die Hand. Verwöhnen Sie sich, statt lange zu warten, dass andere es tun, die das vielleicht gar nicht können. Wenn Ihr Mann kein Feinschmecker ist, wird es ihm nicht im Traum einfallen, das Restaurant ausfindig zu machen, wo es all die Köstlichkeiten gibt, deren Name allein Ihnen schon auf der Zunge zergeht. Machen Sie sich selbst auf die Suche danach und laden Sie Ihren Partner dorthin ein.»
(Albert Memmi 1996, S. 46)

8. «Jemand kann dir die Türe öffnen, aber hineingehen musst du schon selbst.» (Unbekannt)

9. «Unsinnig ist es, von den Göttern etwas zu erbitten, was man aus eigener Kraft zu leisten vermag.» (Epikur 1988, S. 87)

10. «In unserer Gewalt steht unser Denken, unser Tun, unser Begehren, unsere Abneigung, kurz: alles was von uns selber kommt [...]. Was ist nun dein eigen? [Der Gebrauch] deine[r] Vorstellungen.»
(Epiktet 1984, S. 21, 24)

11. «Bei allem, was dir begegnet, gehe in dich und frage dich: Was für eine Fähigkeit hast du dem gegenüber?» (Epiktet 1992b, S. 13)

12. «Wer die Menschen quält, der quält sich selbst [...]. Andererseits liegt so viel Freude darin, Gutes zu tun, und das Gute, das man empfängt, zu empfinden und anzuerkennen, und auch soviel Zufriedenheit darin, die

Tugend auszuüben und sanftmütig, menschlich, zartfühlend, wohltätig, mitleidig und großmütig zu sein [...].»
(Julien Offray de La Mettrie 1984, S. 85)

13. «*Er liebt das Leben und vermag kaum zu begreifen, wie in dieser Welt voller Freuden der Lebensüberdruss ein Herz vergiften kann; er ist voll Achtung, Dankbarkeit, Anhänglichkeit und Zuneigung gegenüber der Natur, je nach dem Gefühl und den Wohltaten, die er von ihr empfangen hat [...]. [Deshalb] unterdrückt er [die Natur] niemals in sich selbst und in den anderen.»* (Julien Offray de La Mettrie 1984, S. 137)

14. «*Wir übersehen und verschmähen – ich sage das in einem ganz anderen Sinne als Seneca – die herrlichsten Güter des Lebens (das Vergnügen, uns selbst und unsere Umwelt in vollsten Zügen zu genießen), um eingebildeten Gütern hinterherzulaufen.»* (Julien Offray de La Mettrie, 1985, S. 82)

15. «*Die Selbstliebe ist der Maßstab für die Nächstenliebe.»*
(Bernhard Trenkle 2005, S. 70)

16. «*Lachen ist die kürzeste Verbindung zwischen zwei Menschen.»*
(Victor Borge, zitiert nach Holtbernd 2002, S. 20)

17. «*Lachen und Lächeln sind Tür und Pforte, durch die viel Gutes in den Menschen hineinhuschen kann.»*
(Christian Morgenstern, zitiert nach Peltzer 1985, S. 342)

18. «*Es ist eine der schwierigsten gymnastischen Übungen, sich selbst auf den Arm zu nehmen.»* (Bernhard Trenkle 2005, S. 102)

19. «*Ein freundliches Wort kostet nichts und ist doch das Schönste aller Geschenke.»* (Daphne du Maurier, zitiert nach Fuchs 2000, S. 143)

20. «*Lieber besser machen als gut kritisieren.»*
(Bernhard Trenkle 2005, S. 98)

21. «*Der größte Fehler im Leben ist, dass man ständig fürchtet, Fehler zu machen.»* (Elbert Hubbard, zitiert nach Steinberger 2003, S. 153)

22. «*Aus Fehlern wird man klug, drum ist einer nicht genug.»*
(Bernhard Trenkle 2005, S. 49)

23. «*Es ist in jedem Fall unwichtiger, welche Fehler wir machen, als was wir tun, nachdem sie uns einmal unterlaufen sind.»*
(Rudolf Dreikurs 1987, S. 26)

24. «*Jede Erfahrung hat im Endeffekt nur die Bedeutung, die wir ihr geben.*»
(Jürg Frick)

25. «*Ob wir imstande sind, Konflikte mit anderen Menschen zu lösen, hängt zu einem nicht unwesentlichen Teil auch von unserer Fähigkeit ab, die Dinge vom Standpunkt des anderen zu betrachten.*»
(nach Rudolf Dreikurs 1987, S. 133, verändert von Jürg Frick)

26. «*Kein Mensch verhält sich schlecht oder böse, solange er an seine Fähigkeit glaubt, durch positives Verhalten Erfolg zu erlangen.*»
(Rudolf Dreikurs 1987, S. 134)

27. «*Es ist ziemlich egal, wie oft man im Leben hinfällt. Es ist nur wichtig, wie oft man wieder aufsteht!*» (Ursprung unbekannt)

28. «*Der beste Weg, die Zukunft vorherzusagen, ist sie selbst zu gestalten.*»
(Ursprung unbekannt)

29. «*Ist man in kleinen Dingen nicht geduldig, bringt man die großen Vorhaben zum Scheitern.*» (Nossrat Peseschkian 2004, S. 19)

30. «*Übelgesinntheit und Missmutigkeit werden am ehesten vermieden, indem man grundsätzlich davon ausgeht, dass nichts reibungslos vonstattengeht, dass nichts problemlos funktioniert.*»
(Schmid 2005 b, S. 153, verändert)

31. «*Richten wir unsere Aufmerksamkeit lieber auf das, was wir tun wollen, statt auf das, was schiefgelaufen ist.*» (Rosenberg 2005, S. 193)

32. «*Die Dinge sind nie so, wie sie sind. Sie sind immer das, was man aus ihnen macht.*» (Nossrat Peseschkian 2004, S. 46)

33. «*Es ist nicht schlimm, wenn man hinfällt, sondern wenn man liegen bleibt.*» (Nossrat Peseschkian 2004, S. 68)

34. «*Ideale sind wie Sterne: Man kann sie nicht erreichen, aber man kann sich an ihnen orientieren.*» (Nossrat Peseschkian 2004, S. 69)

35. «*Man kann dem Leben nicht mehr Tage geben, aber den Tagen mehr Leben.*» (Ursula Wolters 2000, S. 130)

36. *Auch aus Steinen, die einem in den Weg gelegt werden, kann man Schönes bauen.* (Johann Wolfgang von Goethe)

37. «*Lebenskunst ist nicht nur die Einrichtung des Lebens, sondern, wenn es eingerichtet ist, auch noch die Bewältigung der Irritationen, die nicht zu vermeiden sind.*» (Schmid 2005 a, S. 87)

38. «*Wenn wir immer das tun, was wir können, bleiben wir immer das, was wir sind.*» (Nossrat Peseschkian 2004, S. 113)

39. «*Viele Menschen bauen zu viele Mauern und zu wenige Brücken.*» (Isaac Newton, zitiert nach Peseschkian 2004, S. 79)

40. «*Blauer Himmel, weißer Sand, blaugrünes Wasser – und das Tag für Tag! Kein Mensch hält es im Paradies lange aus.*» (Schmid 2005 a, S. 86, leicht verändert)

41. «*Viele Menschen versäumen das kleine Glück, während sie auf das große vergebens warten.*» (Pearl S. Buck, zitiert nach Schneider 2005, S. 196)

42. «*Glück und Unglück kommen nie in reiner Form vor; erst unsere Interpretation schafft Glück oder Unglück aus unseren Erfahrungen.*» (Jürg Frick)

43. «*Wenn ich mein Leben noch einmal leben könnte, im nächsten Leben, würde ich versuchen, mehr Fehler zu machen. Ich würde nicht so perfekt sein wollen, ich würde mich mehr entspannen. Ich wäre ein bisschen verrückter, als ich es gewesen bin, ich würde viel weniger Dinge so ernst nehmen.*» (Jorge Louis Borges, zitiert nach Schneider 2005, S. 203)

44. «*Ein kluger Mensch macht nicht alle Fehler alleine, sondern er gibt auch anderen eine Chance.*» (Winston Churchill, zitiert in Peseschkian 2004, S. 21)

45. «*Wer einen Hammer als einziges Werkzeug hat, für den sieht alles nach einem Nagel aus.*» (Bernhard Trenkle 2005, S. 47)

46. «*Der Mensch kann fast immer mehr, als er sich momentan zutraut. Das merkt er allerdings meistens erst nachher.*» (Jürg Frick)

47. «*Jeder Mensch verfügt über mehr Fähigkeiten und Möglichkeiten, als er annimmt – auch wenn er vom Gegenteil überzeugt ist!*» (Jürg Frick)

48. «*Wir können auf fast alles, was uns im Leben passiert, Einfluss nehmen – meistens mehr, als wir denken.*» (Jürg Frick)

49. «*Derjenige, der es sich zur Gewohnheit gemacht hat, tugendhaft zu sein, ist der Mensch, der beständig das Interesse im Auge hat, die Zuneigung,*

10. Kleine Sammlung anregender Aphorismen, Sprüche, Gedanken

die Achtung und die Hilfe der anderen zu verdienen sowie das Bedürfnis, sich selbst zu lieben und zu achten.»
(Paul Henri Thiry d'Holbach 1960, S. 232)

50. «Die falschen Anschauungen sind die wahren Quellen ihres [der Menschen] Unglücks.» (Paul Henri Thiry d'Holbach 1960, S. 244)

51. «Betrachten wir jedoch das Menschengeschlecht mit unparteiischen Augen, so werden wir finden, dass es mehr Wohltaten als Übeltaten gibt.» (Paul Henri Thiry d'Holbach 1960, S. 257)

52. «Alle erfahren früher oder später in ihrem Leben, dass ein vollkommenes Glück nicht zu verwirklichen ist, doch nur wenige stellen auch die umgekehrte Überlegung an: dass es sich mit dem vollkommenen Unglück geradeso verhält.» (Primo Levi 1988, S. 25)

53. «Ich lerne immer noch; meine Bildung ist noch nicht abgeschlossen. Wann wird das sein? Wenn ich dafür nicht mehr empfänglich bin: bei meinem Tode. Mein Lebenslauf ist eigentlich nur ein langer Bildungsweg.
(Claude-Adrien Helvétius 1976, S. 21)

54. «Niemand verlässt diese Welt lebend, aber es kommt darauf an, was wir mit der Zeit anfangen, die uns gegeben ist.» (Jürg Jegge 2006, S. 118)

55. «Menschliches Leben heißt: Sich erträglich einrichten für ein kurzes Gastspiel auf einem Staubkorn im Weltall, tätig sein mit Sinn und Verstand, mit Anstand und Würde, mit Witz und Humor, schließlich Abschied nehmen von allem für immer – in der Gewissheit, dass niemand da oben uns zugeschaut hat und bald vergessen sein wird, was gewesen ist.»
(Joachim Kahl 2005, S. 84)

Zum Schluss gebe ich hier eine Geschichte wieder, die mir als passender Schluss dieses Kapitels und als eine gute Zusammenfassung einiger mir wesentlich erscheinender Inhalte dieses Buches erscheint.

Es fällt kein Meister vom Himmel

Ein Zauberkünstler führte am Hofe des Sultans seine Kunst vor und begeisterte seine Zuschauer. Der Sultan selbst war außer sich vor Bewunderung: «Gott, stehe mir bei, welch ein Wunder, welch ein Genie!» Sein Wesir gab zu bedenken: «Hoheit, kein Meister fällt vom Himmel. Die Kunst des Zauberers ist die Folge seines Fleißes und seiner Übungen.» Der Sultan runzelte die Stirn. Der Widerspruch seines Wesirs hatte ihm die Freude an den Zauberkunststücken verdorben. «Du undankbarer Mensch! Wie kannst du behaupten, dass solche Fertigkeiten durch Übung kommen? Es ist wie ich sage: Entweder hat man das Talent oder man hat es nicht.» Abschätzend blickte er seinen Wesir an und rief: «Du hast es jedenfalls nicht, ab mit dir in den Kerker. Dort kannst du über meine Worte nachdenken. Damit du nicht so einsam bist und deinesgleichen um dich hast, bekommst du ein Kalb als Kerkergenossen.» Vom ersten Tag an übte der Wesir, das Kalb hochzuheben; jeden Tag trug er es über die Treppe seines Kerkerturmes. Die Monate vergingen. Aus dem Kalb wurde ein mächtiger Stier, und mit jedem Tag der Übung wuchsen die Kräfte des Wesirs. Eines Tages erinnerte sich der Sultan an seinen Gefangenen. Er ließ ihn zu sich holen. Bei seinem Anblick aber überwältigte ihn das Staunen: «Gott, stehe mir bei, welch ein Wunder, welch ein Genie.» Der Wesir, der mit ausgestreckten Armen den Stier trug, antwortete mit den gleichen Worten wie damals: «Hoheit, kein Meister fällt vom Himmel. Dieses Tier hattest du mir in deiner Gnade mitgegeben. Meine Kraft ist die Folge meines Fleißes und meiner Übung.» (Peseschkian 2004, S. 45, leicht verändert)

Anhang:
Vier Fragebogen zur Selbst- und Fremdermutigung

Vorbemerkung

Die Beschäftigung mit der eigenen Lebensgeschichte durch die Lektüre des vorliegenden Buches hat möglicherweise verschiedene eigene Erinnerungen zu den Bereichen Ermutigung und Entmutigung wachgerufen oder freigelegt. Die vier folgenden Fragebogen sind mit der Absicht konzipiert worden, ermutigende Prozesse, Gefühle und Handlungsweisen zu fördern. Die meisten Menschen sind sich nicht bewusst, wie viel Ermutigung sie – auch trotz verschiedener entmutigender Erfahrungen – in ihrem Leben von verschiedenen Personen und in vielen Situationen erfahren haben. Die Fragebogen müssen nicht der Reihenfolge nach oder gar vollständig ausgefüllt werden; je nach Motivation oder Zeit reicht es durchaus, sich mit einer kleinen Auswahl näher zu beschäftigen. Als sehr hilfreich und auch nachhaltiger wirksam als ein einmaliges kurzes «Durchchecken» der Fragen hat sich auch eine wiederholte Beschäftigung mit einzelnen Aspekten erwiesen: Wer sich beispielsweise immer wieder positive Erfahrungen in Erinnerung ruft und hilfreiche Mottos bewusst und aktiv pflegt, d. h. in den persönlichen Alltag umsetzt, entwickelt und pflegt mit der Zeit günstigere innere Dialoge und verhält sich auch tendenziell eher in diese Richtung. Für eine produktive Bearbeitung kann auch ein Austausch mit einer guten Freundin – vielleicht mit denselben Fragen – eine große Hilfe sein. In einem anderen Fall besteht auch die Möglichkeit, Teile der Fragen in einem beraterischen oder therapeutischen Kontext einzusetzen, d. h. zum Beispiel mit einer Psychologin/einem Psychologen oder einer Psychotherapeutin/einem Psychotherapeuten darüber ins Gespräch zu kommen.

Aus meiner eigenen Tätigkeit kann ich feststellen, dass der sorgfältige Einsatz solcher Fragen in einer Beratung – sei es im mündlichen Gespräch oder als «Hausaufgabe», die dann gemeinsam besprochen wird – vielfach eine außerordentlich positive und hilfreiche Unterstützung bedeuten kann.

Der **Fragebogen A** legt den Schwerpunkt auf ermutigende Lernerinnerungen in der persönlichen Bildungsgeschichte.

Fragebogen A:
Lernerinnerungen in der Biografie bezüglich Ermutigung/Unterstützung

Grundidee/Lernziel

Vergegenwärtigen und Bewusstwerden der wichtigen Faktoren und Einflüsse von Ermutigung in der eigenen Lebensgeschichte

Aufgabe

Identifizieren Sie wichtige Ereignisse, Personen usw., die in Ihrem Leben ermutigend gewirkt haben:

- *Wer/was hat mich ermutigt/unterstützt?*
- *Wie haben sie mich ermutigt?*
- *Warum hat mich das ermutigt?*
- *Wie hat sich das in meinem Leben ausgewirkt?*

Berücksichtigen Sie dazu soweit möglich familiäre und außerfamiliäre Einflüsse im:

- Kleinkindalter
- Kindergarten- und Schulalter
- Jugendalter
- Erwachsenenalter

Im nächsten Fragebogen stehen speziell ermutigende Schlüssel- oder Kernereignisse und Wendepunkte in verschiedenen Lebensabschnitten im Zentrum.

Fragebogen B:
Identifizierung von ermutigenden Schlüsselereignissen

Grundidee/Lernziel

Wichtig dabei ist nicht die Beschreibung der objektiven Situation, sondern die persönliche subjektive Erinnerung, Einschätzung, Empfindung.

Aufgabe

Ermutigende Schlüsselereignisse lassen sich als Episoden, die aus irgendeinem Grund aus dem Strom des Lebens herausragen, als positive Wendepunkte bezeichnen: Das kann ein bestimmtes Gespräch oder ein Erlebnis mit einer Person, eine Begegnung mit weitreichenden Folgen, der Augenblick einer wichtigen Entscheidung usw. darstellen. Es sollten zeitlich kurz begrenzte Erlebnisse oder Ereignisse sein, also keineswegs ein besonders gelungener längerer Urlaub oder eine dreijährige Ausbildungsphase. Die Schlüsselereignisse/-erlebnisse sind:

- *Der (oder ein) Gipfelpunkt meines Lebens: der schönste Augenblick, die großartigste Erfahrung, der glücklichste Moment*

- *Der (oder ein) Wendepunkt meines Lebens: ein Erlebnis, eine positive Erfahrung, die meinem Leben eine neue Richtung, einen entscheidenden Impuls gegeben haben*

- *Zwei frühe Erinnerungen aus der Kindheit: zwei positive Ereignisse, die heute noch in Erinnerung bleiben*

- *Zwei positive Erinnerungen/Ereignisse aus der Primarschulzeit*

- *Zwei positive Erinnerungen/Ereignisse aus der Zeit der Adoleszenz*

- *Zwei positive Erinnerungen/Ereignisse aus dem Erwachsenenalter*

Der dritte Fragebogen leuchtet ermutigende Themen nochmals, aber aus einer anderen Perspektive aus: Ermutigende Menschen, zukünftige erfreuliche Lebenspläne und schon vorhandene, zu verstärkende bzw. noch neu zu entwickelnde positive Leitmotive oder Lebensmottos sollen hier bewusster ins Auge gefasst und trainiert werden.

Fragebogen C:
Positive Aspekte

Die vier ermutigendsten Menschen im meinem Leben

- Skizzieren Sie diese Menschen und beschreiben Sie, *wie* diese Menschen Sie ermutigt haben.
- Warum war die Ermutigung für Sie so hilfreich?
- Welche Schlüsse haben Sie daraus gezogen?

Zukünftige positive Lebenspläne

Beschreiben Sie, welche positiven Pläne Sie für die nächste Zukunft – die kommenden ein bis drei Jahre – gefasst haben und wie Sie diese umsetzen möchten.

Übergreifendes positives Lebensmotiv, Leitmotiv, Lebensmotto

Über welche verfüge ich und welche pflege ich? Beispiele:

- *«Ich lasse mich nicht unterkriegen!»*
- *«Es lässt sich immer eine Möglichkeit finden, die eigene Situation zu verbessern.»*
- *«Ich habe immer wieder Menschen gefunden, die mich unterstützen, die mir beistehen – und das wird auch so bleiben.»*

Wie kann ich diese/s Motto/s noch verstärken, ausbauen? Wer könnte mir dabei helfen?

Im letzten Fragebogen stehen Themen der Selbstgestaltung, des Mutes und der Grundhaltung im Zentrum. Drei Fragen habe ich von Pommerenke (2007) übenommen, verändert und ergänzt; sie sollen Anstoß geben, sich darüber klarer zu werden, wer Ihr Leben gestaltet, wie mutig Sie schon sind und in welche Richtung Sie denken.

Fragebogen D:
Wer gestaltet Ihr Leben? Wie mutig sind Sie?
Wie ist Ihre Grundhaltung?

- Haben Sie den Eindruck, Ihr Leben (1) zum größten Teil selber zu gestalten – oder fühlen Sie sich (2) von anderen Menschen, von Umständen usw. gelenkt, «gestaltet»? Sind Sie eher ein/e Lenker/in oder ein/e Gelenkte/r?
  Suchen Sie nach Gründen, warum eher Variante (1) oder Variante (2) zutrifft und was Sie dabei beeinflusst.

- Skizzieren Sie, wie sich Ihre selbstbestimmte Lebensgestaltung konkret äußert: Woran zeigt sich das?

- Schreiben Sie Ihre «Mutproben» der Vergangenheit auf. Geben Sie dazu konkrete Beispiele.
  Wann waren Sie (besonders) mutig? Warum? Lässt sich das für die Zukunft ausbauen? Was brauchen Sie dazu?

- Sind Sie eher ein optimistisch oder pessimistisch eingestellter Mensch? Ist Ihr Glas halbvoll oder halbleer? Welche Gründe könnte es dafür geben? Wie gut fahren Sie mit Ihrer Grundhaltung?

Die Bearbeitung der vier Fragebogen ersetzt natürlich – das sei hier ausdrücklich betont – keine etwaige Beratung und Therapie, kann sie aber, wie erwähnt, unterstützen. Die Arbeit an und mit diesen Fragen vermag jedoch durchaus innere Selbstheilungskräfte und Bereitschaften, sich verändern zu wollen, zu fördern.

Literaturverzeichnis

Fachliteratur

EA = Erstausgabe/Erstveröffentlichung

Adler, Alfred (1973a): Der Sinn des Lebens. Frankfurt: Fischer. (EA 1933)
Adler, Alfred (1973b): Menschenkenntnis. Frankfurt: Fischer. (EA 1927)
Adler, Alfred (1973c): Individualpsychologie in der Schule. Frankfurt: Fischer. (EA 1929)
Adler, Alfred (1973d): Heilen und Bilden. Frankfurt: Fischer. (EA 1914)
Adler, Alfred (1974): Die Technik der Individualpsychologie Band 2. Frankfurt: Fischer. (EA 1930)
Adler, Alfred (1976): Kindererziehung. Frankfurt: Fischer. (EA 1930)
Adler, Alfred (1977): Studie über die Minderwertigkeit von Organen. Frankfurt: Fischer. (EA 1907)
Adler, Alfred (1978): Lebenskenntnis. Frankfurt: Fischer. (EA 1929)
Adler, Alfred (1979): Wozu leben wir? Frankfurt: Fischer. (EA 1931)
Adler, Alfred (1982): Psychotherapie und Erziehung. Ausgewählte Aufsätze. Band 1: 1919–1929. Frankfurt: Fischer.
Adler, Alfred (1994): Lebensprobleme. Vorträge und Aufsätze. Frankfurt: Fischer. (EA 1937)
Aichhorn, August (1977): Verwahrloste Jugend. Die Psychoanalyse in der Fürsorgeerziehung. Bern: Verlag Hans Huber. (11., unveränderte Auflage 2005; EA 1925)
Anissimov, Myrjam (1999): Primo Levi. Die Tragödie eines Optimisten. Berlin: Philo.
Ansbacher, Heinz L.; Ansbacher, Rowena R. (Hrsg.) (1972): Alfred Adlers Individualpsychologie. Eine systematische Darstellung seiner Lehre in Auszügen aus seinen Schriften. München: Reinhardt.
Antoch, Robert F. (1981): Von der Kommunikation zur Kooperation. München: Reinhardt.
Antonovsky, Aaron (1997): Salutogenese. Zur Entmystifizierung der Gesundheit. Tübingen: Dgvt.
Antons, Klaus (1976): Praxis der Gruppendynamik. Übungen und Techniken. Göttingen: Hogrefe.
Arieti, Silvano; Bemporad, Jules (1998): Depression. Stuttgart: Klett-Cotta.
Asay, Ted P.; Lambert, Michael J. (2001): Empirische Argumente für die allen Therapien gemeinsamen Faktoren: Quantitative Ergebnisse. In: Hubble, Mark A.; Dun-

can, Barry L.; Miller, Scott D. (Hrsg.) (2001): So wirkt Psychotherapie. Empirische Ergebnisse und praktische Folgerungen. Dortmund: Verlag modernes Lernen, S. 41–81.
Asendorpf, Jens (1999): Psychologie der Persönlichkeit. Berlin: Springer.
Asendorpf, Jens; Banse, Rainer (2000): Psychologie der Beziehung. Bern: Verlag Hans Huber.
Auhagen, Ann Elisabeth (Hrsg.) (2004): Positive Psychologie. Anleitung zum «besseren» Leben. Weinheim: Beltz Psychologie Verlags Union.
Aurin, Kurt (1999): Gute Schulen – worauf beruht ihre Wirksamkeit? Bad Heilbrunn: Klinkhardt.
Axelrod, Robert (2005): Die Evolution der Kooperation. München: Oldenbourg.
Bach, George R.; Torbet, Laura (1985): Ich liebe mich – ich hasse mich. Fairness und Offenheit im Umgang mit sich selbst. Reinbek: Rowohlt.
Bachelor, Alexandra; Horvath, Adam (2001): Die therapeutische Beziehung. In: Hubble, Mark A.; Duncan, Barry L.; Miller, Scott D. (Hrsg.) (2001): So wirkt Psychotherapie. Empirische Ergebnisse und praktische Folgerungen. Dortmund: Verlag modernes Lernen, S. 137–192.
Bacon, Francis (1927): Essays. München: Müller. (EA 1597)
Balint, Michael (2001): Der Arzt, sein Patient und die Krankheit. Stuttgart: Klett-Cotta. (EA 1957 The Doctor, His Patient, and the Illness; dt. EA 1957)
Bamberger, Günter G. (2001): Lösungsorientierte Beratung. Weinheim: Beltz.
Bandler, Richard; Grinder, Joseph (1985): Reframing. Ein ökologischer Ansatz in der Psychotherapie. Paderborn: Junfermann.
Bandura, Albert (1976): Lernen am Modell. Ansätze zu einer sozial-kognitiven Lerntheorie. Stuttgart: Klett.
Bandura, Albert (1977): Self-efficacy: Toward a unifying theory of behavioral change. Psychological Review, 84 (2): 191–215.
Bandura, Albert (1997): Self-Efficacy. The Exercise of Control. New York: W. H. Freeman.
Bar, Erhard (1994): Was ist Aufklärung? Thesen und Definitionen. Stuttgart: Reclam.
Barraqué, Jean (1988): Claude Debussy. Reinbek: Rowohlt.
Bartens, Werner (2010): Körperglück. Wie gute Gefühle gesund machen. München: Droemer.
Barth, Anne-Rose (1997): Burnout bei Lehrern. Göttingen: Hogrefe.
Barthelmess, Manuel (2001): Systemische Beratung. Weinheim: Beltz.
Bartling, Gisela; Echelmeyer, Liz; Engberding, Margarita (1998): Problemanalyse im therapeutischen Prozess. Leitfaden für die Praxis. Stuttgart: Kohlhammer
Bauer, Joachim (2002): Das Gedächtnis des Körpers. Wie Beziehungen und Lebensstile unsere Gene steuern. Frankfurt: Eichborn.
Bauer, Joachim (2005): Die Neurobiologie der Empathie. Warum wir andere Menschen verstehen können. Psychologie heute, 8: 50–53.
Bauer, Joachim (2006): Prinzip Menschlichkeit. Warum wir von Natur aus kooperieren. Hamburg. Hoffmann und Campe.
Bauer, Joachim (2007): Lob der Schule. Sieben Perspektiven für Schüler, Lehrer und Eltern. Hamburg: Hoffmann und Campe.
Bauer, Joachim (2008): Das kooperative Gen. Abschied vom Darwinismus. Hamburg: Hoffmann und Campe.
Beck, Aaron T. et al. (1999): Kognitive Therapie der Depression. Weinheim: Beltz.

Beck, Johannes (2005): Kinder werden oft nur als defizitäre Wesen gesehen. Psychologie heute, 3: 50–54.
Becker, Peter (1985): Sinnfindung als zentrale Komponente seelischer Gesundheit. In: Längle, A. (Hrsg.) (1985): Wege zum Sinn. München: Piper, S. 186–207.
Becker, Peter (1989): Ein Strukturmodell der emotionalen Befindlichkeit. Psychologische Beiträge, 30 (4): 514–536.
Becker, Peter (1994): Theoretische Grundlagen. In: Abele, A.; Becker, P. (Hrsg.) (1994): Wohlbefinden. Weinheim: Juventa.
Bengel, Jürgen; Strittmatter, Regine; Willmann, Hildegard (2002): Was erhält Menschen gesund? Antonovskys Modell der Salutogenese – Diskussionsstand und Stellenwert. Köln: Bundeszentrale für Gesundheitliche Aufklärung (BZgA).
Berger, Peter L. (1998): Erlösendes Lachen. Das Komische in der menschlichen Erfahrung. Berlin: De Gruyter.
Berk, Laura E. (2005): Entwicklungspsychologie. München: Pearson.
Berkholz, Stefan (1989): «Mit schluchzendem Herzen lächeln ...». Hans Siemsen: Wie ein deutscher Schriftsteller allerbeste Reklame für ein lange Jahre ignoriertes Genie und gegen ein militaristisches Deutschland machte. In: Radevagen, T. (1989): Zeitmontage: Alte Welt – Neue Welt. Charlie Chaplin. Ein Hauch von Anarchie. Berlin: Elefanten Press.
Bischof-Köhler, Doris (1999): Zusammenhänge zwischen kognitiver, motivationaler und emotionaler Entwicklung in der frühen Kindheit und im Vorschulalter. In: Keller, Heidi (Hrsg.) (1999): Lehrbuch Entwicklungspsychologie. Bern: Verlag Hans Huber, S. 319–376.
Bloch, Ernst (2001): Das Prinzip Hoffnung. 3 Bände. Frankfurt: Suhrkamp. (EA 1954–1957)
Blumenthal, Erik und Marianne (2000): Die Kunst der Ermutigung. Stuttgart: Horizonte.
Böckelmann, Christine (2002): Beratung – Supervision – Supervision im Schulfeld. Eine theoretische Verankerung des Beratungshandelns. Innsbruck: Studien-Verlag.
Bode, Thilo (2003): Die Demokratie verrät ihre Kinder. Stuttgart: DVA.
Böhm, Winfried (2000): Wörterbuch der Pädagogik. 15. Auflage, Stuttgart: Kröner.
Bollnow, Otto Friedrich (1964): Die pädagogische Atmosphäre. Untersuchungen über die gefühlsmäßigen zwischenmenschlichen Voraussetzungen der Erziehung. Heidelberg: Quelle & Meyer.
Bowlby, John (1982): Das Glück und die Trauer. Herstellung und Lösung affektiver Bindungen. Stuttgart: Klett-Cotta.
Bowlby, John (1986): Bindung. Eine Analyse der Mutter-Kind-Beziehung. Frankfurt: Fischer. (EA 1969)
Bowlby, John (1995): Elternbindung und Persönlichkeitsentwicklung. Therapeutische Aspekte der Bindungstheorie. Heidelberg: Dexter.
Brambing, Michael (2005): Divergente Entwicklung blinder und sehender Kinder in vier Entwicklungsbereichen. Zeitschrift für Entwicklungspsychologie und Pädagogische Psychologie, 4: 173–183.
Brecht, Bertolt (1975): Gesammelte Werke 9. Gedichte 2. Werkausgabe. Zürich: Ex Libris.
Breitenbach, Gaby; Requardt, Harald (2005): Psychotherapie mit entmutigten Klienten. Therapeutische Herausforderungen. Kröning: Asanger.

Bremmer, Jan; Roodenburg, Herman (Hrsg.) (1999): Kulturgeschichte des Humors. Von der Antike bis heute. Darmstadt: Primus.

Brink, Andrew (1989): Bertrand Russell. A Psychobiography of a Moralist. New York: Humanities Press International.

Brisch, Karl-Heinz; Hellbrügge, Theodor (Hrsg.) (2003): Bindung und Trauma. Risiken und Schutzfaktoren für die Entwicklung von Kindern. Stuttgart: Klett-Cotta.

Brisch, Karl-Heinz (2003): Bindungsstörungen und Trauma. In: Zeitschrift für Individualpsychologie, 1: 10–19.

Der Brockhaus, Psychologie. Fühlen, Denken und Verhalten verstehen. Hrsg. von der Lexikonredaktion des Verlags F. A. Brockhaus, Mannheim. Leipzig/Mannheim: Brockhaus.

Bronfenbrenner, Urie (1981): Die Ökologie der menschlichen Entwicklung. Stuttgart: Klett-Cotta.

Brown, Christy (1995): Mein linker Fuß. Zürich: Diogenes.

Bruch, Hilde (1977): Grundzüge der Psychotherapie. Frankfurt: Fischer.

Brück, Horst (1979): Die Angst des Lehrers vor seinem Schüler. Reinbek: Rowohlt.

Brunner, Reinhard; Kausen, Rudolf; Titze, Michael (Hrsg.) (1985): Wörterbuch der Individualpsychologie. München: Reinhardt.

Buber, Martin (1947): Dialogisches Leben. Gesammelte philosophische und pädagogische Schriften. Müller: Zürich.

Buber, Martin (1979): Das dialogische Prinzip. Heidelberg: Lambert Schneider.

Bucher, Anton A. (2009): Psychologie des Glücks. Ein Handbuch. Weinheim: Beltz PVU.

Burke, Peter: Grenzen des Komischen. In: Bremmer, Jan; Roodenburg, Herman (Hrsg.) (1999): Kulturgeschichte des Humors. Von der Antike bis heute. Darmstadt: Primus, S. 64–76.

Burow, Olaf-Axel (1999): Die Individualisierungsfalle. Kreativität gibt es nur im Plural. Stuttgart: Klett-Cotta.

Butler, Gillian (2002): Schüchtern – na und? Selbstsicherheit gewinnen. Bern: Verlag Hans Huber.

Campiche, Michel (1979): Das traurige Kind. Zürich: Ex Libris.

Camus, Albert (1974): Die Pest. Roman. Reinbek: Rowohlt. (EA: La peste 1947)

Chaplin, Charles (1993): Die Schlussrede aus dem Film «Der große Diktator», 1940. Hrsg.: Groenewald, Sabine. Hamburg: Europäische Verlagsanstalt.

Chaplin, Charles (2003): Die Geschichte meines Lebens. Fischer: Frankfurt. (EA: My Autobiography 1964; dt. EA: 1964)

Charles, Ray; Ritz, David (2005): Ray. Die Autobiographie. München: Heyne.

Chlada, Marvin (2004): Der Wille zur Utopie. Aschaffenburg: Alibri.

Christensen, Birgit (1996): Ironie und Skepsis. Das offene Wissenschafts- und Weltverständnis bei Julien Offray de La Mettrie. Würzburg: Königstein und Neumann.

Ciaramicoli, Arthur P.; Ketcham, Katherine (2001): Der Empathie-Faktor. Mitgefühl, Toleranz, Verständnis. München: dtv.

Clevé, Evelyn (1989): Helen Keller. Hamburg: Cecilie Dressler.

Cleve, Jay (2000): Licht am Ende des Tunnels. Wie Depressive und ihre Angehörigen sich selbst helfen können. Bern: Verlag Hans Huber.

Comer, Ronald J. (2001): Klinische Psychologie. Heidelberg: Spektrum.

Condorcet, Marie-Jean-Nicolas (1976): Entwurf einer historischen Darstellung der Fortschritte des menschlichen Geistes. Frankfurt: Suhrkamp. (EA 1795)

Corsini, Raymond J. (Hrsg.) (1987): Handbuch der Psychotherapie. 2 Bände. München: Psychologie Verlags Union.
Cyrulnik, Boris (2001): Die Kraft, die im Unglück liegt. München: Goldmann.
Csikszentmihalyi, Mihaly (1987): Das Flow-Erlebnis: Jenseits von Angst und Langeweile. Im Tun anfangen. Stuttgart: Klett-Cotta.
D'Holbach, Paul Henri Thiry (1960): System der Natur oder von den Gesetzen der physischen und der moralischen Welt. Berlin: Aufbau. (EA 1770)
De Jong, Peter; Berg, Insoo Kim (2003): Lösungen (er)finden. Das Werkstattbuch der lösungszentrierten Kurztherapie. Dortmund: Verlag Modernes Lernen.
De Lamper, Henk (1998): Lebenshilfe für fröhliche Atheisten. Marburg: Becker.
de Shazer, Steve (1989): Wege der erfolgreichen Kurztherapie. Stuttgart: Klett-Cotta.
Delumeau, Jean (1985): Angst im Abendland. Die Geschichte kollektiver Ängste im Europa des 14. bis 18. Jahrhunderts. 2 Bände. Reinbek: Rowohlt.
Dessau, Bettina; Kanitscheider, Bernulf (2000): Von Lust und Lebensfreude. Gedanken zu einer hedonistischen Lebensorientierung. Frankfurt: Insel.
Dick, Andreas (2003): Psychotherapie und Glück. Quellen und Prozesse seelischer Gesundheit. Bern: Verlag Hans Huber.
Dick, Andreas (2010): Mut. Über sich hinauswachsen. Bern: Verlag Hans Huber.
Die Bibel (1995). Einheitsübersetzung. Altes und neues Testament. Freiburg: Herder.
Diessner, Helmar (1997): Gruppendynamische Übungen und Spiele. Paderborn: Junfermann.
Dieterich, Rainer; Elbing, Eberhard; Peagitsch, Ingrid; Ritscher, Hans (1983): Psychologie der Lehrerpersönlichkeit. München: Reinhardt
Dilling, H.; Freyberger, H. J. (Hrsg.) (1999): Taschenführer zur ICD-10-Klassifikation psychischer Störungen. Bern: Verlag Hans Huber.
Dinkmeyer, Don, Sr.; McKay, Gary D.; Dinkmeyer, Don, Jr. (2004a): Step. Das Elternbuch. Die ersten 6 Jahre. Weinheim: Beltz.
Dinkmeyer, Don, Sr.; McKay, Gary D.; Dinkmeyer, Don, Jr. (2004b): Step. Das Elternbuch. Kinder ab 6 Jahre. Weinheim: Beltz.
Dinkmeyer, Don, Sr.; McKay, Gary D.; Dinkmeyer, Don, Jr. (2005): Step. Das Elternbuch. Leben mit Teenagern. Weinheim: Beltz.
Dinkmeyer, Don; Dreikurs, Rudolf (1980): Ermutigung als Lernhilfe. Stuttgart: Klett.
Dollinger, Hans (2004): Schwarzbuch der Weltgeschichte. 5000 Jahre der Mensch des Menschen Feind. Erfstadt: Area.
Dornes, Martin (1997): Die frühe Kindheit. Entwicklungspsychologie der ersten Lebensjahre. Frankfurt: Fischer.
Dreikurs, Rudolf (1980): Psychologie im Klassenzimmer. Stuttgart: Klett.
Dreikurs, Rudolf (1981): Grundbegriffe der Individualpsychologie. Stuttgart: Klett-Cotta.
Dreikurs, Rudolf (1987): Selbstbewusst. Die Psychologie eines Lebensgefühls. Rosenheim: Horizonte.
Dreikurs, Rudolf (2001): Ermutigung an jedem Tag. Zuversicht für Eltern und Kinder. Freiburg: Herder.
Dreikurs, Rudolf; Soltz, Vicky (1994): Kinder fordern uns heraus. Stuttgart: Klett-Cotta.
Dreikurs, Rudolf; Grunwald, Bernice; Pepper, Floy C. (2003): Lehrer und Schüler lösen Disziplinprobleme. Weinheim: Beltz.

Dudenverlag (Hrsg.) (2004): Die deutsche Rechtschreibung. Duden Band 1. Mannheim: Duden.

Dumbs, Franz (2002): Humor in der Therapie. Eine explorative Studie zum Auftreten und zur Wirkung einer intentionalen Humorverwendung in der Verhaltenstherapie. Lengerich: Pabst Science Publishers.

Duncan, Barry L.; Hubble, Mark A.; Miller, Scott, D. (1998): Aussichtslose Fälle. Die wirksame Behandlung von Psychotherapie-Veteranen. Stuttgart: Klett-Cotta.

Egan, Gerard (1984): Helfen durch Gespräch. Psychologische Beratung in Therapie, Beruf und Alltag. Reinbek: Rowohlt.

Ehlers, Simon (2004): Helfen ist gesund – wenn es sich in Grenzen hält. Psychologie heute, 3: 12.

Eissler, Kurt R. (1975): The fall of man. In: Eissler, Ruth, S.; Freud, Anna; Kris, Marianne; Solnit, Albert J. (eds.): The Psychoanalytic Study of the Child, vol. 30. New Haven, CT: Yale University Press 1975, S. 589–646. Zitiert nach: Zimmer, Dieter E. (1990): Tiefenschwindel. Reinbek: Rowohlt, S. 353.

Elbing, Eberhard: Der Lehrer als Modell und Vorbild: Imitations- und Identifikationsprozesse bei Schülern. In: Dieterich, R. et al. (1983): Psychologie der Lehrerpersönlichkeit. München: Reinhardt, S. 201–206.

Ellis, Albert (1993): Die rational-emotive Therapie. Das innere Selbstgespräch bei seelischen Problemen und seine Veränderung. München: Pfeiffer.

Ellis, Albert; Hoellen, Burkhard (2004): Die Rational-Emotive Verhaltenstherapie – Reflexionen und Neubestimmungen. München: Pfeiffer bei Klett-Cotta.

Ellis, Albert; Schwartz, Dieter; Jacobi, Petra (2004): Coach dich! Rationales Effektivitäts-Training zur Überwindung emotionaler Blockaden. Würzburg: Hemmer/Wüst.

Enkelmann, Nikolaus B.; Rückerl, Thomas (2004): Die Macht des Vertrauens. Erfolg durch positive Gesprächsführung. Paderborn: Junfermann.

Epiktet (1984): Handbüchlein der Moral und Unterredungen. Stuttgart: Kröner.

Epiktet (1992a): Handbüchlein der Moral. Stuttgart: Reclam.

Epiktet (1992b): Wege zum glücklichen Handeln. Frankfurt: Insel.

Epikur (1968): Von der Überwindung der Furcht. Zürich: Ex Libris.

Epikur (1988): Philosophie der Freude. Briefe, Hauptlehrsätze, Spruchsammlung, Fragmente. Frankfurt: Insel.

Erasmus von Rotterdam (1963): Ausgewählte pädagogische Schriften. Übersetzt und eingeleitet von Anton J. Gail. Düsseldorf: Schöningh. (EA 1501–1529)

Erikson, Erik H. (1980): Identität und Lebenszyklus. Frankfurt: Suhrkamp.

Ernst, Heiko (2001): Empathie: die Kunst, sich einzufühlen. Psychologie heute, 5: 20–26.

Ernst, Heiko (2005): Herz plus Hirn: Emotionale Intelligenz im Alltag. Psychologie heute, 2: 20–27.

Ernst, Heiko (2006): Freude, schöner Götterfunken: Warum positive Gefühle so wichtig sind. Psychologie heute, 1: 20–27.

Essau, Cecilia A. (2002): Depression bei Kindern und Jugendlichen. München: Reinhardt.

F., Christiane (1979): Wir Kinder vom Bahnhof Zoo. Hamburg: Stern.

Farhat-Naser, Sumaya (1995): Thymian und Steine. Basel: Lenos.

Felder, Wilhelm; Herzka, Heinz Stefan (2000): Kinderpsychopathologie. Basel: Schwabe.

Fend, Helmut (2000): Entwicklungspsychologie des Jugendalters. Opladen: Leske und Budrich.
Fennell, Melanie J. V. (2005): Anleitung zur Selbstachtung. Lernen, sich selbst der beste Freund zu sein. Bern: Verlag Hans Huber.
Feuerbach, Ludwig (1956): Das Wesen des Christentums. Berlin: Akademie. (EA 1841)
Feuerbach, Ludwig (1981): Vorlesungen über das Wesen der Religion. Berlin: Akademie. (EA 1849)
Fiedler, Peter (1998): Persönlichkeitsstörungen. Weinheim: Beltz.
Flammer, August (1990): Erfahrung der eigenen Wirksamkeit. Einführung in die Psychologie der Kontrollüberzeugung. Bern: Verlag Hans Huber.
Flammer, August (1999): Entwicklungstheorien. Psychologische Theorien der menschlichen Entwicklung. Bern: Verlag Hans Huber.
Flammer, August; Alsaker, Françoise D. (2002): Entwicklungspsychologie der Adoleszenz. Die Erschließung innerer und äußerer Welten im Jugendalter. Bern: Verlag Hans Huber.
Flitner, Andreas (1986): Konrad, sprach die Frau Mama ... Über Erziehung und Nicht-Erziehung. München: Piper.
Flückiger, Christoph; Wüsten, Günther (2008): Ressourcenaktivierung. Ein Manual für die Praxis. Bern: Verlag Hans Huber.
Foerster, Heinz von (1988): Abbau und Aufbau. In: Simon, Fritz (Hrsg.) (1988): Lebende Systeme. Wirklichkeitskonstruktionen in der systemischen Therapie. Berlin Heidelberg: Springer, S. 19–33.
Fogelmann, Eva (1995): Wir waren keine Helden. Lebensretter im Angesicht des Holocaust. Motive, Geschichten, Hintergründe. Berlin: Campus.
Fowler, James H.; Christakis, Nicolas A. (2008): Estimating peer effects on health in social networks. Journal of Health Economics, 25, 5, p. 1400–1405.
Frank, Leonhard (1978): Die Ursache. München: Büchse der Pandora.
Frank, Leonhard (1986): Der Mensch ist gut. Würzburg: Arena.
Frankl, Viktor E. (1975): Theorie und Therapie der Neurosen. München: Reinhardt. (EA 1956)
Frankl, Viktor E. (2005): Trotzdem ja zum Leben sagen. Ein Psychologe erlebt das Konzentrationslager. 25. Auflage, München: dtv. (EA 1947)
Frankl, Viktor E. (1985): Der Mensch vor der Frage nach dem Sinn. München: Piper.
Freud, Sigmund (1976): Der Humor. In: Studienausgabe. Band 4: Psychologische Schriften. Zürich: Ex Libris. (EA 1927)
Freud, Sigmund (1976): Der Witz und seine Beziehung zum Unbewussten. In: Studienausgabe. Band 4: Psychologische Schriften. Zürich: Ex Libris. (EA 1905)
Freud, Sigmund (1976): Studienausgabe. Band 1: Vorlesungen und Neue Folge der Vorlesungen zur Einführung in die Psychoanalyse. Zürich: Ex Libris.
Frick, Jürg (1986): Menschenbild und Kulturauffassung bei Freud und Adler. Zürich: ADAG.
Frick, Jürg (1990): Menschenbild und Erziehungsziel. Pädagogische Theorie und Praxis bei Bertrand Russell. Bern: Haupt.
Frick, Jürg (1993): Nur die Lehrer machen Schule. Plädoyer zur personalen Bedeutung in der Pädagogik. Neue Zürcher Zeitung, 24. Juni, «Bildung und Erziehung», S. 75.

Frick, Jürg (1996): Lebenstüchtig trotz widriger Umstände beim Aufwachsen. Schweizerische Lehrerinnen- und Lehrerzeitung, 12: 56–58.
Frick, Jürg (1998): Warum Großwerden für kleine Kinder so erstrebenswert ist. Kindergarten. Zeitschrift für Vorschulerziehung, 1: 6–7.
Frick, Jürg (1999): Das Ende einer Illusion. Denkanstöße zu Ethik und Pädagogik der Bibel. Neustadt: Lenz
Frick, Jürg (2000): Keine Angst vor der Angst. Kindergarten. Zeitschrift für Vorschulerziehung, 4: 5–7.
Frick, Jürg (2001): Protektive Faktoren in Kindheit und Jugend. In: Psychologie und Erziehung. Zeitschrift der Schweizerischen Vereinigung für Kinder- und Jugendpsychologie, 1: 20–25.
Frick, Jürg (2003): Resilienz – Konsequenzen aus der Forschung für die Praxis. Kindergarten heute. Zeitschrift für Erziehung, 9: 7–13.
Frick, Jürg (2011): Die Droge Verwöhnung. Beispiele, Folgen, Alternativen. 4. Auflage, Bern: Verlag Hans Huber.
Frick, Jürg (2009): Ich mag dich – du nervst mich. Geschwister und ihre Bedeutung für das Leben. 3. Auflage, Bern: Verlag Hans Huber.
Fried, Erich (1987): Liebesgedichte. Berlin: Wagenbach.
Friedman, Meyer; Rosenman, Ray (1974): Type A Behaviour and Your Health. New York: Alfred A. Knopf.
Frischmuth, Barbara (1984): Die Klosterschule. Reinbek: Rowohlt.
Fritsch-Cornaz, Jacqueline: (1990): Kinder haben Rechte – auch bei uns. Die Konvention über die Rechte des Kindes und die Schweiz. Zürich: Schweiz. Komitee für UNICEF.
Fröhlich-Gildhoff, Klaus; Rönnau-Böse, Maike (2009): Resilienz. München: Reinhardt UTB
Fromm, Erich (1978): Die Kunst des Liebens. Frankfurt: Ullstein.
Fromm, Erich (1979): Haben oder Sein. Die seelischen Grundlagen einer neuen Gesellschaft. München: dtv.
Fromm, Erich (1992): Humanismus als reale Utopie. Der Glaube an den Menschen. München: Heyne.
Fromm-Reichmann, Frieda (1959): Intensive Psychotherapie. Stuttgart: Hippokrates.
Fuchs, Rolf (Hrsg.) (2000): Zitate ohne Tabus. Berlin: Frieling.
Fuchs-Brüninghoff, Elisabeth; Gröner, Horst (1999): Zusammenarbeit erfolgreich gestalten. Eine Anleitung mit Praxisbeispielen. München: dtv.
Furmann, Ben (2005): Ich schaffs! Spielerisch und praktisch Lösungen mit Kindern finden. Heidelberg: Carl-Auer-Systeme.
Gehrig, Leo (2003): Die Bedeutung der Lehrkraft in unserer Kontaktwelt. Schulblatt des Kantons Zürich, 9: 562–569.
Geo-Magazin (2006): Die Kraft der Zuversicht. 20 Geschichten, die Hoffnung machen. Geo-Magazin, 10, Oktober 2006.
Geyer, Carl-Friedrich (2000): Epikur. Hamburg: Junius.
Giesenfeld, Günter: Das wunder-volle Märchen der Wirklichkeit. In: Radevagen, Til (Hrsg.) (1989): Zeitmontage: Alte Welt – Neue Welt. Charlie Chaplin. Ein Hauch von Anarchie. Berlin: Elefanten Press, S. 16–23.
Giesecke, Helmut (1997): Die pädagogische Beziehung. Pädagogische Professionalität und die Emanzipation des Kindes. Weinheim: Juventa.

Giger-Bütler, Josef (2003): Sie haben es doch gut gemeint. Depression und Familie. Weinheim: Beltz.
Ginott, Haim (1980): Takt und Taktik im Klassenzimmer. Freiburg: Herder.
Glasl, Friedrich (2000): Konfliktfähigkeit statt Streitlust. Dornach: Goetheanum.
Goldner, Colin (2000): Die Psycho-Szene. Aschaffenburg: Alibri.
Goleman, Daniel (2006): Soziale Intelligenz. Wer auf andere zugeht, hat mehr vom Leben. München: Droemer.
Gontscharow, Iwan (1976): Oblomow. Frankfurt: Insel.
Göppel, Rolf (1999): Bildung als Chance. In: Opp, G. (Hrsg.) (1999): Was Kinder stärkt. Erziehung zwischen Risiko und Resilienz. München: Reinhardt, S. 170–190.
Gordon, Thomas (1979): Familienkonferenz. München: Heyne.
Gordon, Thomas (1980): Lehrer-Schüler-Konferenz. Zürich: Ex Libris.
Gordon, Thomas (1993): Die neue Familienkonferenz. Kinder erziehen ohne zu strafen. Hamburg: Hoffmann und Campe.
Grassi, Ernesto (Hrsg.) (1976): Der utopische Staat. Morus, Campanella, Bacon. Reinbek: Rowohlt.
Grawe, Klaus (1998): Psychologische Therapie. Göttingen: Hogrefe.
Grawe-Gerber, Mariann; Grawe, Klaus (1999): Ressourcenaktivierung. Ein primäres Wirkprinzip der Psychotherapie. Psychotherapeut, 44: 63–73.
Green, Hannah (1982): Ich hab dir nie einen Rosengarten versprochen. Reinbek: Rowohlt.
Greiner, Bernd: Ein Hauch von Anarchie. Der Tramp bei Henry Ford. In: Radevagen, Til (Hrsg.) (1989): Zeitmontage: Alte Welt – Neue Welt. Charlie Chaplin. Ein Hauch von Anarchie. Berlin: Elefanten Press, S. 64–73).
Gröschel, Hans (Hrsg.) (1980): Die Bedeutung der Lehrerpersönlichkeit für Erziehung und Unterricht. München: Ehrenwirth.
Grossmann, Karin; Grossmann, Klaus E. (2004): Bindungen – das Gefüge psychischer Sicherheit. Stuttgart: Klett-Cotta.
Grossmann, Klaus E. (Hrsg.) (1977): Entwicklung der Lernfähigkeit in der sozialen Umwelt. München: Kindler.
Grunder, Hans-Ulrich (Hrsg.) (1996): Utopia. Die Bedeutung von Schule, Unterricht und Lernen in utopischen Konzepten. Hohengehren: Schneider.
Gruntz-Stoll, Johannes (1989): Kinder erziehen Kinder. Sozialisationsprozesse in Kindergruppen. München: Ehrenwirth.
Gruntz-Stoll, Johannes (2001): Ernsthaft humorvoll. Lachen(d) Lernen in Erziehung und Unterricht, Beratung und Therapie. Bad Heilbrunn: Klinkhardt.
Gudjons, Herbert; Pieper, Marianne; Wagener, Birgit (1994): Auf meinen Spuren. Das Entdecken der eigenen Lebensgeschichte. Vorschläge und Übungen für pädagogische Arbeit und Selbsterfahrung. Hamburg: Bergmann und Helbig.
Gutman, Israel; Bender, Sara (Hrsg.) (2005): Lexikon der Gerechten unter den Völkern. Bd. 1: Deutsche und Österreicher. hrsg. v. Daniel Fraenkel. Göttingen: Wallstein.
Häcker, Hartmut; Stapf, Kurt H. (Hrsg.) (2004): Dorsch Psychologisches Wörterbuch. 14. Auflage. Bern: Verlag Hans Huber.
Hagemann, Albrecht (1995): Nelson Mandela. Reinbek: Rowohlt.
Haiden, Christine; Rainer, Petra (2009): Trotzdem. Menschen mit besonderem Lebensmut. St. Pölten: Residenz.

Hampden-Turner, Charles (1993): Modelle des Menschen. Ein Handbuch des menschlichen Bewusstseins. Weinheim: Beltz.
Handlbauer, Bernhard (1984): Die Entstehungsgeschichte der Individualpsychologie Alfred Adlers. Wien: Geyer.
Haqnegar, Nooria (2004): Mein Schatz, die Bücher. In: Scheub, Ute (2004): Friedenstreiberinnen. Elf Mutmachgeschichten aus einer weltweiten Bewegung. Gießen: Haland & Wirth, S. 175–190.
Harris, Thomas (1977): Ich bin o. k., du bist o. k. Reinbek: Rowohlt.
Hascher, Tina (2004): Wohlbefinden in der Schule. Münster: Waxmann.
Haug-Schnabel, Gabriela; Schmid-Steinbrunner, Barbara (2002): Wie man Kinder von Anfang an stark macht. Ratingen: Oberstebrink.
Hausser, Karl (1995): Identitätspsychologie. Berlin: Springer.
Hayden, Torey L. (1984): Sheila. München: dtv.
Hayden, Torey L. (1985): Bo und die anderen. München: dtv.
Hayden, Torey L. (1990): Kein Kind wie alle anderen. München: dtv.
Hehl, Franz-Josef (2005): Humor in Therapie und Beratung. Heidelberg: Asanger.
Helmke, Andreas (2004): Unterrichtsqualität – erfassen, bewerten, verbessern. Selze: Kallmeyersche Verlagsbuchhandlung.
Helvétius, Claude-Adrien (1973): Vom Geist. Berlin: Aufbau. (EA 1758)
Helvétius, Claude-Adrien (1976): Vom Menschen, seinen geistigen Fähigkeiten und seiner Erziehung. Berlin: Aufbau. (EA 1781)
Hentig, Hartmut von (1985): Die Menschen stärken, die Sachen klären. Stuttgart: Reclam.
Hepp, Urs (2006): Trauma und Resilienz: Nicht jedes Trauma traumatisiert. In: Welter-Enderlin, Rosmarie; Hildenbrand, Bruno: Resilienz – Gedeihen trotz widriger Umstände. Heidelberg: Carl Auer, S. 139–157.
Herriger, Norbert (2002): Empowerment in der sozialen Arbeit. Stuttgart: Kohlhammer.
Herzka, Heinz Stefan (2007): Unterwegs im Zwischen. Eine Autobiographie. Frauenfeld: Huber.
Hillert, Andreas (2004): Das Anti-Burnout-Buch für Lehrer. München: Kösel.
Hobmair, Hermann (Hrsg.) (1996): Pädagogik. Köln: Stam.
Hobmair, Hermann (Hrsg.) (1998): Psychologie. Köln: Stam.
Hofer, Manfred; Wild, Elke; Noack, Peter (2002): Lehrbuch Familienbeziehungen. Eltern und Kinder in der Entwicklung. Göttingen: Hogrefe.
Hoffmann, Edward (1997): Alfred Adler. Ein Leben für die Individualpsychologie. München: Reinhardt.
Holtbernd, Thomas (2002): Der Humorfaktor. Mit Lachen und Humor das Leben erfolgreich meistern. Paderborn: Junfermann.
Honegger, Arthur (1981): Der Ehemalige. Zürich: Ex Libris.
Honegger, Arthur (1982): Die Fertigmacher. München: dtv.
Horney, Karen (1996): Selbstanalyse. Frankfurt: Fischer.
Hossenfelder, Malte (1998): Epikur. München: Beck.
House, James; Landis K. R.; Umberson, D. (1988): Social relationships and health. Science 29 July, 241 (4865): 540–545.
Hubble, Mark A.; Duncan, Barry L.; Miller, Scott D. (Hrsg.) (2001): So wirkt Psychotherapie. Empirische Ergebnisse und praktische Folgerungen. Dortmund: Verlag modernes Lernen.

Hubert, Christiane (2003): Auf Schatzsuche – ein Interview. In: Schemmel, H.; Schaller, J. (Hrsg.): Ressourcen. Tübingen: Dgvt, S. 395–405.
Hug, Heinz (1989): Kropotkin. Hamburg: Edition Soak im Junius Verlag.
Hugo-Becker, Annegret; Becker, Henning (2000): Psychologisches Konfliktmanagement. Menschenkenntnis, Konfliktfähigkeit, Kooperation. München: dtv.
Hüther, Gerald (2002): Biologie der Angst. Wie aus Stress Gefühle werden. Göttingen: Vandenhoeck & Ruprecht.
Innerhofer, Franz (1980): Schöne Tage. Zürich: Ex Libris.
Jauch, Ursula Pia (1998): Jenseits der Maschine. Philosophie, Ironie und Ästhetik bei Julien Offray de La Mettrie. München: Hanser.
Jegge, Jürg (1976): Dummheit ist lernbar. Erfahrungen mit «Schulversagern». Bern: Zytglogge.
Jegge, Jürg (1979): Angst macht krumm. Erziehen oder Zahnrädchenschleifen. Bern: Zytglogge.
Jegge, Jürg (2009): Fit und fertig. Gegen das Kaputtsparen von Menschen und für eine offene Zukunft. Zürich: Limmat.
Jollien, Alexandre (2001): Lob der Schwachheit. Zürich: Pendo. (EA: Éloge de la faiblesse 1999)
Juul, Jesper (2000): Grenzen, Nähe, Respekt. Reinbek: Rowohlt.
Juul, Jesper (2004): Das kompetente Kind. Reinbek: Rowohlt.
Kästner, Erich (2004): Werke. Hrsg. v. Franz Josef Görtz. 9 Bde. München: dtv.
Kafka, Franz (1973): Sämtliche Erzählungen. Frankfurt: Fischer.
Kafka, Franz (1984): Brief an den Vater. Frankfurt: Fischer. [geschrieben 1919]
Kafka, Franz (1987): Der Prozess. Leipzig: Reclam (EA posthum 1925; Niederschrift 1914/15)
Kahawatte, Saliya (2009): Mein Blind Date mit dem Leben. Frankfurt: Eichborn.
Kahl, Joachim (2005): Weltlicher Humanismus. Eine Philosophie für unsere Zeit. Münster: Lit.
Kaimer, Peter (2003): Story-Dealer – ein Vorschlag zur Selbstbeschreibung von PsychotherapeutInnen. In: Schemmel, Heike; Schaller, Johannes (Hrsg.) (2003): Ressourcen. Ein Hand- und Lesebuch zur therapeutischen Arbeit. Tübingen: Dgvt, S. 61–79.
Kanitscheider, Bernulf (1995): Auf der Suche nach dem Sinn. Frankfurt: Insel.
Karabatziakis, Vassilis (1983): Menschenbild und Pädagogik. Zum Zusammenhang von Menschenbild und Pädagogik in der Individualpsychologie Alfred Adlers. Zürich: ADAG.
Keller, Heidi (Hrsg.) (1999): Lehrbuch Entwicklungspsychologie. Bern: Verlag Hans Huber.
Keller, Helen (1955): Geschichte meines Lebens. Autobiographischer Roman. Bern: Scherz. (EA: The Story of My Life 1903)
Keller, Helen (2003): Meine Welt. Autobiographischer Roman. Löhrbach: Die Grüne Kraft, Piepers MedienXperimente Werner Pieper. (EA: The World I Live in 1908)
Keller, Josef A.; Novak, Felix (1993): Kleines pädagogisches Wörterbuch. Freiburg: Herder.
Kennerley, Helen (2003): Schatten über der Kindheit. Wie sich psychische Traumata auswirken und wie man sie bewältigt. Bern: Verlag Hans Huber.
Keupp, Heiner (2003): Ressourcen als gesellschaftlich ungleich verteiltes Handlungspotential. In: Schemmel, Heike; Schaller, Johannes (Hrsg.) (2003): Ressourcen.

Ein Hand- und Lesebuch zur therapeutischen Arbeit. Tübingen: Dgvt, S. 555–573.

Kirchberger, J. H. (Hrsg.) (1979): Das große Zitatenbuch. Zürich: Ex Libris.

Kirchmayr, Alfred (2006): Witz und Humor. Vitamine einer erotischen Kunst. Wien-Klosterneuburg: Edition Vabene.

Kittel, Gerhard (2003): Humor in der Medizin. In: Titze, M.; Eschenröder, C. (2003): Therapeutischer Humor. Frankfurt: Fischer, S. 138–146.

Klein, Stefan (2003): Die Glücksformel oder wie die guten Gefühle entstehen. Frankfurt: Fischer.

Klein, Stefan (2010): Der Sinn des Gebens. Warum Selbstlosigkeit in der Evolution siegt und wir mit Egoismus nicht weiterkommen. Frankfurt: Fischer.

Klemenz, Bodo (2003a): Multimodale Ressourcendiagnostik in Erziehungs- und Familienberatung. Psychologie in Erziehung und Unterricht, 3: 294–309.

Klemenz, Bodo (2003b): Ressourcenorientierte Diagnostik und Intervention bei Kindern und Jugendlichen. Tübingen: Dgvt.

Knigge, Adolph Freiherr von (1991): Über den Umgang mit Menschen. Berlin: Treptower. (EA 1788)

Kobasa, Suzanne C. (1982): The Hardy Personality: Toward a social psychology of stress and health. In: Sanders, Glenn S.; Suls, Jerry (eds.): Social Psychology of Health and Illness. Hillsdale: Erlbaum.

Kobasa, Suzanne C. (1979): Stressful Life Events, Personality and Health. Journal of Personality and Social Psychology, 37: 1–11.

Koennerth, Tania; Bunse, Rolf (2006): Zum Glück Optimist. Leben ist, was wir daraus machen. Freiburg: Herder.
(Treffende Illustrationen zu diversen kurzen Themen und Texten)

Kohn, Alfie (1989): Mit vereinten Kräften. Warum Kooperation der Konkurrenz überlegen ist. Weinheim: Beltz.

Kohnstamm, Rita (1988): Praktische Psychologie des Schulkindes. Bern: Verlag Hans Huber.

Kohnstamm, Rita (1999): Praktische Psychologie des Jugendalters. Bern: Verlag Hans Huber.

Kohnstamm, Rita (2000): Praktische Kinderpsychologie. Die ersten 7 Jahre. Eine Einführung für Eltern, Erzieher und Lehrer. Bern: Verlag Hans Huber.

Korczak, Janusz (1967): Wie man ein Kind lieben soll. Göttingen: Vandenhoeck und Ruprecht.

Korzybski, Alfred (1951): The role of language in the perceptual process. In: Blake, R. R. & Ramsey, G. V. (Eds.): Perception: An Approach to Personality. New York: Ronald Press, S. 170–205. Zitiert nach: Ellis, Albert; Hoellen, Burkhard (2004): Die Rational-Emotive Verhaltenstherapie. Reflexionen und Neubestimmungen. München: Pfeiffer bei Klett-Cotta.

Kramis-Aebischer, Kathrin (1995): Stress, Belastungen und Belastungsverarbeitung im Lehrberuf. Bern: Haupt.

Krapp, Andreas; Weidmann, Bernd (Hrsg.) (2001): Pädagogische Psychologie. Weinheim: Beltz.

Krause, Christina; Wiesmann, Ulrich; Hannich, Hans-Joachim (2004): Subjektive Befindlichkeit und Selbstwertgefühl von Grundschulkindern. Lengerich: Pabst Science Publishers.

Kriz, Jürgen (2001): Grundkonzepte der Psychotherapie. Weinheim: Beltz.

Krohne, Heinz Walter; Hock, Michael (1994): Elterliche Erziehung und Angstentwicklung des Kindes. Untersuchungen über die Entwicklungsbedingungen von Ängstlichkeit und Angstbewältigung. Bern: Verlag Hans Huber.

Kropotkin, Peter (1975): Gegenseitige Hilfe in der Tier- und Menschenwelt. Berlin: Kramer. (EA 1902)

Kühne-Kamm, Pia; Kamm, Bernhard (2003): Persönlichkeitsentwicklung für Lehrer. Das Sesam-Konzept. Donauwörth: Auer.

Kuiper, Piet C. (1991): Seelenfinsternis. Die Depression eines Psychiaters. Frankfurt: Fischer.

Kuntsche, Emmanuel N.; Reitzle, M.; Silbereisen, R. K. (2003): Elterliches Erziehungsverhalten, Autonomiebestrebungen und Selbstabwertung im Jugendalter. Psychologie in Erziehung und Unterricht, 2: 143–151.

Lackner, Stephan (1982): Die friedfertige Natur. Symbiose statt Kampf. München: Kösel.

La Mettrie, Julien Offray de (1984): Der Mensch eine Maschine. Leipzig: Reclam. (EA 1747)

La Mettrie, Julien Offray de (1985): Über das Glück oder das höchste Gut («Anti-Seneca»). Hrsg.: Bernd A. Laska. Nürnberg: LSR (EA 1748).

La Mettrie, Julien Offray de (1987 a): Die Kunst, Wollust zu empfinden. Hrsg.: Bernd A. Laska. Nürnberg: LSR (EA 1751).

La Mettrie, Julien Offray de (1987 b): Philosophie und Politik. Hrsg.: Bernd A. Laska. Nürnberg: LSR (EA 1751 ff.).

Landolt, Markus A. (2004): Psychotraumatologie des Kindesalters. Göttingen: Hogrefe.

Largo, Remo (1993): Babyjahre. Hamburg: Carlsen.

Largo, Remo (1999): Kinderjahre. München: Piper.

Laskowski, Annemarie (2000): Was den Menschen antreibt. Entstehung und Beeinflussung des Selbstkonzeptes. Frankfurt: Campus.

Lattmann, Urs Peter; Rüedi, Jürg (2003): Stress- und Selbstmanagement. Ressourcen fördern. Aarau: Sauerländer.

Lazarus, Arnold A.; Lazarus, Clifford N.; Fay, Allen (2001): Fallstricke des Lebens. Vierzig Regeln, die das Leben zur Hölle machen und wie wir sie überwinden. München: dtv.

Le Goff, Jacques (1999): Lachen im Mittelalter. In: Bremmer, Jan; Roodenburg, Herman (Hrsg.) (1999): Kulturgeschichte des Humors. Von der Antike bis heute. Darmstadt: Primus, S. 43–56.

Leakey, Richard (1981): Die Suche nach dem Menschen. Wie wir wurden, was wir sind. Frankfurt. Umschau

Leakey, Richard; Lewin, Roger (1978): Wie der Mensch zum Menschen wurde. Neue Erkenntnisse über den Ursprung und die Zukunft des Menschen. Hamburg: Hoffmann und Campe.

Lefcourt, H. M.; Davidson-Katz, K.; Kueneman, K. (1990): Humor and immune system functioning. International Journal of Humor Research, 3: 305–321.

Lenz, Albert; Stark, Wolfgang (Hrsg.) (2002): Empowerment. Neue Perspektiven für psychosoziale Arbeit und Organisationen. Tübingen: Dgvt.

Lenzen, Dieter (Hrsg.) (1989): Pädagogische Grundbegriffe. 2 Bände. Reinbek: Rowohlt.

Levi, Primo (1988): Ist das ein Mensch? Die Atempause. Doppelband. München: Hanser.
Levi, Primo (1990): Die Untergegangenen und die Geretteten. München: Hanser. (EA: I sommersi e i salvati 1986)
Lewin, Kurt (1935): A Dynamic Theory of Personality: Selected Papers. New York: McGraw-Hill.
Lewin, Kurt (1946): Verhalten und Entwicklung als Funktion der Gesamtsituation. In: Lewin, K. (Hrsg.) (1946): Feldtheorie in den Sozialwissenschaften. Bern: Verlag Hans Huber, S. 271–329.
Lorenz, Rüdiger (2004): Salutogenese. Grundwissen für Psychologen, Mediziner, Gesundheits- und Pflegewissenschaftler. München: Reinhardt.
Lösel, Friedrich (2005): Resilienz in Kindes- und Jugendalter. Vortrag gehalten am 11. Februar 2005 am Resilienz-Kongress in Zürich, CD-ROM.
[Bezugsquellen beim Autor (Lösel) oder beim Ausbildungsinstitut für systemische Therapie und Beratung, Dorfstr. 78, CH-8706 Meilen, 0041 (0)44 923 03 20, http://ausbildungsinstitut.ch]
Lösel, Friedrich; Bender, Doris (1994): Lebenstüchtig trotz schwieriger Kindheit. Psychoscope, 7: 14–17.
Luhmann, Niklas (1989): Vertrauen. Stuttgart: Enke. (EA 1968)
Lukesch, Helmuth (1975): Auswirkungen elterlicher Erziehungsstile. Stuttgart: Kohlhammer
Luks, Allan; Payne, Peggy (1998): Der Mehrwert des Guten. Wenn Helfen zur heilenden Kraft wird. Freiburg: Herder
Lusseyran, Jacques (2004): Das wiedergefundene Licht. Die Lebensgeschichte eines Blinden im französischen Widerstand. München: dtv. (Amerik. EA 1963)
Maguire, Eleanor A.; Gadian, David G.; Johnsrude, Ingrid S.; Good, Catriona D.; Ashburner, John; Frackowiak, Richard S. J.; Frith, Christopher D. (2000): Navigation-related structural change in the hippocampi of taxi drivers. PNAS 97: 4398–4403.
Maier-Hauser, Heidi (2000): Lieben – ermutigen – loslassen. Erziehen nach Montessori. Weinheim: Beltz.
Mandela, Nelson (1997): Der lange Weg zur Freiheit. Autobiografie. Frankfurt: Fischer.
Mann, Heinrich (1980): Professor Unrat. Berlin: Aufbau. (EA 1905)
Mann, Thomas (2005): Buddenbrooks. Frankfurt a. Main: Fischer. (EA 1901)
Marcuse, Ludwig (1972): Philosophie des Glücks. Von Hiob bis Freud. Zürich: Diogenes.
Martin, Rod A. (1989): Humor and the mastery of living: using humor to cope with the daily stresses of growing up. In: McGhee, Paul E. (ed.) (1989): Humor and Childrens Development. New York: The Haworth Press.
Martin, Rod A. (1995): De-stressing with humor. Humor and Health Letter, 4 (2): 1–6.
Martin-Brunnschweiler, Regina (2004): Die Entwicklung eines Sehbehinderten aus individualpsychologischer Sicht. Zeitschrift für Individualpsychologie, 3: 225–246.
Mauthner, Fritz (1989): Der Atheismus und seine Geschichte im Abendlande. 4 Bände. Frankfurt: Eichborn. (EA 1920–1923)

McKay, Matthew; Fanning, Patrick (2004): Selbstachtung. Das Herz einer gesunden Persönlichkeit. Paderborn: Junfermann.
Memmi, Albert (1996): Anleitungen zum Glücklichsein. Hamburg: Europäische Verlagsanstalt.
Memmi, Albert (1999): Das kleine Glück. Zweiundfünfzig Betrachtungen. Frankfurt: Insel.
Meyer, Wulf-Uwe (2000): Gelernte Hilflosigkeit. Grundlagen und Anwendungen in Schule und Unterricht. Bern: Verlag Hans Huber.
Mietzel, Gerd (1998): Wege in die Entwicklungspsychologie. Band 2: Erwachsenenalter und Lebensende. Weinheim: Beltz.
Mietzel, Gerd (2002): Wege in die Entwicklungspsychologie. Band 1: Kindheit und Jugend. 4. Auflage, Weinheim: Beltz.
Miller, Alice (1980): Am Anfang war Erziehung. Frankfurt: Suhrkamp.
Miller, Reinhold (2005): 99 Schritte zum professionellen Lehrer. Erfahrungen, Impulse, Empfehlungen. Seelze: Kallmeyer.
Minois, Georges (1998): Geschichte der Zukunft. Orakel, Prophezeiungen, Utopien, Prognosen. Düsseldorf: Artemis & Winkler.
Minuchin, Salvador (1997): Familie und Familientherapie. Freiburg: Lambertus.
Missildine, W. Hugh (1990): In dir lebt das Kind, das du warst. Stuttgart: Klett-Cotta.
Mogel, Hans (2004): Gelassenheit. In: Auhagen, Ann Elisabeth (Hrsg.) (2004): Positive Psychologie. Anleitung zum «besseren» Leben. Weinheim: Beltz, S. 52–66.
Momdshian, C. N. (1959): Helvétius. Ein streitbarer Atheist des 18. Jahrhunderts. Berlin: VEB Deutscher Verlag der Wissenschaften.
Montaigne, Michel de (2000): Essais. 3 Bände. Nach der Gesamtübersetzung von Hans Stilett. Frankfurt: Eichborn. (EA: Essais, 1580–1588)
Mosak, Harold H.; Maniacci, Michael P. (1999): Beratung und Psychotherapie. Die Kunst, im richtigen Moment das Richtige zu tun. Sinntal: RDI Verlag.
Mussen, Paul H.; Conger, John J.; Kagan, Jerome. (1998): Lehrbuch der Kinderpsychologie. 2 Bände. Stuttgart: Klett-Cotta.
Mutzeck, Wolfgang (2002): Kooperative Beratung. Grundlagen und Methoden der Beratung und Supervision im Berufsalltag. Weinheim: Beltz.
Nesin, Aziz (1996): Ein Verrückter auf dem Dach. Meistersatiren aus fünfzig Jahren. München: C. H. Beck.
Nestmann, Frank; Engel, Frank; Sickendiek, Ursel (Hrsg.) (2004a): Das Handbuch der Beratung. Band 1: Disziplinen und Zugänge. Göttingen: Dgvt.
Nestmann, Frank; Engel, Frank; Sickendiek, Ursel (Hrsg.) (2004b): Das Handbuch der Beratung. Band 2: Ansätze, Methoden und Felder. Göttingen: Dgvt.
Neuenschwander, Markus P. (2003): Belastungen und Ressourcen bei Burnout von Lehrkräften der Sekundarstufe I und II. Psychologie in Erziehung und Unterricht, 2: 210–219.
Nevermann, Christiane; Reicher, Hannelore (2009): Depressionen im Kindes- und Jugendalter. München: Beck.
Nicolay, Lucien (2004): Individualpsychologische Psychagogik. Zeitschrift für Individualpsychologie, 3: 196–224.
Nissen, Gerhardt (2002): Seelische Störungen bei Kindern und Jugendlichen. Altersund entwicklungsabhängige Symptomatik und ihre Behandlung. Stuttgart: Klett-Cotta.

Nöllke, Matthias (2005): Schlagfertigkeit. Gräfelfing: Haufe.

Nuber, Ursula (1995): Der Mythos vom frühen Trauma. Über Macht und Einfluss der Erziehung. Frankfurt: Fischer.

Nuber, Ursula (2005): Resilienz: Immun gegen das Schicksal? Psychologie heute, 9: 20–24.

Oerter, Rolf; Montada, Leo (Hrsg.) (2002): Entwicklungspsychologie. München: Beltz Psychologie Verlags Union.

Opp, Günther; Fingerle, Michael; Freytag, Andreas (Hrsg.) (1999): Was Kinder stärkt. Erziehung zwischen Risiko und Resilienz. München: Reinhardt.

Orgler, Herta (1974): Alfred Adler – Triumph über den Minderwertigkeitskomplex. München: Kindler.

Owen, Robert (1988): Das soziale System. Ausgewählte Schriften. Leipzig: Reclam.

Pallasch, Waldemar (1995): Pädagogisches Gesprächstraining. Lern- und Trainingsprogramm zur Vermittlung therapeutischer Gesprächs- und Beratungskompetenz. München: Juventa.

Pallasch, Waldemar (1997): Supervision. Neue Formen beruflicher Praxisbegleitung in pädagogischen Arbeitsfeldern. München: Juventa.

Pawlowski, Klaus; Riebensahm, Hans (1998): Konstruktiv Gespräche führen. Reinbek: Rowohlt.

Pearson, Richard E. (1997): Beratung und soziale Netzwerke. Eine Lern- und Praxisanleitung zur Förderung sozialer Unterstützung. Weinheim: Beltz.

Peltzer, Karl; von Normann, Reinhard (1985): Das treffende Zitat. Thun: Ott.

Pennac, Daniel (2009): Schulkummer. Köln: Kiepenheuer & Witsch.

Perleth, Christoph; Ziegler, Albert (1999): Pädagogische Psychologie. Grundlagen und Anwendungsfelder. Bern: Verlag Hans Huber.

Peseschkian, Nossrat (1977): Positive Psychotherapie. Theorie und Praxis. Frankfurt: Fischer.

Peseschkian, Nossrat (2004): Wenn du willst, was du noch nie gehabt hast, dann tu, was du noch nie getan hast. Augsburg: Weltbild.

Petermann, Franz (Hrsg.) (1996a): Lehrbuch der Klinischen Kinderpsychologie. Modelle psychischer Störungen im Kindes- und Jugendalter. Göttingen: Hogrefe.

Petermann, Franz (1996b): Psychologie des Vertrauens. Göttingen: Hogrefe.

Petermann, Franz (Hrsg.) (2000): Risiken frühkindlicher Entwicklung. Göttingen: Hogrefe.

Petermann, Franz; Niebank, Kay; Scheithauer, Herbert (2004): Entwicklungswissenschaft. Entwicklungspsychologie – Genetik – Neuropsychologie. Heidelberg: Springer.

Petzold, Hilarion (Hrsg.) (1993): Frühe Schädigungen – späte Folgen? Psychotherapie und Babyforschung. Band 1. Paderborn: Junfermann.

Pommerenke, Ulrich (2007): Ich kanns – ich machs. Persönlichkeitsentwicklung im Erzieherinnenberuf. Berlin: Cornelsen.

Popper, Karl (1996): Alles Leben ist Problemlösen. Über Erkenntnis, Geschichte und Politik. München: Piper

Potreck-Rose, Friederike; Jacob, Gitta (2003): Selbstzuwendung, Selbstakzeptanz, Selbstvertrauen. Psychotherapeutische Interventionen zum Aufbau von Selbstwertgefühl. Stuttgart: Pfeiffer bei Klett-Cotta.

Rabelais, François (1976): Gargantua und Pantagruel. Frankfurt: Insel (EA 1532)

Radevagen, Til (Hrsg.) (1989): Zeitmontage: Alte Welt – Neue Welt. Charlie Chaplin. Ein Hauch von Anarchie. Berlin: Elefanten Press.
Rahm, Dorothea (2004): Gelassenheit. In: Auhagen, Ann Elisabeth (Hrsg.) (2004): Positive Psychologie. Anleitung zum «besseren» Leben. Weinheim: Beltz, S. 33–51.
Rahm, Dorothea; Hilka, Otte; Bosse, Susanne; Ruhe-Hollenbach, Hannelore (1999): Einführung in die Integrative Therapie. Grundlagen und Praxis. Paderborn: Junfermann.
Rampe, Micheline (2005): Der R-Faktor. Das Geheimnis unserer inneren Stärken. München: Knaur.
Rattner, Josef (1964): Kafka und das Vaterproblem. Ein Beitrag zum tiefenpsychologischen Problem der Kindererziehung. München: Reinhardt.
Rattner, Josef (1969): Psychologie der zwischenmenschlichen Beziehungen. Eine Einführung in die neopsychoanalytische Sozialpsychologie von H. S. Sullivan. Zürich: Ex Libris.
Rattner, Josef (1972): Alfred Adler. Reinbek: Rowohlt.
Rattner, Josef (1979): Pioniere der Tiefenpsychologie. Wien: Europa.
Rattner, Josef (1981): Der Weg zum Menschen. Wien: Europa.
Rattner, Josef (1988): Was ist Tugend? Was ist Laster? Tiefenpsychologie und Psychotherapie als angewandte Ethik. München: Kniesebeck und Schuler.
Reddemann, Luise (2001): Imagination als heilende Kraft. Zur Behandlung von Traumafolgen mit ressourcenorientierten Verfahren. Stuttgart: Pfeiffer bei Klett-Cotta.
Reinelt, Toni; Bogy, Gertrude; Schuch, Bibiana (Hrsg.) (1997): Lehrbuch der Kinderpsychotherapie. München: Reinhardt.
Reiss, David (1981): The Familys Construction of Reality. Cambridge, Mas.: Harvard University Press.
Remschmidt, Helmut (Hrsg.) (1997): Psychotherapie im Kindes- und Jugendalter. Stuttgart: Thieme.
Resch, Franz; Parzer, Peter; Brunner, Romuald, M.; Haffner, Johanni; Koch, Eginhard; Oelkers, Rieke; Schuch, Bibiana; Strehlow, Ulrich (1999): Entwicklungspsychopathologie des Kindes- und Jugendalters. Weinheim: Beltz Psychologie Verlags Union.
Resick, Patricia A. (2003): Stress und Trauma. Grundlagen der Psychotraumatologie. Bern: Verlag Hans Huber.
Rhode, Rudi; Meis, Sabine M.; Bongartz, Ralf (2003): Angriff ist die schlechteste Verteidigung. Der Weg zur kooperativen Konfliktbewältigung. Paderborn: Junfermann.
Richter, Horst-Eberhard (1985): Eltern, Kind und Neurose. Reinbek: Rowohlt.
Richter, Horst-Eberhard (1992): Patient Familie. Entstehung, Struktur und Therapie von Konflikten in Ehe und Familie. Reinbek: Rowohlt. (EA 1970)
Ridley, Matt (1997): Die Biologie der Tugend. Warum es sich lohnt, gut zu sein. Berlin: Ullstein.
Ritscher, Hans (1983): Die Rollenfunktion des Lehrers. In: Dieterich, R. et al. (1983): Psychologie der Lehrerpersönlichkeit. München: Reinhardt, S. 76–109.
Robinson, David (1989): Chaplin. Sein Leben. Seine Kunst. Zürich: Diogenes.
Röder, Brigitte (2005): Worin sind Blinde Sehenden überlegen? Psychologie heute, 5: 44–45.

Röder, Brigitte; Rösler, Frank (2004): Kompensatorische Plastizität bei blinden Menschen. Zeitschrift für Neuropsychologie, 15/4: 243-264.
Rogers, Carl (1972): Die nicht-direktive Beratung. München: Kindler.
Rogers, Carl (1973): Die klient-bezogene Gesprächspsychotherapie. München: Kindler. (EA 1951)
Rogers, Carl (1977): Die Kraft des Guten – ein Appell zur Selbstverwirklichung. München: Kindler.
Rogers, Carl (1974): Lernen in Freiheit. Zur Bildungsreform in Schule und Universität. München: Kösel.
Rogers, Carl (1988): Entwicklung der Persönlichkeit. Stuttgart: Klett-Cotta.
Rogge, Jan-Uwe (1997): Kinder brauchen Grenzen. Reinbek: Rowohlt.
Rogge, Jan-Uwe (1997): Kinder haben Ängste. Reinbek: Rowohlt.
Rohner, Koni (2002): Das Verständnis-Prinzip. Zürich: Beobachter-Buchverlag.
Ronner, Markus M. (1974): Die treffende Pointe. Thun: Ott.
Rosenberg, Marschall B. (2005): Gewaltfreie Kommunikation. Eine Sprache des Lebens. Paderborn: Junfermann.
Rosenkranz, M. A.; Jackson, D. C.; Dalton, K. M.; Dolski, I.; Singer, B. H.; Muller, D.; Kalin, N. H.; Davidson, R. J. (2003): Affective style and in vivo immune response: Neurobehavioral mechanisms. Proceedings of the National Academy of Sciences of the United States of America, 100: 11148-11152.
Rosenthal, Robert; Jacobson, Lenore (1968): Pygmalion in the Classroom: Teacher Expectation and Pupils Intellectual Development. New York: Holt, Rinehart & Winston.
Rost, Detlev (Hrsg.) (1999): Handwörterbuch Pädagogische Psychologie. Weinheim: Beltz Psychologie Verlags Union.
Roth, Gerhard (1997): Das Gehirn und seine Wirklichkeit. Kognitive Neurobiologie und ihre philosophischen Konsequenzen. Frankfurt: Suhrkamp.
Roth, Gerhard (2003): Fühlen, Denken, Handeln. Wie das Gehirn unser Verhalten steuert. Frankfurt: Suhrkamp.
Rothschild, Berthold (2005): Was ist wirklich wichtig im Leben? Das Magazin, Zürich, 51/52: 44.
Rotton, J.; Shats, M. (1996): Effects of state humor, expectancies and choice on postsurgical mood and self-medication: A field experiment. Journal of Applied Social Psychology, 26: 1775-1794.
Rübel, Alex (2005): Mensch und Tier. Zürich: Vontobel.
Rudow, Bernd (1994): Die Arbeit des Lehrers: Zur Psychologie der Lehrertätigkeit, Lehrerbelastung und Lehrergesundheit. Bern: Verlag Hans Huber.
Rüedi, Jürg (1995): Einführung in die individualpsychologische Pädagogik. Bern: Haupt.
Rüedi, Jürg (2002): Disziplin in der Schule. Plädoyer für ein antinomisches Verständnis von Disziplin und Klassenführung. Bern: Haupt.
Rüedi, Jürg (2005): Qualitätsmerkmale für guten Unterricht in der Lehrerinnen- und Lehrerbildung. Posterbeitrag zum Jahreskongress der SGL vom 10./11. März 2005 in Luzern.
Rüesch, Ernst (1983): Das Bild vom Lehrer und die Lehrerbildung. Persönlichkeit wichtiger als Schulstrukturen. Neue Zürcher Zeitung, Nr. 152, 2./3. Juli: 33.
Ruhe, Hans Georg (1998): Methoden der Biographiearbeit. Lebensgeschichte in Therapie, Altershilfe und Erwachsenenbildung. Weinheim: Beltz.

Russell, Bertrand (1930): Wissen und Wahn. Skeptische Essays. München: Drei Masken. (EA 1928)
Russell, Bertrand (1951): Die Eroberung des Glücks. Neue Wege zu einer besseren Lebensgestaltung. Darmstadt: Holle. (EA 1930)
Russell, Bertrand (1973): Unpopuläre Betrachtungen. Zürich: Europa (EA 1950)
Russell, Bertrand (1974): Autobiographie. Band 1. Frankfurt: Suhrkamp. (EA 1967)
Russell, Bertrand (1978): Autobiographie. Band 2. Frankfurt: Suhrkamp. (EA 1968)
Russell, Bertrand (1979): Autobiographie. Band 3. Frankfurt: Suhrkamp. (EA 1969)
Russell, Bertrand (1976): Bertrand Russell sagt seine Meinung. Darmstadt: Darmstädter Blätter. (EA 1960)
Russell, Bertrand (1984): Ehe und Moral. Darmstadt: Darmstädter Blätter. (EA 1929)
Russell, Bertrand (1989): Lob des Müßiggangs und andere Essays. Zürich: Diogenes. (EA 1935)
Rutschky, Katharina (1977): Schwarze Pädagogik. Quellen zur Naturgeschichte der bürgerlichen Erziehung. Berlin: Ullstein.
Rutschky, Katharina (1983): Deutsche Kinderchronik. Wunsch- und Schreckensbilder aus vier Jahrhunderten. Köln: Kiepenheuer und Witsch.
Salisch, Maria von (2002): Emotionale Kompetenz entwickeln. Grundlagen in Kindheit und Jugend. Stuttgart: Kohlhammer.
Sander, Klaus (1999): Personenzentrierte Beratung. Weinheim: Beltz.
Sartre, Jean-Paul (1976): Die Wörter. Reinbek: Rowohlt. (EA: Les mots 1964)
Satow, Lars; Schwarzer, Rolf (2003): Entwicklung schulischer und sozialer Selbstwirksamkeitserwartung. Psychologie in Erziehung und Unterricht, 2: 168–181.
Schaare, Jochen (2003): Von der Illusion zur Realität. Beiträge zu einer Philosophie der Aufklärung, des Realismus und der Lebenskunst. Neustadt: Lenz.
Schatzmann, Morton (1978): Die Angst vor dem Vater. Langzeitwirkungen einer Erziehungsmethode. Eine Analyse am Fall Schreber. Hamburg: Rowohlt.
Schaub, Horst; Zenke, Karl G. (2000): Wörterbuch Pädagogik. München: dtv.
Schauerle, Claudia A. et al. (2003): Familien mit Jugendlichen. Familiäre Unterstützungsbeziehungen und Familientypen. Psychologie in Erziehung und Unterricht, 2: 129–142.
Scheich, Günter (1997): Positives Denken macht krank. Vom Schwindel mit gefährlichen Heilsversprechen. Frankfurt: Eichborn.
Scheier, Michael. F.; Matthews, K. A.; Owens, J. F.; McGovern, G. J., Sr.; Lefebvre, R. C.; Abbott, R. A.; Carver, C. S. (1989): Dispositional optimism and recovery from coronary artery bypass surgery: The beneficial effects on physical and psychological well-being. Journal of Personality and Social Psychology, 57: 1024–1040.
Scheier, Michael F.; Carver, C. S. (1987): Dispositional optimism and physical well-being: the influence of generalized outcome expectancies on health. Journal of Personality, 55: 169–210.
Schemmel, Heike; Schaller, Johannes (Hrsg.) (2003): Ressourcen. Ein Hand- und Lesebuch zur therapeutischen Arbeit. Tübingen: Dgvt.
Schernus, Renate (2007): Ist jeder seines eigenen Glückes Schmied? Ein Plädoyer gegen die Tyrannei des Gelingens. Pro Mente Sana aktuell, 4, S. 13–15.
Scheub, Ute (2004): Friedenstreiberinnen. Elf Mutmachgeschichten aus einer weltweiten Bewegung. Gießen: Haland & Wirth.

Schleichert, Hubert (1997): Wie man mit Fundamentalisten diskutiert, ohne den Verstand zu verlieren. Anleitung zum subversiven Denken. München: C. H. Beck.

Schlippe, Arist von; Schweitzer, Jochen (1997): Lehrbuch der systemischen Therapie und Beratung. 4. Auflage, Göttingen: Vandenhoeck und Ruprecht.

Schmalohr, Emil (1986): Den Kindern das Leben zutrauen. Seelische Gesundheit in Lebensereignissen. Frankfurt: Fischer.

Schmid, Wilhelm (1998): Philosophie der Lebenskunst. Frankfurt: Suhrkamp.

Schmid, Wilhelm (2004): Mit sich selbst befreundet sein. Von der Lebenskunst im Umgang mit sich selbst. Frankfurt: Suhrkamp.

Schmid, Wilhelm (2005 a): Die Kunst der Balance. 100 Facetten der Lebenskunst. Frankfurt: Insel.

Schmid, Wilhelm (2005 b): Schönes Leben. Einführung in die Lebenskunst. Frankfurt: Suhrkamp.

Schmid, Wilhelm (2009): Wie viel Vertrauen brauchen wir? In: Psychologie heute, 6, S. 20–24.

Schmidbauer, Wolfgang (1977). Die hilflosen Helfer. Über die seelische Problematik helfender Berufe. Reinbek: Rowohlt.

Schmidbauer, Wolfgang (2001): Lexikon Psychologie. Reinbek: Rowohlt.

Schmidt-Denter, Ulrich (2005): Soziale Beziehungen im Lebenslauf. München: Beltz Psychologie Verlags Union.

Schmidt-Salomon, Michael (2005): Manifest des evolutionären Humanismus. Plädoyer für eine zeitgemäße Leitkultur. Aschaffenburg. Alibri.

Schneewind, Klaus A. (1999): Familienpsychologie. Stuttgart: Kohlhammer.

Schneewind, Klaus A.; Herrmann, Theo (Hrsg.) (1980): Erziehungsstilforschung. Bern: Verlag Hans Huber.

Schneider, Wolfgang (2005): Anleitung zum Faulsein. Eine Enzyklopädie. München: Piper.

Schoenaker, Antonia; Schoenaker, Theo (1993): Die neue Partnerschaft. Das Gleichgewicht zwischen Nähe und Distanz gewinnen. München: Goldmann.

Schoenaker, Theo (1996): Mut tut gut. Das Encouraging-Schoenaker-Training. Stuttgart: Medias.

Schoenaker, Theo (2003): Worauf wartest du noch? Selbstbewusst in der Partnerschaft. Sinntal-Züntersbach: RDI Verlag.

Schoenaker, Theo; Seitzer, Julitta; Wichtmann, Gerda (1995): So macht mir mein Beruf wieder Spaß. Ein Selbsthilfebuch für Erzieherinnen. München: Kösel.

Schopenhauer, Arthur (1999): Die Kunst, glücklich zu sein. Dargestellt in fünfzig Lebensregeln. München: Beck.

Schott, Julia (2004): Mit einem Bein im Leben stehen. Tagblatt der Stadt Zürich, Nr. 152 vom 10. August: Titelseite.

Schottky, Albrecht; Schoenaker, Theo (1995): Was bestimmt mein Leben? Wie man die Grundrichtung des eigenen Ich erkennt. München: Goldmann.

Schramm, Elisabeth (2003): Interpersonelle Psychotherapie. Stuttgart: Schattauer.

Schreber, Daniel Paul (1973): Denkwürdigkeiten eines Nervenkranken. Autobiographische Dokumente und Materialien. Wiesbaden: Focus. (EA 1903)

Schulz, Hermann (1999): Iskender. Hamburg: Carlsen.

Schulz von Thun, Friedemann (1991): Miteinander reden 1. Störungen und Klärungen. Reinbek: Rowohlt.

Schulz von Thun, Friedemann (1998): Praxisberatung in Gruppen. Weinheim: Beltz.

Schulz von Thun, Friedemann (Hrsg.) (2005): Miteinander reden 3. Das «innere Team» und situationsgerechte Kommunikation. Reinbek: Rowohlt.
Schulz von Thun, Friedemann; Stegemann, Wibke (2004): Miteinander reden. Das innere Team in Aktion. Praktische Arbeit mit dem Modell. Reinbek: Rowohlt.
Schütz, Astrid; Hertel, Janine; Heindl, Andrea (2004): Positives Denken. In: Auhagen, Ann Elisabeth (Hrsg.) (2004): Positive Psychologie. Anleitung zum «besseren» Leben. Weinheim: Beltz, S. 16–32.
Schwartz, Dieter (2002): Gefühle verstehen und positiv verändern. Ein Lebenshilfebuch zur Rational-Emotiven Verhaltenstherapie. München: CIP-Medien.
Schwartz, Dieter (2004): Vernunft und Emotion. Die Ellis-Methode. Dortmund: Borgmann.
Schwartz, Carolyn; Meisenhelder, Janice Bell; Ma, Yunsheng; Reed, George (2003): Psychosomatic Medicine, 65: 778–785; zitiert nach: Ehlers, Simon (2004): Helfen ist gesund – wenn es sich in Grenzen hält. Psychologie heute, 3: 12.
Schweer, Martin K. W. (2000): Vertrauen als basale Komponente der Lehrer-Schüler-Interaktion. In: Schweer, Martin K. W. (Hrsg.) (2000): Lehrer-Schüler-Interaktion. Opladen: Leske & Budrich, S. 129–138.
Schweer, Martin K. W.; Padberg, Jutta (2002): Vertrauen im Schulalltag. Eine pädagogische Herausforderung. Neuwied: Luchterhand.
Schweer, Martin K. W.; Thies, Barbara (2004): Vertrauen. In: Auhagen, Ann Elisabeth (Hrsg.) (2004): Positive Psychologie. Anleitung zum «besseren» Leben. Weinheim: Beltz, S. 125–138.
Seibert, Norbert, Wittmann, Helmut; Zöpfl, Helmut (1990): Humor und Freude in der Schule. Donauwörth: Auer.
Segerstrom, Suzanne C. (2010): Optimisten denken anders. Wie unsere Gedanken die Wirklichkeit erschaffen. Bern: Verlag Hans Huber.
Seligman, Martin (1999a): Erlernte Hilflosigkeit. Weinheim: Beltz.
Seligman, Martin (1999b): Kinder brauchen Optimismus. Reinbek: Rowohlt.
Selye, Hans (1957): Stress beherrscht unser Leben. München: Heyne.
Selye, Hans (1977): Stress. Reinbek: Rowohlt.
Semprun, Jorge (1995): Schreiben oder Leben. Frankfurt: Suhrkamp.
Seneca (1986): Von der Seelenruhe. Leipzig Dieterich.
Seneca (2004): Philosophische Schriften. Vollständige Studienausgabe. Wiesbaden: Marix.
Silver, Eric (1992): Sie waren stille Helden. Frauen und Männer, die Juden vor den Nazis retteten. München: Hanser.
Simon, Alfons (1950): Verstehen und Helfen. München: Oldenbourg. [vergriffen]
Singer, Kurt (1981): Maßstäbe für eine humane Schule. Mitmenschliche Beziehung und angstfreies Lernen durch partnerschaftlichen Unterricht. Frankfurt: Fischer.
Smith, Emma; Grawe, Klaus (2003): Die funktionale Rolle von Ressourcenaktivierung. In: Schemmel, Heike; Schaller, Johannes (Hrsg.) (2003): Ressourcen. Ein Hand- und Lesebuch zur therapeutischen Arbeit. Tübingen: Dgvt, S. 111–122.
Solint, Rebecca (2005): Hoffnung in der Dunkelheit. Unendliche Geschichten – wilde Möglichkeiten. München: Pendo.
Spangler, Gottfried; Zimmermann, Peter (1999): Die Bindungstheorie. Grundlagen, Forschung und Anwendung. Stuttgart: Klett-Cotta.
Sperber, Manès (1971): Alfred Adler oder das Elend der Psychologie. Frankfurt: Fischer.

Sperber, Manès (1981a): Individuum und Gemeinschaft. Versuch einer sozialen Charakterologie. Frankfurt: Ullstein.
Sperber, Manès (1981b): Der prospektive Mensch und seine Utopien. In: Sperber, Manès (1981): Essays zur täglichen Weltgeschichte. Wien: Europa.
Sperber, Manès (1987): Die Tyrannis und andere Essays aus der Zeit der Verachtung. München: dtv.
Spitzer, Manfred (2003): Lernen. Gehirnforschung und die Schule des Lebens. Heidelberg, Berlin: Spektrum.
Spork, Peter (2006): Spitzenleistungen in der Natur. Reinbek: Rowohlt.
Städtler, Thomas (1998): Lexikon der Psychologie. Stuttgart: Kröner.
Stapf, Kurt H. et al. (1977): Psychologie des elterlichen Erziehungsstils. Bern: Verlag Hans Huber.
Stegemann, Michael (1996): Maurice Ravel. Reinbek: Rowohlt.
Steinberger, Niccel (2003): Ich bin fröhlich. Impulse für einen humorvolleren Alltag. Territet: Edition E.
Steiner, Claude (2000): Wie man Lebenspläne verändert. Die Arbeit mit Skripts in der Transaktionsanalyse. Paderborn: Junfermann.
Steinhausen, Hans-Christoph (1996): Psychische Störungen bei Kindern und Jugendlichen. Lehrbuch der Kinder- und Jugendpsychiatrie. München: Urban und Schwarzenberg.
Steinhausen, Hans-Christoph (2000): Seelische Störungen im Kindes- und Jugendalter. Stuttgart: Klett-Cotta.
Stierlin, Helm (1978): Delegation und Familie. Frankfurt: Suhrkamp.
Streich, Jürgen (2005): Vorbilder. Menschen und Projekte, die hoffen lassen. Der alternative Nobelpreis. Bielefeld: Kamphausen.
Sullivan, Harry Stack (1976): Das psychotherapeutische Gespräch. Frankfurt: Fischer. (Amerikanische EA: The Psychiatric Interview 1954)
Sullivan, Harry Stack (1983): Die interpersonale Theorie der Psychiatrie. Frankfurt: Fischer. (Amerikanische EA: The Interpersonal Theory of Psychiatry 1953)
Swoboda, Helmut (Hrsg.) (1987): Der Traum vom besten Staat. Texte aus Utopien von Platon bis Morris. München: dtv.
Tallmann, Karen; Bohart, Arthur C. (2001): Gemeinsamer Faktor KlientIn: Selbst-Heilerin. In: Hubble, Mark A.; Duncan, Barry L.; Miller, Scott D. (Hrsg.) (2001): So wirkt Psychotherapie. Empirische Ergebnisse und praktische Folgerungen. Dortmund: Verlag modernes Lernen, S. 85–136.
Tausch, Annemarie und Reinhard (1979): Erziehungspsychologie. Göttingen: Hogrefe.
Tausch, Annemarie und Reinhard (1998): Gesprächspsychotherapie. Göttingen: Hogrefe.
Tausch, Reinhard (2003): Hilfen bei Stress und Belastung. Reinbek: Rowohlt.
Tichy, Wolfram (2002): Charles Chaplin. Reinbek: Rowohlt. (EA 1974)
Thies, Barbara (2005): Dyadisches Vertrauen zwischen Lehrern und Schülern. Psychologie in Erziehung und Unterricht, 2: 85–99.
Tillmann, Klaus-Jürgen (Hrsg.) (1989): Was ist eine gute Schule? Hamburg: Bergmann und Helbig.
Titze, Michael (1996): Die heilende Kraft des Lachens. München: Kösel.
Titze, Michael; Eschenröder, Christof T. (2003): Therapeutischer Humor. Grundlagen und Anwendungen. Frankfurt: Fischer.

Tonhauser, Tim; Rausch, Thomas (2003): Das Dachauer Modell: Multimodale Schmerztherapie unter ressourcenorientierter Perspektive. In: Schemmel, Heike; Schaller, Johannes (Hrsg.) (2003): Ressourcen. Ein Hand- und Lesebuch zur therapeutischen Arbeit. Tübingen: Dgvt, S. 427–438.
Torberg, Friedrich (1973): Der Schüler Gerber. München: dtv. (EA 1958)
Törey, Zoltan (2007): Aus der Dunkelheit. Eine Autobiografie. Wien: Kremayr & Scheriau.
Toynbee, Arnold Joseph (1982): Menschheit und Mutter Erde. Die Geschichte der großen Zivilisationen. Berlin: Ullstein.
Trapmann, Hilde; Rotthaus Wilhelm (2003): Handbuch für Eltern und Erzieher. Band 1: Auffälliges Verhalten im Kindesalter. Band 2: Auffälliges Verhalten im Jugendalter. Dortmund: Verlag modernes Lernen.
Trenkle, Bernhard (2005): Das Aha!-Handbuch der Aphorismen und Sprüche für Therapie, Beratung und Hängematte. Heidelberg: Carl-Auer.
Trösken, Anne; Grawe, Klaus (2003): Das Berner Ressourceninventar. In: Schemmel, Heike; Schaller, Johannes (2003): Ressourcen. Ein Hand- und Lesebuch zur therapeutischen Arbeit. Tübingen: Dgvt, S. 195–214.
Tymister, Hans Josef (1996): Pädagogische Beratung mit Kindern und Jugendlichen. Hamburg: Bergmann & Helbig.
Udris, Ivars; Rimann, Martin (2002): Das Kohärenzgefühl: Gesundheitsressource oder Gesundheit selbst? Strukturelle und funktionale Aspekte und ein Validierungsversuch. In: Wydler, Hans; Kolip, Petra; Abel, Thomas (Hrsg.): Salutogenese und Kohärenzgefühl. Grundlagen, Empirie und Praxis eines gesundheitswissenschaftlichen Konzepts. München: Juventa, S. 129–147.
Unesco (Hrsg.) (1994): Menschenrechte. (= Unesco-Kurier; Jg. 35, Nr. 3) Bern: Hallwag.
Utsch, Michael (2004): Religiosität und Spiritualität. In: Auhagen, Ann Elisabeth (Hrsg.) (2004): Positive Psychologie. Anleitung zum «besseren» Leben. Weinheim: Beltz, S. 67–85.
Vaillant, George E. (1977): Adaptation to Life. Boston: Little, Brown.
Veith, Peter (1997): Eltern machen Kindern Mut. Freiburg: Herder.
Veith, Peter (2000): Jedes Kind braucht seinen Platz. Freiburg: Herder.
Verberckmoes, Johan (1999): Das Komische und die Gegenreformation. In: Bremmer, Jan; Roodenburg, Herman (Hrsg.) (1999): Kulturgeschichte des Humors. Von der Antike bis heute. Darmstadt: Primus, S. 77–87.
Vester, Frederic (2001): Denken, Lernen, Vergessen. München: dtv.
Vitaliano, Peter P.; Scanlan, James M.; Zhang, Jianping (2003): Is caregiving hazardous to ones physical health? A meta-analysis. Psychological Bulletin, 129 (6): 946–972; zitiert nach: Ehlers, Simon. (2004): Helfen ist gesund – wenn es sich in Grenzen hält. Psychologie heute, 3: 12.
Wagenbach, Klaus (2000): Franz Kafka. Reinbek: Rowohlt.
Wagner, Rudolph F.; Becker, Peter (Hrsg.) (1999): Allgemeine Psychotherapie: Neue Ansätze zu einer Integration psychotherapeutischer Schulen. Göttingen: Hogrefe.
Wagner, Richard Robert (1942): Robert Owen. Lebensroman eines Menschengläubigen. Zürich: Europa.
Wallace, Marjorie (1987): Lebensmut. Tages-Anzeiger Magazin, 51/52: 5–13, 45.
Walper, Sabine; Pekrun, Reinhard (2001): Familie und Entwicklung. Aktuelle Perspektiven der Familienpsychologie. Göttingen: Hogrefe.

Walter, John L.; Peller, Jane E. (2002): Lösungs-orientierte Kurztherapie. Dortmund: Verlag modernes Lernen.
Watzlawick, Paul (1983): Anleitung zum Unglücklichsein. München: Piper.
Watzlawick, Paul (1988): Vom Schlechten des Guten. Zürich: Ex Libris.
Watzlawick, Paul; Beavin, Janet H.; Jackson, Don D. (2000): Menschliche Kommunikation. Formen, Störungen, Paradoxien. Bern: Verlag Hans Huber.
Weinert, Franz E. (Hrsg.) (1997): Psychologie des Unterrichts und der Schule. Göttingen: Hogrefe.
Welter-Enderlin, Rosmarie; Hildenbrand, Bruno (Hrsg.) (2006): Resilienz. Gedeihen trotz widriger Umstände. Heidelberg: Carl Auer.
Welter-Enderlin, Rosmarie (2010): Resilienz und Krisenkompetenz. Kommentierte Fallgeschichten. Heidelberg: Carl Auer.
Werner, Emmy E. (1999): Entwicklung zwischen Risiko und Resilienz. In: Opp, Günther; Fingerle, Michael; Freytag, Andreas (Hrsg.) (1999): Was Kinder stärkt: Erziehung zwischen Risiko und Resilienz. München: Reinhardt.
Werner, Emmy E. (2001): Unschuldige Zeugen. Der Zweite Weltkrieg in den Augen von Kindern. Hamburg: Europa.
Werner, Emmy E.; Smith, Ruth S. (1982): Vulnerable but Invincible: A Longitudinal Study of Resilient Children and Youth. New York: McGraw-Hill.
Westram, Jutta (2003): Therapeutische Arbeit mit Kindern, Jugendlichen und Eltern. Zeitschrift für Individualpsychologie, 3: 238–255.
Wette, Wolfram (Hrsg.) (2005): Stille Helden. Judenretter im Dreiländereck während des Zweiten Weltkrieges. Freiburg: Herder.
Wexberg, Erwin (1998): Moralität und psychische Gesundheit. Frankfurt: Fischer.
Wickert, Johannes (2003): Albert Einstein. Reinbek: Rowohlt.
Willi, Jürg (2002): Psychologie der Liebe. Persönliche Entwicklung durch Partnerbeziehung. Stuttgart: Klett-Cotta.
Willutzki, U. (2003): Ressourcen. Einige Bemerkungen zur Begriffsklärung. In: Schemmel, Heike; Schaller, Johannes (Hrsg.) (2003): Ressourcen. Ein Hand- und Lesebuch zur therapeutischen Arbeit. Tübingen: Dgvt, S. 91–109.
Wolin, Steven J.; Wolin, Sybil (1993): The Resilient Self. How Survivors of Troubled Families Rise above Adversity. New York: Villard.
Wolters, Ursula (2000): Lösungsorientierte Beratung. Stuttgart: Rosenberger.
Wustmann, Corina (2004): Resilienz. Widerstandsfähigkeit von Kindern in Tageseinrichtungen fördern. Weinheim: Beltz.
Wydler, Hans; Kolip, Petra, Abel, Thomas (2002): Salutogenese und Kohärenzgefühl. Grundlagen, Empirie und Praxis eines gesundheitlichen Konzepts. 2. Auflage, München: Juventa.
Ziegler, Peter (1978): Die Zürcher Sittenmandate. Zürich: Orell Füssli.
Zimmer, Dieter E. (1990): Tiefenschwindel. Reinbek: Rowohlt.

Eine kleine Auswahl empfehlenswerter Kinderbücher

Vorschulalter

Amber, Stewart; Marlow, Layn (2008): Du schaffst das, Ole! Münster: Coppenrath.
(Eine warmherzige Mutmachgeschichte am Beispiel des kleinen Otters Ole, der erkennt, dass man beim Erlernen einer Fähigkeit klein anfangen muss, Schritt für Schritt. Dazu ermutigt ihn die Schwester auf geschickte Weise.)
Baronian, Jean-Baptiste; Kern, Noris (2005): Nora und Nils. Giessen: Brunnen.
(Ein wunderbares Bilderbuch über die intensive und ambivalente Beziehung zwischen der jüngeren und kecken Nora und dem verantwortungsvollen älteren Nils – in Gestalt von jungen Pinguinen)
Edwards, Michelle; Root, Phyllis (2002): Wenn es draußen dunkel wird. München: Boje.
(Gemeinsam lernen die Brüder Ben und Alex ihre Angst im Dunkeln und in der Nacht zu bewältigen. – Schönes Beispiel für Geschwister als Ressourcen und Helfer)
Ezra/Rowe (1997): Flieg doch mit, kleine Eule! Gießen: Brunnen.
(Angst vor dem Fliegen durch Tun überwinden)
Friedrich, Sabine; Friebel, Volker (1996): Trau dich doch! Wie Kinder Schüchternheit und Angst überwinden. Reinbek: Rowohlt.
(Kurze anschauliche Darstellung von Kinderängsten; viele Anregungen und Beispiele für Eltern und VorschulpädagogInnen)
Friester, Paul; Smajic, Susanne (2004): Ich kann das! Gossau: Nord-Süd.
(Die wohlmeinenden Eltern wollen das Hasenkind vor allen Gefahren bewahren – bis dieses schließlich den Mut findet, sich dagegen aufzulehnen, und mutig und selbständig wird.)
Jüngling, Christine; Wienekamp, Jann (2002): Das Zaubermittel oder wie man fast alles schaffen kann, wenn man es sich nur zutraut. Wuppertal: Albarello.
(Kai wird von den anderen Kindern belächelt, weil er sich kaum etwas zutraut. Mit Hilfe seines Opas, der ihm ein Mutmachmittel abgibt, wagt sich Kai nun an Dinge heran, die er sich vorher nie zugetraut hätte. Als das Mutmachfläschchen schließlich zerbricht, lernt er, dass er alles aus eigener Kraft geschafft hat – und noch erreichen wird. Ein gutes Buch, das die Bedeutung der eigenen Einstellung, der Selbstwirksamkeit und des Selber-Tuns kindsgemäß beschreibt. Ein tolles Buch – nicht nur für Kinder!)
Mai, Manfred; Suetens, Clara (1998): Mein erstes Mutmach-Bilderbuch. Ravensburg: Ravensburger.
(Verschiedene kurze, empfehlenswerte und anschauliche Mutmachgeschichten)
Mc Brantney, Sam; Jeram, Anita (1994): Weißt du eigentlich, wie lieb ich dich hab? Aarau: Sauerländer.
(Ein sehr schönes Büchlein, das die Steigerung von Liebeserklärungen im Zweierkontext wunderbar wiedergibt – auch für Erwachsene geeignet!)
Ninck-Braun, Myrta (2000): So bin ich! Berg am Irchel: KiK-Verlag.
(Das Entlein Blau leidet wegen seiner unscheinbaren Farbe unter starken Minderwertigkeitsgefühlen – eine neue Einstellung verhilft ihm schließlich, eine neue Perspektive einzunehmen.)

Pauli, Lorenz; Schärer, Kathrin (2006): Mutig, mutig. Zürich: Atlantis.
(Vier Freunde machen einen Wettkampf. Wer wird wohl die verrückteste Mutprobe bestehen? Der Spatz weigert sich schließlich, da noch mitzumachen, und zeigt damit wahren Mut. Eine überzeugende Geschichte über wahren Mut)
Portmann, Rosmarie (Hrsg.) (1996): Mut tut gut. Geschichten, Lieder und Gedichte zum Muthaben und Mutmachen. Würzburg: Arena.
(Sehr empfehlenswert: Geschichten, Texte, Gedichte, Lieder)
Recheis, Käthe; Laimgruber, Monika (1982): Kleiner Bruder Watomi. Wien: Herder.
(Der kleine Indianerjunge Watomi leidet, weil er weniger schnell, weniger geschickt und eben kleiner als sein großer Bruder Matoja ist, bis er schließlich mit einer mutigen Tat eine Gelegenheit findet, seine Fähigkeiten unter Beweis zu stellen.)
Taina, Hannu (1994): Matti und sein Krokodil. Zürich: Bohem.
(Matti gewinnt mit Hilfe seines Krokodils zunehmend an Selbstvertrauen.)
Veit, Barbara; Kraushaar, Sabine (2002): Kleiner Paul ganz groß. Wien: Annette Betz.
(Die drei älteren Schwestern lassen es Paul allzu häufig wissen, dass er noch klein ist. Schrittweise stürzt er sich mutig in Abenteuer mit großen Hunden und furchterregenden Spinnen, bis er merkt, dass auch er ganz groß sein kann.)
Verboven, Agnes; Westerduin, Anne (1996): Der tapferste Hund der Welt. Freiburg: Herder.
(Tom hat vor allen und allem Angst, bis er hilft, die Angst seines Hundes zu reduzieren!)
Wagener, Gerda; Urberuaga, Emilio (1996): Vampirchen hat im Dunkeln Angst. Zürich: Bohem-Press.
(Mutig die Angst bewältigen lernen)
Walter, Gisela (1997): Ich. Kinder werden selbstbewusst und tolerant. Spiele, Lieder, Bastelsachen zur Förderung und Entwicklung des sozialen Verhaltens. Freiburg. Herder.
Walter, Gisela (1998): Ich und meine Freunde. Kinder werden selbstbewusst und tolerant. Spiele, Lieder und Erlebnisse zur Förderung des sozialen Verhaltens in der Kindergruppe. Freiburg. Herder.
Wensell, Paloma; Wensell, Ulises (1997): Hab keine Angst, kleiner Moritz! Ravensburg: Ravensburger.
(Ein Freund und das Vertrauen auf eigene Kräfte helfen.)

Schulkindalter

Daehli, Liz B.; Maar, Anne (2005): Mutgeschichten. Der Sprung ins Wasser. Was heißt hier Feigling. München: Bertelsmann.
(Zwei Mutgeschichten für schwierige Lebenssituationen)
Fietzek, Petra; Wieker, Katharina (2004): Kleine Lesetiger-Mutgeschichten. Bindlach: Loewe.
(Geschichten zum Lesen und Vorlesen)
Flieger, Jan (2000): Mutgeschichten. Würzburg: Arena.
(Wie wird man mutiger?)
Hartmann, Lukas (2006): Die wilde Sophie. München: Reihe Hanser im dtv.
(König Ferdinand traut seinem Sohn gar nichts zu: Ein Heer von Aufpassern achtet auf jede seiner Bewegungen. Erst durch die wilde Sophie lernt er andere Seiten des Lebens kennen.)

Krauss, Irma (2005): Mutgeschichten. Würzburg: Arena.
(Geschichten für das erste Lesealter)
Krauss, Irma (2007): Herzhämmern. München: C. Bertelsmann.
(Die 14-jährige Martina verliert rasch einmal der Mut. Auf der Klassenfahrt muss sie wegen akuter Panik eine Tropfsteinhöhle verlassen und wird von den MitschülerInnen verspottet. Doch Martina wächst über sich hinaus, als beim nächsten Höhlenausflug ein Junge in Lebensgefahr gerät, und zeigt sich nun außerordentlich mutig.)
Lionni, Leo (2004): Swimmy. Weinheim: Beltz.
(Die Geschichte eines kleinen, aber cleveren Fisches, der den Schwarm der Artgenossen in Form eines Riesenfisches organisiert und so die fresslustigen Riesenfische verjagt: eine wunderbare, mit Wasserfarben gemalte Geschichte für Vorschul- und Unterstufenkinder, die die Möglichkeiten des Einzelnen zeigt, sich mit Hilfe von anderen zu behaupten. Didaktisches Begleitmaterial findet sich zusätzlich unter: www.beltz.de/lehrer)
Mai, Manfred (2001): Leselöwen-Mutgeschichten. Bindlach: Loewe.
(16 Geschichten, die Mut machen, sich nicht unterkriegen zu lassen)
Mai, Manfred (2003): Leselöwen-Mutgeschichten. Bindlach: Loewe.
(Sieben empfehlenswerte Geschichten, die in verschiedenen Problemstellungen zeigen, wie man Angst überwinden kann; für das Lesealter ab acht Jahren zum Vorlesen oder Selberlesen)
Ollestad, Norman (2009): Süchtig nach dem Sturm. Frankfurt: S. Fischer.
(Der kleine Norman wird schon früh von seinem Vater zum Surfen mitgenommen. Der Vater traut ihm sehr Vieles zu, überfordert ihn dabei auch, aber das kommt ihm bei einem Flugzeugabsturz schließlich zugute, den nur Ole allein überlebt: So schafft er es, seine Angst zu bezwingen und den neunstündigen Abstieg über eisglatte Felsen allen Widrigkeiten zum Trotz allein zu bewältigen. Eine wichtige Hilfe dabei ist ihm die ermutigende Stimme des Vaters, die er nun nach dessen Tod zu seiner eigenen inneren Kraft gemacht hat.)
Portmann, Rosmarie (Hrsg.) (1996): Mut tut gut. Geschichten, Lieder und Gedichte zum Muthaben und Mutmachen. Würzburg: Arena.
(Sehr empfehlenswert: Geschichten, Texte, Gedichte, Lieder)
Recheis, Käthe; Laimgruber, Monika (1982): Kleiner Bruder Watomi. Wien: Herder.
(Der kleine Indianerjunge Watomi leidet, weil er weniger schnell, weniger geschickt und eben kleiner als sein großer Bruder Matoja ist, bis er schließlich eine Gelegenheit findet, seine Fähigkeiten unter Beweis zu stellen.)
Rotach, Ingeborg (1987): Lieber alter Engel. Bern: Blaukreuz.
(Die Großmutter als wichtige Ressource und Hilfe in einer schwierigen Lebenssituation)
Schindler, Nina; Wagendristel, Eva (1996): Mein Mut-Mach-Buch. Niedernhausen: Falken.
(Ein Mutmachbuch für die Unterstufe mit hilfreichen Anregungen und Vorschlägen)
Schwarz, Annelies; Frey, Jana (2006): Piccolino Mutgeschichten. Bindlach: Gondrom
(Wie wird man mutiger? Dazu finden sich diverse Geschichten.)

Arbeitsmaterialien für die Schule

Barrett, Paula; Webster, Hayley; Turner, Cynthia (2003): Freunde für Kinder. Arbeitsbuch für Kinder. München: Reinhardt.
(Teil des Trainingsprogramms zur Prävention von Angst und Depression in Kindertherapien. Einiges davon ist – adaptiert – auch für die Schule verwendbar.)

Bieg, Sonja; Behr, Michael (2005): Mich und Dich verstehen. Ein Trainingsprogramm zur Emotionalen Sensitivität bei Schulklassen und Kindergruppen im Grundschul- und Orientierungsstufenalter. Göttingen: Hogrefe.
(Enthält Materialien, Arbeitsblätter, Bilder und Vorlagen, die sich flexibel und individuell für 8- bis 12-Jährige in der Schule zur Empathie- und Perspektivenförderung einsetzen lassen. Die Übungen basieren auf einem ermutigenden, entwicklungsorientierten Ansatz.)

Dalgleish, Tanya (2000): Selbstwertgefühl. Praktische Unterrichtsvorschläge und Übungen zur Förderung des Selbstwertgefühls. 1./2. Schuljahr. Donauwörth: Auer.

Dalgleish, Tanya (2000): Selbstwertgefühl. Praktische Unterrichtsvorschläge und Übungen zur Förderung des Selbstwertgefühls. 3./4. Schuljahr. Donauwörth: Auer.

Dalgleish, Tanya (2000): Selbstwertgefühl. Praktische Unterrichtsvorschläge und Übungen zur Förderung des Selbstwertgefühls. 5./6. Schuljahr. Donauwörth: Auer.

Furman, Ben (2005): Ich schaffs! Spielerisch und praktisch Lösungen mit Kindern finden – Das 15-Schritte-Programm für Eltern, Erzieher und Therapeuten. Heidelberg: Carl-Auer.
(Trotz simplifizierender Tendenzen einige wichtige hilfreiche Anregungen und Denkanstöße für die Schule, aber auch für das Elternhaus)

Greef, Annie (2009): Resilienz: Widerstandsfähigkeit stärken – Leistung steigern. Donauwörth: Auer.
(Enthält einige praktische Materialien und nützliche Anregungen zum Einsatz in der Grundschule.)

Hartmann, Luisa (2009): 30 Mutmach-Geschichten. 3-Minutengeschichten für den Morgenkreis. Ruhr: Verlag an der Ruhr.
(Außerordentlich nützliche Geschichten für das Vorschul- und Schulalter zu Mut-Situationen: Kinder lernen über ihre Ängste zu sprechen und sie so zu überwinden. Jede Geschichte bietet am Ende drei Fragen zum Diskutieren und Weiterdenken.)

Portmann, Rosmarie (1998): Spiele, die stark machen. München: Don Bosco.
(111 Spiele zeigen Möglichkeiten auf, wie Kinder und Jugendliche in ihrer Persönlichkeit gestärkt werden können – viele Anregungen und praktisch umsetzbare Beispiele und Vorschläge.)

Portmann, Rosmarie (2009): Die 50 besten Spiele fürs Selbstbewusstsein. München: Don Bosco.
(Empfehlenswerte Spiele und Übungen zur Stärkung des Selbstbewusstseins sowie zum Einfühlen in andere)

Waters, Virginia; Schwartz, Dieter; Gravemeier, Ralf; Grünke, Matthias (2003): Fritzchen Flunder und Nora Nachtigall. Sechs rational-emotive Geschichten zum Nachdenken für Kinder, mit Kommentaren und Interpretationshilfen für Eltern und Erzieher. Bern: Verlag Hans Huber.
(Sechs ermutigende Geschichten für Kinder der Unterstufe auf der Basis der rational-emotiven Verhaltenstherapie. Besonders die Geschichten zwei und drei sind gut geeignet.)

Personenregister

A
Adler, Alfred 15, 41 f., 44, 97–105, 120, 134 f., 193, 202 f., 211, 229, 232, 250
Antonovsky, Aaron 16, 123, 126, 128, 180, 232
Aristoteles 300
Asay, Ted P. 195, 238 f.
Auhagen, Ann Elisabeth 39
Axelrod, Robert 39

B
Bach, George R. 72, 306
Bachelor, Alexandra 251
Bamberger, Günter 16, 242, 248
Bandura, Albert 123
Barth, Anne-Rose 204
Barthelmess, Manuel 242, 262
Barton, Keith 145
Basilios 173
Bauer, Joachim 42, 133 f.
Beck, Aaron 34, 120, 135, 232, 259
Beck, Johannes 195
Becker, Peter 38, 127, 231, 286
Beethoven, Ludwig van 98
Bender, Doris 123
Bengel, Jürgen 40
Berk, Laura E. 109
Bischof-Köhler, Doris 251
Bloch, Ernst 128
Böckelmann, Christine 230
Bohart, Arthur 231, 237
Bokun, Branko 171
Bollnow, Otto Friedrich 203
Borge, Victor 179, 322
Borges, Jorge Louis 324
Bowlby, John 15, 163, 232

Brambing, Michael 106
Brandt, Willy 117
Brecht, Bertold 303, 308, 320
Breitenbach, Gaby 127, 237
Bremmer, Jan 172 f.
Brisch, Karl-Heinz 16, 123
Brod, Max 82, 85
Bronfenbrenner, Urie 42
Bruch, Hilde 234, 254
Brück, Horst 198
Buber, Martin 203
Buck, Pearl S. 324
Burow, Olaf-Axel 97, 300
Busch, Wilhelm 172, 182, 308, 320
Butler, Gillian 271 f.

C
Camus, Albert 171
Carver, C. S. 40
Chaplin, Charles 96, 171, **184–192**
Charles, Ray 125, **146–150**
Chrysostomos, Johannes 173
Churchill, Winston 324
Clemens von Alexandria 173
Comenius, Johann Amos 202
Cyrulnik, Boris 124

D
Dessau, Bettina 182
D'Holbach, Paul Henri Thiry 325
Debussy, Claude 142 ff.
Demokrit 172
Demosthenes 98
Dick, Andreas 37, 235
Dickens, Charles 129, 178
Dieterich, Rainer 51, 195, 198

Dinkmeyer, Don 15 f., 43, 60 f., 288
Dreikurs, Rudolf 15 f., 41 ff., 44, 46 f., 60 f., 193, 206, 212, 314, 322
du Maurier, Daphne 284, 322
Duttweiler, Gottlieb 171

E

Einstein, Albert 97, 117
Eissler, Kurt R. 118
Elbing, Eberhard 198
Ellis, Albert 16, 54, 58 f., 63, 78, 120, 180, 232, 278, 312
Enkelmann, Nikolaus B. 30, 36
Epiktet 16, 120, 180, 280, 299, 317, 321
Epikur 16, 36, 301, 321
Erasmus von Rotterdam 46, 201 f.
Erikson, Erik H. 29
Ernst, Heiko 37 f., 175, 178
Eschenröder, Christof T. 175 ff.
Essau, Cecilia A. 69

F

Farhat-Naser, Sumaya 162
Fennell, Melanie J. V. 70, 290, 311
Feuerbach, Anselm 171
Flitner, Andreas 215
Fo, Dario 172
Foerster, Heinz von 242
Frank, Leonhard 217
Frankl, Viktor 127 f., 233, 305
Freud, Sigmund 97, 174
Friedman, Meyer 36
Fröbel, Wilhelm August 202
Furmann, Ben 225

G

Gernhardt, Robert 172
Ginott, Haim 197
Goethe, Johann Wolfgang von 23, 317, 323
Goldner, Colin 26
Grawe, Klaus 195, 231, 239, 241
Grawe-Gerber, Mariann 239
Gröschel, Hans 198, 221
Grossmann, Karin 16, 163, 178
Grossmann, Klaus E. 16, 163, 178

H

Haqnegar, Noora 141 f.
Hascher, Tina 39, 196
Hawking, Stephen 99
Hayden, Torey L. 211
Hehl, Franz-Josef 174, 177 f., 230
Heine, Heinrich 172
Hellbrügge, Theodor 123
Helvétius, Claude-Adrien 232, 325
Hentig, Hartmut von 202, 229, 243
Herriger, Norbert 16
Hock, Michael 216
Hoellen, Burkhard 54, 58, 278, 312
Holtbernd, Thomas 175, 180 f., 182
Honegger, Arthur 77
Horvath, Adam 251
Hossenfelder, Malte 36
House, James 37
Hubbard, Elbert 322
Hubble, Mark A. 195, 236, 240, 277
Hubert, Christiane 222 f.
Hüther, Gerald 106

I J

Ignatius von Loyola 173
Jacob, Gitta 78, 95, 305 f., 309
Jacobson, Lenore 80
Jandl, Ernst 172
Janosch 129
Jegge, Jürg 76, 209, 211 f., 229, 326
Jollien, Alexandre 135–141
Jungk, Robert 23

K

Kafka, Franz 81–96
Kahl, Joachim 326
Kanitscheider, Bernulf 16, 182
Kant, Immanuel 181
Kästner, Erich 171 f., 317
Keller, Helen 112–115
Kittel, Gerhard 182
Knigge, Adolph Freiherr von 295
Kobasa, Suzanne C. 123
Kohn, Alfie 39
Korczak, Janusz 202, 221
Korzybski, Alfred 42
Krohne, Heinz W. 216
Kropotkin, Peter 39

L

Lackner, Stephan 305
Lambert, Michael J. 239
La Mettrie, Julien Offray de 16, 98, 122, 183, 302
Lao Tse 26
Laskowski, Annemarie 79
Lattmann, Urs Peter 57, 129 f., 196, 257
Lauerhass, Larry jun. 145
Lazarus, Arnold 272
Leakey, Richard 39
Lenz, Albert 16
Levi, Primo 122, 125, 325
Lewin, Kurt 39, 42
Lohr, Christian 150–156
Lorenz, Rüdiger 40, 56, 291
Lösel, Friedrich 123, 130
Lukas 297
Luks, Allan 36 f., 39
Lusseyran, Jacques 114
Lutz, Heinz 111 f.
Lyubomirski, Sonja 282

M

Mandela, Nelson 61, 125, 127, **156–162**, 232
Maniacci, Michael P. 251 f.
Mann, Heinrich 217
Mann, Thomas 217
Mansfield Sullivan Macy, Anne 113
Matthäus 66, 297
Memmi, Albert 277, 314, 321
Miller, Alice 118 ff.
Minois, Georges 128
Mogel, Hans 35
Molière 172
Montaigne, Michel de 41, 46, 285, 299 f.
Montessori, Maria 202
Morgenstern, Christian 322
Mosak, Harold H. 252
Moses 297
Mutzeck, Wolfgang 24, 232, 280

N

Neill, Alexander Sutherland 202
Nestmann, Frank 230
Nevermann, Christiane 69
Newton, Isaac 324

Nicolay, Lucien 105 f.
Nietzsche, Friedrich 277
Nuber, Ursula 124, 127, 129

O P Q

Opp, Günther 16, 123, 232

Payne, Peggy 36 f., 39
Pearson, Richard E. 29, 124
Peseschkian, Nossrat 295, 319, 323 f., 326
Pestalozzi, Johann Heinrich 202
Petermann, Franz 107, 118 f., 251
Petzold, Hilarion 124
Picabia, Francis 320
Pius V. 173
Popper, Karl 97
Portmann, Rosmarie 227
Potreck-Rose, Friederike 78, 95, 305 f., 309 f.

Qualtinger, Helmut 172

R

Raabe, Wilhelm 181
Rabelais, François 172
Rahm, Dorothea 130
Rattner, Josef 90
Rausch, Thomas 129
Reicher, Hannelore 69
Requardt, Harald 127, 237
Resch, Franz 117
Rhode, Rudi 232
Richling, Matthias 174
Ridley, Matt 300
Rimann, Martin 123
Ritscher, Hans 201
Röder, Brigitte 106
Rogers, Carl 16, 198, 232 ff., 235, 265
Roodenburg, Herman 172 f.
Rosenman, Ray 36
Rosenthal, Robert 80
Roth, Eugen 172
Roth, Gerhard 43, 108 ff.
Rübel, Alex 180
Rückerl, Thomas 30, 36
Rüedi, Jürg 57, 130, 196
Russell, Bertrand 16, 23, 202, 232, 279 f., 283, 321

S

Sander, Klaus 16, 229 f., 232, 236
Sartre, Jean-Paul 129
Satow, Lars 197
Schaller, Johannes 16
Scheich, Günter 26
Scheier, Michael F. 40
Schemmel, Heike 16
Schleichert, Hubert 171
Schmid, Wilhelm 16, 29, 127, 179, 295
Schmidt-Salomon, Michael 16, 304
Schoenaker, Theo 15, 23, 46 f., 53 f., 59, 66, 232, 278, 284, 292
Schopenhauer, Arthur 104
Schulz von Thun, Friedemann 32, 58, 71, 297
Schwartz, Dieter 35
Schwarzer, Rolf 196
Schweer, Martin K. W. 29 f., 203
Seligman, Martin 36 f., 135
Selye, Hans 34
Seneca 16, 41, 120
Shakespeare, William 172
Siemsen, Hans 192
Simon, Alfons 212
Singer, Kurt 198
Smith, Emma 231
Smith, Ruth 123
Sperber, Manès 23, 28, 97, 105, 229, 277, 284
Spitzer, Manfred 107 ff., 200, 204 f., 304
Stark, Wolfgang 16
Steinberger, Niccel 176
Sullivan, Harry S. 15, 232

T

Tallmann, Karen 231, 237
Tausch, Annemarie 199
Tausch, Reinhard 127, 194, 199
Thies, Barbara 29 f., 199, 203
Thorberg, Friedrich 217
Titze, Michael 16, 177
Tonhauser, Tim 129
Torbet, Laura 72, 306, 308
Törey, Zoltan 115
Toynbee, Arnold Joseph 103
Trenkle, Bernhard 320, 322
Tucholsky, Kurt 172

U V W

Udris, Ivars 123

Vaillant, George E. 178
Vitaliano, Peter P. 35
Voltaire 97, 172

Wagenbach, Klaus 82, 86 ff.
Wagner, Rudolph 231
Watzlawick, Paul 57, 316
Werner, Emmy E. 123, 130, 145
Westram, Jutta 211
Wilde, Oscar 172
Willutzki, U. 123, 237
Wolters, Ursula 230, 323
Wustmann, Corina 16, 166

Z

Ziegler, Peter 173

Sachwortregister

A
ABC des Lebens 312 ff.
Abstand 67
Abstraktion, selektive 258
Abwehrstrategie 174
–, destruktive 192
Abwertung 72
Affekt, reziproker 199
Aha-Erlebnis 320
Altruismus, reziproker 302
Angst 37, 70, **71–78**, 88 ff., 205, 218, 233
– und Entmutigung **81–96**
–, Reduktion von 183
Ängstlichkeit 82
Annäherungsverhalten 125
Anonymisierung der Gesellschaft 207
Anpassung 101
Anpassungsfähigkeit 160
Ansatz, lösungsorientierter 225
Antizipation 127, 168
Aphorismen 319–326
– Alternativfunktion 320
– Depotfunktion 320
– Modellfunktion 319
– Spiegelfunktion 319
Apperzeption, tendenziöse 41, 43, 120
Arbeit 44
Arbeitslosigkeit 119
Arbeitsmodell, inneres 164
Armut 184
Atmosphäre, pädagogische 217
Attributionsstil, realistischer 126
Auffassung, wirtschaftsliberale 26
Aufmerksamkeit 73, 244, 274, 277, 312
Ausdauer 185
Ausnahme identifizieren 261 f.
Ausweichverhalten 168

Autoritätsperson 183

B
Basisfunktion 152
Bedeutsamkeit 126
Bedrohung 85
Beeinträchtigung, psychische 73
Begrenzung 40
Behandlung, psychotherapeutische s. Psychotherapie
Beharrlichkeit 134, 137, 141 f.
Behinderung, körperliche 150–156
Beobachter, wohlwollender 305
Beobachtungsaufgabe 274 f.
Beratervariable 235
– Akzeptanz 235
– Echtheit 235
– Empathie 235
Beratung 229 ff., 232 ff.
– Arbeitsbündnis 241
– Arbeitsbeziehung 231
– Beziehung, gleichwertige 234
– Beziehungsfaktoren 238 f.
– Beziehungsklärung 229
– Denkmuster, verfestigte aufweichen 240
– Eigenleistung 242
– Erfahrung, korrigierende emotionale 240
– ermutigen 242–246
– Erwartungsfaktor 239
– Grundhaltung 232–236
– Hoffnung 239
– Humor 265
– Lösungsorientierung 252–256
–, personenzentrierte 236
– Placebofaktor 239

- Problemaktualisierung 241
- Problembewältigung 241
- Problemklärung 229, 238
- Problemstellung, Interpretation der 240
- Reaktion, psychosomatische 263
- Ressourcenorientierung 252–256
- Selbstklärung 229
- –, systemische 262
- Technik 231
- Thesaurus, lösungsorientierter 263 f.
- Veränderungsorientierung 252–256
- Wirkfaktoren 231, **236–240**
Beratungsarbeit, beziehungsorientierte 231
Beratungsperson 231 f., 234 f., 239, 242 f., 246, 275
- als Geburtshelfer 275
Beratungsprozess
- Schritte 240 f.
Beruf 44
Bestrafung 68
Betätigungsmöglichkeit, partizipative 168
Betreuer 137
Bewältigung s. Coping
Bewältigungsfaktor 121
Bewältigungsform, effektive 169
Bewältigungsmuster, aktives 126, 157, 159 f., 237
Bewältigungsverhalten 125
Beziehung 43 f., 46, 194
–, Bedeutung der 48–52, 193–227
- Schüler-Lehrer 196
–, stabile 124, 157
–, therapeutische 195, 231
–, Sicht der 238
- zum Kosmos 44
- zur Natur 130
- zu sich selbst 44
–, zwischenmenschliche 133 f.
Beziehungsarbeit 235
Beziehungsklärung 229
Beziehungspartner 166
Bezugsperson 124
–, außerfamiliäre 49, 132 f.
Bezugsrahmen, innerer 250
Bezugssystem 181, 284

Bibel 172 f., 197
Bild
–, humorvolles inneres 183 f.
–, positives von anderen Menschen 39
Bindung 163
–, Auswirkungen von 163
–, förderliche 163 ff.
–, gute 134
–, sichere 163 f.
–, unsichere 163
Bindungserfahrung, frühe 164
Bindungspsychologie 15, 163
blended-learning 194, 208
Blick
- nach außen 279 f.
–, freundlicher 283 f.
Blickfeldwechsel 320
Blinde 106, 108, 110, 112–115
Blindenschrift 106, 108, 110
Blindenschule 146
Braille-Schrift 106, 108
Brücken bauen 235
Bruder 154
Bürokratisierung 195

C

Charakter 125, 157
Clown, therapeutischer 178
Computer 136, 140, 208
Contergan 150
Coping 125
Copingressource 179
Coping-Strategie 178
–, aktive 133
Curriculum 194

D

Denk- und Verhaltensweise, neue 243
Denken, s. auch Gedanken
–, dichotomes 258
- Katastrophen- (Katastrophieren) 258, 273
–, Macht des 159
–, polarisiertes 258, 273; s. auch Schwarz-Weiß-Denken
–, «primitives» 259
–, «reifes» 259
- Schwarz-Weiß- 258, 272

Sachwortregister

- Verzerrung, kognitive 272 f.
- Wunsch- 259
Denkfehler 274
Denkmuster, negative verzerrte 258
Depression 69, 73
–, Kern der 34
Depressionsforschung 135
Dezentrierung 244, 279
Dialog
  – eines Paares 316 f.
Dialog, innerer 52, 54 ff., 57 ff., 60, 71, 290, 292
  – Änderung 292
–, negativer 55 ff., 59 f., 290, 292
–, nichtverbalisierter negativer 59
–, positiver 54, 290 ff., 293
–, selbstentmutigender 71–78
Didaktik 201, 206
Differenzierung 159
distanzieren, Fähigkeit 130, 157
Distanzierung 154, 159
Distanzregulationsproblem 67

E

Egoismus, altruistischer 34
Ehrgeiz 114, 149
Eigenaktivität 158
Eigenständigkeit 215
Einfühlungsvermögen 46, 163
Einsamkeit 72
Einstellung
–, angststimulierende 29
–, mentale 112
–, prosoziale 39
E-Learning 194, 208
Eltern 59, 67 ff., 119, 136, 138, 140, 151
Emotion
–, gesundheitsfördernde 37
–, positive 41
Empathie 163, 166 f., 179, 251, 280, 303, 312
  – empathisches Verstehen 250 f.
Empowerment-Bewegung 16
Energieressource 179
Entmutigung 69, 71, 79, 93
–, Angst und 81–96
  – Angstmechanismus 73 f.
  – Jugendlicher 51

  – Kind 51
  – Kreislauf 54 ff.
  – Nachsatz, entmutigender 63
  – im Selbstgespräch 56–60
  – Selbstwertgefühl und 75 f.
  – in Teilschritten 72
Entspannung 36
Entwicklungsfeld 211
Entwicklungshelfer, Erwachsene als 165 f.
Entwicklungspfad 130
Entwicklungspfadmodell 119
Entwicklungsprozess 48
Entwicklungspsychologie 117, 121
Entwicklungsverlauf 119, 130
Erfahrung 42
–, korrigierende 231
–, negative frühe 68
–, subjektive 42
–, traumatische 31
Erfolg 40
Erklärung, alternative 265 f.
Erklärungsstil, realistischer 126
Ermutigung 136 f., 213 f.
  – in der Beratung 242–246
  – und Erziehung 68–71
–, existenzielle 46
  – in der Familie 68
  – Fragebogen 327–331
–, gelungene 53
  – Hindernis 63–67
  – Humor 221 f.
  – Kreislauf 54 ff.
–, Kunst der 50
  – Lob 226
  – in der Partnerschaft 313–317
–, partielle 47
  – und Sachkompetenz 217
  – im Selbstgespräch 56–60
  – und Selbstkompetenz 216 f.
  – und Sozialkompetenz 216 f.
–, spezifische 47
–, Sprache der 287 ff.
–, Wirkung der 48 ff.
Ermutigungsgeschichte 227
Ermutigungsrunde 226
Errungenschaft, kulturelle 104
Ersatzziel 72

Erwachsene 165 f.
Erwartung
–, Macht der 80
–, überhöhte 281
Erziehung 68–71
–, autoritäre 93
– Bestrafung 68
–, entmutigende 84
– und Ermutigung 68–71
– Fehlerbezogenheit 69
– Haltung, abwertende 56
– Klima 125
– Lieblosigkeit 68
–, streng-moralische 66
– Vernachlässigung 68
–, verwöhnende 73
– Verwöhnung, ausgeprägte 68
Erziehungsmaßnahme, unterstützende 46
Esoterik 242
Etikettierung 273
Euphorie 36
Exploration 215

F
Fähigkeit, kommunikative 125
Fairness, Prinzip der 304
Fakten 43
Faktor
–, extratherapeutischer 237 f.
–, familiärer sozialer 123
–, gesellschaftlicher protektiver 123
–, personaler protektiver 123
–, protektiver 134 ff.; s. auch Schutzfaktor
– Risiko- 37, 120, 135
–, salutogenetischer 123
Fantasie 127, 157, 185
Fehler 66, 68 f., 169, 315
Fehlerbezogenheit 69, 285
Fehlinterpretation 256–261
Feind 145, 161
Feindseligkeit 36
– und Infarktrisiko 36
Feldtheorie (Lewin) 42
Flexibilität 101, 107 f., 160
Formalisierung 195
Fortschritte, eigene erkennen 286

Fragen, konstruktives 264 f.
Fragebogen zur Selbst- und Fremdermutigung 327–331
Fremdbeschimpfung 259
Fremdbild, negatives 34
Fremdermutigung
– Fragebogen 327–331
Freude 36 f.
Freund 119, 132, 136
Freundschaft 36, 44, 136, **300–305**
– Bedeutung 300
Froschgeschichte 269 f.

G
Gebärdensprache 106 f., 110
«Gebrauchspsychologie» 104
Geburtshelferin 275
Gedanken
–, «giftige» 272
–, hilfreiche 273
–, negative (automatische) 273
Geduld 283, 312, 318
Gefühl
– der Bedrohung 85
–, feindseliges 36
–, freundliches 288
Gegenwelt 187
Gehirn, kompensatorische Neuorganisation des 109
Gehirnhälfte
–, linke 107
–, rechte 107
Gelassenheit 36, 61, 130, 151, 183
Gelotologie 16, 174, 177
Gemeinschaft 44
generalisieren 52, 251, 256, 258; s. auch Übergeneralisierung
Geruchssinn 112 f.
Geschwister 132
Gesellschaft, Anonymisierung der 207
Gesellschaftskritik 189
Gespräch, inneres 49
Gesundheit 34–39, 133 f.
–, seelische 127
Gesundheitsfaktor 37, 122–131
Gesundheitsrisiko 35, 38
Gewaltlosigkeit 158
Gewissheit, subjektive 61

Glaube
- an den Menschen 156–162
- an sich selbst 146
Gleichgültigkeit 72
Gleichnis, illustrierendes 267–270
Glücksforschung 37
Glücksverheißung 298
Grenzen, selbst gesetzte 20
Grenzziehung 215
Großvater 186
Großzügigkeit 281 ff.
Grübeln, unproduktives 38
Grundannahme 24
–, dysfunktionale 241
Grundansatz, ressourcenorientierter 47
Grundhaltung 15, 34–39, 232–236
–, ermutigende 47, 203–208, 254
–, erstrebenswerte 278
–, humorvolle 18, 182; s. auch Humor
–, optimistische 203 ff.
–, positive 152, 230 ff.
Grundmeinung 72
–, negativ gefärbte 56
Grundorientierung 24
Grundstimmung, positive 166
Grundüberzeugung, negative 273
Gutes erkennen 285

H
Haltung
–, abwertende 56
–, humorvolle 179
Handhabbarkeit 126
Hartnäckigkeit 185, 192
Hass, Fehlen von 145
Helfen 34 f., 39, 281 ff.
Helfersyndrom 35
Hilfe, gegenseitige 39, 142, 167
Hilflosigkeit 36
–, erlernte 135
Hilfsbereitschaft 281 ff.
Hindernis 138
Hirnforschung 106
Hobby 129
Hoffnung 48, 127 f., 141 f., 157, 181, 239
Hoffnungslosigkeit 36 f., 72
Holocaust-Opfer 122
Humor 37, 130, **172–192**, 295

–, aktiver 175
- Bindemittel, soziales 178 f.
- Clown, therapeutischer 178
- Empathie 179
- Energie- und Copingressource 179
- Ermutigung 221 f.
- Erscheinungsbild 174 f.
–, fremdbezogener 181
- Funktion 182
- Geduld 182
- Geschichte 172
- Immunabwehr 176
- Lebenskunst 180–183
- Lebensqualität 181 f.
–, menschenfeindlicher 172
–, menschenfreundlicher 172
–, passiver 175
- personale Ressource 192
- Relativierung 180
- Rolle in Beratung und Therapie 265
- Sarkasmus 175, 179
- Schutzfaktor 184–192
–, selbstbezogener 178
- Selbstbild 179 f.
- Verarbeitungsfaktor 184–192
- Wirkebene 174
  –, emotionale 175
  –, kognitive 175
  –, kommunikative 175
  –, psychologische 177
- Wirkung 175–178
  - Blutdruck 177
  - Entspannung 177
  –, ermutigende 179
  - Herztätigkeit 176
  - Immunsystem 175 ff.
  - Lebensqualität, erhöhte 181
  - Schlaf 175, 177, 181
  - Schmerzwahrnehmung 177
  - Stress 179 f.
  - Verdauung 176
  - Zynismus 177, 179
Humorlosigkeit 180
- der christlichen Kultur 173

I J
Ich-Zentrierung 279; s. auch Selbstzentrierung

Ideal 323
–, angemessenes 297 ff.
Idealvorstellung, irreale 297
Idealisierungstendenz, hohe 181
Idol 132
Immunabwehr 35, 38, 176
Impuls
–, positiver, Mangel an 68
–, reformpädagogischer 194
Impulskontrolle 125
Individualpsychologie (Adler, Dreikurs) 43 f., 212, 214
Infarktrisiko 36
Integrität, psychische 160
Intelligenz 125
– Niveau 125
–, soziale 125
Interesse 153 f.
– für andere 278 f.
Interpretation 41 ff.
–, subjektive 43
Intervention, paradoxe 222 f.
«Invulnerabilität» 121

Jugendlicher 165 ff.
– Bezugsrahmen 212
–, entmutigter 51
– als Helfer 167

K
Kampf 67
Katastrophen-Denken 258, 271
Kausalität 120
Kausalschluss 118
Kind 164
– als Helfer 167
– Bezugsrahmen 212
– Eigenständigkeit 215
–, entmutigtes 51, 169
– Schutz 215
–, «schwieriges» 199, 222
–, UNO-Konvention des 123
– Zuwendung 215
–, Zweifel am 69
Kindergarten 52
Kinderkrankheit 134
Kindheit 117 f.
Kippbild 266 f.

Kirche, protestantische 173
Klassenkamerad 152
Klienten-Merkmal 237
Kohärenzgefühl 126 ff.
Kommentar, alternativer 308
Kompensation 97 f., 101 ff.
– kompensatorische Neuorganisation des Gehirns 109
– kompensatorischer Akt 99
–, Kultur als 103 ff.
Kompensationsfähigkeit 97–115
Kompensationsmodell (Adler) 99 f.
Kompensationstheorie 97–101
Kompetenz
– Beziehungs- 200
–, kognitive 125, 133, 157
–, kommunikative 200
–, kompensatorische 105
– Selbst- 202
–, soziale 125, 166, 200
– stärken 224 f.
Komplexitätsreduktion 30
Kompliment 71
Komponente, individuelle subjektive 51
Konstellation, soziale 104
Konstruktivismus 31
Kontrollüberzeugung 94, 125 f., 148, 156, 159 f., 164, 179; s. auch locus of control
–, angemessene 167
–, negative 164
–, positive 164
Konzentrationslager 128
Konzept, integratives 15
Konzeption, postmoderne 26
Kooperation 302–305
Kooperationsfähigkeit 303
Kooperationsforschung 301
Krebserkrankung 38
Krieg 119 f., 145
Krise 167
Kritiker, innerer 306
Kultur
–, christlich-abendländische 67
– als Kompensation 103 ff.
Kunst 47

L

Lachen 173 ff., 176 ff., 179 ff., 313, 322
Läsion 107
Leben
–, gesundes, Faktoren für 36
–, Grundgesetz des 105
Lebensangst 86
Lebensaufgabe 44
– Partnerschaft 86 f.
Lebensbedingungen 41
–, gesellschaftliche 238
Lebensgefühl 52
Lebensjahre, erste 31
Lebenskraft 135
Lebenskunst 162, 180–183
Lebenskunstregeln, mentale 180
Lebensmotiv, übergreifendes positives 330
Lebensmotto 135, 151
Lebensphilosophie 137
Lebensplan, positiver 330
Lebensprinzip 95
Lebensqualität, persönliche 28, 283
Lebensretter 318
Lebenssituation, schwierige 129, 187
Lebensstil 25
Lebensstilsatz 25
Lebensumstände, ungünstige 134, 143
Lebenswille 128
Lehrerpersönlichkeit 195, 198, 200, 202, 217
Lehrperson 50 ff., 119, 125, 129, 131, 154 f., 164 ff., 181, 193–208
– Ausbildung 206, 213 f., 217
– Beziehungsarbeit 207
– Beziehungsfähigkeit 196
– Beziehungskompetenz 200, 206, 208
– Burn-out 197, 204
– Didaktik 197, 201, 206
– Doppelrolle 208
–, erfolgreiche 206
–, ermutigende 206
– Fachkompetenz 206
–, Förderung durch 208
– Fürsorglichkeit 196
– Glaube an das Gute im Kind 203
– Haltung 199, 203–208
– Interesse an Schüler 200
– Kommunikationskompetenz 200, 208
– Methodik 206
– Optimismus 203
– personale Dimension 198
–, Rolle der 193–203
– Selbstkompetenz 200
– Selektion 208
– Sozialkompetenz 200
– Stehvermögen 203
– Vertrauen (zum Kind) 201, 203
– Zuneigung zum Kind 201
– Zuwendung, individuelle 196
Leistung
–, kompensatorische 108
–, partielle negative 52
Leistungsanforderung, angemessene 125
Lernen 49, 99 f., 101 ff., 194
– von allem 299 f.
– Beziehungsarbeit 194
–, nachhaltiges 204
Lernerinnerung, ermutigende 328
– Erwachsenenalter 328
– Kindergarten- und Schulalter 328
– Kleinkindalter 328
– Jugendalter 328
Lernfähigkeit 160
Lesen 128 f., 151
Liebe 44, 48
Lieblosigkeit 68
Lob 66, 226
locus of control 164, 225, 275; s. auch Kontrollüberzeugung
–, mangelnder 254
Logik, private 41, 43, 72
Lösungsorientierung 225, 263 f.

M

4-M-Regel 233
Maximieren 258
Meinung 43 f.
Mensch
–, entmutigter 59
–, ermutigender 330
– als Mängelwesen 100
–, mutiger 43
– als aktives Wesen 42

Menschenbild 23–61
– Bedeutung 24–31
–, christliches 26
–, leitendes 31
–, naiv-positives 26, 30
–, positives 24, 26, 28, 39, 129, 161, 280
–, realistisches 28
Mentor 124, 143
Methodik 197, 206
Minderwertigkeitsgefühl 58, 69, **97–101**
–, Adlers Theorie vom 99 ff.
–, Entstehung von 78
Minderwertigkeitskomplex 75
Minimierung 258
Misserfolg 40, 46, 52, 55, 60, 251 f.
–, Angst vor 71
Misserfolgsprophylaxe 275 f.
Misshandlung 118 f., 121, 131, 163, 184
Misstrauen 29, 91, 120
–, gesundes 28 f.
Mitmensch 66 f.
Modell, soziales 125, 157
Motivation 129, 136, 164, 169, 237
Motto
–, entmutigendes 310
–, ermutigendes 310 ff.
Musik 142 ff., 146–150
Musiker 108, 143, 146
Mut 44
– als Grundhaltung 60
Mutlosigkeit 77
–, Psychodynamik der 77

N

Nachsatz, entmutigender 64
Nähe 67
Negativbeschreibung 274
– transformieren 274
Neoliberalismus 301
Neopsychoanalyse 15
Nervenzelle, Umorganisation von 108
Netz, soziales 95
Neuorganisation des Gehirns, kompensatorische 109
Neurobiologie 107, 110, 117, 200
Neuroplastizität 97–115
Nürnberger Trichter 42

O

Offenheit 54, 160, 237, 286, 313
Onkel 131 ff.
Opferrolle 126, 131, 167, 313
Optimismus 36 ff., 141 f., 159 f., 186, 199, 203
–, angepasster 129
–, dispositionaler 40
–, schützender Einfluss von 40
–, naiver 291
–, Neigung zu 40
–, realistischer 39 ff., 126
Optimist 38, 40

P Q

Pädagogik der Ermutigung 207
Partner 119
– Gleichwertigkeit 314 f.
– Interesse 314
Partnerschaft 44, 56, 58, 87, 95, **314–317**
– Falle 315
– Kompliment 315
– Missverständnis 316
Passivität 55, 169, 312
Person
–, außerfamiliäre 132
–, ermutigende 309 f.
Personalisierung 258
Persönlichkeitsbildung 195, 198, 217
Perspektive
–, entwicklungsorientierte 242
– Erweiterung 243
Perspektivenübernahme 166 f., 250, 280
Pessimismus 71
–, tendenzieller 41
Pessimist 38, 40, 72, 269
Philosophie 136, 138 f., 190, 317
Plastizität 107–111
–, intermodale 110
–, neurale 107, 109
Positives
– erkennen 246 f.
– suchen 247 ff.
Potenzial 168 f., 234, 253
Primärkompetenz 216
«Prinzip Hoffnung» (Bloch) 128
Problemklärung 229, 238

Sachwortregister

Problemlösefähigkeit 230, 242
Projektion 258
Prophezeiung, selbsterfüllende 74, 79 f.; s. auch self-fulfilling prophecy
Psychoguru 291
Psychologe 232, 327
Psychologie 16, 44, 97, 118, 174, 179
–, Bindungs- 15, 163
–, Entwicklungs- 117, 121, 134
–, Erziehungs- s. Lern-
–, Gesundheits- 17, 39
–, humanistische (Rogers) 235
–, Individual- 41, 43 f., 75, 97, 100, 105, 212, 214, 272
–, klinische 135, 280
–, kognitive 257
–, Lern- 199 f.
–, Tiefen- 97
–, Wahrnehmungs- 120, 266
Psychotherapeut 310, 327
Psychotherapie 31, 117, 229, 234, 237, 239, 310
– Arbeitsbündnis 241
– Arbeitsbeziehung 231
– Beziehung, therapeutische 240
– Beziehungsfaktor 238 f.
– Beziehungsklärung 229
– Denkmuster, verfestigte aufweichen 240
– Erfahrung, korrigierende emotionale 240
– Humor 265
– Lösungsorientierung 252–256
– Problemaktualisierung 241
– Problembewältigung 241
– Problemklärung 229, 238
– Problemstellung, Interpretation der 240
– Reaktion, psychosomatische 263
– Ressourcenorientierung 252–256
– Selbstklärung 229
– als Selbstveränderung 238 f.
– Technik 231, 240
– Thesaurus, lösungsorientierter 263 f.
– Veränderungsorientierung 252–256
– Wirkfaktor 231, **236–240**
Psychotherapieforschung 195, 231

Puffereffekt 124
Pygmalion-Effekt 80 f.

Quälgeist 71
–, innerer 306
Qualität
–, ermutigende 47
–, positive (Übung) 312

R

Reaktion, psychosomatische 263
Realität 139
Reframing 212, 262 ff.; s. auch Umdeutung
Regeneration 110
Reiz-Reaktion 119
Religiosität 127
Resilienz 122–131
–, elastische 123
–, lebensbereichsspezifische 123
–, partielle 144
–, situationsspezifische 123
Resilienzförderung **166–169**, 313
Resilienzforschung 16 f., **122–131**
Ressource 110, 114, 123 f., 168 f., 230 f., 237
– Förderung 244
–, personale 237 f.
–, psychische 244
– Umwelt- 244
– Widerstands- 159
Ressourcenaktivierung 241
Ressourcenbetrachtung 121
Ressourcenoptimierung 101, 105
Ressourcenorientierung 252, 254
Risiken, Kumulation von 164
Risikofaktor 37, 120, 135, 192
– Bindung, unsichere 163
–, sozio-kultureller 120
– Wechselwirkung 130 f.
Rosenthal-Effekt 80 f.
Rückfall 275
Rücksichtslosigkeit 217
Ruf, guter 302

S

Sachkompetenz 217
Salutogenese (Antonovsky) 180

Sarkasmus 175
Schlaf 177, 181
Schlaganfallpatient 109
Schlüsselereignis, ermutigendes 329
– Erinnerung 329
– Gipfelpunkt 329
– Impuls 329
Schmerz 41, 129
Schreiben 128
Schritt, kleiner 15
Schule 51 f., 125, 129, 152
– Anforderung, klare 207, 209
– Ansatz, personaler 202
– Atmosphäre 200, 217 f.
– Beziehungsarbeit 207
– blended-learning 194, 208
– Computer 208
– Didaktik 201, 206
– Dimension, personale 198
– E-Learning 194, 208
– Erfolg 129, 196
– Ermutigungspädagogik 207
– Förderung 208
– Grenzziehung 215
– Interesse 129
– Klassenklima 197
– Konflikt 199
– Methodik 197, 206
– Motivation 129
– Selektion 208
– Wissensvermittlung 207
Schüler 194, 196 f.
– Aggressivität 212
– Anforderung, klare 207, 209
– Angst 205
– Provokation 212
– Störung des Unterrichts 212
– Verhalten, störendes 212 f.
– Vertrauen 201
– Wohlbefinden 196
– Zuneigung zur Erziehungsperson 201
– Zutrauen 206 f.
Schulforschung 198
Schulfreude 196
Schutzfaktor 120, **122–131**, 141, 144, **150–156**, 157, 160, 163 f., **184–192**; s. auch Faktor, protektiver
– Bindung, sichere 163 f.

– Makrobereich 123
– Mikrobereich 123
–, sozio-kultureller 120
– Wechselwirkung 131
Schwarz-Weiß-Denken 272; s. auch Denken, polarisiertes
Schwarz-Weiß-Optik 248
Selbstabwertung 287
Selbstachtsamkeit 306
Selbstachtung 287
–, geringe 71
Selbstakzeptanz 95
Selbständigkeit 94, 168
Selbstanleitung 287
Selbstaufmerksamkeit 272
Selbstbeobachtung 296
Selbstbeschäftigung, negative 71
Selbstbeschimpfung 259
Selbstbestätigung 287
Selbstbestimmung 237
Selbstbeziehung, freundliche 295
Selbstbild 164, 179 f.
–, negatives 34, 164
–, positives 39
Selbstdistanzierung 180
Selbstentmutigung 50, 63, 78
– Kreislauf 72
selbsterfüllende Prophezeiung 79 f.; s. auch self-fulfilling prophecy
– und Entmutigung 79
Selbstermutigung 139, 223 f.
– Fragebogen 327–331
–, gelungene 60
– «Trotz-» 51
Selbstgespräch 56–60, 255; s. auch Dialog
– Entmutigung 56–60
– Ermutigung 56–60
–, inneres 56, 59 f., 296
–, positives 290 ff.
Selbstheilungskräfte 107–111
Selbstindoktrination, verbale 58
Selbstinstruktion
–, günstige 270
–, positive 129, 157, 225
Selbstklärung 229
Selbstkompetenz 216 f.
Selbstkonzept 94

– Kafkas 93–96
Selbstkritik
–, schädliche Form von 78
–, unangemessene 78, 290
Selbstmanagement, positives 295, 305
Selbstmitleid 72
Selbstregulation 125
Selbstrelativierung 279 f.
Selbststeuerung 230
Selbstunterdrückung 287
Selbstverbalisierung s. Selbstgespräch
Selbstvernachlässigung 287
Selbstvertrauen 95
– aufbauen 244
–, fehlendes 68, 215
–, gesundes 126, 157
Selbstvorwurf 71
Selbstwert 37, 78
Selbstwerterhöhung, Bedürfnis nach 78
Selbstwertgefühl 55, 58, 78, 93–96, 302
– und Entmutigung 75 f.
–, gutes 148
–, hohes 126
–, schwach ausgebildetes 66
–, Verlust des 55
Selbstwertstabilisierung 72
Selbstwirksamkeit 135
Selbstwirksamkeitsüberzeugung 125, 148, 157, 159
Selbstzentrierung 92; s. auch Ich-Zentrierung
– abbauen 243 f.
Selbstzweifel 71, 75, 78, 84 f., 87 ff.
«selfdestroying prophecy» 51
self-fulfilling prophecy 56, 79; s. auch Prophezeiung, selbsterfüllende
Sicherheit 48, 55, 104, 120
Sichtweise, realistische 155
Sinn 126 f., 139, 157, 160
– und seelische Gesundheit 127
Sinnhaftigkeit 126, 298
Skepsis 40, 313
Skrupellosigkeit 217
Solidarität 141 f.
–, gegenseitige 158
Sozialkompetenz 216 f.
Spiegel
–, positiver 124

–, Welt als 300
Sport 150, 153
Sprachfähigkeit 107
Sprüche 319–326
– Alternativfunktion 320
– Depotfunktion 320
– Modellfunktion 319
– Spiegelfunktion 319
Stehvermögen 203
Stimme, verinnerlichte elterliche 72
Stimmung
–, negative 304
–, selbsterzeugte 57
Stoiker 120
Störung, psychische 69
Stressforschung 133

T

Tagesform 33
Talent, schauspielerisches 186
Temperament 125, 144, 157
Therapeut
– Technik 240
Therapie s. Psychotherapie
Thesaurus, lösungsorientierter 263 f.
Training 152
Traumatheorie 118, 120
Triade
–, kognitive 135
–, negative kognitive 34
–, positive 38
«Trotz-Selbstermutigung» 51
Tüchtigkeit, übermäßige 71

U

üben 317 f.
Übergeneralisierung 54, 257 f.; s. auch generalisieren, Verallgemeinerung, übertriebene
Überlebensfaktor 131 ff.
– Lehrer 131 ff.
– Onkel 131 ff.
Überlebenswert 305
Überlegenheit 66
Überwindung 104
Überwindungsstreben, kompensatorisches 101
Umgebung 140

Umdeutung 212, 262 ff.
–, positive 129
–, sinnvolle 161
Umstand 41
Umwelt, Anpassung an die 101
Umweltsituation 42
Unbeirrbarkeit 144
Ungerechtigkeit 28
UNO-Konvention des Kindes 123
Unspezialisiertheit 101 ff.
Untergebener 32
Unterlegenheit 66
Unterstützung 216
–, soziale 124 f., 134, 157
«Unverwundbarkeit» 121
Urvertrauen 29
Utopie 28, 128

V
Vater-Beziehung 92
Verallgemeinerung, übertriebene 273
Verändern 59
Veränderung 241 ff.
–, Bereitschaft zu 246
–, kleine positive 253
–, tiefgreifende 233
– von Verhaltensweisen 243
Verantwortlichkeit, soziale 125
Verarbeitungsmodus 145
Verhalten
–, ausweichendes 72
–, kooperatives 301 f., 304; s. auch Kooperation
  – Selektionsvorteil 305
–, störendes 212 f.
Verhaltensbiologie 301
Verhaltenstherapie
–, kognitive 16, 120, 272
–, lösungsorientierte 16
–, personenzentrierte 16
–, rational-emotive 58
–, ressourcenorientierte 16
–, systemische 16
Verhaltensweise, Veränderung der 243
Vernachlässigung 68, 185
Versagerängste 68
Versöhnung 158
Verstehbarkeit 126

Verstehen, empathisches 250 f.
Versuch anerkennen 285 ff.
Vertrauen 26, 29 f., 36 f., 46, 77, 126, 136, 199, 203
– aufbauen 244
– in die eigenen Fähigkeiten 61
–, personales 29
–, systemisches 29
– in die Zukunft 284
Verwöhnung, ausgeprägte 68
Verzerrung, kognitive 256, 272
Vision 187
Voraussetzung, kognitive 152
Vorbildfunktion 186
Vorerwartung 56
–, negative 79
Vorgesetzter 32 f.
Vorsicht, übertriebene 273
Vorteil, evolutionärer 178
Vorurteil 79

W
Wahrnehmung, individuelle subjektive 41 ff.
Wahrnehmungsfilter, «fehlerhafter» 253
Wahrnehmungspsychologie 120
Wendepunkt 138, 329
Wertschätzung 46, 250
Wesen, aktives 120
Widerstand 235
Widerstandsfähigkeit, psychische 164
Widerstandsressource 123, 159
Wirklichkeitskonstruktion, veränderte 255
Wissen, kumulatives 102
Wohlwollen, tendenzielles 28
Wunschdenken 259

X Y Z
Ziel 149
–, klares 149, 157
–, realistisches 30
Zielsetzung, persönliche 125
Zufriedenheit 160
Zukunft 323, 330
Zukunftserwartung
–, negative 34
–, positive 39

Zuversicht 48, 132
Zuwendung 36

Zwei-Spalten-Technik 270 f.
Zynismus 175

Anzeigen

2011. Etwa 240 S., mit Cartoons
von Donat Bräm, Kt
etwa € 19.95 / CHF 28.50
ISBN 978-3-456-84981-2

Verstehen Sie besser, was Sie und andere Menschen wirklich bewegt!

Von Kindesbeinen an werden wir von verschiedensten inneren und äußeren Faktoren beeinflusst und angetrieben. Oft ist uns dabei nicht klar, was uns und unsere Familie wirklich bewegt. Aber nur wenn wir erkennen, was sich in unserem Inneren abspielt, können wir Entwicklungen bei uns und bei unseren Kindern tatsächlich beeinflussen und fördern.

Erhältlich im Buchhandel oder über
www.verlag-hanshuber.com

3., überarb. u. erg. Aufl. 2009.
352 S., 12 Abb., 14 Tab., Kt
€ 24.95 / CHF 42.00
ISBN 978-3-456-84704-7

Die Rolle von Geschwistern in der Entwicklung eines Menschen wird immer noch – sogar von Fachleuten! – unterschätzt. Der Autor beleuchtet dieses spannende Thema von verschiedenen Seiten und veranschaulicht es an zahlreichen Beispielen.

- Welche Rolle spielen Geschwisterkonstellationen und -positionen?
- Wie und warum entstehen Eifersucht und Rivalität?
- Wie nehmen Eltern Einfluss auf das Verhältnis von Geschwistern?
- Warum können Geschwisterbeziehungen entwicklungsfördernd oder -hemmend sein?
- Was bringt es, sich mit den eigenen Geschwisterbeziehungen auseinanderzusetzen?

«Die Komplexität des Themas ist übersichtlich dargestellt. Für Laien und Fachleute eine Bearbeitung auf hohem Niveau, aber gut lesbar.»
EKZ-Informationsdienst

Erhältlich im Buchhandel oder über
www.verlag-hanshuber.com